奚村志

枣庄市薛城区陶庄镇奚村志编纂委员会 编

方志出版社
Publishing House of Local Records

U0788057

图书在版编目（C I P）数据

奚村志 / 枣庄市薛城区陶庄镇奚村志编纂委员会编
. --北京：方志出版社，2017.12
ISBN 978-7-5144-2829-2

Ⅰ. ①奚… Ⅱ. ①枣… Ⅲ. ①村史-枣庄 Ⅳ.
①K295.25

中国版本图书馆CIP数据核字（2017）第325518号

奚村志

编　　者：	枣庄市薛城区陶庄镇奚村志编纂委员会
责任编辑：	范静
出 版 人：	冀祥德
出 版 者：	方志出版社
	地址　北京市朝阳区潘家园东里9号（国家方志馆4层）
	邮编　100021
	网址　http://www.fzph.org
发　　行：	方志出版社图书经销中心
	电话（010）67110500
经　　销：	各地新华书店
印　　刷：	济南黄氏印务有限公司
开　　本：	787×1092　　1/16
印　　张：	32
字　　数：	523千字
版　　次：	2017年12月第1版　　2017年12月第1次印刷
印　　数：	0001～2000册

ISBN　978-7-5144-2829-2　　定价：268.00元

《奚村志》编纂委员会

《奚村志》编审人员

总序

地方志为一方之全史，横陈百科、包罗万象。绵延不断的地方志编修是中华民族特有的文化基因，作为服务当代、垂鉴后世的重要文化事业，在赓续传统、传承文明、资政育人等方面具有重要作用。近年来，在省委、省政府的正确领导和中指组的精心指导下，山东省史志事业围绕一个目标、提高两个站位、突破三个重点、落实“六全”任务，促进山东史志事业实现创新发展、持续发展、领先发展。在省市县三级志书编修走在全国前列的基础上，山东的修志工作不断拓展领域，逐步向乡镇（街道）、村（社区）等基层延伸。

齐鲁大地素有“孔孟之乡、礼仪之邦”的美誉，是中华民族古老文明的重要发祥地之一。在山东，不仅孕育了以孔子、孟子为代表对中华文明甚至是世界文明都产生深远影响的儒家文化，还形成了东夷文化、齐文化、鲁文化、莒文化以及泰山文化、黄河文化、海洋文化、运河文化等地域性特色文化。源远流长、异彩纷呈的不同文化融汇发展，熔铸形成了博大精深、独具特色的齐鲁文化。文化是支撑经济社会发展的软实力。近四十年来，改革开放的时代思想不断吸纳优秀传统文化，在山东的城镇、乡村谱写出时代华章。山东的新型城镇化建设不断取得新成绩，朝着城乡一体化发展新格局阔步迈进。深化乡镇行政管理体制改革，逐步培育新生中小城市和特色小镇；以美丽乡村标准化建设为抓手，新农村建设提档升级，出现一批宜居宜业宜游的新农村；深化城乡精神文明创建，乡村文明行动深入推进，移风易俗广泛开展，乡村特色文化呈现出勃勃生机。

齐鲁大地自古就有重视修志的传统。经济文化的繁荣昌盛，既使乡镇村志编修成为广大人民群众的精神需求，又为之奠定了坚实的物质基础。在当前全力推进新型城镇化建设的新形势下，如何做好乡镇村志编修与经济文化建设结合的文章，成为史志工作面临的一大课题。目前，乡镇村志编修在全省蓬勃开展，渐成燎原之势，累计出版 1000 多部。正确引导和规范管理乡镇村志编修工作，全省各级史志机构责无旁贷。山东的新型城镇化和新农村建设走在全国前列，史志工作走在全国前列，名镇名村志编修也理应走在全国前列。正是在这种背景下，省史志办制定印发了《齐鲁名镇名村志文化工程实施方案》，以传承和弘扬齐鲁优秀传统文化，更好地服务新型城镇化和新农村建设。齐鲁名镇名村是全省1826个乡镇（街道）、7万多个村庄（社区）的典型代表，编修齐鲁名镇名村志系列丛书，对传承乡村文脉、重塑文化特色，展示乡村发展脉络、探索乡村发展经验，丰富史志工作内容、完善史志成果体系具有重要意义。这是提升新型城镇化和新农村建设历史文化内涵的重要举措，也是促进史志事业转型升级的创新性工程。

新时代开启新征程，新气象孕育新希望，新作为遵循新思想。习近平总书记在十九大报告中强调指出："深入挖掘中华优秀传统文化蕴含的思想观念、人文精神、道德规范，结合时代要求继承创新，让中华文化展现出永久魅力和时代风采。"十九大报告提出的"实施乡村振兴战略"，要求"加强农村基层工作，健全自治、法治、德治相结合的乡村治理体系。"齐鲁名镇名村志丛书的编纂工作，坚持深入贯彻党的十九大精神，以习近平新时代中国特色社会主义思想为指引，牢固树立"四个自信"，切实增强"四个意识"，坚持辩证唯物主义和历史唯物主义的立场、观点和方法，全面、客观、系统地记述全省新型城镇化进程和社会主义新农村建设取得的伟大成就。讲好新时代的乡村故事，传承中华优秀传统文化，弘扬社会主义核心价值观，培育群众的爱乡爱国情怀，传播干事创业的正能量，为实施乡村振兴战略作出独具特色的历史贡献，是这一系列丛书的价值所在。

"修志问道，以启未来"。编修齐鲁名镇名村志系列丛书，资政存史、泽被后世，善莫大焉、功莫大焉。

是为序。

山东省人民政府办公厅党组成员
山东省地方史志办公室主任　刘彦军

2017年12月

序

丁酉早春，老家奚村的联东同志将其工作之余精心编写的《奚村志》文稿送到我的案头，要求我为之作序。说实在话，这令我颇感踌躇：一方面，我的老家同奚村一河之隔，相距也就一里，且我在奚村小学读过书，作序似乎顺理成章；但另一方面，由于本人的学识浅陋，一向不敢出头为人作序，怕惹人耻笑。然认真翻阅书稿后感到内容丰富，结构规整，文笔精炼，读之耳目一新，仿似史海泛舟，爽心之余启人深思。同时，也深为联东等同志这份对史志文化建设的执着和热忱所感动，故只能从命。

奚村是历史文化名人奚仲故里，这里不仅是奚仲的栖居地，而且也曾是山东省小麦高产示范区，有着辉煌的过去。少年时我便在奚村小学读书，对当年的一些村景村情记忆犹新，即便居外工作多年，仍对这片热土充满感激与崇敬之情。我在分管全市宣传文化工作期间，薛城开发“奚仲文化”工程，在全国打响了“奚仲故里在薛城”，以及“车文化”“拜车祖 · 保平安”等文化品牌，不仅提高了薛城的社会知名度，而且推动了区域经济和文化产业的大发展。2017 年 2 月，枣庄市召开第十六届人民代表大会第一次会议，李峰市长在其就职感言中提到了枣庄历史上的 4 位名人，首先就提到了夏商时期的车正大夫奚仲。奚村，历史悠久，文蕴深厚，村境及周边分布着五六千年前的东夷大汶口文化遗址至龙山文化遗址，面积覆盖老薛河支流两岸。4000 多年前，该区域为古薛方国夏车服大夫奚仲封邑，古薛国变迁后奚邑渐湮为村落，是枣庄地区形成最早的古村落之一。村北的奚公山为奚仲长眠之地，留下了很多历史文化遗迹和奚仲造车的传说故事。近代以来，不论是革命战争年代还是和平建设时期，奚村都留下过浓墨重彩的一笔。在加快城镇化进程、建设美丽乡村的今天，修一部完整的地情村志，留下一个村庄的前世今生，具有重大的历史意义。村志会让人们铭记祖辈们万难不屈、艰苦创业的奋斗精神；村志会让人们弘扬无私奉献、报效祖国的亮节高风；村志会让人们秉承勤劳节俭、孝老敬祖的崇高美德；村志会萦牵人们爱乡、思乡的缕缕情丝，激发爱我乡土、爱我中华的一腔豪情，这也许就是村志的独特价值和历经千年而不衰的原因所在。今天，在陶庄镇党委、政府的大力支持下，奚村正全力推进“美丽乡村”建设，此时编撰《奚村志》，对于奚村来说，无疑是一件功在千秋的好事，一顿造福社会的饕餮“大餐”。这一昭往彰来的盛举，正合时宜，理当拍手叫好！

盛世修志，志载盛世。《奚村志》即将付梓，可能还有不足之处，但是她的带头作用应该充分肯定，编写志书同志的功绩应该充分肯定，而且将铭记村志史册。同时，市、区史志部门和陶庄镇同力打造这一历史文化工程，付出了很多精力和辛苦！中共十九大新时代、新征程的号角已经吹响，希望今天的奚村能站位高远，充分发挥历史文化资源优势，借助政府、社会推力，继续开拓创新，砥砺前行，向着社会主义新农村建设的方向阔步前进！

枣庄市委原常委、宣传部部长
枣庄市人大常委会原副主任

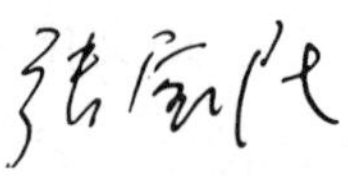

2017年5月

凡例

一、本志以马克思列宁主义、毛泽东思想、邓小平理论、“三个代表”重要思想、科学发展观、习近平新时代中国特色社会主义思想为指导，学习实践习近平治国理政新理念、新思想、新战略，运用历史唯物史观，实事求是地记述奚村的历史与现状，传承和抢救奚村历史文化，留住乡音、乡思和乡愁，以达“存史、资政、教化”之目的。

二、本志记事上限肇自发端，下限止于 2017 年 8 月。记述范围为现奚村区划范围，贯通古今，详今明古，着重反映改革开放以来的奚村发展历史，体现奚村的“名”与“特”。

三、采用纲目体，设类目、分目、条目，横排门类，纵述史实，述而不论。综合运用述、记、志、传、图、表、录等体裁，以志体为主，图文并茂。

四、民国前使用历史纪年，括注公元年份，同一朝代年号在同一条目中只在首次出现括注；民国后使用公元纪年。志中未在“××年代”前标注世纪者，均指 20 世纪的年代。历史机构、职官均书当时称谓。

五、人物部类遵循“生不立传、因事记人”的原则。人物传按生年排序，选录对奚村有较大影响的历史人物；人物简介简述对奚村发展做出较大贡献或在社会上有较大影响的乡贤志士；其余上书人员，人随事出。

六、本志行文，除引文外，一律使用现代语体文，执行中国《地方志书质量规定》《中国名村志丛书编纂规范》等志书出版的有关规定。

七、统计数字和计量单位按现行《中华人民共和国统计法》和《中华人民共和国法定计量单位》的有关规定执行。历史上的计量单位依历史习惯，新中国建立后使用公制，需用市制时予以说明。

八、数字运用依《现行出版物上数字用法的规定》。历史纪年、农历月日、序数数字用汉字，百分比、公元日期、统计数字，均用阿拉伯数字。

九、本志中陶庄镇所属村庄名前不标注镇名，管辖之外的村庄加注镇名或市、区名。

十、本志资料来源于图书馆、档案馆及知情者回忆文章、口述资料，统计数字采自上级主管部门及村委会资料。资料来源一般不注明出处。

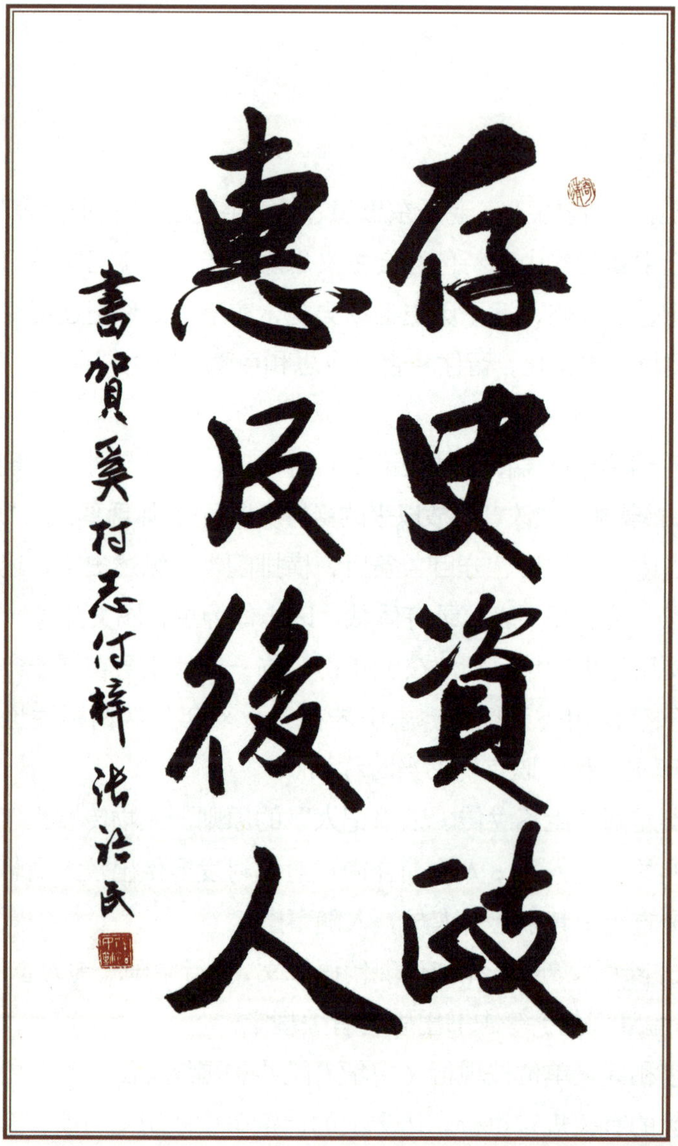

——张裕民 1958 年 8 月生，薛城人，中国书画研究院研究员，枣庄市书法协会副主席，枣庄市奚仲书画研究院院长

奚村位置示意图

奚村行政区划图

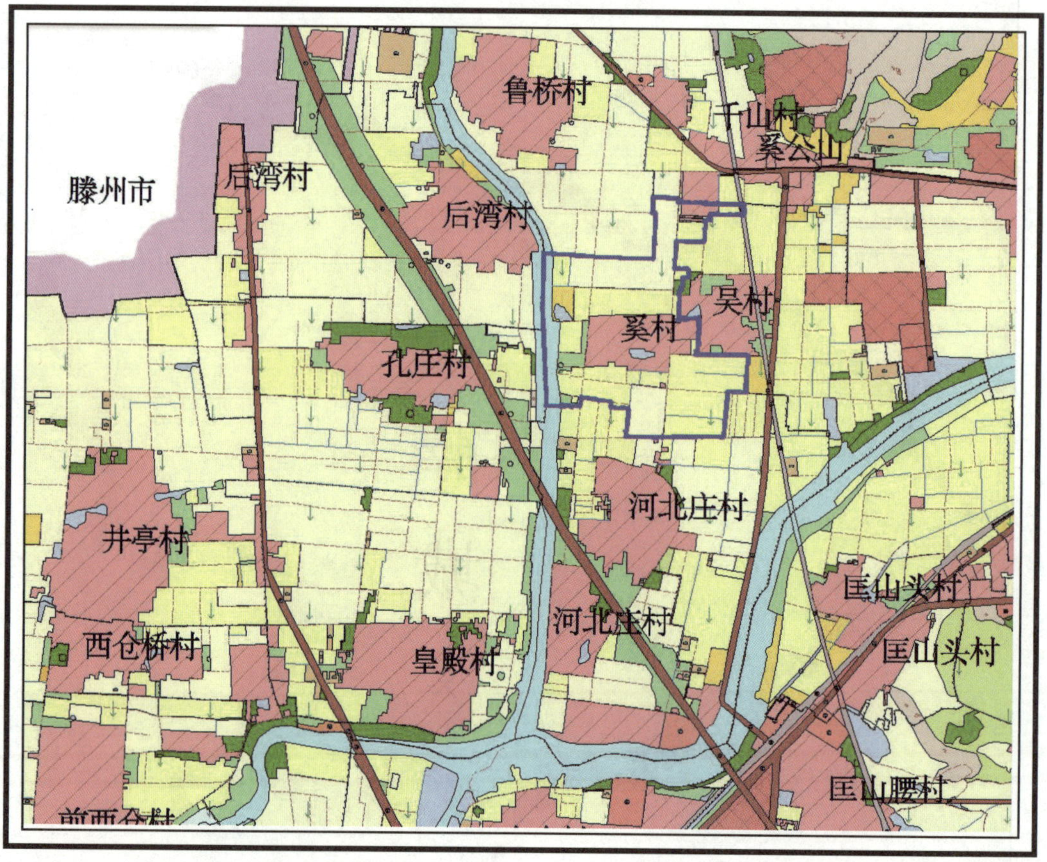

审图号：鲁 SG（2017）234 号

石铲　大汶口文化早期，古奚邑（今奚村）遗址，1975 年 6 月出土

陶鬶　大汶口文化晚期，古奚邑（今奚村）遗址，1980 年 4 月出土

陶尊　西周，古奚邑（今奚村）遗址，1980 年 4 月出土

彩绘陶鼎　汉代，奚村东南凤凰山，2008 年 3 月出土

2008 年 4 月 25 日，中国先秦史学会、中国汽车工程学会、中国文化产业促进会、中国汽车工业协会联合为薛城颁发“造车鼻祖奚仲故里”匾牌

村民为回第二故乡奚村的老知青讲述奚村的历史渊源（摄于 2016 年 8 月 28 日）

中华车祖苑和奚仲纪念馆远景图（张 龙 摄 2017年6月）

蟠龙河夕照图（陈允沛 摄 2015年10月）

水草丰茂老薛河（张联东 摄 2017年7月）

老薛河景观水系林网 （孙明春　摄　2017年6月）

幸福时光休闲观光农业采摘园 （摄于2017年2月）

村容村貌（杨　军　摄　2017年6月）

奚仲文化休闲健身广场
（孙明春　摄　2017年6月）

奚仲纪念馆—祭祀车祖奚仲　（陈允沛　摄　2010年4月）

奚仲小学全貌（张　龙　摄　2017 年 6 月）

《奚村志》编委会成员（部分）合影 （前排左起：石玉凤、赵克兰、张百随、张传成、张传爱、张传允、张传顺、张传锁；中排左起：张联东、张全喜、关传杰、李鏖、张联印、张百宏、张联龙、孙思君、关传允、张传甲、张远军；后排左起：张联磊、张珑、高峰、朱启利、张家平、张联庆、张海亮、刘全营、张凯、张联付、种海涛）（摄于 2017 年 7 月）

滕阳奚村张氏宗祠（张联东　摄　2016 年 5 月）

《张尔润墓志铭》碑帖（郑庆海　拓　2017 年 7 月）

钟灵毓秀，大美奚村。瑰玮不凡，昔日薛国奚邑；风华名世，今朝村落领军。奚公山瑞霭北峙，蟠龙河紫气东临。古薛河清流逸逸，大汶口器物麟麟。薪火绵延千载，踵武先哲；村名得自奚仲，敬颂车神。

奚山薛水入画图，诸氏和衷共济；良公卜居六百载，八万贤裔堪钦。爰为兴农旗帜，士农工商并臻。八百俊彦，修文以重武；泱泱一脉，博爱而崇仁。祖业宜弘，当再扶鹏翼；奚村永固，祈万古长春！

——《奚村赋》 彭文堂（山东枣庄人，1968 年 10 月生，鲁南辞赋学会副会长、辞赋骈文网副总编、《中华姓氏赋》特约作家）

目录

齐鲁名村志
QI LU MING CUN ZHI

奚村志
XI CUN ZHI

概述

GAISHU

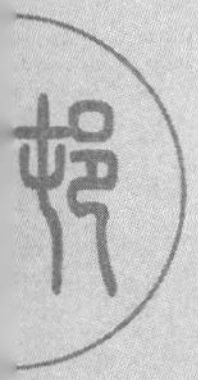

奚村，位于山东省枣庄市薛城区城区西北7千米，为陶庄镇下辖之行政村。村域面积0.75平方千米，耕地面积0.49平方千米，人口220户、860人，均为汉族。奚村北枕巍巍千山（奚公山），西傍湲湲老薛河支流，两条河流相向南行汇集于田湾村南，犹如两条银龙环绕守护着一方平原村庄。这里地处山前冲积平原带，土地肥沃，气候温润，水量充沛，是最利农业多元开发、工商诸业发展和适宜人居的好地方。

奚村历史悠久，夏时为车祖奚仲古薛方国封邑，后因历史变迁奚邑在商周时期渐湮为村落，至今已逾四千余年，是枣庄地区形成最早的村落之一。秦汉始，奚村为滕县东南一隅，建置沿革随朝代更迭而变，历属薛郡、薛县、蕃县、滕州、滕县，但奚村村名自商周沿用至今。2001年4月，奚村为村级行政村划归陶庄镇管辖。

奚村村域大汶口文化遗址丰富，面积覆盖老薛河支流两岸，时代为人类由狩猎

奚山薛水入画图——故里奚村

文化发展到农耕文化时期，出土有灰坑、红陶、夹砂陶片等文物遗存。90年代，村东发现商周文化遗址，留下大量先人在这里繁衍、劳作的遗迹。村北的千山（奚公山），是奚仲造车的发源地，留下了许多历史文化遗迹和奚仲造车的传说故事。4000多年前，奚仲在这里造出了人类第一辆马车。奚仲十二代裔孙仲虺居薛，为商汤左相，檄文《仲虺之诰》辅佐商汤诛灭夏桀，建立商王朝，名垂青史，村东“仲虺墓”（俗称灰堌堆）至今犹存。奚公山曾建有长江以北、黄河中下游流域最大的道教建筑群，是苏鲁豫皖四省边界最大的道教圣地。明嘉靖四十五年（1566），县府扩挖老薛河支流（今官桥镇王家口至蟠龙河南支），流经村域面积0.05平方千米。这条人工开凿的河流，静静地流淌了450多年，滋养着河两岸村民，蕴藏着丰富的历史文化信息，谱写了劳动人民开发利用大自然的壮丽篇章。

二

漫漫历史长河中，生活在这一方土地的先民们，用他们智慧和勤劳的双手，创造出了富庶的劳动成果和光辉灿烂的历史文化。旧社会，自然灾害的不可抗拒，封建官府的苛捐杂税，地主老财的盘剥蹂躏，致使民不聊生，妻离子散，家破人亡，逃荒乞讨，一代代生活在这片土地上的村民们受尽了折磨和困苦。为了生存，先民们与自然灾害斗，与封建剥削者斗，付出了无与伦比的艰辛，甚至血肉之躯。

奚村是枣庄地区（古方国薛、滕、郳、小邾、倪、鄫、偪阳）最早以奚仲姓氏得名的村落。明洪武二年（1369），山西平阳府洪洞县民张良（字恭让）携家眷随外迁晋民来到奚村定居，已历时648年，繁衍三十余世，后裔遍及全国各地，是村中姓氏中居住最早的家族。1927年，村民张百凯、张百朗等自发组织民众奋起抗击土匪（谓之“马子”），为保护本村村民生命财产相继殒命，民国滕县政府追授“义烈”，树碑立传，载入《滕县志》。1944年，张子建参加敌后武工队，除汉奸、搞土改，投身革命斗争。1946年解放战争初期，村民张裕厚加入解放军，南征北战。村民组建农救会、妇救会、儿童团和民兵组织，配合解放军和地方武装开展对敌斗争。儿童团站岗放哨，传递信息；青年人踊跃参军，前线杀敌；民兵们积极支前，送粮救人；妇女们制作衣鞋，筹措军需，耐心细致做伪保基层政权人员的工作，对他们的思想和言行进行转化。淮海战役中，村民孙延敏、张百荣、关文德等10余人组成民兵支前小队，推着小红车送粮送草、运送伤员，支援淮海前线，用实际行动迎接新中国的诞生。新中国成立后，全村响应国家“抗美援朝，保家卫国”的号召，捐款捐物支援前线，村民张裕厚、张传俊、张恒茂、张联喜等人先后奔赴朝鲜作战。1979年2月，张联宝参加对越自卫反击战，两次荣立“三等功”。在村历次政治运动、民兵比武和农业大生产中，民兵保持政治本色，不畏艰险、冲锋在前。至2017年，全村人民积极支援部队和国防建设，先后向部队输送合格兵员40多人，有的成为人民的功臣和英雄。

三

新中国成立后，奚村人民在中国共产党的领导下，自力更生，医治战争创伤，成立农救会组织，深入开展了“镇反”“土地改革”“统购统销”和“抗美援朝爱国捐献”等活动，并根据上级指示，遵照自愿互利原则，组建互助组，实现生产合作化，逐步走上集体化道路。50年代末，村内开始“大跃进”运动，刮起“浮夸风”“共产风”“平调风”，生产受到一定破坏，村民生产积极性受到挫伤。“文化大革命”十年间，受“左”的思想路线的影响，社会秩序混乱，阻碍了生产力的发展。1978年12月，中共十一届三中全会的春风吹遍全国，奚村和全国一样，坚持“解放思想，实事求是”的思想路线，坚持“一个中心、两个基本点”，彻底纠正“左”的错误，及时把工作重点转移到社会主义现代化建设上来。落实土地承包政策，推行以家庭联产经营为主的农业承包责任制。村领导班子抢抓机遇求发展，结合实际谋富路，发动广大村民购买农机具，在责任田里打井修渠，调整农业产业结构，剩余劳力走出家门、进城务工，鼓励有一技之长的村民从事家庭养殖、农副产品加工、货车运输，发展三产服务业等。改革开放近40年来，奚村村容村貌发生巨大变化，农、工、商、文教、卫生等各业都取得了显著成就，村民人均收入逐步提高，人民生活日益富庶。

新中国成立前，奚村以农业为主，靠天种田，无雨则旱，大雨便涝，风调雨顺之年粮食亩产在50~100千克，十年有八年歉收，全村近70%的土地集中在西石沟、刘村地主和本村富农手中，无地少地的农民生活十分贫困。新中国成立后，通过土地改革和农业集体化，已经成为土地主人的农民，通过农田改造、兴修水利等农业水利措施，努力改善生产条件，持续进行农田水利建设，建成了排灌结合、蓄引并举，防洪、防涝、防旱的工程体系，达到了田成方、路成网，全村100%的农田实现了旱涝保收、稳产高产。主要作物小麦、玉米由新中国成立前的亩产50千克左右增产到500余千克，增长9倍多，粮食生产已实现由满足生活口粮到提供商品粮的转变。繁重的体力劳动逐渐为农业机械作业所替代，犁耙、耩子、镰刀、手推车、石磨、石碾等传统农具进入民俗馆，农业实现了耕作、播种、植保、收割、脱粒、运输和粮油加工机械化。70年代，因地制宜进行耕作制度改革，引进优良品种，推广栽培、植保和肥料等一系列先进科学技术。这期间，出现过“大跃进”“浮夸风”“共产风”等失误，遭遇过自然灾害的影响，经历了“文化大革命”的挫折，受到过体制和政策的束缚，农业生产几度起伏，但是奚村始终是全区农业生产的一面旗帜，全年粮食单产最高达到450余千克，为一般村的1.5倍之多，是枣庄地区乃至全省的农业生产典型。1953年，国家实行粮食统购统销政策，广大农民争先售粮，超额完成余粮出售任务。1975年，在全区旱灾严重、粮食大减产的情况下，奚村仍然获得农业生产大丰收，奚村一次超交8万余千克小麦爱国粮，被山东省委、省革委授为“全省农业学大寨先进生产队”称号。改革开放以来，村民凭勤劳致富，生活水平迅速提高。1990年前后，奚村小麦、玉米两季作物达到“吨粮田”。进入21世纪以来，随着现代农业的发展，人们的种植观念和经营模式发生变化，村民经济收入不断提高。1983年土地承包到户经营，全村人均纯收入308.72元，到2015年全村人均纯收入达1.2万元，是1983年的40余倍。

四

新中国成立前，奚村仅有从事集市贸易的小手工业，多为土陶烧制坊、造糖坊、酿酒坊、豆腐坊、油坊等手工业作坊，依靠奚村集市单门独户进行经营。

土陶业是奚村村民谋生的传统工艺项目和养家糊口的重要经济来源，清康熙年间至新中国成立初期一度达到鼎盛期。1955 年，国家对私营工商业进行社会主义改造，村里的个体手工业走上了合作化道路。奚村土陶业重又做大、形成规模，股份制手工业作坊遍布全村。进入 60 年代，土陶业归集体所有。为发展壮大集体经济，村集体先后在村北、村南建成砖窑 4 座，成为奚村的主要副业。至 90 年代初期,砖窑厂在连续生产 20 余年后停止生产。奚村有栽种梨树的历史，1962 年梨树达到 1600 株，年产梨 10000 余千克。生产大队发展苹果业，村后规划苹果园，栽种苹果树 500 余株，果品大部分销往外地。70 年代，生产队还办起粉坊，加工粉条、粉面。1985 年，村筹集资金建设石灰窑 1 座，日产石灰 24 立方米，月收入 3 万余元。

新中国成立前，奚村即有建筑队“泥瓦匠”，多为村民修盖房屋服务。50 年代中期，有个别建筑泥瓦匠走出家门从事建筑业活动。80 年代初，奚村进行大规模改造时，成立专业建筑队，村民从事建筑业的人数增多，主要是在村内或周边各地承揽建筑工程,有的承接大型建筑施工项目。50 年代,村里集市贸易比较红火，后受国家打击“投机倒把”政策的限制，一度成时隐时现状态。1965 年奚村集市迁至鲁桥村后，商业贸易基本停止。运输业兴起于 70 年代末，村民开始从事地排车运输，驴拉排车拥有量最多达到 15 辆。1984 年村民开始购买拖拉机从事运输，1991 年出现货车长短途运输。至 2017 年，村拥有物流车辆 11 辆。木材加工业曾是奚村的传统副业，多为家庭作坊式生产，主要以加工各式家具为主。进入 21 世纪，青年人走出村庄，各显其能，大多从事建筑、装修、商业等活动，靠体力和技术增加家庭收入。

村庄建设面貌日新月异。过去的土墙草屋逐渐被瓦房、平房甚至楼房代替，人均住房由 1982 年的 18 平方米增加到 2017 年的 50 平方米，平楼（含楼房）面积占 80% 以上。新中国成立前，村内道路少而窄，均是土路，靠车推、驴驮、肩挑人抬运输。1980 年和 2000 年前后，村先后实施了“旧村改造”工程、“村村通”工程，村与村、村与户道路全部打通，主路进行硬化。2015 年，实施“美丽乡村”工程建设，村庄实现了道路硬化、绿化和亮化，街道宽敞明亮，到处花草葱茏，昔日狭窄的土路街道已变成“六横十四纵”的水泥硬化道路，户户用上了自来水，安上了有线数字电视，村容村貌实现历史性改观。

五

奚村历史文化悠久，村内自古崇尚读书、重视教育，漫长的历史长河中涌现出不少先贤志士。远无可查，近有所考。村内自唐代始即建有义学、私塾。清乾隆三十九年（1744），村民张光汉跟随其伯父张鲁齐读私塾，于乾隆年得中举人，成为薛城地区“五举人”之一。解放前上过塾学的张百铭、张百增、张百才、张传树等成为新中国成立后村内最有文化的人。1960 年，村民张传润、张联奎分别考入山东大学和南京林业大学，实现了奚村解放后大学生“零”的突破。1963 年，奚村开始兴学办教育，自办教学班。1965 年成立公办奚村小学。建校 50 多年来，奚村小学由小做大、由弱变强，一跃成为乡镇小学重点学校、教育先进单位。奚村人才济济，从本村走出去的科级以上干部、专业技术人才达 140 余人。1977 年，国家恢复高考后，村民张全志第一个考入山东省中医药学校。80 年代至 90 年代初，村民张联尧重视子女教育，6 个子女先后考入大中专院校，被誉为新时代的“六子登科”。

60 年代，随着集体经济发展和群众生活的提高，村级卫生室开始设立，赤脚医生走上村医疗卫生的前台。2004 年，国家开始实行新的农村合作医疗制度，村民就医难、治病难的状况得到较好解决。爱国卫生运动的开展，推动了村容环境卫生的好转，村卫生“脏乱差”现象得到改变。2015 年村内成立了保洁专业队伍，垃圾实现了定点、按时收集清运，村民生活环境不断得到改善。计划生育成效明显，国家的计划生育政策得到较好执行，人口自然增长率、人口出生率均控制在政策范围之内。农村文化事业日益繁荣发展，农家书屋、文化大院相继建成，文化活动日益丰富多彩，城乡差别逐步缩小。

优美的自然环境，深厚的文化积淀，滋养着勤劳智慧的奚村人民。新时期的奚村，正乘着改革开放的东风，按照党中央提出的乡村振兴战略，认真贯彻落实党的“三农”政策，沿着全面建成社会主义小康社会的道路阔步前进，为全面建设“生产发展、生活富裕、乡风文明、村容整洁、管理民主”的社会主义新农村而努力奋斗。

齐鲁名村志

QI LU MING CUN ZHI

奚村志

XI CUN ZHI

地理环境

DILIHUANJING

历史沿革

奚村历史悠久，是枣庄地区形成最早村落的地方之一。考古发现，奚村在大汶口文化时期已有氏族部落先人（东夷族）在此生产生活。今村西、村东一带，曾发现灰坑、红陶、加砂陶片、捻珠、罐、陶鬶、石斧、石铲等石器时代人类活动的文化遗存。据此推断，在人类由狩猎文化发展到农耕文化的时期，村域内已有人类活动的踪迹。据中国先秦史学会历史考证："夏朝奚仲始封于薛，古奚邑（今奚村）为其封邑。4000 多年前，奚仲在村北千山（后人称之"奚公山"）制造发明马车，因造车有功封于薛，为薛国始祖。商灭夏后，奚仲十二世孙仲虺为左相，封于薛，西迁都城三十里邳城邑（今微山欢城）。随之奚邑人烟渐稀，奚邑规模逐渐缩小，商周时渐沦为村落"。村庙碑记载："滕县东南六十里，有商汤左相仲虺之故乡"，村北奚公山有奚仲造车遗迹和车服祠庙。

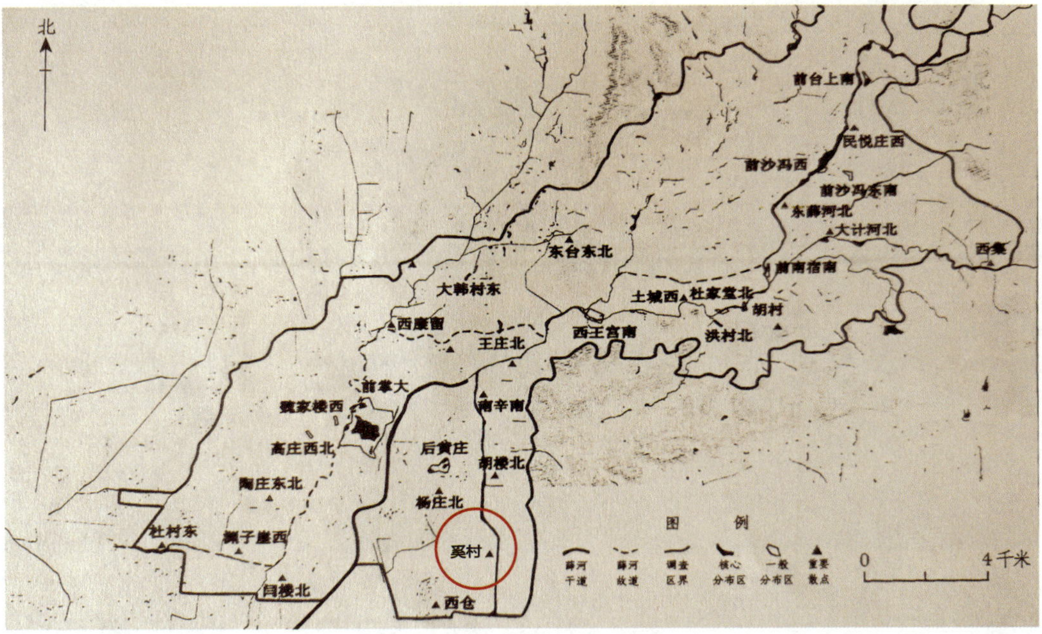

大汶口文化时期薛河流域的聚落形态（摘自《考古学研究》第 18 期）

奚村村名自商周沿用至今。夏时，奚邑隶属古薛国领域。殷商时期，奚仲之后十二世孙仲虺为商汤左相，居于薛。隋废薛旧称，成为滕县领属之地，奚村遂由薛属改为滕属。明正统年间（1436—1449），奚村属礼教乡青丘社，村域范围广，为滕县东南六十里较大的村落之一。吴村曾名“东奚村”，后湾村曾名“后奚村”。后湾村因明时扩挖老薛河支流（王家河口至皇殿）段，遂迁至河西，改名湾里。奚公山（绣球山）、狮子山前及老薛河支流东岸、蟠龙河西岸多有奚村之地。

清朝在地方设有省、府、县三级政权，县下设保。清康熙十一年（1672）滕县辖地按八卦（即八方）统属，奚村为离九保。清嘉庆、清光绪年间（1796—1908）以仁、义、礼、智、孝、悌（弟）、忠、信统领 72 社（区），奚村在清嘉庆十八年（1813）属弟九社，清光绪六年（1871）属弟九区。民国初年至民国二十年（1931），境内建置仍沿清制。1931 年，奚村为滕县第九区皇殿乡。1942 年，奚村属滕县第七区皇殿乡。1945 年 8 月，人民政权建立后，奚村属临城县第七区皇殿乡。1946 年 9 月，奚村属滕县第八区温泉乡（国民党政权）。1948 年 5 月，奚村属临城县第六区温泉乡。1949 年 3 月，奚村属临城县第六区鲁桥乡。

新中国建立初期，奚村属滕县专属临城县第六区鲁桥乡。1953 年 9 月，临城县改为薛城县，奚村属济宁专署滕县鲁桥乡。1954 年初，奚村成立初级农业生产合作社。

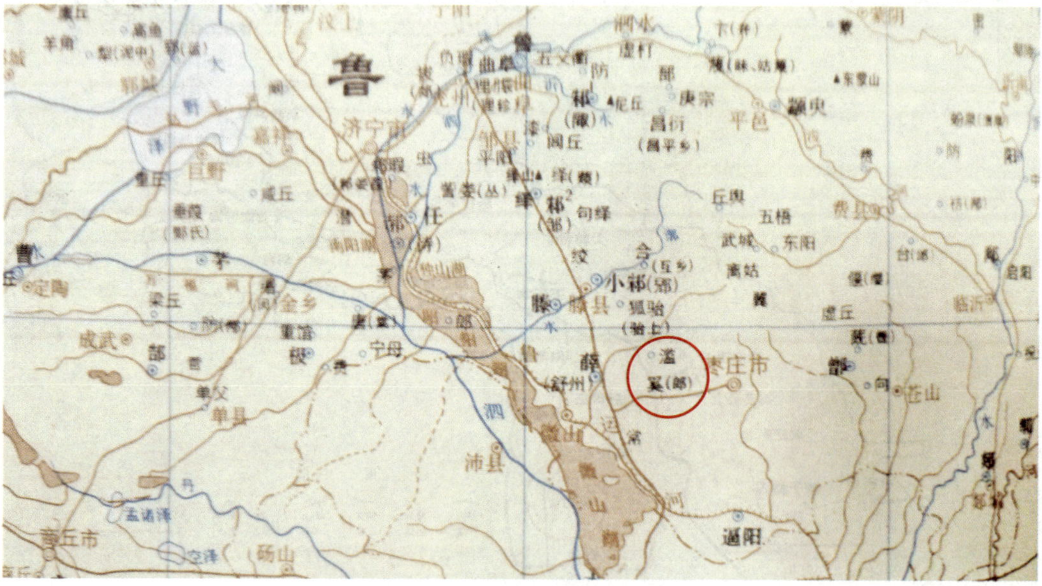

春秋时期地图中的奚（郳）邑

1956 年，奚村与吴村合并成立奚村高级农业生产合作社。同年 3 月，撤薛城县，设滕县临城区，奚村属济宁专署滕县临城区鲁桥乡。9 月，奚村属济宁专署滕县临城区西仓乡。1958 年 10 月，成立人民公社，奚村政社合一，属临城区友谊人民公社。奚村高级农业生产合作社改称奚村生产大队管理委员会。1960 年 3 月，临城公社改属枣庄市。1961 年 8 月，属枣庄市薛城县西仓公社。1962 年 6 月，薛城县改称薛城区。1984 年 5 月，属枣庄市薛城区夏庄乡，奚村生产大队改为奚村村民委员会。2001 年 4 月，夏庄乡与陶庄镇合并，奚村作为村级行政村划归陶庄镇管辖至今。

奚村建置沿革一览表

表

<table>
<tr><th>朝代</th><th>时间</th><th colspan="3">隶属</th><th>备注</th></tr>
<tr><td>黄帝、唐虞</td><td>—</td><td colspan="3">滕（氏族、部落）</td><td>村西有大汶口文化遗址</td></tr>
<tr><td>夏禹</td><td>约公元前 2100 年</td><td colspan="3">徐州之域，薛（部落方国）</td><td>《左传》疏：“夏，奚仲居薛……”。遂有奚邑之城</td></tr>
<tr><td>殷商</td><td>约公元前 1600 年</td><td colspan="3">徐州之域，薛（部落方国）</td><td>《晋太康地记》奚仲迁于邳，其后仲虺复居于薛</td></tr>
<tr><td>周</td><td>约公元前 1100 年</td><td colspan="3">青兖之域，薛（侯国）</td><td>武王封任姓后畛复国于薛。奚邑湮为村落</td></tr>
<tr><td rowspan="2">春秋战国</td><td rowspan="2">约公元前 340 年</td><td>宋国</td><td>任氏</td><td rowspan="2">薛国</td><td>灭于宋，齐魏灭薛</td></tr>
<tr><td>齐国</td><td>田氏</td><td>鲁国侵占奚邑，齐国占薛邑，任氏族迁下邳</td></tr>
<tr><td>秦</td><td>始皇二十六年（前 221）</td><td colspan="3">薛郡薛县</td><td>秦实行郡县制，基层设亭长</td></tr>
<tr><td>西汉</td><td>武帝元年（202）</td><td colspan="3">豫州部鲁国薛县</td><td></td></tr>
<tr><td>东汉</td><td>更始三年（25）</td><td colspan="3">豫州部鲁国薛县</td><td></td></tr>
<tr><td>三国</td><td>景初二年（238）</td><td colspan="3">魏国鲁郡薛县</td><td></td></tr>
<tr><td>西晋</td><td>永平元年（291）</td><td colspan="3">豫州部鲁郡薛县</td><td></td></tr>
<tr><td>东晋</td><td>义熙五年（409）</td><td colspan="3">豫州部鲁郡蕃县</td><td></td></tr>
<tr><td>北魏</td><td>皇兴二年（468）</td><td colspan="3">徐州部蕃郡永兴县</td><td></td></tr>
<tr><td>东魏</td><td>元象二年（539）</td><td colspan="3">徐州部彭城郡蕃县</td><td></td></tr>
<tr><td>东魏</td><td>武定五年（547）</td><td colspan="3">徐州部彭城郡薛县</td><td></td></tr>
<tr><td>后齐</td><td>天保元年（550）</td><td colspan="3">徐州部彭城郡蕃县</td><td></td></tr>
</table>

续表

朝代	时间	隶属	备注
隋	开皇六年（586）	徐州部彭城郡滕县	
唐	贞观元年（627）	河南道徐州彭城郡滕县	
宋	建隆元年（960）	京东西路徐州彭城郡滕县如市乡	
金	大定二十二年（1182）	山东西路宣慰司滕阳州	
	大定二十四年（1184）	山东西路滕县	
元	至顺年间（1330—1333）	山东东西路益都路总管府滕州滕县礼教乡	
明	洪武二年（1369）	山东布政司济宁府滕县礼教乡青丘社	
	洪武十八年（1385）	山东布政司兖州府滕县礼教乡青丘社	
	正统元年（1436）	山东布政司兖州府滕县义河乡青丘社	9 乡 87 社
清	康熙十一年（1672）	山东布政司兖州府滕县离九保	
	嘉庆十八年（1813）	山东布政司兖州府滕县弟九社	
	光绪元年（1875）	山东布政司兖州府滕县弟九区	
中华民国	1912 年	山东省兖州府滕县弟九区	
	1913 年	山东省岱南道滕县弟九区	
	1914 年	山东省济宁道滕县弟九区	
	1925 年	山东省兖州道滕县弟九区	
	1928 年	山东省兖州督察区滕县弟九区	
	1931 年	山东省第一行政督察区滕县第九区皇殿乡	
	1938 年	山东省兖济道滕县第七区皇殿乡	
	1940 年	山东省兖济道滕县第七区皇殿乡	日伪时期伪政权（1939 年抗日民主政权成立时为鲁南专区）
	1945.8—1946.10	山东省临城县第七区皇殿乡	人民政权（第一次解放）
	1946.9—1947.5	山东省滕县八区温泉乡	国民党政权
	1948.5—1948.11	山东省滕县临城县第六区温泉乡	人民政权（第二次解放）
	1949.3	山东省尼山专区临城县第六区鲁桥乡	人民政权

续表

朝代	时间	隶属	备注
中华人民共和国	1950.5	山东省滕县专区临城县第六区鲁桥乡	
	1953.9	山东省济宁专署薛城县鲁桥乡	临城县改为薛城县
	1956.3	山东省济宁专署滕县临城区鲁桥乡	撤薛城县，设滕县临城区
	1956.9	山东省济宁专署滕县临城区西仓乡	
	1958.10	山东省济宁专区滕县临城友谊人民公社	
	1960.3	山东省枣庄市临城友谊人民公社	临城公社改属枣庄市
	1961.8	山东省枣庄市薛城县西仓公社	
	1962.6	山东省枣庄市薛城区西仓公社	成立薛城区
	1984.5	山东省枣庄市薛城区夏庄乡	公社驻地由西仓桥迁至千山头
	2001.4	山东省枣庄市薛城区陶庄镇	夏庄乡合并到陶庄镇

位置交通

位置

奚村位于千山（奚公山）脚下，薛城区驻地西北 7 千米处，东距陶庄镇人民政府驻地 6 千米，地理坐标为北纬 34° 85′ 24.23″，东经 117° 27′ 22.12″。奚村东与吴村接壤，南与河北庄村为邻，西濒老薛河支流与前湾村、后湾村隔河相望，西北与鲁桥村交界。村庄呈不规则形，村居建筑布局呈平行四边形，南北最长 1.8 千米，东西最宽约 1.5 千米，总面积为 0.75 平方千米，耕地面积 0.49 平方千米。

交通

村庄道路宽阔，四通八达，千皇路、奚河路两条乡村道路贯穿村境南北，可直达薛城、滕州；西向跨河 1.5 千米直达南北古官道（今黄洪线）；由村向北 0.7 千米直达 S347 省道（山官线）；向东 1.5 千米直达 S348 省道（枣曹线）。京沪高铁、京福高速公路从村东西部穿过，南距枣庄西站、枣庄高铁站、京台高速出入口均不足 10 千米。

地质地貌

地质

奚村地质结构属华北台鲁西隆起区南缘，地下大面积为第四系松散岩层所覆盖。岩层厚度在 17~35 米之间，下部普遍分布一层中粗砂层，岩相为冲积相、洪积相和坡积相，主要岩性为棕黄色粉砂质黏土、亚黏土、夹有中粗砂层，其厚度变化不大。

地貌

奚村北依绵绵千山，西邻老薛河支流，山水相连，有朝霞夕照之美。村东北千山山脉西起千山头，向东与鲁南第一高峰抱犊崮相连，绵延数百里至沂蒙山。东北略高，地势平整，适宜林木和农作物生长。村内部分区域因历史上建房取土缘故，形成数个大小不一的坑塘。村西北、西南紧靠老薛河支流，河滩地因筑堤坝、抟土制砖，故地势稍低洼。

土壤

奚村属黄淮冲积平原区域，村域内土壤其成土母岩、母质为钙质岩类及风化物的坡积、洪积物和洪积冲积物。耕地全部分布于村庄四周，主要土类为褐土、潮土和少量砂礓黑土，褐土是土壤主要类型，俗称“黄土”。其成土母质为洪积物，熟化度高，耕作性能好。村南、村北土壤质地良好，土壤深厚肥沃，无障碍层次，灌溉条件好，基本无水涝影响，属高产稳产田，是小麦、玉米、豆类等农作物主要种植区。村北黄土层下 0.5 米左右有粒土，松散但黏性大，适宜作土陶原料。随着耕地的治理保护和灌溉机械的推广，村耕地基本实现旱能浇、涝能排，水利设施全配套，土地均为 I 级良田地。

自然环境

资源

土地资源 全村土地面积 74.95 公顷，其中耕地面积 48.48 公顷，占总面积的 65.3%；村庄面积 14.25 公顷，占总面积的 18.7%；林地面积 2.09 公顷，占总面积的 2.7%；交通运输用地 4.18 公顷，占总面积的 5.3%；水域及水利设施面积 5.95 公顷，占总面积的 8.0%。

奚村土地资源状况统计表

表　　　　单位：公顷

耕地			水域及水利设施				交通运输			林地	村庄	总计
合计	水浇地	旱地	合计	河流水面	坑塘	沟渠	合计	农村道路	铁路	合计		
48.48	32.88	15.60	5.95	4.60	1.01	0.34	4.18	4.07	0.11	2.09	14.25	74.95

注：2017 年 8 月，薛城区国土资源局提供。

水资源

地下水 奚村的大面积松散岩层下普遍分布一层中粗砂层，富水性较好，属孔隙潜水分布区，水资源丰富。水质 pH 值 6.7 左右，属中性弱碱，人畜饮水和生产用水，主要为地下水。全村耕地均为水浇地，地下埋设 15 千米的通水管道，深水井 4 眼，轮灌期一般在 7~8 天。70 年代，人畜饮用水、浇灌菜园主要靠村内水井，深度 30~50 米左右，打水多不用井绳，有时用钩担就可提上水。80 年代中期开始，地下水位逐年下降。进入21世纪初，采用集中远距离输水和深水井打水，家家户户用上自来水，供村民生活及畜禽用水。

老薛河支流 位于奚村村西，该河段原为一条小河床，水源来自千山西麓的黑龙潭。明嘉靖四十五年（1566），扩挖薛河，从现在的官桥镇的王家口（现王园村）至皇殿开支河入南明河（今蟠龙河南支流）。河道始于山亭区，系季节性山洪沙河道，经村西由北向南流入薛城大沙河（蟠龙河南支流），村境河流长1千米，河宽0.05千米，流经村域面积0.003平方千米（水域中线以东河面）。每遇夏、秋洪水季节，水流量较大，汛期河水暴涨。冬、春两季水量较小，但历史上很少出现干涸现象，是山区排洪和平原排涝以及河两岸土地灌溉的主要河流。河道筑有70余米长的梯形拦河截坝1座，拦蓄能力达到15万余立方米。

蟠龙河 位于奚村村东，南支流旧称南明河，具有上千年历史，为自然形成的古河道。它像一条九曲十八弯的蟠龙穿越境内，河系由许由河、蟠龙河、大沙河3段组成。蟠龙河发源于枣庄市市中区大洞山（今柏山）飞来泉。该河由东经过薛城6个镇街向西流入微山湖。它全长46千米，河宽0.2千米，河深5米，流域面积260平方千米，流经村域0.01平方千米。蟠龙河上建有10座桥闸，43处提水站，6处橡胶坝，灌溉两岸万亩粮田，是薛城最大的河道。河两岸筑堤加固抵御洪水威胁，又经多年对水质、养殖、湿地、道路、绿化综合治理，成为树木成林、花果飘香、碧水鱼壮、造福两岸人民的母亲河。

植物资源 奚村地处平原，植被比较丰富，包括自然植被和人工植被。但由于受人类活动等因素的影响，植物种类逐渐变少。

奚村主要植物一览表

表

植物种类	品种
乔木	侧柏、枣树、国槐、杨树、柳树、核桃树、榆树、杏树、桃树、李树、银杏、苹果树、梨树、柿树、山楂树、花椒树、毛白杨、大青杨、小叶杨、青桐、泡桐、刺槐、白榆、臭椿、香椿、皂荚、垂柳、楸树、棠梨、龙柏、雪松、马尾松、木槿、刺槐、花椒、银杏
花木类	白玉兰、紫玉兰、广玉兰、百日红、腊梅、石楠、大叶黄杨、水杉、樱花、法国梧桐、枫树、五角枫、榕树、桂花、女贞
灌木	酸枣、枸杞、蔷薇、丁香

续表

植物种类	品种
草本	茅草、狗尾草、托秧草、黄蒿、白蒿、苦菜、荠菜、野芹、蓑衣草、节股草、野燕麦、蒲公英、野葱、毛莨、马齿苋、蒺藜、马莲、雪雪草、铁扫帚、菟丝子、山韭菜、羊蹄、茴茴菜、荆条、白头翁、车前草、灯笼棵、蓖麻、菟丝子、洋金花等
水生植物	苇子、蒲草、浮萍、苲草、水柳、荷花、菱角、茭笋、荸荠、金鱼藻等
药用植物	金银花、野菊花、地丁、酸枣仁、瓜蒌、车前子、牵牛子、苍耳、桑叶、薄荷、艾叶、茅根、枸杞子、马齿苋、藿香、核桃、蒺藜、丝瓜子、葛根、甜瓜、菊花、小茴香、木槿、芦苇根、气萝卜、桔梗等
粮食作物	小麦、玉米、高粱、地瓜、谷子、大麦、黑豆、绿豆、小豆、豇豆、豌豆、扁豆等
经济作物	大豆、棉花、花生、芝麻、向日葵、苘、麻、甜菜、油菜籽等
蔬菜作物	马铃薯、山药、姜；茄子、辣椒、西红柿等；大白菜、小白菜等；黄瓜、南瓜、冬瓜、丝瓜、西瓜、甜瓜、西葫芦等；菠菜、芹菜、卷心菜、苔菜、芫荽、莴苣、辣菜、豆角等；芸豆、眉豆、刀豆、青豆、蚕豆等；大葱、大蒜、韭菜、圆葱等；萝卜、胡萝卜、四季萝卜等；藕；木耳、蘑菇、银耳；香椿、金针菜等

动物资源 村内动物种类繁多，但随着社会经济的发展，环境污染、农药大量施用等原因，造成生态环境改变，过去很多野生动物现在已经绝迹。近年来，随着国家对环保的重视，农村生态环境有了明显改善，一些绝迹的野生动物又回到人们的视野。

奚村主要动物一览表

表

动物种类	品种
家畜	牛、羊、猪、马、驴、骡、兔、狗、猫
家禽	鸡、鸭、鹅
野生动物	野兔、黄鼠狼、狐狸、獾、野鼠、刺猬、野狸
鸟	乌鸦、麻雀、啄木鸟、布谷鸟、大山雀、灰喜鹊、斑鸠、猫头鹰、黄雀、家燕、大雁、百灵鸟、鹌鹑、鸽子、山鸡
水生动物	草鱼、鲢鱼、鳙鱼、胖头鱼、鲶鱼、武昌鱼、螃蟹、青虾、泥鳅
昆虫	蝗虫、蚂蚁、蜜蜂、蜻蜓、蝴蝶、蜘蛛、红蜘蛛、蚯蚓、蜗牛、蚕、蚜虫、菜青虫、天牛、粘虫、玉米螟、蛴螬、豆虫、地老虎、蟋蟀、蝼蛄、金龟子、瓢虫
其他类	蛇、蝙蝠、青蛙、螳螂、壁虎、土鳖虫、蜈蚣

气候

奚村处于中纬度暖温带季风型大陆性气候区，兼有南方温湿气候和北方干冷气候的特点，受自然地理环境、太阳辐射和季风的影响，具有光照好、积温高、热量丰富、雨量充沛、雨热同期的气候特点，光、热、水、气等条件优越。

气候特征 奚村地处淮河流域暖温带，大陆度 66.4%，四季分明，气候差异显著。多年平均气温在 15.0℃，各季气温差异明显，年平均降水量在 780.9 毫米。一般情况是：春季回暖快，光照时间长，前期多偏南风，降水偏少；后期风和日丽，蒸发量大，多春旱；夏季炎热，高温多雨，易涝；秋季降温较快，昼夜温差大，天高气爽，雨量减少，后期多风易旱；冬季低温寒冷，天干气燥，雨雪稀少，构成“春旱、夏涝、晚秋又旱”的特征。

奚村四季起止期一览表

表

	春	夏	秋	冬
起止日期	3月27日—5月25日	5月26日—9月7日	9月8日—11月6日	11月7日—次年3月26日
天数	60	105	60	140
节气范围	春分—小满	小满—白露	白露—立冬	立冬—春分

温度特征 奚村年平均温度 15.0℃。7 月为最热月，平均气温 31℃。年平均极端最高温度 39.9℃，出现在 2002 年 7 月 15 日。一月为最冷月，平均气温 10.5℃。年平均极端最低温度 −12.9℃。出现在 2015 年 11 月 23 日。一年中，4—10 月，气温在年平均值以上；11 月至次年 3 月，气温在年平均值以下，除一月份外，其余各月平均气温均在 0℃以上。春季平均气温 13.7℃，秋温高于春温，夏季平均气温 26℃，冬季平均气温 0℃。

降水 奚村年均降水量 780.9 毫米，地区降水量的年际变化较大。最多年降水量为 1317.0 毫米，出现在 2003 年；最少年降水量为 527.6 毫米，出现在 2002 年。最多年降水量和最少年降水量之比达 2.5 倍。一日最大降水量为 191.9 毫米，出现在 1993 年 8 月 5 日。年降水强度为 9.9 毫米 / 雨日，月平均降水强度以 1 月最小为

2.9 毫米 / 雨日，从 1 月份开始，降水强度逐渐增大，7 月份达到最大为 17.2 毫米 / 雨日，以后各月降水强度又逐渐减小。降水以小雨最多，为 56.5 天，占降水日数的 72%；中雨日数明显小于小雨日数，为 13.4 天，占降水日数的 17%；大雨日数为 5.7 天，占降水日数的 7%；暴雨日数为 2.4 天，占降水日数的 3%；大暴雨日数为 0.3 天，占降水日数的 0.4%，未曾出现过日降水量超过 200 毫米的特大暴雨。

奚村气候状况统计表（一）

表

项目 数量 月份	平均气温（℃）	平均最高气温（℃）	平均降水量（毫米）	日照时数（小时）	蒸发量（毫米）	降水日数（天）	降雪日数（天）
1 月	−1.6	4.4	12.3	156.3	54.6	3.1	2.1
2 月	1.1	7.2	12.7	154.7	27.9	3.2	2.2
3 月	7.3	13.5	20.6	187.9	153.8	4.6	1.4
4 月	14.4	20.2	59.5	205.2	204.6	7.1	0
5 月	20.0	27.0	32.6	237.9	253.9	6.4	0
6 月	25.0	30.3	105.7	231.6	312.5	7.9	0
7 月	27.0	31.0	210.4	187.3	215.4	14.7	0
8 月	26.5	30.7	153.8	215.8	197.3	10.5	0
9 月	20.9	26.8	85.9	201.5	164.1	8.3	0
10 月	15.1	21.5	28,9	197.4	146.5	5.2	0
11 月	7.5	13.6	17.2	174.3	83.2	4.3	1.1
12 月	0.8	0.8	11.7	165.7	58.6	3.9	1.4

奚村气候状况统计表（二）

表

项目 数量 月份	降雹日数（天）	降霜日数（天）	大风日数（天）	降雾日数（次）	阴天日数（天）	结冰日数（天）
1 月	0	15	0.8	0.5	5.5	28

续表

项目 数量 月份	降雹日数（天）	降霜日数（天）	大风日数（天）	降雾日数（次）	阴天日数（天）	结冰日数（天）
2 月	0	12.8	0.9	0.4	6.7	23
3 月	0	5	1.9	0.8	7.9	10.9
4 月	0	0.7	2.4	0.1	9.3	0
5 月	0.1	0	1.2	0.2	9.5	0
7 月	0.2	0	1.4	0.3	9.4	0
8 月	0	0	0.8	0.1	13	0
9 月	0	0	0.5	0.2	9.6	0
10 月	0	0	0.1	0.5	9.5	0
11 月	0	0	0.5	0.6	7.5	0
12 月	0	9.8	1.1	1.5	6.8	11
13 月	0	18.9	0.6	1.6	5.9	25.9

风向风速　奚村属季风性气候，年平均风速为 1.9 米 / 秒。平均风力不大，一般 2~3 级，有时也出现 7~8 级大风，全年主导的风向为东南风。从频率看，以夏季最盛，春夏次多风向为南和南东南风。秋季次多风向，由春夏偏南渐转为偏东，为南东南风、东风和东北风。冬季，西北和北西北风成为主导风向，其次是东风、东东北风、东北风。夏季受东南季风的影响，冬季受西北季风的控制。冬季平均风速为 1.8 米 / 秒，春季平均风速最大为 2.3 米 / 秒；夏季平均风速为 2.0 米 / 秒，秋季平均风速最小为 1.7 米 / 秒。最大风速为 21.1 米 / 秒，出现在 2006 年 4 月 28 日。

干热风常出现在 5 月中旬至 6 月上旬，年平均日数为 4.5 天，其中轻干热风 4.3 天，年频率为 92%。每年 5 月下旬和 6 月上旬是出现干热风的高峰期。重干热风也出现在 6 月上旬，大约 4 年一遇，每年最多不过 1 次。龙卷风是一种在夏季强浓积压生成的热气流，它出现范围小、持续时间短，是风力极大的旋转风，能把树木拔起，房屋瓦片刮落，危害高大建筑物顶部设施。

湿度和蒸发量　奚村夏秋季湿度大，冬春季湿度小，3 月湿度最小。全年平均相对湿度为67%，春夏秋冬季相对湿度分别为61%、75%、69%和62%，极端最小相对湿度为6%（1995年）。年平均蒸发量1670.1毫米，为降水量的2倍多。1—6月份，蒸发量逐渐增加，以6月份为最大；7—12月份，逐月递减，以12月、1月为最少，每月蒸发量仅50多毫米。在全年中，1—2月份蒸发量缓慢上升；2月份以后，由于温度回升，蒸发量急剧上升，到6月为最大；6月份以后，因雨季来临，雨日和云量增多，湿度增大，蒸发量则显著下降；8月以后，缓慢下降；12月份为最小，约为6月的1/6。春夏秋冬四季中，蒸发量夏季最大，春季次之，冬季最小。全年7月份降水量大于蒸发量，其他各月蒸发量均大于降水量。5、6月份，差值都在200毫米以上，冬季差值最小，出现干旱的可能性较小，春秋差值最大，出现干旱的可能性最大。

日照 奚村地处北温带，夏季昼长夜短，冬季昼短夜长。农历二月、八月昼夜基本相等，年平均日照时数为2532.1小时，日照百分率58%。年内以6、5月日照时数为最多。6月258.1小时，5月253.1小时；8、7月日照时数次之，8月243.1小时,7月227.8小时；冬季的1、2月日照时数偏少，1月177.9小时，2月170.2小时。整个作物生长季的3月至10月，总日照时数为1826.9小时，占全年日照总数的72%。光照条件优越，全年太阳年幅射量为118.3千卡/平方厘米。

霜期 奚村历年平均初霜日为11月4日，最早10月11日（1998年），最晚11月24日（2005年）；历年平均终霜日3月21日，最早2月21日（2014年），最晚4月15日（2010年）。年平均无霜期228天，最长254天（2014年），最短214天（2003年）。在农业上，通常以日平均气温大于5℃以上的时期作为生长期，也叫生季，生季一般比无霜期长10—20天。降雪初期多在11月中旬，最早在10月下旬，最晚至下年1月中旬。终雪期多在2月下旬，最晚到3月桃花雪，一般年份无雪期254天。

奚村初、终霜日统计表

表

项　目	最早	最晚	平均	平均霜期
初霜日	10月11日	10月24日	11月4日	168天
终霜日	2月21日	4月15日	3月21日	168天

瑞雪兆丰年

地温与冻土 地区年平均地面温度为16.9℃。其中冬季平均地面温度最低为2.0℃；春季平均地面温度次低为18.60℃；夏季平均地面温度最高为30.0℃；秋季平均地面温度最高为17.2℃。年平均地面温度最高为31.5℃，年平均地面温度最低为8.9℃。年极端平均地面温度最高为67.4℃，出现在2014年7月22日；年极端平均地面温度最低为−13.1℃，出现在1999年12月22日。

物候

村域四季分明，动物、植物及非生物特征非常明显、规律，变化表现清晰。

奚村物候一览表

表

时间	植物表现特征	动物表现特征	非生物表现特征
1月	室内迎春、杏梅等木本花卉开放		1月及上年12月，即农历立春之前和冬至以后，土壤冻结，河水结冰

续表

时间	植物表现特征	动物表现特征	非生物表现特征
2 月	下旬，韭菜、荠菜萌发，冬小麦返青；中旬，柳树发芽，毛白杨现蕾；下旬，毛白杨开花，杏树现蕾		2 月下旬至 3 月上旬，地面积雪逐渐融化，土壤、水面开始解冻
3 月	中下旬，梧桐发芽；下旬：刺槐、无花果、枣树发芽，桃树、梨树、梅花、月季开花	上旬，喜鹊筑巢，蚂蚁、蚯蚓始出；下旬，燕子归来，青蛙始鸣，蝙蝠飞舞，蜘蛛、蝎子复苏	
4 月	家槐发芽；下旬苹果、葡萄开花；地瓜、烤烟移栽	大雁北飞，斑鸠飞来	
5 月	杏成熟；中下旬马铃薯成熟；枣树、山楂、石榴开花；油菜收获	布谷鸟飞来，黄鹂飞来	土壤失水迅速，干热风危害庄稼
6 月	中旬，荷花开；桃子成熟；夏玉米播种	蚊蝇开始繁殖，下旬蝉类始鸣，燕子孵卵	多雨
7 月	无花果结果；苹果成熟	蟋蟀复苏，知了鸣叫	常有暴风、大雨
8 月	梨、葡萄成熟	黄鹂、斑鸠飞去；老蝉疲而坠落，俗称“不秋不落”	
9 月	上旬大枣、石榴成熟；山楂、高粱、谷子、大豆、夏玉米成熟	燕子南飞，布谷鸟飞去	
10 月	冬小麦播种；杨树、柳树、梧桐、刺槐开始落叶；菊花开花	大雁南飞，青蛙、蛇蛰眠	秋高气爽，天体星座及银河系清晰
11 月	上旬家槐、无花果落叶；中旬萝卜、大葱、芹菜等晚秋蔬菜成熟；下旬，树叶落光，草木凋零，大白菜成熟	蟋蟀、蜘蛛、蚯蚓蛰眠，蝎子休眠	
12 月	越冬作物停止生长		

灾害

奚村四季分明的季风型大陆性气候，使自然灾害形成了其发生的特有规律。但是，在全球气候变暖的形势下，也偶尔出现极端天气。正常是，春季回暖快，降水少，日照时间长，蒸发量大；夏季炎热，多雨潮湿；秋季降温快，雨水骤减；冬季雨雪稀少，寒冷干燥。以上气候及季节特点，形成了奚村春旱、夏涝、晚秋又旱的自然规律，以及虫害、风灾、雹灾、冻害的发生规律。受大气环流影响，降水丰枯交替周期长，大体以 60 年为一个周期，丰枯各半，丰枯期分别易出现连涝和连旱年份。受季风强度和地形及海洋风暴的影响，丰水期又可能出现降水特枯年份，枯水期也会出现突发性暴雨和降水，致使境内旱涝灾害频发。

旱灾 春旱一般发生在 3—5 月小麦生长的关键时期，平均 3 年两遇；夏播旱一般 2 年至 3 年一遇，偏旱旱 3 年一遇；伏夏旱平均 4 年至 5 年一遇，偏旱旱 5 年一遇；秋播旱平均 3 年一遇，偏旱旱 6 年至 7 年一遇。从明洪武年间（1368—1398）至 1944 年的 570 多年中，有记载的大旱就有 20 余次。其中 1927—1928 年、1941—1943 年连续大旱，禾苗尽枯，村民以草根、树皮充饥，外出逃荒要饭，甚至饿死在外。1992 年 5—7 月、1997 年 6 月、2000 年 2 月降水偏少，旱情严重。

涝灾 夏季降水易造成水灾，多出现在 6 月至 9 月汛期。奚村地势平坦，河床低、排泄快，除少数洼地积水外，一般不易发生涝灾。从年代看，70 年代前水灾频繁，70 年代后期降水偏少。1971 年 8 月 9 日降雨 262.2 毫米；1991 年 5 月 25 日，降暴雨并伴有大风，降雨量 73.0 毫米，夜间风速较大，3 小时降雨 44.7 毫米；1993 年 8 月 4 日，降雨量 187 毫米；2007 年 8 月 16—17 日降水量 216 毫米；2017 年 7 月 5 日降水量 126.5 毫米。

风灾 风灾多出现在春夏两季的 4、5、6、7、8 月，最大风力可达 9~10 级。春季多西南风、西北大风，持续时间长。夏季大风常伴有雷雨冰雹，危害重；寒潮大风多北风，来势猛，强度大。2000 年 3 月 27 日，出现 5~6 级西北风，14 时 35 分至 46 分，风速瞬间达到 20 米 / 秒。干热风俗称“干旱风”“西南大风”，一般出现在 5 月下旬至 6 月上旬，对小麦产量影响最大。

雹灾 雹灾发生在 4—10 月之间，春夏之交的 4—6 月最多。主要路径为，由滕州张汪镇东和柴胡店西入境，经薛城、常庄、沙沟出境，入微山县东南部。1992 年 4 月 22 日凌晨 1 时 40 分，村域降冰雹，持续时间 8 分钟，冰雹如核桃大小。造成冬小麦减产或绝产，瓜果损失严重。1995 年 6 月 29 日 15 时 3 分，遭受冰雹袭击，降雹约 10 分钟，最大直径 10 厘米，夏季作物受灾严重。

低温连阴雨 夏季初期连阴雨往往在每年5月下旬至6月中旬出现，给麦收带来较大危害。夏季低温连阴雨，多发生在7、9、10月，造成秋作物严重减产。

震灾 历代有史记载的地震发生过数十次，但未有大的地震。近400年来，省内外发生的地震曾波及几次。

虫灾 危害农作物的害虫有80余种，其中极易成灾的主要有蝗虫、蛴螬、蝼蛄以及各类蚜虫和黏虫等。蝗虫有飞蝗和土蝗两种，以作物茎叶为食，繁衍迅速，为害严重。明清至民国前，发生过多次较大虫灾，均属蝗虫为患。新中国成立后兴修水利，加强植保及预报，未发生灾害性虫灾。

生态环境

20世纪80年代前

自然环境是人类生存和发展的最基本的前提。80年代初之前的奚村，树木茂盛，花香鸟语。每年一开春，大雁、燕子等候鸟陆续归来，布谷鸟、灰喜鹊、啄木鸟、麻雀、黄鹂流连林间，其声悦耳。

夜幕降临，偶尔会听见猫头鹰的怪叫声，也有蝙蝠在空中密集飞舞捕食；有时还有夜游的黄鼠狼，乘着夜色出没，叼走鸡鸭；在田间还有獾狗、野兔、刺猬、田鼠等小动物，乘夜色窃取人们的庄稼和粮食。这些野兽、动物被人捕捉，有的可以被豢养、观赏，有的可以获得皮毛、油脂等。每逢夏秋之际，天气炎热，万物孳生。苍蝇、蚊子、蟑螂、蝎子、蛇、蚰蜒、蜘蛛、飞蛾、蚱蜢等小动物繁殖旺盛，给人类带来一定危害，但蟋蟀、蝈蝈却能给人们奏出美妙的交响乐。壁虎贴在墙壁上静静地等待美食的到来；蝴蝶、蜜蜂及各色昆虫在花间飞舞，传播花粉，给农作物当红娘；蜻蜓伴翅飞，为农民报晴雨；炎热的夏季，蝉整天在树上欢快而闹心地为人们歌唱；萤火虫点灯彻夜飞动，为勤奋者送去光明。各种昆虫相互制约又相互依存，与人类与鸟兽并存，与果蔬稼禾共处。

夏天到了，村里的梨园和苹果园，核桃树、枣树的树枝上结满诱人的果实。村西的河里，水面清澈，波光粼粼，青鱼、花鲢、草鱼、团鱼（鳖）成群。大人、小孩在水里游泳，成为天然浴场。远处，妇女们在河边洗衣服，不时传出用木杵打击衣服的沉闷声。村外的地边、沟沿、河边，长满了数不清的野草、树木，开满了五颜六色的野花：有紫色的樱桃，金黄色的山葡萄，大红的酸枣，挂满枸杞的枝条，有田间地头的荆棘、马莲、薄荷，等等。这些野生植物年复一年地生长，无须剪枝、打药、驱虫，依旧枝繁叶茂，果实累累，味道甘美。酸枣成熟之后晒干，碾压成酸枣面，是治疗失眠症的佳品；樱桃、西红柿、黄瓜是人们田间劳作时解渴、润口、充饥的美食；荆条是人们编抬筐、粪杈子等农用具的好原料；马莲是端午节包扎粽子的绑扎绳。凡此花草树木、鸟兽昆虫，皆天地之精英，山川之瑞气，家乡之宝藏，人类之朋友。

20 世纪 80 年代后

随着乡办工业的发展，距离奚村不远的建材、造纸等乡镇企业相继投产，废气、噪音、污水大面积出现，塑料制品的普及，农药、化肥的大量使用，殃及并破坏了奚村的村域环境。再加上人为砍伐、捕猎、打捞、毒杀，使动植物数量锐减，很多已不见踪影。污染的空气和土地，污染的河流和水源，污染的粮食和食品，污染的蔬菜和水果……这一系列污染的结果是，人们的生活水平提高了，生活的质量却大大降低。

大气污染 铁合金厂、千山水泥厂、石灰窑厂、石料厂，以及其他地方的造纸、化工、炼焦企业相继投产，由于生产方式粗犷，企业每时每刻都在排放大量的烟尘废气。同时，拉煤、拉水泥、拉石料的货车流量很大，排放的尾气浓度相应加大，二氧化硫（SO_2）和悬浮颗粒物（TSP）每立方米的平均值远高于正常水平，氮氧化物（NO、NO_2）同样高于正常值。在风的裹挟下，工厂烟囱向天空排放微细粉尘和气体日夜不停地飘过村庄，落在河流、田野、庭院、树木上，吸入人们的口鼻。一年之中，风向多变，故周边土地、河流、树木都受污染。村民外出、晾晒衣服，都会粘上灰尘、灰点。一年 365 天，雾霾天气最多，晴好的天气屈指可数，村里的天空绝大数白天已不是湛蓝色，而是灰蓝色；白云也不是洁白如棉花，而是灰蒙蒙一片。夜晚，再也看不到天上的繁星。2000 年前后，国家开始全面治理环境污染，企业陆续关停，大气污染问题才得以好转。

水污染　主要是附近的企业通过河道、水沟排放的污水及工业固体废弃物的堆放，对地下水及水源造成的污染。人们日常的生活废水，直接排入河中或村中水坑里，造成浅层水质受到污染，村民不得不打深井水饮用。夏季雷阵雨之后，村西的老薛河支流也没有奔腾而下的河水，天空也不再出现七色彩虹。由于过量开采地下水，致使地下水位急剧下降。村西河原来水质很好，但随着化肥、农药等化学制剂以及洗涤剂、洗发水等日化用品的大量使用，加之村民电捕鱼、毒鱼，造成河水水体污染。

土壤污染　残留在农产品上的农药、土壤中不被植物吸收的化肥成分，以及填埋土壤里的塑料袋都造成对土壤的污染。化肥施用量大，超过世界平均水平的一倍。一般情况下，占化肥使用量的 80% 是氮肥，其利用率不足 30%，剩余的 2/3 被溶入土壤或挥发到空气中。磷肥的污染主要是重金属，农药污染主要是有机磷、有机氯。农作物长期大量施用化肥、除草剂，用河水或坑水浇灌农田、菜园，造成土壤酸碱度失衡，土地板结。塑料袋代替菜篮子、米袋子走进千家万户后，成了“图省事”人们的生活必需品，用完后随意乱丢、乱扔，或装入垃圾后到处堆放。塑料袋不能降解，埋入地下后，严重污染土壤。

保护与治理

面对资源约束趋紧、环境污染严重、生态系统退化的严峻形势，2012 年中共十八大做出“大力推进生态文明建设”的战略决策，中共中央总书记习近平提出“望得见山，留得住水，记得住乡愁”的重要论述，村民开始认识到与自然和谐相处的重要意义，保护环境逐渐成为村民们生产生活的自觉行动。2015 年以来，村里实施城乡环境卫生一体化全覆盖和美丽乡村建设，开展了以“清柴堆、粪堆、生活建筑垃圾堆”和“硬化、绿化、亮化、净化、美化、文化”为抓手的“三堆六垛”“三清六化”行动，实施了老薛河支流水系治理及两岸绿化提升工程，道路、河道和村庄街道可视范围实现“三净三无”。在庄稼种植上，采用测土配方施肥，科学施用化肥，增施有机肥，指导村民使用高效、低毒、低残留农药和生物农药，引导村民建设住宅使用无污染或低污染材料。对河水加强监管，确保不产生水质污染。鼓励村民实

漠漠水田白鹭飞——蟠龙河湿地

施绿色生活方式，引导村民电动车环保骑行，教育村民正确使用家用电器，避免电磁辐射伤害。

齐鲁名村志

QI LU MING CUN ZHI

奚村志

XI CUN ZHI

居民

JUMIN

人口

人口变动

奚村境域具体何时有人类活动，无确切资料考证。20 世纪 80 年代、90 年代村域考古，相继在村西发现旧石器时代晚期人类的大汶口文化遗址，在村东发现商周时期人类生产生活遗址。据此推断，在人类由狩猎文化发展到农耕文化的时期，村域已有东夷族部落人群聚居活动。中国先秦文化研究成果论定，奚村之地为夏造车鼻祖奚仲封邑，后因古薛国西迁，该邑城遂渐沦为村落。明万历《滕县志》有明确记载：“奚村乃滕东南较大村”。

《滕县志》（明万历十三年）

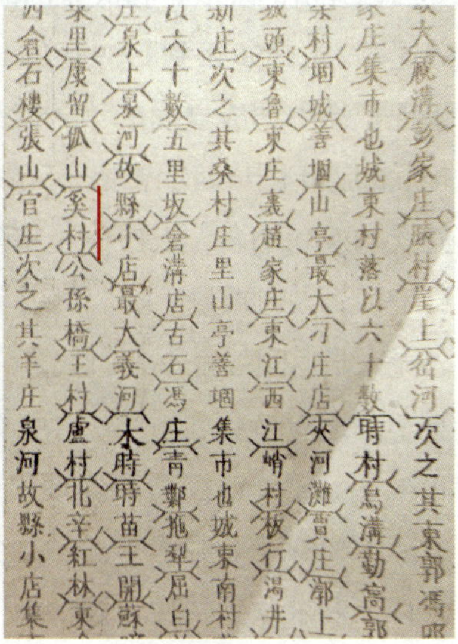
大葳清彭家庄辰村尾上𦿁河次之其東郭馮
庄集市也城東村落以六十數時村烏溝勤高郭
桑村堌城善堌山亭最大刁庄店大河灘賈庄鄰上
頭東魯東庄裏趙家庄東江西江嶗村板行渴井
新庄次之其桑村庄里山亭善堌集市也城東南村
以六十數五里坂倉溝店古石馮庄青鄭拖犁屈白
庄泉上泉河故縣小店最大義河大時時苗王開蘇
東里康留狐山奚村公孫橋王村盧村北辛紅林東
倉石樓張山官庄次之其羊庄泉河故縣小店集

《滕县志村店集市》记载

元末明初，由于连年战祸和水旱、瘟疫等自然灾害的侵袭，薛城地区人口不足万人，奚村人口不足百人，十室九空，土地荒芜。明太祖朱元璋为了在大战乱之后恢复和发展生产，将山西“丁多田少”和“有丁无田”户迁往山东。明洪武二年（1369），山西平阳府洪洞县户丁张良官迁奚村，定居劳作，繁衍生息。清康熙时，实行“盛世滋生人丁永不加赋”的政策，加之清雍正朝取消人头税，村庄一度人丁兴旺，人口大量增加。清道光二十六年（1846），全村人口达到 340 余人。清末，列强入侵，内乱再起，天灾人祸，人口呈低速增长。1938 年，日军入侵前，村有人口 350 余人。抗日战争和解放战争时期，战乱频仍，灾荒连年，村民外出逃荒，人口呈下降趋势。新中国成立初，村人口 300 余人。60 年代后村人口迅速增长，至 80 年代人口增加到 700 余人。随着计划生育的实施，至 2016 年村人口为 860 余人。

自然变动 新中国成立前，村人口 300 余人，生育率一般在 30‰~35‰左右。受连年战争、农业歉收、自然灾害等影响，死亡率约在 20‰~25‰，自然增长率在 10‰左右。一般妇女生育 3~4 胎，5 胎以上的也不少。但生育不科学和生活的困苦、疫病的流行，又往往造成新生儿大量死亡，有些年份的婴儿活产率还不到 30%。新中国成立后，经济的发展，村民生活的提高，医疗卫生条件的改善，死亡率下降，出生率迅速提高。从 1950 年到 1959 年的 10 年中，人口自然增长率年均达 21‰。1955—1956 年间，出现了新中国成立后的第一次人口生育高峰，人口自然增长率高达 35‰以上。1958 年后的三年困难时期，由于天灾人祸，村民的生产生活处于困难境地，这个时候育龄妇女的疾病增多，人口出生率降至 20‰以下，老弱病残者死亡率上升，加之外流人口增多，人口数量下降。1962 年，随着国民经济的恢复和发展，村民生活稳步提高，外流人员返回故里，人口数量又逐年回升。村出现第二次人口生育高峰，人口自然增长率高达 36‰以上。“文化大革命”期间，计划生育工作无人过问，人口迅速增加。1970 年，第一次生育高峰期出生的人口进入育龄期，出现第三次人口生育高峰，出生率 40‰以上，村人口总数达到 627 人。后因政府提倡节育、晚婚、晚育，在结婚、生育上要求做到“晚、稀、少”，1976 年人口自然增长率降到 20‰以下。至 70 年代后期，政府大力提倡计划生育，人口得到有效控制。同时，由于村民生活水平的提高，卫生条件的改善，婴儿的死亡率大大降低。80 年代，提倡一对夫妇只生育一个孩子，有条件地生育二胎，随着计划生育工作的扎实开展，人口进入了平稳增长期。1960—1985 年的 26 年间，全村共出生 370 人。1991—1996 年，由于计划生育强制措施的落实，人口出生率骤然下降，全村共出生 96 人。1997—2003 年，人口自然增长率开始回升。进入 21 世纪，随着人口老龄化进程的加快，人口结构与社会发展的制约矛盾越来越突出。为此，国家开始实行新的计划生育政策。2016 年 1 月 1 日起，全国统一实施全面两孩政策，一对夫妻可以生育两个子女，这预示着村人口将会有一定幅度增长。

机械变动 新中国成立前，村民绝大多数从事农业生产，奚村人口的社会变动主要受自然灾害、灾年饥荒、外族入侵等影响，少数村民到城里或逃往外地谋生、避难。

女知青，前左起：张俊英、李华、李丽；后左起：张颖哲、王海丽

清乾隆年间（1736—1795），西万张氏西仓村张光汉在奚村建宅置田，其西万族人为生计陆续投其族家到奚村定居。同时，孙姓、关姓、朱姓、高姓等部分姓氏，通过种地、投亲、婚姻等方式到奚村定居。1927—1940年，奚村大旱，村民张传稳、张百义、张百伦、张恒明、张恒文等先后携全家或个人逃荒到临城、枣庄等地谋生；张百平、张传杰等到东北黑龙江一带谋生。40年代，张传䜣长子张家祥被国民党抓挑夫入军队服务，后定居云南昆明。张传䜣次子张联喜，因家中贫困，外出讨饭流浪为生，颠沛流离辗转到河南新乡小冀，后定居当地。新中国成立后，人口实行有计划的迁入、迁出，受集体生产因素制约和“反盲流”政策的实施，人口居住地的变化不大。1957年，张百卿、朱殿元、侯宗德、张传刚、张传杰等响应省政府号召，参加山东省青年志愿者赴黑龙江垦荒团，统一安置在黑龙江省齐齐哈尔市富裕县繁荣乡新村40号。1965年，张恒勇、张联馨先后到东北生活。60年代至80年代初期，张传树及五子全家先后迁至淮北一带生活。1974年7月，知识青年上山下乡，先后有3批、25人到奚村插队定居，与村民同吃同住挣工分，1978年落实国家政策陆续返城。

奚村知青点带队干部及插队落户人员情况一览表

表

下乡时间	带队干部	知青人数	知青成员	备注
1974年	高海堂 宋纪刚	5人	张　杰　王维佳　曹东丽　汤　玲　段继玲	
1975年	丁长太 陈恒玉	18人	刘凤英　张露萍　邹素娟　王红伟　王水玲　杨远安 丁维超　孙同融　郭　健　张利平　张吉良　彭卫彤 刘志鲁　王海丽　张颖哲　张俊英　李　丽　李　华	
1976年	李英贵	2人	王立生　曹东强	

奚村知青点带队干部一览表

表

姓 名	性别	所在单位	原职务	返回工作岗位时间
高海堂	男	203 部队	军医	1976 年 4 月
宋纪刚	男	203 部队	干事	1976 年 6 月
丁长太	男	203 部队	副政委	1976 年 12 月
陈恒玉	男	203 部队	助理员	1977 年 10 月
李英贵	男	203 部队	助理员	1978 年 6 月

奚村知青点知青一览表

表

姓 名	性别	籍贯	返城时间	返城工作单位
张 杰	男	枣庄市	1976 年 12 月	枣庄市委办公室
王维佳	男	枣庄市	1976 年 4 月	枣矿建井一处
曹东丽	女	济南市	1976 年 4 月	枣庄日报社
汤 玲	女	枣庄市	1975 年 7 月	济南市二院
刘凤英	女	枣庄市	1977 年 12 月	枣庄市酿酒厂
张露萍	女	枣庄市	1977 年 12 月	枣庄市运输公司
邹素娟	女	枣庄市	1978 年 6 月	枣庄市橡胶厂
王红伟	女	青岛市	1978 年 6 月	枣庄市橡胶厂
王水玲	女	济南市	1978 年 6 月	枣庄市橡胶厂
杨远安	男	枣庄市	1977 年 12 月	枣庄市酿酒厂
丁维超	男	枣庄市	1977 年 10 月	峄城区造纸厂
孙同融	男	枣庄市	1977 年 12 月	枣庄市运输公司
郭 健	男	枣庄市	1977 年 12 月	枣庄市运输公司
张利平	男	枣庄市	1978 年 6 月	枣庄市橡胶厂
王海丽	女	枣庄市	1978 年 6 月	枣庄市供电局
段继玲	女	兖州市	1975 年 7 月	枣庄矿务局

续表

姓　名	性别	籍贯	返城时间	返城工作单位
张颖哲	女	枣庄市	1978 年 6 月	枣庄市针织厂
张俊英	女	枣庄市	1978 年 5 月	枣庄市石油公司
李　丽	女	枣庄市	1978 年 5 月	枣庄市石油公司
李　华	女	枣庄市	1978 年 3 月	鲁化技工学院
王立生	男	枣庄市	1978 年 3 月	参军
曹东强	男	济南市	1978 年 3 月	不详
刘志鲁	男	兖州市	1978 年 3 月	不详
张吉良	男	枣庄市	1978 年 3 月	不详
彭卫彤	男	枣庄市	1978 年 3 月	不详

1983 年，农村体制改革以后，农民有了充分的生产和生活自主权，加之第二次生育高峰期出生的人口陆续成年，村内劳动力过剩，出现外出劳工现象。1985 年前后，随着“农转非”政策的落实，村内在外工作的民办教师、合同工等相继由农业户口转为非农业户口，实现了人口、户口的实质性变动。村内农业人口流动的主要原因，迁出多为婚嫁、上学、参军、招工、城里购房等；迁入多为婚嫁、复员、离（退）休人员返原籍定居。随着城镇化步伐的加快、农村生态环境的巨大改善，一些曾经在城里生活的村民们离（退）休后又返回老家生活。曾任山亭区政协副主席的关传杰，区石油公司的职工张庆园等，退休后放弃城里生活，离家 30 多年后重回老家定居，过上田园生活。正在城里居住的部分村民也将老家的房子修缮，等待择时再次回到农村老家居住，感受新农村建设带来的民生福利。奚村 2017 年拥有农业人口 860 人，其中张氏人口约占村人口的 90%，其他姓氏人口约占 10%，形成了以张氏大家族为主，关、孙、朱、高、刘姓比邻而居、和睦相处的格局。

1949—2017 年部分年份奚村人口变化情况统计表

表

时间	户数（户）	人数（人）	户均人数（人）	备注
1949 年底	66	305	4.6	
1960 年底	113	506	4.5	

续表

时间	户数（户）	人数（人）	户均人数（人）	备注
1970 年底	133	627	4.7	
1980 年底	166	719	4.3	
1990 年底	182	730	4.0	
2000 年底	195	780	4.0	
2010 年底	210	820	3.9	
2016 年底	220	860	3.9	

奚村第一至六次全国人口普查情况统计表

表

普查次数	普查时间	总户数（户）	总人口（人）	其中男性人口(人)	占总人口比例(%)	其中女性人口(人)	占总人口比例(%)	男女性别比例(%)
第 1 次	1953.7.1	83	359	173	48.19	186	51.81	93 ：100
第 2 次	1964.7.1	134	540	264	48.89	276	51.11	96 ：100
第 3 次	1982.7.1	174	711	337	47.40	374	52.60	90 ：100
第 4 次	1990.7.1	182	730	368	50.41	362	49.59	102 ：100
第 5 次	2000.11.1	190	780	400	51.28	380	48.72	105 ：100
第 6 次	2010.11.1	210	820	425	51.83	395	48.17	108 ：100

人口构成

性别构成　新中国成立前，受医疗条件的限制，村民生育无节制。新中国成立后，随着医疗技术的发展和计划生育政策的施行，村民生育实现了优生优育。1949 年男女性别比为 93 ：100,1982 年为 90 ：100，1985 年为 101 ：100，出现了男性多过女性的现象。2017 年性别比为 107 ：100。

1949—2017 年部分年份奚村人口性别构成统计表

表

年份	户数（户）	人口总计（人）	男（人）	女（人）	男女性别比（女 =100）
1949	66	305	147	158	93 ：100

续表

年份	户数（户）	人口总计（人）	男（人）	女（人）	男女性别比（女=100）
1955	89	393	191	202	95：100
1960	113	426	207	219	93：100
1965	143	552	268	284	94：100
1970	133	627	309	318	97：100
1975	156	701	347	354	98：100
1980	166	719	359	360	99：100
1985	170	726	364	362	101：100
1990	182	730	368	362	102：100
1995	190	746	378	368	103：100
2000	195	780	400	380	105：100
2005	198	794	411	383	107：100
2010	210	820	425	395	108：100
2017	220	860	444	416	107：100

文化构成 新中国成立前，奚村没有学校，只有几户富裕人家聘请教师（先生）办起私塾或义学，供子弟念书。村内观音庙、村东天齐庙、村东举人张光汉四合院都曾做过张姓家庭的私塾院。当时老百姓忙于耕作糊口，子女念完小学就不让再读书，有的年龄稍大些的孩子，不等读完小学就半途而废，跟着父母种地、放羊。新中国成立后，村民生活提高，开始注重对后代的教育。1965 年，村识字人口达到 160 余人，占总人口的 29%。1966—1978 年，通过速成班、识字班、耕读班、夜校等学习形式开展扫盲和成人业余教育活动，经过短期培训达到初级识字水平的有 59 人，占总人口的 10.7%；初级小学文化程度的有 75 人，占总人口的 13.5%；高级小学文化程度的有 36 人，占总人口的 6.6%；初中文化程度的有 6 人，占总人口的 1.1%；高中文化程度的有 2 人，占总人口的 0.3%。1978 年国家普及九年制义务教育后，人口的文化素质有了较大提高，文化构成发生了显著变化。2016 年，全村识字人口达到 728 人，占总人口的 84.7%。其中小学文化程度的有 311 人，占总人口的 36.2%；初中文化程度的有 331 人，占总人口的 38.5%；高中及中专文化程度的有 151 人，占总人口的 17.5%；大专以上文化程度的有 67 人，占总人口的 7.8%。

奚村部分年度奚村村民文化程度统计表

表　　　　单位：人

年份	总人口	6周岁及以上识字人口			6周岁及以上人口受教育程度					
		识字	不识字							
			小计	15周岁以上	未上过学	扫盲班	小学	初中	高中中专	大学及高技以上
1950	321	42	189	154	189	—	15	0	0	0
1964	535	80	327	186	387	21	51	5	1	2
1975	701	413	409	78	442	121	256	26	7	3
1982	711	479	221	149	232	97	232	122	28	0
1995	746	523	58	57	214	—	110	308	69	36
2016	860	723	52	52	29	—	148	448	76	51

职业构成　新中国成立前，村民的生活来源以务农为主，从业人口以农业和制陶业为主，兼营集市贸易业。农忙时节村民以农为主，农闲时各找出路：有从事短途担运货物的；有从事手工制作的，包括陶罐盆制作、酿酒、食品加工、木工制作等；有从事商业的，开设食品和日用杂货店铺。新中国成立后，行业结构发生了变化，集体化农业经营使得农村行业门类简单而且稳定。50年代，村内有杂货铺20余家，有染坊、榨油、酿酒、木工、烧饼、豆腐等手工业者60余人，占总人口的15%。农业合作化以后，80%以上的社员务农，剩余20%的劳力从事大队和小队的砖瓦、土陶制品生产，但仍以农业生产为主。大队经营果园、运输，小队各自有砖瓦厂。农闲时，队里的马车、拖拉机拉煤、拉砖、拉农资、送沙等，从事运输业。改革开放以后，村民生产自主权逐步放开，大部分人在种地之余凭着自己的才技，一展所长，劳动力逐渐从农业向工业、运输业、建筑装修业、养殖业、餐饮业、商业和加工制作业转移，搞起了各种方式的经营创收，使村内行业结构进一步变化。到2017年，全村从事以耕种粮食作物、经济作物为主的种植业人口为197人，占总人口的22.91%；以店铺经营百货、餐饮、农资及从事粮食收购外运为主的商品流通人口为17人，占总人口的1.98%；长期从事货物运输、客运出租车等运输业人口为26人，占总人口的3.02%；从事建筑、装修等行业的人口为97人，占总人口的

11.28%；农闲外出、农忙回家的季节性务工人口为 275 人，占总人口的 31.98%；从事企业生产经营的为 52 人，占总人口的 6.05%；从事村政、机关、教育、医务、信贷及保险工作的人口为 35 人，占总人口的 4.07%。

2017 年居住在奚村 80 岁以上老年人统计表

表

序号	姓名	性别	出生年月	序号	姓名	性别	出生年月
1	张联奇	男	1925.12	12	李沛兰	女	1933.1
2	王世秀	女	1927.7	13	魏延兴	女	1933.5
3	张贻兰	女	1928.1	14	孙思荣	女	1934.11
4	高兴兰	女	1928.8	15	石德兰	女	1935.9
5	张传金	男	1930.4	16	张联文	男	1935.12
6	张联生	男	1930.5	17	张传志	男	1936.9
7	张百井	男	1930.6	18	种明兰	女	1937.1
8	高学义	男	1930.8	19	张传银	男	1937.2
9	张联喜	男	1931.3	20	李现英	女	1937.10
10	赵克兰	女	1932.2	共计 20 人			
11	刘理花	女	1936.4				

人口控制

漫长的封建社会，村民孕育，生无节制、育无科学、养无能力，村人口呈高出生、高死亡、低增长的状态。新中国成立后，村民生活水平逐步提高，就医条件不断得到改善，人口增长出现了高出生、低死亡的状况。50 年代初期，村里执行的是国家鼓励生育政策，对村里夫妇生育子女发给补助，对多子女家庭给予照顾，村里实行“人七劳三”（是指粮食分配，即人的基本口粮占可分配粮食的七成，工分粮占三成。）的分配原则。这种政策一直延续到 60 年代初期。1962 年，国家取消鼓励生育政策，制定了晚婚节育措施。1963 年，村里开始倡导计划生育。1964 年，动员 3 个孩子以上的夫妇绝育，3 孩以下稀生，未婚青年晚婚。对多子女的动员绝育，手术住院一律免费，并给以适当假期和营养补助。1971 年，村设立计划生育领导小组，对计划生育工作实施专人管理。实行一对夫妇两个孩子的政策，对两孩以上的夫妇普遍要求绝育。1979 年，要求晚婚晚育、少生优生，提倡一对夫妇只生一个孩子。对志愿只生一个孩子的夫妇颁发独生子女优待证，社员发给工分补助，独生子女免收从小学到高中的学费。1982 年至 2017 年，计划生育提倡“晚婚、晚育，少生、优生”。1985 年，对农业人口中只有一个女孩的夫妇，年龄在 30 岁以上的安排生育二胎（间隔式）。1988 年 7 月，《山东省计划生育条例》颁布实施，村民开始实行准生证制度，无证生育者，一律给予经济处罚，无证怀孕者，无条件采取流引产手术。1996 年，对符合二胎生育条件者，在办理二胎生育证的同时，按上年村人均收入的 30%，缴纳二胎社会抚养费（2002 年 10 月停止缴纳）。2002 年 9 月起，不再办理一胎生育证，结婚夫妻自行选择生产第一个子女的时间。2010 年，夫妻双方均是独子（独女）允许生育二胎。2016 年 1 月 22 日，新的《山东省人口与计划生育条例》实施，实行全面生二胎政策，生第二孩给予产假 158 天。

姓氏望族

姓氏

奚村古为夏奚仲受封之奚邑，历史上奚姓、任姓、薛姓均尊奚仲为始祖。由于历史久远，奚姓、任姓后裔外迁，其活动历史资料可查考，现无遗存，仅从奚姓、任姓、薛姓谱牒及口传了解一二。今奚村姓氏由张、关、朱、孙、高、刘等七个不同姓氏家族聚居而成，其中张姓约占 90%。

张良家族 元朝末年，鲁南、苏北一带水祸天灾，经年战乱，人绝七八。明朝朱元璋建立政权后，于明洪武二年（1369）在山西洪洞县广济寺内设移民局，派驻官员从事移民事务。山西平阳府洪洞县民张良（字恭让）携家眷随移民队伍东迁，最终落在奚村定居，繁衍生息。张氏后裔尊张良为奚村张氏始祖，世居在奚村的张良后裔现有 670 余人。历代奚村张氏外迁人口众多，据不完全统计，国内外拥有奚村张氏人口 8 万余人，传至三十余世，远播徐州、沛县、铜山、邳州，不少分支遍及

明初晋民外迁

全国各地。聚居人数较多、较大的村有：陶庄镇奚村、吴村、河北庄、马公村、夏庄、千山、大南庄，巨山街道西托前、西托后、西谷山、徐沃，张范街道西横山口，临城街道挪庄、西丁村，邹坞镇张岭、打蓆、西邹坞、肖村、东防备，兴仁街道匡山腰、兴仁、西曲柏、东曲柏，兴城街道西南庄，山亭区东凫山、西凫山、两河岔，滕州市太平庄、管河口、官口、柴胡店，沙沟镇茶棚、东杨庄、埠上、黎墟、班井、金马，峄城区峄城、阴平，沛县小封楼、鹿湾、权营园、三座楼、田楼，微山县宋寺、纸坊、黄庄，铜山县班山、季山、洪里、苏庄等上百余个村。

奚村（西万）张氏 清乾隆三十四年（1769），滕县西仓村（今薛城区陶庄镇西仓村）“西万张”十世张光汉始迁奚村居住。迁居奚村后，历时3年在村东建别墅宅院一座。数年后，由于家族

张氏族谱碑清咸丰七年（1857）立

内部矛盾，长子张明芬迁至费县朱寅张家庄，次子张明涵的孙子无后，遂将别墅宅院转给近房张兴儒（张以存之孙）。张兴儒，字纯齐，候选州同，例授儒林郎，其子立埻，字守正，无后。1924 年，张立埻将奚村全部宅院、土地、家产、用具，赠与本家裔孙张宗汶，张宗汶又传给其子张建庚（字少白，乡饮介宾）。50 年代，张建庚划为地主成分，其子张裕光于“文化大革命”期间迁回原籍济宁市微山县西万村。1943 年，微山湖连年洪水泛滥，长涨不退，族孙张裕福从西万村前来助顾（看家护院），落居奚村。新中国成立后，失联多年的张建经（张裕福之父）和张裕厚先后从黑龙江省富裕县和山东省博山喜传家书。1955 年，张建经和张裕厚返回家乡。西万张氏在奚村现有 14 个家庭、40 余人，占本村总人口的 5%。派字：……兴立成宗　建裕延茂　慎贻衍昭　允怀相德　孝敬敦睦　仁慈谦让　道义忠厚　端正恭良……

十　世：张光汉（举人，例受文林郎），生子张明芬　张明涵　张明敬；

张以存（敕封儒林郎，监生），生子张明善　张明华　张明试　张明檠　张明玉。

十一世：张明芬，迁至费县朱寅张家庄；

张明敬，迁奚村；

张明试，迁奚村，子三：兴佩　兴伸　兴儒。

十二世：张兴佩，子三：立垲　立塽　立垣。

十三世：张立塽，子三：成衔　成锦　成镔。

十四世：张成锦，子宗干；

张成镔，子二：宗汶　宗济。

十五世：张宗干，子二：建经　建伦；

张宗汶，子一：建庚；

张宗济，子一：子建。

十六世：张建经，子一：裕福；

张建伦，子一：裕厚；

张建庚，子二：裕光　裕明；

张子建，子一：裕宽。

十七世：张裕福，子四：全喜　全志　全安　延军；

张裕厚，子四：全芝　全林　延龙　延财；

张裕光，子一：延坤；

张裕明，子一：延凯；

张裕宽，子一：延成。

十八世：张全喜，子一：茂祥；

张全志，子一：张明；

张全安，子一：茂祯；

张延军，子一：张骞；

张全芝，子一：张成；

张全林，子二：茂峰　茂岭；

张延龙，子一：茂伟；

张延财，子一：张欣；

张延凯，子一：志文；

张延成，子一：茂胜。

高岩家族　奚村高氏为薛城区陶庄镇马公村高氏分支。明初，始祖高汉由山西平阳府迁居徐州北坝子街。因避兵燹，由徐州再迁沛县，初居沛县东南高楼村。清康熙年间（1662—1722），高九级因生计自沛县夏镇迁居陶庄镇马公村，高九级为马公村高氏始迁祖。高九级为沛郡高小湖三支天祖系下，其八世孙高义亭创修马公村高氏族谱。清道光九年（1829），因地震、水患成灾，高氏十二世孙高岩由马公村迁居奚村，初居奚村东南天齐庙。育四子：士奇、士英、士美、士方。今奚村所居高氏，均为高士英之后裔，现有族裔20余人。高学银在村工作30余年，曾任中共奚村支部委员、贫下中农协会主任、公社贫下中农协会委员等，多次出席省市公社贫下中农代表大会。长子高兴武，1976年4月退伍后，1976—1978年在薛城区法院工作，1984年11月始担任奚村党支部书记，后调任夏庄乡煤炭运输队长、东点点长等；次子高峰，1981年11月入伍，2008年5月起至今任奚村九届、十届、十一届村委主任；长女高培培在区民政局工作。高氏派字：……志兴立绪家　道恒昌盛祥　基本奉先世　忠厚引继长　深远绵延永　正鹏万里扬……

十二世：高　岩，子四：士奇　士英　士美　士方。

十三世：高士奇，少亡；

高士英，子一：玉贵；

高士美，出家；

高士方，子一女二：玉生；长女嫁黄庄，次女嫁闫村。

十四世：高玉贵，子三：学金　学银　学义。

十五世：高学金，一女高霞，嫁本村；

高学银，子二：高兴武　高　峰；四女：兴华　兴荣　兴菊　兴云；

高学义，子一：高　岭，居皇殿村。

十六世：高兴武，子一：高　兵；女：高慧青　高慧超　高慧翔　高慧敏；

高　峰，子一：高　猛；二女：高培培　高　莹；

高　岭，子一：高家庆　高涵。

孙佩璜家族　属“皇殿孙”。清咸丰五年（1855），西仓孙惠中七子孙佩璜携妻及子女5人迁居奚村，分得家族中位于千山头至河北庄约400余亩的土地。至1921年，孙佩璜育五子、五孙、曾孙十一，人口发展70余人。1938年3月日军侵占临城后，孙家开始家境凋零。孙延芳结婚不久，其妻被土匪拐卖山西，数年无信，其潘楼的娘家（王姓）天天闹着要人。蟠龙乡乡长种衍文一推再推，不问其事。奚村张文山会同族人及村中关姓、高姓、西万张姓、朱姓等40余人帮助孙家与王家评理说事不成，最终官司打到滕县政府。孙家忍受不住塌天之祸，于1942年兄弟5人纷纷携妻、子女各奔东西，无奈之下，孙家将土地陆续转卖给西石沟的薛家和匡头王家。5年时间，屋塌、墙倒、地卖光，仅剩下东南园老林地。民国时期，孙家人口发展到100多人，大部分定居在西丁桥和临城，其后代孙延敏响应党的号召，捐粮捐物，自出独木红车支援淮海战役。1951年，孙思勤参军抗美援朝，荣立“二等功”。孙延东曾任薛城区公路局局长、书记。现住奚村的孙氏家庭为孙延敏家族，其子孙思玉、孙思君，共5户，16口人。

八　世：孙佩璜，子四：长善　长治　长欣　长暄。

九　世：孙长善，子三：永明　永德　永绍。

十　世：孙永绍，子五：延敏　延芳　延春　延容　延东。

十一世：孙延敏，子二女二：思荣（嫁本村张裕厚）

思玉　思君　思莲（嫁南辛村）；

十二世：孙思玉，女四：宝霞　宝云　宝菊　宝季；

孙思君，子三女一：宝国　宝强　孙辉　孙凤。

十三世：孙宝国，子一：尚远；

孙宝强，子二：尚禹　尚健；

孙　辉，子一女一，子：尚鸿；女：慧文。

关允轩家族　1927年，关氏第一一〇世族人关夫会携全家由滕县（今滕州市）柴胡店镇老君院村迁居奚村谋生。关夫会育有三子：长子关允轩全家世居奚村；次子关允泰携全家迁沛县张寨乡王滩村，现有人口50余人；三子关允堂携全家迁徐州朱庄乡沈场村定居，现有人口20余人。奚村关允轩家族现已传至五世，20余户、55人，其中男28人，女27人。家族成员中，大专以上文化程度13人，中共党员12人，副县级干部2人，科级干部6人；中级以上职称3人，在校大学生3人。关氏班辈派字（20字）：……允文承继　祥家运作　克昌训延　升瑞秀吉　庆道义方……

一　世：关允轩，子三：文斌　文平　文德。

二　世：关文斌，子三：传远　传杰　传友；

关文德，子三：传允　传军　传新。

奚村关氏家族成员（摄于2010年2月19日）

三　世：关传远，子三：继伟　继民　继海；
关传杰，子三：继标　继武　继军；
关传友，子二：继国　奇峰；
关传允，子二：继昌　继良；
关传军，子一：关继勇；
关传新，子二：关　腾　继阳。

四　世：关继伟，子一：关　健；
关继民，子一：关　柯；
关继海，子二：关　振　关　博；
关继标，女一：关　楠；
关继武，子一：关祥宇；
关继军，女二：关雨果　关胜文；
关继国，女一：关　森；
关奇峰，子一女一：关哲瀚　关习习；
关继昌，子一：关祥瑞；
关继良，子一女一：关享达　关画予；
关　勇，子一女一：关祥泰　关芙蓉；
关　腾，女一：关阳阳；
关继阳，子一女一：关祥翊　关淑月。

五　世：关　健，子一：关家名。

朱相乾家族　民国十七年（1928），峄县二区东谷山村（今薛城区巨山街道东谷山）村民朱相乾携全家5口人从东谷山村迁奚村定居。朱相乾有三子：长子朱殿奎，一生老实做人，为人忠厚，先后在村里担任粮食保管员、经济保管员、砖厂厂长等。2015年朱殿奎逝世，享年98岁。朱殿奎与李佩兰育有三子两女：长子朱启利，枣庄师范毕业，从教40余年，小学高级教师，现已退休；次子朱启厚，1979年参加对越自卫还击战，退伍后曾任奚村党支部副书记，后在薛城区染料化工厂退休；三子朱启刚，在家务农；长女朱启娥，从事教育事业，已退休；次女朱秀芹经商。朱相乾次子朱殿法，老实本分，勤俭朴实，在村里干过饲养员，其与张联彩生育一子一女：长子朱启全，务农经商；长女朱启敏，曾在村里做过托儿所教师。三子朱殿元，老实厚道，勤俭朴实，与刘学兰育有二子：长子朱启河，在家务农；次子朱红军，务农经商。朱姓现有 8 户，人口 20 余人。

十四世：朱相乾，子三：殿奎　殿法　殿元；

朱相坤，无后。

十五世：朱殿奎，子三女二：启利　启厚　启刚　启娥　秀芹；

朱殿法，子一女一：启全　朱红；

朱殿元，子二女一：启河　启军　启荣。

十六世：朱启利，子一女二：英璐　英伟　英楠；

朱启厚，子一女一：英超　朱华；

朱启刚，子二：英斌　英民。

朱启娥，嫁苗谷堆村；

朱秀芹，嫁西桥村；

朱启全，子一：海玮；

朱　红，嫁兴仁村；

朱启河，子一：英普；

朱启军，子一：英同；

朱启荣，嫁院山村。

十七世：朱英璐，子一女一：明硕，明慧；

朱英伟，嫁薛城；

朱英楠，嫁陶庄；

朱英超，子一：浩明；

朱　华，嫁至枣庄高新区兴仁；

朱英斌，子翔明。

孙思功家族　属“皇殿孙”。60 年代初，孙思功因工作需要，从薛城区焦化厂调淄博焦化公司工作。1969 年 1 月，因“文化大革命”政治斗争，全家落户奚村。其有二女二子：长女宝兰居薛城，次女宝娥居奚村；长子宝柱、次子宝才均在薛城安家，各有一子一女。

张百升家族　1981 年 11 月 23 日，薛城张延真迁居奚村，与奚村张秀云结婚，张延真随奚村张姓，改名张百升。现育有一女一男：张丹（女）、张凯，张凯生子张家瑞。

刘崇课家族　1985 年，滕州市柴胡店镇葫芦套村村民刘崇课迁居奚村。子二：

刘安、刘义。

刘全营家族 1996 年，山亭区凫城镇张庄村民刘全营迁居奚村。育一女一子：张丽、张联春。

奚村各姓氏家族迁入情况一览表

表

序号	家族	始迁入时间	从何迁入	始迁人姓名	现人口(人)
1	张良家族	明洪武二年（1369）	山西洪洞县	张　良	760
2	西万张氏家族	清乾隆三十四年（1769）	济宁市微山县西万	张光汉	40
3	高岩家族	清道光九年（1829）	薛城区陶庄镇马公村	高　岩	10
4	孙佩璜家族	清咸丰五年（1855）	薛城区陶庄镇西仓	孙佩璜	16
5	关允轩家族	1927 年	滕州市柴胡店镇老君院	关夫会	40
6	朱相乾家族	1928 年	薛城区巨山街道东谷山	朱相乾	27
7	孙思功家族	1969 年 1 月	薛城区陶庄镇皇殿	孙思功	12
8	张百升家族	1981 年 11 月	薛城东姚山村	张延真	6
9	刘崇课家族	1985 年	滕州市柴胡店镇葫芦套	刘崇课	4
10	刘全营家族	1996 年 1 月	山亭区凫城镇张庄	刘全营	4

张氏望族

奚村张良后裔人口约有 8 万余人，遍布全国及至世界各地，当之无愧为奚村望族。张良子三：长子张祥，次子张汉，三子张润。长子张祥迁居滕县东南西托里（今

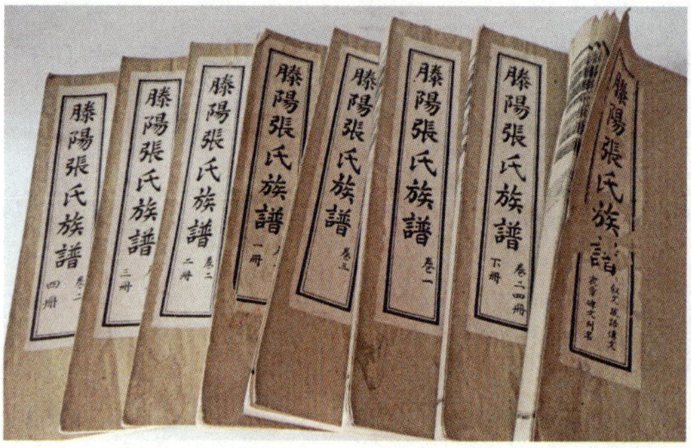

《滕阳奚村张氏族谱》（1962 年版）

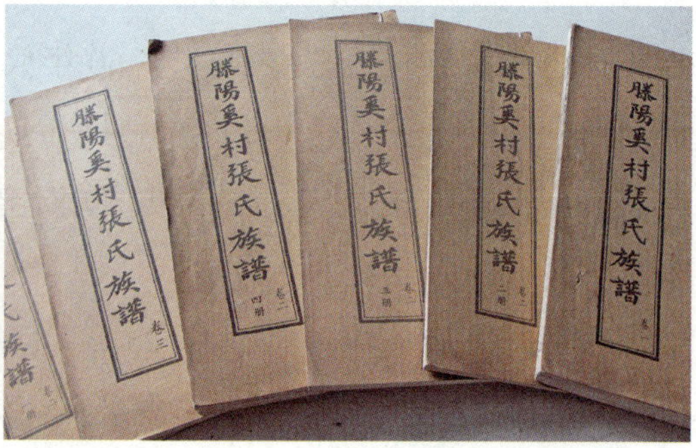

《滕阳奚村张氏族谱》（1994 年版）

薛城区巨山街道西托前村），次子张汉留居奚村，三子张润迁居薛城区沙沟镇黎墟。

张祥（二世）及其后裔

明永乐年间（1403—1424），奚村张良长子张祥至西托种地，婚后落居于此，繁衍生息至今，其后裔共尊张祥为西托张氏二世始祖。西托前村为祥祖始居地，族裔人口约有1000余人。祥祖后裔各支逐渐播迁于各地，今西托前、西托后、东防备、茶棚、班山、邹坞、徐集、小封楼、徐窝等村为集中分布地。

西托前张珩支 本族均为西托前村志富（养性长子）长子珩之后裔，族裔人口约800余人。世系：

二　世：张　祥

……

十三世：志富，子二：珩　琢。

十四世：珩，子二：国奇　国才；

　　琢，迁居班山，详见后“班山支”。

十五世：国奇，子三：大猷　大治　大儒；

　　国才，子二：大鹏　大周。

十六世：大猷，子五：项　颛　颊　预　灏；

　　大治，子二：题　领；

　　大儒，子四：颐　颉　颚　颠；

　　大鹏，子一：颖；

　　大周，子四：颙　岀　颋　願。

十七世……

其中：大猷支十七世以下派字为：山、恒、振、传、家、庆、永、慎……；其他“大”字辈十七世以下派字为：廷、凤、金、维、家（联）、庆（远）、永、慎……

茶棚尔序支 清康熙年间（1662—1722），养气之子尔序迁入薛城南沙沟茶棚定居。世系：——要东—养气—尔序—文美——。明清时，茶棚地处峄滕古道，商贾发达。到清末时，张氏家族良田千亩，瓦舍百间，建有楼院、客院、烟店、前宅子、南柴园、贤孝坊等，为地方名门望族，现传至第二十七世“宗”字辈，有族裔人口800余人。

十三世：尔序，子二：文佩　文美。

十四世：文佩，详见后“前刘支”“董庄支”。

文美，子三：提　捷　掬，详见后“袁沟支”。

十五世：提，子一：大闻；

捷，子二：大用　大省；

掬，子一：大任。

十六世……

十七世以下派字为：会、廷、恒、振（秀、云）、传、家（联）、庆、永（茂）、慎……

前刘廷琢、廷珠支　清道光年间（1821—1850），沙沟镇茶棚张氏会文二子廷琢、廷珠迁居茶棚东南隅、北山泄洪沟东涯。世系：——要东—养气—尔序—文佩—播—大怀—会文——。会文次子廷珠子四：恒益、恒信、恒丰、恒松。“四支”人由北到南依次而居，外人戏称“南汪涯”。因区别村后刘村，故称“前刘村”，与茶棚、袁沟合称茶棚村。前刘张姓阖家生息已历200余年，现传至第二十七世“宗”字辈，族裔人口300余人。十七世以下派字为：会、廷、恒、云、传、家（联）、庆、永、慎……

奚邑张氏文化研究会部分成员赴徐州探访族人徐州教育学院原院长、中国《金瓶梅》研究会副会长张远芬（左），张家平（中），张百华（右）（摄于2014年12月20日）

袁沟支　属会友下长支。清康熙年间，西托前养气子尔序由西托里迁茶棚。世系：——要东—养气—尔序—文美—捷—大用—会友—廷柯—恒年——。清道光年间，张恒年长子秀山、三子秀岐迁居茶棚东一里袁沟村，次子秀荣留居茶棚。“秀山支”“秀岐支”现有族裔200余人，茶棚“秀荣支”族裔50余人。袁沟支现传至“宗”字辈。十七世以下派字为：会、廷、恒、云、传、家（联）、庆（远）、永（茂）、慎……

董庄会迪支　清嘉庆年间（1796—1820），十七世会迪从茶棚搬迁至西北一里董庄村。世系：——要东—养气—尔序—文佩—拊—大魁—会迪——，现传至“耀”字辈，族裔人口130余人。十七世以下派字为：会、廷、恒、云、传、家（联）、庆、永、慎……

铜山喜云支　1926年，因天灾大旱，张喜云从董庄逃荒至江苏省铜山县柳泉乡瓦房村落户。现传至“耀”字辈，族裔人口30余人。

徐集文秀支 清康熙年间（1662—1722），西托里张文秀逃荒谋生落居滕州市柴胡店镇西南徐集，为徐集张氏开基之祖。村中立有文秀、成训和怀俊墓碑各1块，均立于嘉庆十九年（1814）七月。十六世以下至十九世四代单传。传至百俊有七子、七孙，均为长支后人，其他各支去向不详，待考。现已传至“慎”字辈，族裔人口100余人，文秀以下派字：、文、成、怀、学、景、□、□、□、百、全、印、祥、庆、永、慎……

徐窝凤池支 清咸丰四年（1854），廷朴三子凤池因匪患横行、生活所迫，遂迁至徐窝村（今薛城区巨山街道徐沃村）谋生。世系：——养性—志富—珩—国才—大鹏—颖—廷朴—凤池——。凤池从事经商，家境富裕，置田70余亩。凤池子三：金昭、金鉴、金瀛，现传至“耀”字辈，族裔人口100余人。“凤”字辈以下派字为：金、维、家、庆、永、慎……

汴西维文支 民国年间，西托前张维文外出谋生，定居徐州市贾汪区贾汪汴塘镇汴塘西村，子二：家臣、家保，现传至“耀”字辈，族裔人口约15人。

季山玉乾支 西托前志富次子张琢（十四世），约于清乾隆初年（1711）外出谋生，定居铜山北班山，后分房分支居住在季山、洪里、苏庄、徐州、口上等村。清咸丰年间（1851—1861），长房长支五世玉乾，迁班山东一里季山西侧安家。民国时期，六世如先长子作勋迁至安徽省宿县（现宿州市）经营洗浴业，至今已五代，人口90余人。三子作正迁居徐州，其余仍居季山，有100余人。二支五世祖玉坤随其兄迁居季山，生一子儒□。儒□生五子：长子□光（佚名）居季山，次子□先（佚名）迁居柳新乡口上村，□先的次子作□（佚名）迁居口上村南二里何家村。三子儒先迁徐州，其两位孙子家文、家喜，于1949年随国民党军（时在徐州九里山区机场工作）迁台湾。长子家文已婚，遗二女，入台未娶，病逝后其弟家喜携兄骨灰回徐州，安葬在班山东麓。四子□先（佚名）迁居徐州北郊天齐村。五子儒□（佚名）生一子无后。家喜现名贵旺，生二子，现居台湾花莲市。洪里支二房五世玉丹三子儒雷居季山，该房现有200余人。

洪里玉丹支 二房五世玉丹，生三子：儒□、儒□、儒雷。其中，长子儒□（佚名）、次子儒□（佚名）于1931年前后迁居徐州市铜山县班山西一里洪里村，三子儒雷居季山。三房五世祖玉青，为张琢公三子国佑的第三子大永之后。据说长子大业，次子大胜，兄弟二人迁回托里，一人居东托里，一人迁横山口，具体不详。该支族人曾在民国时期到过班山认本家，并抄走了家族宗排（班辈），有关世系关系尚未理清，至今未果。大永之后六代单传，该支现居班山、徐州，人口 20 余人。

班山国璧支 四房系五世祖国璧公之后，为张氏旺族。国璧生三子：衡、摇光、开阳，为班山现在的三大房支的先祖。长房衡之后称北房，二房摇光之后，称南房，即南大院先祖。三房为开阳之后，称当院，即南大院北邻之大院的先祖。四房人丁兴旺，其后人聚居班山。大约在清咸丰年间（1851—1861），二房家产渐丰，广置良田，仅在班山西十里的苏庄、陈庄、仇庄附近就有土地 400 余亩。为便于耕种，先祖二夫人唐大（张氏族人俗称）主持分家，长子玉梓留班山，次子玉畴的长子儒口（佚名）迁季山，在季山西侧定居，因盖的房子高大，又建在山坡之上，人称“高屋”。大四房后人现聚居班山、苏庄村，迁居外国及全国各地的也有几百人，该房现有人口 1000 余人。

奚邑张氏文化研究会部分成员赴徐州市铜山县班山村团祭张氏十四世张琢公 （摄于 2016 年 4 月 1 日）

苏庄摇光支 约在清咸丰年间（1851—1861），国璧二子摇光，家产渐丰，广置良田。因苏庄置地，摇光三子儒口（佚名）及 4 个弟弟共 6 人迁居铜山县苏庄。几年后，次子儒口又迁回季山，在山东侧买姓周的房子定居至今。苏庄族人为二房后人，财兴人旺，家族和睦，现有 500 余人。

东防备志平支 清康熙年间（1662—1722），养性次子志平谋生落居峄县西北东防备村（今薛城区邹坞镇东防备村）。至十八世廷赐中间五世单传，世系：——养性—志平—琏—国涪—大楚—建—廷赐——，现传至“耀”字辈，族裔现有 150 余人。大楚支十七世以下派字为：建、恒、振、传、家、庆、永、慎……

西托后养恺支 祥祖托前分支，养恺祖后，大支为廷起（大者之孙）支和大雅之子张文支，族群主要分布于西托后、西邹坞、挪庄、北二、西丁桥等村，现传至“慎”字辈，族裔 150 余人。

十二世：养恺，子一：尔庆。

十三世：尔庆，子一：环。

十四世：环，子三：国恩　国臣　国思。

十五世：国恩，子一：大刚；

国臣，子二：大者　大雅；

国思，子三：大山　大全　大存。

十六世……

十七世以下派字为：廷　恒　振　传　家　庆　永　慎……

邹坞大雅支　约在清道光年间（1821—1850），大雅携次子张选、三子张善由西托后村至邹坞街从事木工手艺为生（长子张文留居西托后）。世系：——养恺—尔庆—环—国臣—大雅——。现传至“永”字辈，族裔约有 90 余人。

符离集传允支　属邹坞大雅支。二十世振溪长子传允迁入符离集灰古堆。现已传至“慎”字辈，族裔约有 20 余人。

挪庄廷彩支　属西托后分支。世系：——养恺—尔庆—环—国思—大全—壁—廷彩——。1940 年，西托后大全之孙、张壁之子张廷彩到临城（今薛城区北临城临城街道）做生意，后落居于此。1947 年，国民党军强迫北临城居民外迁城西，廷彩遂携家眷迁此，有名挪庄。1948 年初，廷彩之孙振喜冒险从今薛城区临城街道挪庄村迁回今临城街道北二居住。现传至“永”字辈，族裔人口 120 余人。

西丁桥廷立支　属西托后分支。民国后期，大存之孙廷立外出谋生，后落居今薛城区临城街道西丁桥。现传至“永”字辈，族裔人口 40 余人。

小封楼养安支　小封楼位于沛县城南，该支张氏族裔为祥祖托前分支、养安祖后。清乾隆四十六年（1781）夏，黄河决口。西托前张昌一家 4 口逃荒至沛县东朱岭居住，行渔为生。世系：——要西—养安—淮—滕—昌——，张昌遂为小封楼张氏开基之祖。若干年后，因水荒，该支族裔迁至沛县城南八里小封楼村定居，现传至“耀”字辈，族裔人口 70 余人。十七世以下派字：训、口、奉、玉、继、广、善、永、慎……

张汉（二世）及其后裔　奚村为张良祖自晋首迁之地、安息之所，次子张汉居奚村。三世张敬，生子原友；四世原友育有四子：张勉、张英、张雄、张胜。至五世始分迁：张勉外迁王村（今柴胡店镇刘村、张庄一带），张英、张雄外迁青丘（今陶庄镇种庄一带）、张胜居奚村。张汉支以张勉、张英、张雄、张胜分房，分称张勉支、张英支、张雄支、张胜支，奚村现居住的张氏族裔皆为五世张胜祖之后。

张勉（五世）支

约在明正统年间（1436—1449），张勉至王村（柴胡店镇大庙一带）投亲谋生，后落居于此。世代繁衍，族裔不断外迁，今族裔集中分布在陶庄镇河北庄、井亭、夏庄、胡楼、齐湖，巨山街道西托后，峄城区阴平镇阴平、宁楼，滕州市柴胡店镇柴胡店，沙沟镇南常，安徽省宿墉区贡山等村。

河北庄朝海支 约在清乾隆年间（1711—1799），朝海先人由滕县柴胡店镇王村首迁今陶庄镇皇殿，后由皇殿迁至今陶庄镇河北庄。世系：——勉—干—景—錬—禄—以亮—振羽—五十—焕—景江—思修—朝海——。村东立有朝海墓碑（含谱系），初立于 1943 年。现传至“耀”字辈，族裔现有人口 400 余人。朝海以下派字为：朝、克、慎、恒、鹏、允、传、家、长（庆）、永、慎……

后井亭允海支 河北庄朝海分支。张慎喜次子张桓先专事营商，家道富裕，遂在今陶庄镇井亭村置地耕种。1926 年，其孙张允海搬迁井亭居住。现传至“庆”字辈，族裔人口 20 余人。

后洛房传福支 河北庄朝海分支。允泗子张传福迁居微山县后洛房。现传至“庆”字辈，族裔人口 10 余人。

河北庄朝重支 勉祖后、以恩系下、景仙支。世系：——勉—干—景—坤—以思—义—耀—举—景仙—思正—朝重——。现传至“永”字辈，族裔人口 200 余人。朝重以下派字为：朝、丕、文、恒、鹏、允、传、家、长（庆）、永、慎……

西托后克己支 河北庄朝泰长子克己分支。世系：——勉—干—景—錬—禄—以亮—振羽—五十—焕—景江—思箴—朝泰—克己——。约在清乾隆年间（1736—1796），朝泰长子克己迁居今巨山街道西托后村。现传至“慎”字辈，族裔人口 100

清明祭奠抗日英雄、原滕县武工队队长、东凫山张良后裔张西（锡）池（摄于 2015 年 7 月 12 日）

余人。朝泰以下派字为：朝、克、慎、恒、鹏、允、传、家、庆、永、慎……

阴平克从支 河北庄朝泰次子克从分支。世系：——勉—干—景—鍊—禄—以亮—振羽—五十—焕—景江—思箴—朝泰—克从——。约在清道光年间（1821—1850），朝泰次子克从始迁西托后村，后继迁至峄城区阴平镇阴平、宁楼，现传至“永”字辈，族裔人口100余人。

柴胡店朝重支 以恩系下、景仙支。约于清乾隆年间（1736—1796），朝良由现陶庄镇河北庄迁入今滕州市柴胡店镇营生。世系：——勉—干—景—坤—以思—义—耀—举—景仙—思修—朝良——。现传至“慎”字辈，族裔人口120余人。朝良以下派字为：朝、丕、昌、荣、景、贵（允）、传、家、联、庆、永……

贡山应弟支 属柴胡店分支。贡山，位于安徽省宿州市埇桥区解集乡。1925年，遇昌次子张应弟，逃荒要饭至此，遂落居该村，应弟为贡山张氏始迁祖。现传至“永”字辈，族裔人口20余人。

大连贵和支 景运三子贵和迁居大连，现传至“庆”字辈，族裔人口10余人。

南常永和支 柴胡店分支。约于清道光年间（1821—1850），张丕明之子张永和从柴胡店迁居沙沟镇南常。现传至“耀”字辈，族裔人口70余人。永和以下派字为：和、应、玉、传、家、庆、永、慎……

柴胡店胡楼支 该支为以相后、景池系下。张位西由张庄（今滕州大庙附近）迁柴胡店镇胡楼。世系：——勉—干—景—鍊—以相—超—友性—烬—景池—皎—瞳—棱—位西——。现传至“宗”字辈，族裔人口约80余人。位西以下派字为：位、景、奎、彦、传、家、庆、永、慎……

夏庄家怀支 民国十五年（1926），天旱闹灾，家怀从胡楼外出谋生，落居陶庄镇夏庄。现传至“耀”字辈，族裔人口40余人。

柴胡店张庄支 该支属以相后、景池系下。张位泰由张庄（今滕州大庙附近）迁柴胡店镇胡楼。世系：——勉—干—景—鍊—以相—超—友性—烬—景池—皎—瞳—棱—位泰——。现传至“永”字辈，族裔人口40余人。

张英（五世）支

张英，原友次子，约在明正统年间（1436—1449）迁居青丘（今陶庄一带）。后该支族裔分迁枣庄高新区兴城街道西南庄，并以西南庄为祖居地，广泛分布于西南庄、洪洼、马公村、大南庄、逍村、打蓆、周庄、铜铃、大吕巷、黄沟泉、邹县、黑龙江等地。

西南庄汝庭支 约在明正统年间（1436—1449），原友次子张英（五世），迁居青丘谋生。清乾隆年间，十四世启文（长支，父汝庭），迁居今枣庄高新区兴城街道西南庄，尊称启文为西南庄张氏始迁祖。世系：——原友—英—启—伟—钊—九峰—介—霭—霓—汝庭—启文——。现传至“耀”字辈，族裔人口200余人。启文以下派字为：启、朝、唯、□、学、士、敬、广、福、庆、永、慎……

洪洼支 西南庄分支。约在清同治年间（1862—1875），十七世管祖从西南庄始迁今临城街道洪洼，为洪洼张氏始迁祖。现传至“慎”字辈，族裔人口60余人。

后学支 西南庄分支。西南庄敬体子传友迁居微山县后学村。世系：——汝庭—启文—朝品—唯宗—珍—学义—士选—敬体—传友——，现传至“耀”字辈，族裔人口30余人。

沛县权营园宜道支 约在清咸丰年间（1851—1861），张宜道由青丘（现陶庄一带）迁居沛县南权营园。十九世恒春迁徐州，族裔人口40余人；恒兴居权营园，现传至“耀”字辈，族裔人口100余人。世系：——英—启—伟—钦—九仞—海—山—品—尔宝—作容—环—来庆—宜道——

十七世：宜道，子一：文□。

十八世：文□，子二：恒春　恒兴。

十九世：恒春，子三：百海　百云　百贵；

恒兴，子五：百平　百清　百田　百临　百桢。

二十世……

马公村族支 约在清康熙至乾隆年间（1662—1799）由青丘分迁，现有九重祖后（九世）尔祥（13世）支、九岑祖后尔椊（13世）支、九仞祖后尔宝支、尔壁支。

宜绍支 世系：——尔祥—作富—范—来玉—宜绍——。传至“慎”字辈，族裔人口40余人。

宜国支 世系：——尔祥—作富—范—来玉—宜国——。传至“慎”字辈，族裔人口40余人。

维清支 世系：——尔椊—作正—增—来奉—维清——。传至“永”字辈，族裔人口50余人。

宜全支 世系：——尔椊—作正—珊—来品—宜全——。传至“庆”字辈，族裔人口10余人。

宜栋支 世系：——尔榨—作正—珊—来月—宜栋——。马公村迁吴村，传至“庆”字辈，族裔人口 10 余人。

恒合支 世系：——尔榨—作正—珊—来品—宜全—恒合——。恒合自马公村迁居夏庄，传至“永”字辈，族裔人口 30 余人。

西曲柏维宏支 维宏迁西曲柏，维清弟，传至“永”字辈，族裔人口 30 余人。世系：——尔榨—作正—泰—来荣—维宏（“宜”字辈）——

十七世：维宏，子一：斌。

十八世：斌，子一：恒新。

十九世：恒新，子三：百德　百祥　百志。

二十世……

渊子崖支 陶庄镇马公村恒亮迁居张汪镇渊子崖，传至“耀”字辈，族裔人口 30 余人。

大南庄宜山支 宜山由陶庄镇马公村迁居陶庄镇大南庄，世系：——尔榨—作正—瑶—来明—宜山——，传至“永”字辈，族裔人口 10 余人。

大南庄宜绪支 张宜绪由陶庄镇马公村迁居陶庄镇大南庄，世系：——尔榨—作正—珠—来科—宜绪——，传至“永”字辈，族裔人口 10 余人。

道村宜吉支 张宜吉由马公村迁居邹坞镇道村，世系：——尔壁—作玉—彭—来秀—宜吉——，传至“庆”字辈，族裔人口 120 余人。宜吉以下派字为：宜、玉、恒、继、传、家（联）、庆、永……

道村宜修支 张宜修由马公村迁居邹坞镇道村，世系：——尔宝—作容—瑞—来贺—宜修——，传至“永”字辈，族裔人口 20 余人。宜修以下派字为：宜、恒、立、继、传、联、庆、永……

武穴支 张宜礼子文雨由道村迁陶庄镇武穴。

打席支 民国年间，张宜池从道村迁居邹坞镇打席村。世系：——尔丰—作权—彤—来河—宜池——，传至“庆”字辈，族裔人口 50 余人。宜池以下派字为：宜、玉、恒、继、传、家（联）、庆……

小屯支 张宜池三子玉志迁居今枣庄高新区张范街道小屯，传至“庆”字辈，族裔人口 40 余人。

陈楼支 属邹坞镇，传至“庆”字辈，族裔人口 10 余人。

车峪支 属枣庄市市中区，宜举子文印迁人，世系：——尔壁—作奎—彤—来美—宜举——，传至“永”字辈，族裔人口70余人。

泥沟泉支 张恒吉从车峪迁泥沟泉，传至“永”字辈，族裔人口40余人。

周庄支 张宜永由打蓆迁陶庄镇周庄。世系：——尔顺—作后—琪—来言—宜永——，传至“永”字辈，族裔人口20余人。

张雄（五世）支

张雄，原友三子，约在明弘治年间（1488—1505）迁居青丘。该支族裔主要分布在巨山街道西谷山，兴仁街道东曲柏、西曲柏、兴仁、匡腰，邹坞镇张岭，山亭区凫城镇葡萄山村等地。

西谷山支 十四世作学，字秀昇，清乾隆十七年（1752）迁至滕县南东邵桥村。其子明义于清嘉庆九年（1804）举家迁至西谷山村，明义为西谷山一世祖。明义子三：长子兴邦，次子兴安，三子兴朝。明义与原配钟氏，合葬于祖茔西谷山，1994年春为其立碑。西谷山张氏传至十一世，最长辈为“兴”字辈，最小辈为“耀”字辈。最大辈分健在者为“百”字辈，最小辈为“耀”字辈，族裔人口300余人。明义后派字为：明、兴、龄、善、光、传、联、庆、永、慎……

兴仁光山支 1978年，政府修建谷山水库，百善（光山）携部分家人迁居枣庄高新区兴仁村，传至“联”字辈，族裔人口20余人。

东曲柏传顺支 1978年，政府修建谷山水库，传顺（光文长子）长子联美、联香迁居兴仁街道东曲柏村，传至“永”字辈，族裔人口20余人。

匡山腰传顺支 1978年，政府修建谷山水库，传顺次子联玉、四子联镇迁居兴仁街道匡山腰村，传至“永”字辈，族裔人口10余人。

四里石传绪支 1978年，政府修建谷山水库，光文三子传绪率子联运、联生迁往巨山街道四里石村定居，传至“永”字辈，族裔人口10余人。

兴仁联发联才支 1978年，政府修建谷山水库，传业子联发、联才迁居兴仁街道兴仁村，传至“永”字辈，族裔人口10余人。

黑龙江联银支 1960年，传智次子联银迁居黑龙江（具体地址不详），传至“永”字辈，族裔人口10余人。

东曲柏联敬支 1978年，政府修建谷山水库，传江次子联敬携全家迁居兴仁街道东曲柏村，传至“永”字辈，族裔人口10余人。

兴仁联成支　1978年，政府修建谷山水库，传江三子联成携全家迁居兴仁街道兴仁村，传至“永”字辈，族裔人口20余人。

贾汪联营支　1960年，传志次子联营迁居贾王矿（具体地址不详）。

西曲柏庆明支　1978年，政府修建谷山水库，联富次子庆明携全家迁居西曲柏村，传至“耀”字辈，族裔人口20余人。

两河岔张金支　张金，雄祖后，初迁青丘，继迁两河岔。金祖子六：长子相山，早世无后；次子相安，无后；三子相明，迁往峄县由村；四子相成，迁葡萄山；五子相举，迁往张家岭村；六子相光，迁往峄县东古路埠村。1937年，起用派字为：相、士、继、廷、起、文、家、德、厚、长、有、善、延、联、庆、永、传、佩、元、良。

葡萄山相成支　葡萄山，位于山亭、市中交界地带，属凫城镇，与张岭同属一脉，为张金四子张相成后裔。现传至“慎”字辈，族裔人口60余人。

张岭相举支　约在清嘉庆年间（1796—1820），张相举迁住张岭村。现传至“慎”字辈，族裔人口800余人。

十六世：相举，子二：士法　士旺。

十七世：士法，子三：继让　继俭　继恭；

　　　　士旺，子四：继礼　继义　继高　继昌。

十八世……

张胜（五世）支

张胜，原友四子，世居奚村，其家境富裕，为一方望族。其下分为“四大支”：“老七支”“东五门”“糖坊井”“来慎支”。本支族裔主要分布在陶庄镇奚村、吴村、千山、夏庄、苗谷堆，薛城，微山县宋寺、纸坊、黄庄，滕州市柴胡店镇南辛、管河口、官口，山亭区徐庄镇中水门，滕州市官桥镇太平庄，

寻访沛县鹿湾张良后裔张联军（右一）（摄于2016年1月2日）

山亭区东凫山、两河岔，沛县励场、三座楼等村。

励场支 位于江苏沛县，属惠祖（六世）次子张攻支。世系为：——胜（五世）—惠—泰—攻—则德—书—□□—义—尔浩—作至—沐—□□—琪本—□□—兴洲—明宜——。该支仅存励场一支，现传至“慎”字辈，族裔人口 50 余人。

“老七支” 明洪武二年（1369），一世老祖张良（字恭让）迁居奚村繁衍生息。至第十二世嫡裔孙张铎（葬于石凤山，墓、碑存），生七子：尔润、尔洙、尔湛、尔泗、尔汶、尔沂、尔瀚，故称为“老七支”。该支族裔人口 260 余人。

十二世：铎，子七：尔润　尔洙　尔湛　尔泗　尔汶　尔沂　尔瀚。

十三世：尔润，子三：作兰　作桧　作楷；

尔泗，子二：作楹　作椐；

尔汶，子二：作模　作奎；

尔沂，子二：作桐　作梧。

十四世……

吴村来朝支 清嘉庆年间（1796—1820），十六世来朝承继祖业烧制土陶，从奚村举家迁居吴村。现传至“耀”字辈，族裔人口 180 余人。

黄沟泉传印支 吴村来朝支。民国十九年（1930）前后，张传印自吴村迁居常庄镇黄沟泉村。现传至“永”字辈，族裔人口 20 余人。

千山锦江支 约在清嘉庆年间（1796—1820），奚村张锦江（“来”字辈）次子宜元、宜淳迁千山村居住。现传至“慎”字辈，族裔人口 70 余人。

吴村宜仓支 该支属怡祖后、则变次子篁祖系下。约于清嘉庆年间（1796—1820），张来兴子宜仓从奚村迁至陶庄镇吴村。现传至“耀”字辈，该支有族人 80 人。

薛城百义支 民国十六年（1927），因家乡闹灾荒无法生活，张百义携全家 7 口人至临城南岗子一带谋生。现传至“耀”字辈，族裔人口 10 余人。

薛城百伦支 民国时期，张百伦携全家至临城一带谋生。现传至“永”字辈，族裔人口 20 余人。

薛城传稳支 1927 年大旱，庄稼颗粒不收，张传稳携全家 6 口逃荒到南岗子（即南临城）生活，后定居薛城。现传至“慎”字辈，族裔人口 10 余人。

贾汪传棻支 民国时期，张百英次子传棻迁居贾汪区和平街。其中，张永任职国家部委。现传至“耀”字辈，族裔人口 20 余人。

淮北传树支　1968年，张传树长子联才任职安徽省煤炭厅。七八十年代，张传树及其4个儿子相继迁居淮北矿区。现传至“耀”字辈，族裔人口40余人。

西托后传德支　1920年，张传德由奚村迁居今巨山街道西托后村。现传至“慎”字辈，族裔人口50余人。

黑龙江传杰支　1957年，奚村张百苞次子张传杰迁居黑龙江阿城市。现传至“耀”字辈，族裔人口10余人。

东仓传淮支　民国三十四年（1945），传淮由吴村迁居东仓村。现传至“慎”字辈，族裔人口30余人。

安徽萧县张庄李口支　安徽省萧县大屯镇张庄、李口村，属奚村“老七支”锦雯支、宜谔后。张百勋约于清同治年间（1862—1875）行医迁居此地。现传至“慎”字辈，该支现有族人100余人。

徐州传伟支　民国三十三年（1944），张百苞三子传伟去徐州逃荒讨饭，后定居徐州。现传至“永”字辈，族裔人口10余人。

云南家祥支　民国二十七年（1938），奚村传沂长子家祥被国民党军征挑夫，后随军云南，留居云南昆明。其后代传至“慎”字辈，族裔人口20余人。

河南联喜支　1946年，张传沂次子联喜因家贫讨饭至河南省新乡市新乡县小冀镇谋生。现传至“慎”字辈，族裔人口50余人。

来村联法支　民国二十八年（1939），张传绪长子联法迁居官桥镇来村。现传至“慎”字辈，族裔人口30余人。

黑龙江联馨支　1965年，联馨迁黑龙江阿城市，从事中医，悬壶济世。现传至“永”字辈，族裔人口10余人。

夏镇联武支　1965年，张联武新疆退伍安置至微山县夏镇工作，现传至“永”字辈，族裔人口10余人。

薛城联清支　1985年11月，张传栋长子联清工作迁薛城。现传至“永”字辈，族裔人口10余人。

薛城百镇支　民国二十八年（1939）前后，张传孔随父亲张百镇外出行医，后传孔随子女迁居薛城。现传至“永”字辈，族裔人口10余人。

岗头百喜支　民国二十五年（1936），张广礼长子张百喜随母迁至岗头外祖父家。现传至“庆”字辈，族裔人口10余人。

官口宜盛支 则变祖后、尔沂系下，奚村张宜盛（来临次子）次子张勇成迁入，现传至“永”字辈，族裔人口30余人。

东五门 “东五门”与“老七支”同为六世张怡祖后。张尔彦十分重视家庭文化，其五子皆为秀才，名噪一方。因尔彦家族人员众多，且大多数居住于村东，故称为“东五门”，现在奚村族裔人口150余人。

十三世：尔彦，子五，均为邑庠生，后人称该支为“东五门”。

十四世：作经，子四：煖　炋　煦　炯；

作伦，子三：烈　烔　炣；

作纬，子四：熏　煊　烋　炷；

作纲，子四：灿　熠　熔　焯；

作纪，子二：炌　煜。

十五世……

夏庄来梁支 奚村宪祖后、则久系下、尔乾分支，张来梁自奚村始迁陶庄镇夏庄。现传至“庆”字辈，族裔人口90余人。

十六世：来梁，子三：慎郎　宜凤　慎法。

十七世：慎郎，子一：文祥（宜凤长子承嗣）；

宜凤，子二：文祥　文信；

慎法，迁居匡腰，子二：文忠　文志。

十八世……

黑龙江百平支 吴村张恒云子百平迁居黑龙江。张传同为厅局级干部。现传至“庆”字辈，族裔人口10余人。

沈长百芝支 民国年间，张恒志次子百芝，迁徐州沈长。现传至“庆”字辈，族裔人口10余人。

埠上来忠支 奚村“东五门”作纬祖后、来忠系下。约在清咸丰年间（1851—1861），张来忠迁居该村。现传至“永”字辈，族裔人口70余人。

吴村宜传支 奚村“东五门”来仁子宜传迁居吴村。现传至“庆”字辈，族裔人口10余人。

吴村恒启支 奚村张文金子张恒启迁吴村。现传至“联”字辈，族裔人口10余人。

口上百海支 民国十四年（1925），张百海随母逃荒至江苏铜山县口上村（今铜山县柳新镇）居住。现传至“庆”字辈，族裔人口 10 余人。

夏庄宜勤支 张宜勤由吴村迁居夏庄。现传至“传”字辈，族裔人口 80 余人。

夏庄宜礼支 张作纪支，张宜礼迁入。现传至“耀”字辈，族裔人口 10 余人。

皇殿百厚支 张百厚从陶庄镇大南庄迁皇殿村。现传至“联”字辈，族裔人口 10 余人。

河北庄文盛支 “东五门”作纪分支，初迁夏庄，宜楫子文盛迁居河北庄。现传至“庆”字辈，族裔人口 20 余人。

小辛庄支 张恒元始迁小辛庄。现传至“庆”字辈，族裔人口 10 余人。

大南庄宜会支 张来明次子张宜会迁居大南庄村，现传至“庆”字辈，族裔人口 50 余人。其中，该支张宜会三子文诚迁居苗谷堆，宜会长子文庭之孙张百厚迁居黄殿村。

苗谷堆支 张宜会次子文诚从大南庄迁居该村，现传至“永”字辈，族裔人口 60 余人。

糖坊井 “糖坊井”“东五门”与“老七支”同属五世胜祖之后裔。“糖坊井”支，特指尔海家族。现传至“联”字辈，族裔人口 150 余人。因所居村中古井边有造糖作坊，其族人大多居住于此，故称“糖坊井”。

十三世：尔海，子三：作凤　作高　作明。

十四世：作高，子三：芝　本　肃；

作明，子二：斌　勤。

十五世：芝，子一：来云（本长子承嗣）；

本，子五：来云　来惠　来芬　来恭　来茂；

肃，子二：来芳　来庄；

斌，子一：来俊；

勤，子五：来元　来魁　来英　来

奚邑张氏文化研究会部分成员寻访山亭葡萄山奚村张氏张家友（左一），左二：张家友母亲、张家文（张岭）、张庆国、张联磊（摄于 2016 年 3 月 12 日）

杰　来庭。

十六世……

薛城建荣支　民国时期，奚村恒明、恒文迁居枣庄，后因战事迁居薛城。现传至“联”字辈，族裔人口 40 余人。

岗头百存支　属宪祖后、则博系下、尔义支。百存（恒海子）于 1956 年迁入该村，传至“联”字辈，族裔人口 10 余人。

尤楼文友支　民国年间，十八世文友于从奚村迁居尤楼。传至“联”字辈，族裔人口 10 余人。

管河口支　传至“联”字辈，族裔人口 50 余人。其中张百福在山东省财政厅工作。

奚村来慎支　世居奚村。世系：——宪—䜣—收—则博—安—应沼—强—尔义—作直—瑞—来慎—宜铎——。现传至“庆”字辈，族裔人口 110 余人。

十六世：来慎，子二：宜铭　宜铎。

十七世：宜铎，子一：文苓。

十八世：文苓，子四：恒允　恒宽　恒朴　恒喜。

十九世……

千山来心支　宪祖后、则久系下。约在清道光年间（1821—1850），张来心自奚村始迁千山村。传至“庆”字辈，族裔人口 60 余人。

匡山腰张元支　约在清康熙年间（1662—1722），奚村张元迁居兴仁街道匡山腰村，至今 300 余年，繁衍 13 世，传至“联”字辈，族裔人口 350 余人，其中男丁 180 余人，女 160 余人。世系：——胜—宪—䜣—改—从周—元——。

邳县尔禧支　约在清嘉庆年间（1796—1820），张琚子尔禧，自匡山腰迁居江苏省邳州市八义集西大耿庄。传至“传”字辈，族裔人口 60 余人。

东夹埠宜成支　奚村则久祖后、尔谔系下，张来富子张宜成自匡山腰始迁该村。传至“联”字辈，族裔人口 30 余人。

新疆文宽支　匡山腰张宜桂次子文宽迁入。传至“联”字辈，族裔人口 40 余人。

东夹埠宜善支　奚村则久祖后、尔德系下，张宜善长子文藻自奚村始迁。传至“永”字辈，族裔人口 20 余人。

东夹埠慎法支　奚村则久祖后、尔乾系下，张来梁三子慎法自夏庄始迁。传至“庆”字辈，族裔人口 10 余人。

东杨庄来旺支 东杨庄，位于沙沟东部，奚村二支四房。该支属尔昌祖后、来旺支。约在清道光年间，张来旺迁此居住。传至“永”字辈，族裔人口40余人。

洛房传新支 东杨庄传新迁居微山县后洛房村，传至“永”字辈，族裔人口30余人。

南辛支 据明万历年间（1573—1620）张氏族谱文字记载及2016年南辛村出土张氏碑文研究，奚村张氏族裔迁居南辛。由于年久失修，旧谱“文化大革命”期间遗失，先祖失讳，谱系亦断，今传至“慎”字辈，族裔人口100余人。

中水门支 中水门口，位于山亭徐庄镇，其张氏属南辛分支。该支约于清同治年间（1862—1875）宽金迁居中水门，传至“慎”字辈，现有族人100余人。

纸坊支 纸坊，位于微山县。该支族群为“奚村张”六世怡祖后、则化系。世系：——怡—信—敦—则化—范—暨元—善卿——。约在清康熙年间（1662—1799），则化之曾孙善卿迁居微山纸坊，形成族群。现族支主要分布在微山纸坊、黄庄、南荒、西关口、沛县鹿湾、济宁等地。传至“庆”字辈，族裔人口90余人。十五世以下派字：天、存、传、年（志、德）、恒（建）、百、传、联、庆……

十二世：善卿，子二：绪　绍。

十三世：绪，子三：桢　椿　格；

　　　　绍，子二：松　柏。

十四世……

黄庄支 清乾隆年间（1711—1799），纸坊十七世传连、传进兄弟二人迁入。传至“永”字辈，族裔人口100余人。

济宁支 十六世张存智从纸坊迁居济宁。传至“永”字辈，族裔人口20余人。十五世以下派字：天、存、传、德、太、百、传、联、庆……

鹿湾支 约在民国时期，十七世传业子（失讳），迁入沛县南鹿湾。传至“永”字辈，族裔人口70余人。

宋寺支 宋寺，位于微山县西北，属奚村二支六世怡祖后、则荣一脉。世系：——怡—仁—做—则荣—筥——。该支族人主要分布在微山宋寺、沛县三座楼、徐州等地。约在明天启年间（1605—1627），张筥（则荣）之子由托里迁居微山张湾，继迁宋寺村。传至“永”字辈，族裔人口200余人。十三世以下派字为：元、汝、复、正、允、凤、怀、木、昭、联、庆、永……

十　世：筥，子一：应增；

十一世：应增，字一：敬德

十二世：敬德，子二：元祯　元祥。

十三世……

三座楼支　该支族人属宋寺分支。约在清道光年间（1821—1850），宋寺允茂之子凤岐、凤乐从宋寺迁居沛县三座楼村，后迁徐州谋生。凤岐支留居徐州至今，凤乐支返回三座楼居住。其族群主要分布在三座楼、徐州、沛县城、大连等地。传至“永”字辈，族裔人口110余人。

奚邑张氏文化研究会部分成员寻访沛县三座楼张良后裔张木广（左二），右一为小封楼族人张善文（摄于2016年1月2日）

两河岔支　位于山亭区，奚村张六世奈祖后、彦祖支。张奈，奚村张胜第四子，于明弘治年间（1488—1505）迁山亭区凫山，子四：洪、彦、文、奉。该支初由马头迁两河岔村，传至“庆”字辈，族裔人口100余人。九世以下派字为：庭、仲、□、文、凤、儒、怀、龄、守、树、兰、百、传、联、庆……

西集支　张树德、张树体（父守真）兄弟二人于民国年间从两河岔迁入西集。传至“庆”字辈，族裔人口30余人。

太平庄支　张树元（父守闲），于民国年间从两河岔迁入太平庄。传至“庆”字辈，族裔人口80余人。

邳州滩上村支　张树生（父守凤），于民国年间从山亭区西集两河岔迁入江苏省邳州市滩上村。传至“庆”字辈，族裔人口10余人。

东凫山支　位于今山亭凫城镇，属“奚村张”六世奈祖后、文祖支。奈祖约于明弘治年间（1488—1505）始迁阜山马头，子四：洪、彦、文、奉，九世锐祖始迁东凫山。该支分迁横山口、西凫山、桥屯、西集尖山子等村。传至“庆”字辈，族裔人口150余人。十四世以下派字为：庭、景、象、锡、福、传、联、庆……

桥屯支　东凫山分支，属珏祖后，象坤支、象诚支、象轩支。传至“庆”字辈，

山亭区凫城镇政府向张传银（左一）颁发“孝老之星”荣誉牌（摄于 2015 年 6 月）

族裔人口 70 余人。

西横山口支 该支迁自东凫山，省三长子珏祖后。清道光年间（1821—1850），东凫山庭烈祖上在横山口良田 1300 亩需要家人前去管理。其长子景昂从东凫山携全家迁居横山口。景昂长子奉远后迁回东凫山。四子奉盈无后，五子少亡，今居住在西横山口村的为二子奉来、三子奉科后裔。传至“庆”字辈，族裔人口 80 余人。

西凫山支 东凫山分支，由西横山口迁西凫山，属省三次子瓒祖后，庭兰支、庭芝支。传至“庆”字辈，族裔人口 40 余人。

张润（二世）及其后裔

张良三子张润祖始迁黎墟。黎墟，位于沙沟中部，历史上张氏人口迁移频繁，遍及全国各地。族裔主要分布在黎墟、班井、金马、楼窝、铜山刘新庄、张楼、韩庄、大新庄、大通、郗山、河西韩家坝、下殷、沙沟、铜山马沟坡、沛县田楼、杨河、临城、沛县曾家楼、河西郑集、峄县城、沂洲、张家大路、吕乡、刘林、石坝、大黄庄、淮南、三门峡、铜山石屯、南京、西安、重庆、上海等地。七世以下派字：文、良、斗、养（云）、从、大、凤、龄、信、志（来）、怀（宜）、继（文）、长（恒）、立（百）、士（传）、运（联）、守（庆）、厚（永）、宪（慎）、福（耀）、田（宗）……

黎墟支 该支张氏族裔 500 余人，世代居住在黎墟村，传至“田”（宗）字辈。

六　世：乾，子三：文魁　文陡　文举。

七　世：文魁，子二：良堂　良官；

　　　　文陡，子二：良臣　良宦；

　　　　文举，子二：良金　良玉。

八　世：良堂，子一：斗暄；

　　　　良臣，子一：斗月；

良宦，子一：斗志；

良金，子一：斗明；

良玉，子一：斗光。

九　世……

班井怀仁支　约在清光绪年间（1875—1908），张志蕴长子怀仁由沙沟始迁班井（初由黎墟迁沙沟）。传至“厚”字辈，族裔人口80余人。

金马纪泰支　清道光年间（1821—1850），黎墟仲春之次孙张纪泰始迁金马驹村。传至“宪”字辈，族裔人口100余人。

韩坝怀情支　民国年间，黎墟张志远子怀情迁居韩家坝村。传至“宪”字辈，族裔人口80余人。

下般怀落支　民国年间，黎墟志有长子怀落迁居下殷村。传至“厚”字辈，族裔人口70余人。

刘林存仁支　民国年间，黎墟志成子存仁迁居微山刘林村，又名七里堡。传至“宪”字辈，族裔人口40余人。

楼窝继常支　清道光年间（1821—1850），黎墟张怀恕三子张继常种地迁居楼窝。传至“士”字辈，族裔人口10余人。

峄城立祥支　民国初期，黎墟张立祥因谋生携家眷初迁峄县城。传至“厚”字辈，族裔人口30余人。

田楼怀宗支　清道光年间（1821—1850），黎墟张志芫长子张怀宗迁居田楼村。清咸丰年间（1821—1861），张怀桐（张志芫三子）之子张继轩（字子辕），徙居田家楼，与田姓有姻亲之依。传至“宪”字辈，族裔人口20余人。

婚姻家庭

婚姻

奚村村民历来婚姻意识浓厚，受传统观念、风俗习惯和伦理道德的影响较深。

据《滕县乡土志》(清光绪三十三年版)记载:“近代礼俗,婚丧为重。婚时纳采问名,颇存古制”。村内婚姻沿袭陈规旧俗,遵“父母之命,媒妁之言”,讲“门当户对、生辰八字、命相合婚”。要求子女终生从夫,不得有变,故有“好马不配双鞍,好女不嫁二夫”之说。封建礼教的束缚,使妇女深受其害。妇女在家庭生活中没有地位,吃饭要先让给老人、丈夫和孩子,自己去吃剩饭剩汤,有的妇女一辈子都没有上过桌吃饭。外面有人来找,只要男人不在家就回绝是家里没人,自己也不把自己当成人。女子成婚后,一辈子生孩子、看娃娃,围着锅台转。白天操劳家务,晚上挑灯作针线。受多子多福和传宗接代等旧观念的影响,各家的孩子都是越生越多,越多越穷。少数村民为生活所迫,将自己的女儿卖给别人做童养媳。夫妻的家庭地位也不平等,男尊女卑。新中国成立后,特别是《婚姻法》的颁布,新的婚姻制度的落实,陈规旧俗逐步革除,婚姻状况不断改善。男婚女嫁虽然仍由媒人说合,但讲究情投意合、两厢情愿,父母包办的现象已不常见。1980 年以后,青年男女自由恋爱,自觉履行《中华人民共和国婚姻法》,晚婚晚育已成主流。

婚龄 民国之前,村民的寿命较短,结婚年龄普遍较早,男女在 16 岁左右就可以结婚。民国时,男子婚龄多集中在 20 岁,女子则在 15~19 岁之间。新中国成立后,1950 年国家颁布《中华人民共和国婚姻法》,规定结婚年龄:男为 20 周岁,女为 18 周岁。60 年代政府提倡晚婚,初婚年龄又有提高。1980 年以后,为控制人口增长,结婚年龄改为:男 22 周岁,女为 20 周岁。1990 年实行晚婚,结婚年龄为:男 25 周岁,女为 23 周岁。广大青年坚持晚婚,既有利于人口控制,又能提高人口素质。

通婚区域 奚村地处平原地带,土地肥沃,民风淳朴,自然条件、生活条件相对较好。从村民的择偶圈来看,民国及以前,大部分局限在周边十里八村,本乡本土结亲居多。旧时择偶,禁止近亲结婚,故有“不出五服,不能通婚”之说。新中国成立后,随着互助组、初级社、高级社、人民公社化的发展,年轻人一起参加集体劳动,在共同劳动中产生出爱情的火花,故同村择偶者偶而见之。70 年代,奚村农业独树一帜、高产稳产,生产生活条件好,外村女子多愿嫁来。改革开放以来,随着村民外出务工,信息通达,村民社交圈逐渐扩大,婚姻状况有了较大变化,男婚女嫁不再拘泥于本地,跨区跨省的婚姻逐渐增多。

家庭

新中国成立前家庭结构 纵观奚村历史，核心家庭与直系家庭是村民家庭架构的主要形式。从16世纪以来，奚村都是以核心家庭（析产合户家庭）作为主要的结构形式。到了清代，累世同居受法律保护和鼓励，因此村民多代人不分家共同劳作构成了家庭的基本结构。清康熙年间（1662—1799）实行“盛世滋丁，永不加赋”之后，家庭人口数量增长较快。此时，结婚年龄普遍较早，男女在16岁左右就可以结婚，但由于医疗卫生水平较低，人的平均寿命相对较短，所以村中家庭结构以三代、四代同堂为主。民国建立后，随着新的婚姻制度的建立，家庭规模较清代有所缩小，核心家庭、主干家庭呈上升趋势，出现大家庭、小家庭并行的局面，六七口及以上的家庭比较多，并以多代人同堂为荣。村里青年结婚较早，无独立生活能力、无经济来源的，只能与父母生活在一起。

新中国成立后家庭结构 新中国成立后家庭已不再是社会生产的基本单位，家庭成员分别按照各自的劳动数量和质量得到相应的报酬，联合大家庭逐渐失去了存在的经济基础。80年代以前，三世同堂的直系家庭占有一定的比例，一对夫妻及子女和丈夫的父母及丈夫未出嫁的姐妹、未成家的兄弟吃住在一起。这种家庭结构的形成，主要有两大原因：一是除了丈夫的父母子女多的因素外，还受到住房的制约，特别是厨房偏小，分成两家就无处可建灶头；二是受传统的家庭观影响，无论贫富都认为几代人共锅吃饭，一起生活，算是有福分的人家。农业集体化时期，家庭的经济收入主要靠生产队挣工分获得报酬，这份报酬除了现粮实物的购买抵消外，实际得到的现金很少，而且账目是公开的，家庭没有什么私房钱。因此，家庭成员之间的经济矛盾比较少。80年代以后，随着农业集体经济化的终结，家庭的经济收入由单一化走向多源化，年轻的一代基本上都是在完成自己的承包田外，或到企业打工，或从事经营、商业服务等第三产业。以前由家长向生产队领得一份全家靠劳动力挣得的工分钱，现在则可以自己直接向企业按月领取工资。年轻一代在非农经济中的优势地位，促使家长的权利下降；成年子女随着经济地位的上升，独立性相对增强；经济条件的改善，带来了住房的扩展；村幼儿园的快速发展，则减轻了年轻一代成家后在子女抚育上对父母的依赖。与此同时，进入21世纪，村里年轻人大学毕业的逐年增多，这些青年人到镇域以外工作的不断增加，他们的社交圈也在外移，在外买房、结婚生子，这也是促使直系家庭减少的一个重要因素。因此，年轻的子女一旦成家，就有条件与父母分立门户，建立小家庭独立生活。结果使家庭结构小型化，直系家庭比例减少，由两代人组成的三四口之家的核心家庭迅速增加，并占主导地位。1978年后建立的农村家庭，子女多为一男、一女一男或双女户，按照农村男娶女嫁的风俗，一旦女儿婚嫁或子女离家上学和工作，以及子女婚后移居城市，形成较高比例的只有父母在村庄居住的"空巢"家庭。农村教育水平提高，孩子因考学而留居城市的家庭，在父母平均年龄在40~70周岁的家庭中占很大比例。越来越多的新生代农民外出务工移民化扩大，使得农村家庭的数量呈减少趋势。年轻农民常年外出务工，造成大量留守儿童和老人组成的留守家庭和隔代家庭。

家庭规模与老龄化 新中国成立初期，由于受传统观念的影响，往往是一家数代同堂，而且多子多女，故三四代同堂的家庭很常见，三代共居人口在5~10人之间的户数不少。70年代后期以来，实行了晚婚晚育和计划生育，出生率降低，家庭的规模日渐趋小，一般家庭以3~4人最为常见，三代同居6~7人的就是大户家庭。2016年，全村户均人口3.5人。随着计划生育二胎政策放开后，户均人口将会有小幅增加。随着人口的老龄化，村里的老年人的家庭组合及其赡养成为一个比较突出的问题。60岁以上的老年人的家庭结构，大致分为以下几种类型：一是自立门户的。与儿子分家后，两位老人自己单独生活。有的老人有独立生活能力，能种责任田，自食其力，不需要儿辈供养；也有的老人独立生活能力丧失，需要儿辈每月拿出一定数额的现金，供养老人生活，政府给予一定的补贴，这样的类型全村占到93%。二是到子女家轮流吃饭的。一般是在夫妻只剩一方的情况下，年纪大了已失去生活自理能力，采取这种方式的占到5%。三是与独养儿子一家三口吃住在一起的，这样的占到2%。

2017年奚村家庭人口结构状况表

表

项目	一口之家	两口之家	三口之家	四口之家	五口以上
户数	18	75	31	83	13
所占比重（%）	8.3	34.0	13.9	37.7	6.1

影像记忆

张裕福家庭 （摄于20世纪50年代）

张传孔家庭 （摄于1978年5月）

张传成家庭 （摄于1982年）

张联喜家庭 （摄于1985年）

张百增家族（摄于2007年）

张联壁家庭（摄于 2007 年）

张百才、薛氏夫妇（摄于 20 世纪 90 年代）

张传锁（左）、张百发（右）（摄于 1983 年）

前排左起：张庆云、张爱霞、张秀英；后排左起：张庆慧、张联秀（摄于 20 世纪 70 年代）

前排左起：张联合、张传锁、张百信、张百铎、高兴武；后排左起：关传允、张联涛、孙思君、张联印、张全喜（摄于 1969 年 3 月）

中为张联绪（摄于1985年10月）

张传友夫妇（展示的是："文化大革命"时期收藏的毛主席像章及绣像）（摄于 2017 年 6 月）

张联绪全家　前排右起：楚博、张岩、张浩、薛松；中排右起：张庆峰、张联绪、王泽英、王利华、楚楚；后排右起：楚效君、薛军、张韦安、张庆芳、张庆华、张庆敏　（摄于 2003 年 1 月）

前排左起：张美云、张莉莉；后排左起：张艳梅、张联英、张联东、张美凤　（摄于 20 世纪 90 年代初）

张联东家庭　（摄于 2008 年）

张联庆家庭　（摄于 2011 年）

西谷山张联成家庭（摄于1982年）

前排左起：张传俭、张传杰；后排左起：张联磊、张传伟、张传宜（摄于1983年）

前排张庆昇；二排张联磊；三排左起：张联静、张联荣、张联众（摄于1983年）

左起张百才、张歆蔚（摄于2014年）

张联会家庭（摄于2007年）

张恒裕家族

张恒裕，支份属奚村张“老七支”，育四子一女。长子百凯，民国十六年（1927）春携村民抗击“马子”（土匪）遇害，时年26岁，被民国滕县政府追认“义烈”，村后曾立“义烈碑”；次子百晟，少亡；女张百英，嫁东谷山田家；三子百卿，与杜氏育一子三女，长子传志，与石德兰育四子一女5人，现有人口20余人；四子张百才，与薛氏育六子，现有人口50余人，其中大中专以上学历10余人。

张百卿家庭（摄于2017年8月）

张百才家庭（摄于2001年冬）

张恒裕家族（截至2017年8月）

19世

张恒裕

20世

张百才

张百卿

张百英 嫁谷山

张百晟 年幼，病亡

张百凯 义烈，无后

21世

张传梅，妻王明秀

张传军，妻种衍菊

张传庚，妻徐秀芹

张传锁，妻于成花

张传成，妻高尚英

张传生，妻田传兰

张翠霞（嫁种庄万贵田）

张翠蓉（嫁夏庄孙晋车）

张传娥（嫁徐村徐继成）

张翠英（嫁东曲柏侯宗涛）

张传志，妻石德兰

22世

张玲慧

张联法，妻郭倩倩

张联政，妻刘静茹

张联亮，妻殷晴

张艳秋（嫁薛城鲁鑫）

张联明，妻孙秀琴

张家贺，妻殷楠

张莉（嫁小官庄彭斌）

张联英（嫁吴村谢勇）

张联庆，妻姜莉莉

张艳梅（嫁苗谷堆高洪涛）

张联东，妻刘延平

张美冬（嫁枣庄王长征）

张家龙，妻朱华

张美云（嫁柴胡店王）

张美凤（嫁田湾田家练）

万雷

万利

万圆

孙中念

孙中慧

孙香

徐伟

徐士义

徐秀

侯桂兰

侯桂云

侯化栋

侯芳

侯慧

张联强，妻陈宝玲

张联刚，妻李艳

张玉玲（嫁皇殿周水田）

张联柱，妻张芹

张联堂，妻胡乐美

23世

张诗琪

张安琪

张馨悦

张湘宜

鲁宜泽

鲁宜尚

张茉涵

张程崴

张译森

彭法宇

彭涵

谢铭轩

谢欣芮

张芮铭

张锦鹏

高天翔

高静

张歆蔚

张筱颖

王新杭

王新尧

张苗苗

张好文

王晓彤

王振

田雨

田凯

张庆坤

张萌

张冉

张元青

张庆宇，妻许慧

张庆增

张庆文，妻史燕青

张春梅嫁薛城

张庆亮，妻刘景

24世

张铭哲

张馨茹

张书赫

张鑫凯

张士清家族

家族源流　张士清家族祖居薛城区沙沟镇黎墟村，“奚村张”，一世祖张润，属黎墟老二支。因战乱饥荒，本族自二十二世始，族人始有外迁。民国三十八年（1949）张运灵随国军到达台湾，后定居台湾至今。运举、运喜兄弟二人于解放前逃荒至西安，后定居西安。其余族人大多定居薛城。

张运灵夫妇结婚照（摄于50年代）

张运灵工作照（摄于90年代）

家族世系

……

二十世：立安

二十一世：士友　士彦　士刚　士清　士奇；

二十二世：运举（西安）　运喜（西安）　运灵（台湾）　运山（薛城）　运才（薛城）

二十三世：守安（西安）　守平（西安）　守奎（西安）　守朝（西安）　守伟（西安）　守珩（台湾）　守忠（英国）　守军（薛城）　守浩（薛城）　守群（薛城）　守安（薛城）

二十四世：……

张士清家族（部分）（摄于2017年10月）

张联柱家庭

张联柱家庭（摄于2017年10月）右起第一排：王冠策、刘馨璐；右起第二排：张联贵、张联柱、张延鸾；右起第三排：张庆玉、孙宝荣、张鹏程、张翔贺、张梅、白茂芳；右起第四排：张庆东、张增明、张雪迎、王茂平、张鑫颖、刘峰、张凤云、王昊

张联柱家庭（摄于1980年）前排左起：张梅、张庆玉；中排左起：张庆东、张庞氏；后排左起：王延鸾、张联柱

张传俊、张庞氏（摄于1985年）

张允相家庭

张允相家庭　前排左起：李昭苓、刘怀英、张允相、张传龙；后排左起：褚梅娟、张冠亭、张彪、张溢桐、张俊萍、张晋赫、张琪、张传虎、张硕莹、李昭慧、张柯、邵明华　（摄于 2017 年 9 月 2）

张允相，1937 年 10 月出生，1956 年北京 0218 部队任中型坦克炮长　（摄于 1956 年）

张琪　枣庄盛泉商贸有限公司董事长、山东艺嘉机动车驾驶实训基地有限公司总经理　（摄于 2017 年 9 月）

张茂璞家庭

张茂璞家庭　前排左起：张皓然、张梦桐、张莘宁；后二排左起：张慎梅、刘秀、张慎平、褚庆云、张茂璞、张慎芹、张洪岩、张慎玲；后三排左起：张舒尧、张雨晨；后四排左起：张耀丹、张耀秋、翟姣、吴幻影、张中正、袁伟、张耀韦、张耀凯、张耀祖、张耀培（摄于2017年10月）

张慎芹家庭　前排左起：张雨晨、张耀丹、张慎芹、张洪岩、张耀秋、张舒尧；后排左起：张耀培、吴幻影、张中正、张莘宁、袁伟、张耀韦、张耀凯（摄于2017年10月）

张传顺家族

前排左起：张永鉴、张庆瑞；后排左起：张庆功、张联龙、张庆丰 （摄于 1997 年）

左起张联俊、张联花、张联龙、张筱璋 （摄于 2000 年）

徐德英领孙子庆功到上海，与工作在上海的儿子张联龙在上海外滩和平饭店前合影 （摄于 1972 年）

张联龙、何怀英夫妇在台儿庄古城 （摄于 2013 年 5 月）

张联龙研习书法 （摄于 2014 年 3 月）

安徽张传玉家族

张家泰（张庄）家庭 （摄于2002年）

张家安（李口村）家庭 （摄于2010年）

张传忻家族

云南昆明张家祥家庭　前排左起：张元珍、刘芝兰、张舒、张家祥、秦建新、张健；后排左起：魏兰英、张元昆、张琦、张元福、秦凌、王永昆、张元芬、王庆晴（摄于 80 年代）

河南新乡小冀张联喜家庭（摄于 1995 年）前排左起：张永联、李思云、张联喜、张永圣；后排左起：孟献凤、张庆江、刘海萍、张庆龄、张永帅

奚村张联璞、张联喜家庭（张联璞，前数第三排左二）（摄于 1998 年）

走访河南新乡小冀张联喜子女（摄于 2017 年 10 月）前排左起：平柯成、张永琰、张永卓；中排左起：张庆凤、张庆荣、杜贵琴、张联印、张庆江、张联东、张庆河、李洋；后排左起：张永帅、张庆海

巨山街道西托前村奚村张氏各支族人合影 （摄于2017年10月） 前排左起：张珑、张慎河、张庆年、张朋远、张家勤、张联春、张庆真、张永传；后排左起：张庆安、张国栋、张君、张庆伟、张杰、张庆园、张远明、张庆溪、张常义、张永成、张浩、张永久

奚邑张氏文化研究会理事会议合影 （摄于2015年3月）

吴村张氏部分家族人员代表合影 （摄于 2015 年 2 月）

西托后张氏部分家族人员代表合影 （摄于 2015 年 2 月）

河南永城张氏部分家族人员代表合影 （摄于 2015 年 2 月）

徐州班山张氏部分家族人员代表合影 （摄于 2015 年 2 月）

南辛张氏部分家族人员代表合影 （摄于 2015 年 2 月）

沛县小封楼张氏部分家族人员代表合影 （摄于 2015 年 2 月）

两河岔张氏部分家族人员代表合影（摄于2015年2月）

夏庄张氏部分家族人员代表合影（摄于2015年2月）

徐集张氏部分家族人员代表合影（摄于2015年2月）

奚村张氏部分家族人员代表合影（摄于2015年2月）

茶棚、班井张氏部分家族人员代表合影（摄于2015年2月）

东凫山张氏部分家族人员代表合影（摄于2015年2月）

村民生活

收入

1949年之前，奚村人口300余人，依靠耕种有限的土地生活。耕作方式是广种薄收、粗放式经营，村民依靠种粮维持生计。收获的粮食除自己食用外，卖出一部分换回为数不多的钱，是当时村民的主要收入。在正常年景下，尚有余粮可卖，如逢灾荒年月，自身食用尚难维持，更谈不上卖粮换钱了。村民通过卖粮换回的少量银钱，只能用在油、盐、酱、醋及逢年过节、穿衣等项开支方面。除此之外，谈不上什么购买力。新中国成立之初，翻身农民生产积极性空前高涨，辛勤劳动换来了好收成。除上缴公粮之外，农民向政府出售余粮，可获得售粮收入。建国之初，百废待兴。奚村有集市贸易，部分农民除农事活动之外，还可从事一些生意买卖、短途运输、干零活之类劳动，增加一些收入补贴家用。

50年代，随着农业社会主义改造完成，村民加入了农业生产合作社，后转为人民公社。六七十年代村里开始办副业，农民根据集体统一安排，从事农业生产劳动，其中有少部分农民从事副业生产，主要是烧制砖瓦、土陶等产品，以及运输、打石子等副业生产。不论从事农业或者副业生产的人员，按照每人从事的工活定额，实行小包工计工分办法。完成的工活多，得工分就多；反之得工分就少。每10分工为1个劳动日。年终，依据每个人完成的劳动日参加收益分配，通常叫“分红”。全体社员创造的农副业收入，除去上缴各种税费，扣除各项资金之后的剩余部分，就是分配给村民的劳动所得。每家每户扣除粮款、菜款及平时借支等支出，结余部分即可分到现金，村民彻底结束了“地瓜干子是主粮，养鸡卖蛋是银行”的历史。

1983年以后，实行家庭联产责任制，奚村以口粮田联产到户的办法，把土地分给村民。村民在作物种植上有了自主权。根据土壤耕种情况，充分发挥土地优势，取得最大经济效益。还有一部分农民利用一技之长购买拖拉机跑运输，搞长毛兔、獭貂等特色养殖，承包砖厂，到工厂打工，搞建筑装修等，村里还出现了万元户。

90年代之后，伴随着改革开放的不断深化，乡镇企业的发展和农民普遍进城打工，农民致富的门路越来越广，从事的行业越来越多，农村劳动力大量地向工业、服务业、饮食业、商业、建筑业等方面转移，农民在致富路上的步伐越迈越快，收益一年一个样。1999年，奚村村民人均纯收入超过2000元。进入21世纪，人均收入又跨上了一个新台阶，至2016年达到年人均纯收入12000元。80年代后期，农民对年收入万元的户还十分向往、敬仰、羡慕。而到2000年后，万元户早已淡出人们的视线，村民收入高出改革前几十倍，加之农民负担大幅减少，万元户这时已十分普遍，村民衡量家庭富裕程度的标准是：三万两万是贫困户，十万八万是脱贫户，三二十万刚起步，五六十万算凑乎。

消费

新中国成立前，村民生活贫困，绝大多数在温饱线上挣扎，经济拮据，购买力低下，村民生活十分节俭。一般农户除购买生活必需品之外，其余就是应付逢年过节、亲戚来往、婚丧大事送礼之类的少量开支，谈不上有其他的消费。新中国成立后，随着生产力的发展和生活的不断提高，村民在穿的、吃的、用的方面，以及消费观念等方面，不断地发生质的变化。

食品消费 20世纪60年代至70年代末，粮食、食油由生产队按人头分配，日常生活中用的酱油、醋等调味品按人头供应。肉、蛋、奶等食品平时很难看到。尤其是猪肉，村民只能靠集体养猪宰杀之后分一点，其余的副食品、日常用品十分匮乏，不是按人供应，就是有价无货。70年代末，村民的生活状况是：三百六，丈八布，一斤咸盐二斤醋。即每个社员每人每年分得180千克原粮，每人每年领18市尺（6米）布票，每月供应500克食盐、1千克醋。180千克原粮中，地瓜、高粱、玉米占大半，小麦占的比例较小，吃白面的日子是不多的。1980年之后，村民们的膳食结构发生了显著变化，人们可以花钱买到议价小麦。1990年之后，随着实行了40年的粮食统购统销制度的取消，村民们可以根据自己的需求，买回所需要的粮食。如今，村民们不仅吃白面、大米，而且要吃精粉、特一粉；省外、国外的泰国香米、珍珠米也成了百姓的盘中餐。过去人见人烦的高粱面、玉米面、瓜干面、小杂粮，现在成了调剂口味、降低血糖的好食粮。

1990年之后，猪肉、羊肉敞开供应，鸡、鸭、鱼走上村民餐桌，百姓的菜盘子越来越丰盛。过去丢弃的鸡爪、鸡肠，如今变成了“凤爪”、特色菜进了菜盘。在青黄不接的困难时期曾经裹腹充饥的婆婆丁、马齿苋等野菜，现在也成为人们改善生活、有利健康的土特菜登上大雅之堂。过去，一般农户家中每天吃饭几乎顿顿咸菜，最多也就炒个鲜菜，如今几乎每天三顿饭菜，并且讲究吃得营养。过去炒菜用油少，用盐、醋多，如今炒菜用油多，大豆油、花生油、菜籽油，甚至橄榄油，品种齐全。过去，农家养鸡下蛋舍不得吃，积攒起来要换油盐酱醋钱，母鸡好比农家的小银行。现在，每户农家一个月消耗三五斤（1500~2500千克）鸡蛋已不为多。

烟酒消费 1980年前，一般村民平时是不喝酒的。只是家中来客，才到代销店打几两散装高粱白酒招待客人。80年代后，散装酒逐步被瓶装酒所取代。过去，村民们无人问津、不屑一顾的啤酒、扎啤，也开始被村民们关注，尤其被青年人所青睐。如今，五粮液、泸州老窖、口子酒、洋河、景阳春等国优名酒和地方名酒进入平常百姓家庭，特别是“张裕”“卡斯特”等国内外红酒成为村民消费的潮流。

日用品消费 50年代，村民的消费情况出现了显著的变化。毛巾、肥皂取代了花包布、碱面，搪瓷洗脸盆取代了铜盆、生铁洗脸盆，竹皮暖水瓶进入百姓家，带玻璃罩的煤油灯代替了麻油灯，牙粉、牙刷摆在百姓的窗台上。过去，农民看时间依靠看太阳、看天色，新中国成立后不久，有的人家摆上了双铃马蹄表。80年代以后，随着工业的快速发展，电力、塑料、精细化工、化工制品、复合材料、新能源等新技术、新材料的推广应用，各种家用电器、塑料制品、洗化用品等走入奚村百姓家庭。

穿着消费 1980年前后，青年人结婚办喜事，一般两张新被褥，床上铺1件毡子、1条线毯，上面罩1件大床单，就很风光体面。1990年之后，被子变成4床，布面料变成绸缎，如今被面又流行纯棉；被里由棉花变为鸭绒又改回棉花；被子上面用针线别被头改为套被罩；床上铺垫的物品逐步由毡子、线毯，演变成席梦思床垫，双人床单换成了床罩，农家缝制的枕头变成了内装鹅绒的软枕，外带绣花枕巾。1980年之前，村民能穿上的确良、涤卡、针织品面料衣服感到非常荣幸、风光，现在则穿棉料、混纺或真丝等。过去，穿皮鞋的人很少，有皮鞋的人平时舍不得穿，只是在走亲戚、出门、去城里办事穿一下，过后抖抖新之后再收起来。1990年之后，村民们日常穿皮鞋、休闲鞋的越来越多，且冬有棉皮鞋，夏有凉皮鞋，一年四季都有休闲鞋。1990年后，棉布敞开供应，村民们穿衣服逐渐由穿得暖向穿得好、穿的时尚、穿的上档次转变。在衣服制作上，由手工缝制、自家缝纫机制作，向送裁缝铺制作、直接购买现成衣服转变。现在，每人每年都要添置几件新衣服，尤其是过春节，每人不添两套新衣服好像不算过年。年年添置新衣服，每家每户的衣柜塞得满满当当，有的村民拿旧衣服换盘子、换碗、换钢精锅。昔日“衣服上补钉摞补钉、缝补又三年”的现象，早已成为村民们的记忆。

家具电器消费 80年代，村里人家中能有立柜、平柜、高低柜，另加1张写字台，会被人认为了不起，是人们追求的目标和样板。时隔不久到90年代初，除上述几件家具外，家具的种类又有新发展，添置沙发、茶几、转椅和席梦思床，叫做“大红沙发配茶几，高腿的写字台带转椅，双人包床是活的”。90年代中期，平柜、立柜、高低柜逐步淡出人们的视线，取而代之的是组合柜、新式梳妆台、电视柜等。当时流行的四句话是：电视是带彩色的，洗衣机是带甩干的，电扇是带摆的（摇头电扇），抽烟是带嘴的（过滤嘴）。进入21世纪，家具城生意火爆，新款式、新潮流家具更新换代异常迅速，令人目不暇接。无论在农村安家或是在城里安家的，各式家具琳琅满目、功能齐全。80年代，村民家中照明用具绝大多数是普通白炽电灯泡，少数人家安装有日光灯。90年代后，青年人写字台上摆上了台灯；墙壁上装饰了各式各样色彩不同的壁灯。进入21世纪后，村民新建成的住宅内，开始安装吊灯、环形灯、节能灯等。每年春节，家家户户门前吊大红灯笼。

70年代末到80年代初，自行车、手表、缝纫机是结婚时必备的三大件。村里的青年人结婚，女方除索要几身衣服之外，自行车、手表、缝纫机这三大件是必不可少的。1990年前后，上述三大件

村民家庭幸福生活 （摄于2017年6月）

又变成彩电、冰箱、双桶洗衣机。1998 前后又增加三金：金项链、金耳环、金戒指。21 世纪以来，三金由黄金变为白金、铂金，楼房也逐渐成为结婚的条件之一。1983 年前后，村里生活条件较好的家庭，有电子管收音机。1985 年以后，个别家庭有 9 英寸黑白电视机，每到夜晚，门庭若市，人们争相到他家里观看。时隔不久，12 吋、14 吋、17 吋黑白电视机相继出现，普遍地进入家庭。“凯歌”“金星”“飞跃”是当时黑白电视机中的名牌。如今，彩色有线电视、卫星接收天线电视、液晶网络电视相继进入农民家庭。饮水机、微波炉、电磁炉、电饭煲、电暖器、电热毯、电热蒸汽熨斗等新型家电在百姓家中落户。电视机、冰箱、洗衣机取代了自行车、手表、缝纫机，成为新的家庭三大件。

社交消费　也称“来往”。1990 年之前，青年人结婚，本家、亲戚支付 20 元、30 元礼金就算多的了，一般朋友、弟兄，每人支付 5 元的礼金，还有的几人合伙买 1 面挂镜，上写购买人的姓名，送给结婚的人，以作纪念；也有几人合伙购买 1 个马蹄表或者是铁皮暖水瓶相送。进入 90 年代后，礼金年年看涨，由 5 元、10 元、20 元、30 元、50 元上升到 21 世纪初的 100 元。到 2016 年，100 元的来往很少了，基本上是 200~500 元，不仅数额提高，而且范围扩大，由婚丧嫁娶扩大到上大学、生孩子、生日、乔迁，等等。礼尚往来支出已经成为家庭消费的重要组成部分。2012 年后，随着中央“八项规定”出台，婚丧嫁娶礼金的范围和标准受到严格限制。在探亲、访友、探视病人等社交活动方面，80 年代大多数是带着几斤点心、水果或鸡蛋，后变为送几瓶罐头。90 年代改为送饮料或固体饮料、酒类、麦乳精、西洋参、三株口服液等营养品。21 世纪开始送“脑白金”“黄金搭档”等中老年人营养品以及盒装牛奶、优酸乳、鸡蛋、水果、鲜花等。同时，随着固定电话、移动智能手机的普及，村民对外通信联络越来越频繁，电信消费已成为村民一项必不可少的开支。

旅游消费　新中国成立前，村民为温饱所困扰，一年四季除了上街赶集，其余时间大多待在村里，很少有人到城市或名胜景区游玩。解放后至 1990 年的 40 年间，随着生活水平提高，交通改善，村民们才有了外出游玩的意识。但是，大多是借出差、走亲戚朋友、旅行结婚、上大学等顺便观光游览。进入 90 年代以后，部分富裕起来的村民开始带领父母或自己小家庭成员，有针对性地去全国各地旅游。进入 21 世纪之后，一部分富裕起来的村民已不满足于国内旅游，而是走出国门，去我国的港、澳、台，东南亚的新加坡、马来西亚、泰国，或者日本、韩国、朝鲜等国旅游。

教育消费 2000年以前，村中农家子弟到了求学年龄，都在奚村小学就读。进入21世纪后，一部分富裕起来的村民开始想方设法把自己的子女送到城里上学，有的年轻家长还把子女送入私立学校读书，其目的是望子成龙，不愿让孩子输在起跑线上。还有的家长把孩子送到国外留学，读研、读博。知识就是金钱，知识就是力量，已成为村民们的共识。

保险

养儿防老，积谷防饥，是奚村老辈人传下来的古训。老辈人成家之后，企盼生儿子，以便自己年老之后有所依靠、有所寄托，这种思想沿袭流传，在实际生活中恪守遵循。这种情况一直延续到80年代。90年代初期，随着改革深化，村民们的视野不断扩大，思想逐步解放，部分村民开始对家中的耐用消费品诸如彩电、冰箱、洗衣机等投保，参加财产保险。与此同时，村里的从事汽车运输的专业户也都参加了意外伤害保险，在发生意外事故时获得一定数量的赔偿。村里的保险业最初开展的是各类商业保险和中国人寿保险，当时在村内设立代办点。1992年开展了社会保险，主要以乡镇企业职工养老保险为主。近十几年来，随着保险业的商业化运作，太平洋保险、人寿保险、泰康保险、平安保险等保险公司的保险业务进村，推销的业务有：财产保险；寿险；养老保险；意外伤害保险；车险；联寿安康定额险，等等。从事保险推销的人员走东家、进西家，不厌其烦地宣传推销保险业务。村内很多少年儿童参加了保险，生活条件好的村民也纷纷购买商业险，村里的机动车都参加了车辆保险，村民对“花钱买平安”的保险意识提高。保险项目从企业财产保险发展到家庭财产保险、机动车保险、学生平安保险、人身保险、农村种植业和养殖业保险等方方面面。2000年左右，村所有麦田都参加保险，每亩交保险金3元，因火灾、风灾等自然灾害造成的损失，保险公司按比例包赔。在经济发展、收入增加的前提下，村民们养老由养儿防老逐步转变为参加人寿保险、城乡居民养老保险和房产养老等多元结构。2008年开展了城镇居民医疗保险、村干部养老保险。2010年开展了城乡居民养老保险。自此，村里逐渐形成以社会养老保险、医疗保险为主、以商业保险为补充的全方位保障格局。

2011—2017 年奚村村民参保情况一览表

表

年份	参保人数（人）	交费金额（万元）	备注
2011	201	8	
2012	208	8.6	
2013	210	9.8	
2014	212	10.01	
2015	216	10.8	
2016	220	10.9	
2017	219	12.21	

注：保险险种为城乡居民养老保险和医疗保险。

齐鲁名村志
QI LU MING CUN ZHI

奚村志
XI CUN ZHI

奚仲文化

XIZHONGWENHUA

“山不在高，有仙则名；水不在深，有龙则灵”。奚公山连接千山头，乃夏朝车正奚仲造车及长眠之处，今人为之打造的中华车祖苑文化建筑掩映其间。曾几何时，奚公山宗教建筑群规模宏大，如一颗璀璨的亮丽明珠，镶嵌在古薛国的版图上。参天古树，遮天蔽日，曲径通幽，引人入胜；山门、碑亭、钟鼓楼、凌霄宝殿，接踵比邻的道教建筑群，历经千年沧桑，见证了昔日儒、释、道教文化的兴衰历史。

往事越千年，奚山钟灵毓秀。奚公山以其丰富的文化内涵和神秘的传奇色彩，为人们留下了很多的历史文化遗存和美丽动人的故事。在弘扬民族文化、地方文化的今天，奚公山继续承载着古老厚重的奚仲文化、薛国文化和道教文化，为一方热土上的人们带来宝贵的精神和文化财富，推动人们奔向更加幸福美好的明天。

奚公山胜景古迹

奚公山的由来

千山头，位于奚村北 1000 米，主峰海拔 233.2 米，系八百里泰沂山系鲁中南山

千山掠影

区南麓延伸余脉。东从抱犊崮、鸡冠崮、梁山往西延伸的山系与从北面尼山往南延伸的龙山、莲青山、黄连山等到此碰接，因千百个山峰延伸到此而终止，故有“千山”之称，所以称之为“千山头”。汉代时，因奚仲在此造车且长眠于此，后人感念其功，遂又将千山头的奚仲造车长眠之处称为“奚公山”。广义的奚公山，是指以千山头为主，含其西南山麓的绣球山和狮子山的两个岭；狭义的奚公山，是仅指奚仲所葬之处的小山岭，即千山头西麓的绣球山，与之相连的东边额 1 座海拔不足 100 米的小山为狮子山，当地百姓称这两座小山为“狮子戏绣球”。

奚公山风景区

“文化大革命”以前，奚公山自然环境优美，山上素有“九洞十三泉”“七十二座庙”“八大美景”之称。远望奚公山，郁郁葱葱，峰峦叠嶂，绿树青山掩映出一个盎然生气的峭山峻岭。山下清流潺潺，山溪汩汩，虹桥飞渡，古塔矗立，而飞涯陡壁则衬得祠院寺观壮观雄伟；山上，径幽苔滑，岩隙泉涌，古木新绿，枝茂叶盛，繁花争芳，百鸟竞鸣，仙游之禅客，觅句之骚人，纷至沓来，络绎不断……道教文化源远流长，这里曾为儒、道、僧众家云集之地，是长江以北、黄河中下游流域最大的道教建筑群、苏鲁豫皖 4 省边界最大的道教圣地。奚公山西面庙宇多为唐宋所建，如玄都观、仰止阁，山头山间布满了大大小小的各类庙堂、道观、寺庵 72 座，道士、道姑、僧侣达 300 多人，故香客云集。千山头道观属尹喜派，三北宫属龙门派，全县各庙宇均属这两派管理，道士从这两庙发卷。据明万历十三年版《滕县志》载：“唐代老道士王和斋首先在千山头兴建玉皇阁”。随后，相继建起老君院、三圣堂、四圣庙、春秋阁和天齐庙等。明清后，又先后建立龙泉观、玉真观、玄真观、伏羲观、天仙阁、福胜寺、文昌阁、积庆寺、仰止阁、紫竹庵、三官庙、白衣庵等二三十座道观庙宇。

今天的奚公山，虽经历了“文化大革命”的破坏、失去昔日释、道、僧云集之势，但是奚仲造车的传奇故事和悠久的文化底蕴，以及幸存的部分古迹，依旧吸引着众多的历史文化爱好者趋之若鹜、凭吊观瞻。2009 年，薛城区委、区政府在奚公山风景区内启动建设中华车祖苑，投资 3600 余万元重修了奚仲墓、冉求墓，新建了奚仲纪念馆、新修了祭祀甬道和车祖广场，连续两年举办了中国国际车祖奚仲文化活动季，举行了“车祖奚仲祭祀大典”，国内外专家学者、国际知名汽车厂商代表、国际赛车手、奚氏后裔代表等 5 万余人参加活动。

中华车祖苑 2009 年，由北京大衍致用旅游规划设计院规划设计，以车祖祭拜、车文化产业、时尚休闲为主题，规划面积 4 平方千米，东西长约 1.44 千米，南北宽约 1 千米，总投资 10 亿元。至 2017 年一期规划中的部分建设完成。纪念广场中央是高大的车轴造型雕像，巨大的车轮象征着奚仲造车碾过历史空间和时间隧道，滚滚驶向未来。下方的圆形广场用不同的布局方式展示车轮的各部分部件。车轴标志后方为 6 个仿古汉阙，汉阙上的浮雕体现了奚仲一生功绩。汉阙为奚仲陵的入口，穿过汉阙就是上山甬道。拾阶而上，两侧满目翠绿。登临山顶，土地平坦，视野开阔，这里就是祭祀区。纪念馆右侧沿曲曲小径，穿悠悠松林，便是奚仲陵，奚仲和孔子七十二圣贤的冉求墓修葺一新，供后人祭拜。

奚仲纪念馆 奚仲纪念馆是在原车服祠遗址的基础上建设。车服祠原有三进院，由前大殿、后大殿、房舍、后花园、用膳房和配房组成，清后期被损毁。2008 年，由陶庄安泰煤业集团公司投资 5000 万元建造，2010 年 9 月竣工。祭祀平台长 40 米、宽 35 米、高 15 米，台面由大理石铺设，平台前段刻有东西两块石雕，称为汉代龙凤图，东为龙、西为凤。主体建筑大殿占地面积 1268 平方米，高 17.6 米，分上下两层，

车祖奚仲祭祀大殿

木构架单檐歇山顶，直棂窗广开 8 间，16 个圆柱支撑，正厅有奚仲塑像，两侧为文物陈列室，室、阁均为青砖青瓦，庄严肃穆。大殿外两重飞檐之间的悬挂牌匾，用小篆体书写“奚仲纪念馆”祠名，由国内著名书法家李铎书写。大殿正门两旁的柱子上书楹联“四海轮驰自车祖石辙可鉴，三朝国盛始薛宗经典能稽”，楹联由国内知名的词作者、薛城籍的黄友龙创作，国内知名书法家权希军撰写，反映了车祖奚仲的生平和事功。

奚仲纪念馆突出奚仲造车、助大禹治水这一主题，东西两侧墙壁上有巨幅彩绘；西山墙前南北向陈列古马车的构件，展示了古马车的结构和原理，复原官桥前掌大商代车马坑。东山墙前展示战国、两汉、隋、唐、宋、元、明、清、民国等各个时代的车辆。大殿的北墙两侧悬挂展板，用照片和文字的形式，展示中国不同年代、不同地域车的发展史。馆内正中位置布置奚仲站像，连座高约 7 米，其中底座高 1.4 米，奚仲像高 5.6 米。塑像采用青铜效果玻璃钢成型，奚仲站像右手扶车轮，左手持竹简，头部微微扭转，似沉思、似憧憬，一副智者形象。塑像后为木制屏风，高 9 米，为百车图内容。沿着纪念馆大门向左，为车马坑展区，根据前掌大出土车马坑 1∶1 比例仿造而成，增加了纪念馆厚重的远古文化气息。东、北、西三面墙前为车辆实物展区，展台上按照车辆的不同类型和不同年代，展列各种车辆。东西两面山墙上，以彩绘的形式表现奚仲造车和奚仲造车对社会发展的贡献。

文物古迹

奚邑 奚仲的发祥地在古奚邑，奚邑位于今奚村及周边区域，建置无考。奚村村西有 4500—6000 年前的东夷大汶口文化、龙山文化遗址，面积约一百万平方米，有南明河穿城而过。唐前期有城迹可寻，明时薛河改道，导入南明河，经年洪水冲刷，将城迹冲没。此城本为薛国始祖奚仲所建

古奚邑遗址

的史前第一个薛国都城，春秋时被鲁国占领，后称鲁国奚邑，薛国被齐国占领后，改为齐国薛邑。奚邑北有奚公山，山脚下有奚仲庙（亦称车服祠），山上有奚仲墓、奚仲造车处；奚邑东有仲虺墓，西有驯马场、奚邑井，西南有车船集散地。

奚仲造车处 据考证，奚仲造车场设在狮子山以北仙人桥与吕祖堂之间的三山（指千山头、狮子山、绣球山）环抱的开阔山脚下，此地场面平坦，便于施工。《山东通志》（清嘉靖年间）载："陶山南十五里曰奚公山"。《地记》云："（奚公山）上有奚仲造车处，轨辙犹存焉……"从奚公山造车处进进出出的车辆很多，特别是运料的车辆在青石山路上运行，久而久之磨出了深深的车辙，虽经数千年仍留有痕迹。今天，千山头西麓平坦开阔的青石面上的车辙痕迹及奚公山北麓的大青石上的轮规仍清晰可见。2006 年，奚仲造车处遗址获批省级重点文物保护单位。

奚仲造车处的车辙痕迹

奚仲墓 明万历十三年版《滕县志》载："奚仲墓，又叫奚仲冢，在奚公山前。晋太康《地记》载：'奚仲冢在故薛城南二十五里山上，百姓谓之神灵也'"。《水经注》云："故薛城南山有奚仲冢。"《皇览》《太平御览》皆云："奚仲冢在鲁国故薛县东二十五里山上，因名奚仲山。"《续汉志注》载："奚仲冢在故薛城南二十里山上，百姓谓之神灵也"。《齐乘》曰："奚公塚在滕州东南青丘村奚山下，在今滕县东南六十里。"清雍正五年（1727）六月，为保护奚仲墓，立有夏奚仲墓碑及告示碑于山前。1997 年，奚仲墓被枣庄市人民政府列为第二批枣庄市重点文物保护单位。

冉求墓 位于奚仲墓一侧，碑上刻有"冉求之墓"字样。冉求，字子有，孔子七十二弟子之一，春秋鲁国人。据考证，冉求出生在奚村北一里庵上村。明万历十三年版《滕县志》载："（冉求）宰于季战于郎"。根据《中国历史地图集》所标方位，

“郎”就在夏代所封奚仲侯国的“奚都”（也称奚邑）遗址上。1997 年，冉求墓被枣庄市人民政府公布为第二批市级重要文物保护单位。

仲虺墓 《滕县志》载:“仲虺墓，在奚仲墓东，俗称为‘灰谷堆’，灰与虺讹也”。虺谷堆，在今薛城区陶庄镇潘楼村东南 500 米处蟠龙河北岸的商周遗址内，面积达 75000 平方米。《新唐书·宰相表》载:“仲虺，奚仲十二世孙，复居薛，为汤左相。”《续山东考古录》载：“仲虺葬奚仲墓东，俗称灰谷堆。”经考证，“谷”为“堌”之音讹，“堌堆”，古代即是指“坟墓”;今“灰谷堆”，本实为“虺谷堆”，亦即仲虺墓。1997 年，仲虺墓被枣庄市人民政府列为第二批枣庄市重点文物保护单位。

养马场与奚邑井 奚邑养马场在奚邑城西南一里许，俗称马槽地，是当时奚仲侯国养马的地方，现奚村西北约 800 米处。《古史考》说：“禹时奚仲驾马。”当地民众传说，奚邑城西南有养马场，奚仲曾在此养马，百姓称马槽地，面积很大，方圆有 1 平方千米。奚仲古井在养马场范围内，由不规则大小石块砌成，是当年饮马取水用的石井，现在附近仍有不少鼎腿、鬲足、豆盘等陶器残片，这就是一般所认为的奚仲井，或言奚邑井。

仙人桥 从北岳庙向西南的源自仙人井的山涧小溪上架一石桥，即仙人桥。通

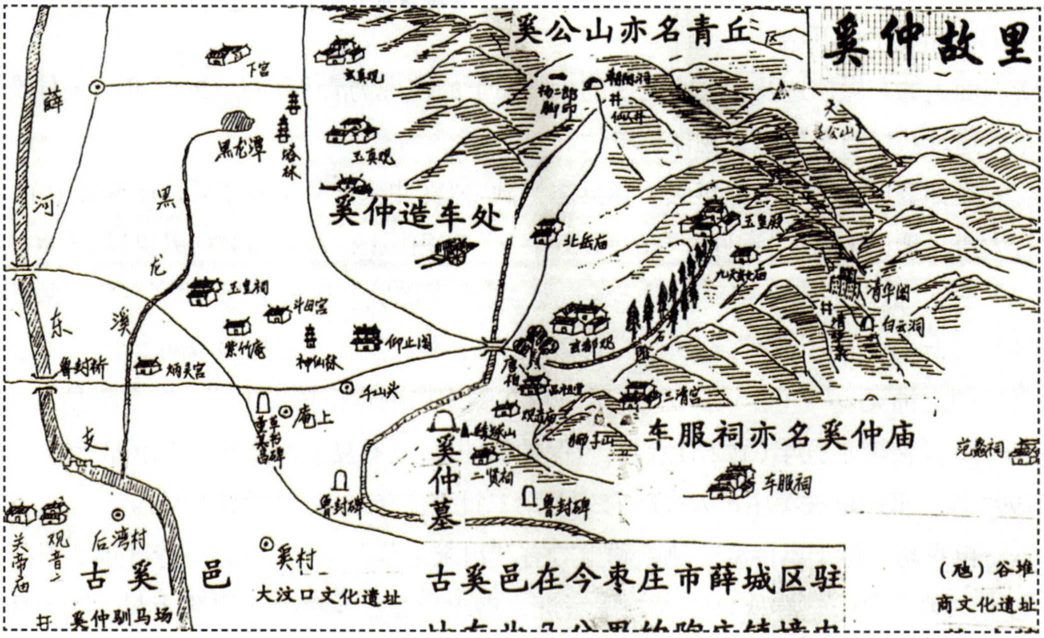

千山（奚公山）名胜古迹

过仙人桥可拜谒元都观、三清宫，又可步入石阶直上玉皇顶、九天仙女庙，更可以跨越山东南面的“青华阁”等庙宇。凡来千山头的人们一定要观赏仙人桥的建造工艺，并到仙人桥的树荫下，体验神仙般的感受。元都观建于唐代，推断仙人桥也应是唐代的产物。仙人桥的全身做工精细，坚固玲珑，特别是桥的护栏上石刻有15只仙猿，其中7只头向上，8只头朝下，神态各异，栩栩如生，给观者带来美的享受。桥身的每一块石料都是精工细锲，石与石之间特别紧密，据传北京的卢沟桥比它宏伟，可不比它精细。石桥还有个传说：“凡经过仙人桥上的香客能如愿以偿，或能病愈或能长寿，或能升仙”。

千年古柏 仙人桥的东首南侧有一株千年古柏，与仙人桥、元都观同龄，植于唐代。古柏树围二丈（约6米），需4人合抱，树高近4丈多（约13米），树冠遮荫半亩。千山头原有成型古树1000余棵，有古诗云“元都观内树千株，四周古柏千年久”。由元都观上山石阶两侧古树，左边74棵，右边83棵。当夏季太阳正午荫凉遮住全桥身，人们品着香茶，迎着徐徐的山风，听着牧羊人清脆的鞭声，看着桥下潺潺的流水，如同置身仙境一般。

朝阳洞 从北岳庙向上，北山腰之阳有一洞叫“朝阳洞”，因有一自然石洞得名。朝阳洞石隙泉水外流，甘洌清澈，游人乐饮之。在洞口外东侧有一井，井水常年不涸。洞中有一石盆像桃形，盆中的水随用随涨。传说洞口外青石上有杨二郎经过此处留下的脚印。从朝阳洞往西60米处有一人工挖的洞，可容十人之多。

朝阳洞

白云洞 白云洞在青华阁的左下方，山坡上三分之二处，为一天然石洞，洞深10余米，可容数十人，再往里洞渐小，人不能入，内有清泉缓缓涌出。据说，每当

白云洞

夏天多雨季节，常有团团如絮如烟似的白云，从洞中徐徐飘出，很远就看得见。又据说洞深幽邃，沿着山岭直通东海，人们以为此洞是白云生发处，遂得“白云洞”之名。新中国成立后，洞穴坍塌，清泉干涸，白云飘现之奇迹，亦恒久泯然不见。

白云洞虽小，但名声在外。清乾隆时奚村举人张光汉于乾隆十五年（1750）随伯父张鲁齐先生在青华阁读私塾，后作《白云洞记》文，收录进《滕县志·艺文志》（清道光二十六年版）。微山县李东山曾在《学书历略·家世渊源》（微山文史资料第三辑）提到：“明末祖先大皞公与尚可喜等俱为长城边将，任副总兵，后襄阳之战兵败，消极为僧，隐于千山头之白云洞，不问时事……。”

鲁封桥　鲁封桥位于今鲁桥村西，又称鲁桥。明代兖州府鲁王奉旨前来审理刘玄阳被诬告一案，途经薛河时（今鲁桥村西），看到水势很大，来往行人很不方便。

鲁封桥

为方便百姓去奚公山烧香拜佛，鲁王遂拨官银，并命乡里绅士、富户捐资，修一石桥，为“鲁封桥”。埋葬刘玄阳的墓地，从此就叫“神仙林”。千山头成了灵山，山上的松柏树木及庙宇道观里的花草也受到了保护。为此，鲁王还令当地官衙立了界碑，上面刻了“鲁府封”3个大字。现在碑碣犹存，一在奚公山南的公路北边，一在鲁桥村东头。

黑龙潭 黑龙潭位于奚公山西麓，天然形成，其历史无考。明嘉靖四十五年（1566）前，为薛河支流开挖前的黑龙溪的水源头。明天启年间（1605—1627），因有此潭，故在此建起名扬四方的“三北宫”。潭水水面约60平方米，深不见底，终年潺流不息，水味甘冽，潭中的水看上去是黑色，打上来水质很清。明清和民国年间，“三北宫”所用之水，全部从此潭汲取。人们在种植作物、灌溉禾苗时多用此水。因此，人们把黑龙潭视为宝物，历代给予保护，其名声也广传四方。新中国成立后，为了有利于发展工农业生产，扩大灌溉面积，广用其水，将此潭开凿为大口井，改变了黑龙潭原来的面貌。现除满足附近农田的灌溉之外，还供给企业用水。

摩崖石刻 摩崖石刻位于狮子山的东坡。沿山坡凿有5个石龛，全部面朝东，其中只有1个石龛刻有造像。此龛高1.43米，宽0.65米，龛中造像高0.8米，宽0.38米，造像头部面目已破损，五官看不清，其他部分较完整。造像从外形看似观音，这是枣庄地区少有的一处摩崖石刻。从造像的雕刻技艺和龛两旁的雕刻内容分析，初步定为唐代。但也有另一说，即该像为水母娘娘像，一手拿着橄榄枝，一手拿着浆水瓶，面向东南锦阳湖，据考该像为北魏石刻。1999年，被薛城区定为区级重点文物保护单位。

摩崖石刻

锦阳湖 奚公山山南（今夏庄村南），是碧波荡漾的锦阳湖。东西长7.5千米、南北宽1千米，湖中有捕鱼的扁舟，浅水处长满了水草莲荷，景色十分秀美。后锦阳湖的湖水通过人工引入蟠龙河后注入微山湖，现在的锦阳湖已成了沃土平地。

玉皇庙 千山头顶端西侧有玉皇大帝庙，称为玉皇顶。大殿内供奉有金色玉帝塑像，端坐正殿，身高丈余，令人不敢逼视。大殿3间，坐东朝西，楼阁建造多为古式，工程宏伟，高悬半空，气势威严，人至有凌空之感。从山下望玉皇顶，若隐若现，登石级而上，两侧苍松翠柏，葱茏茂密，山苍遍野，雀鸟啼鸣。登至峰顶，临高远望，南有蟠龙河西流，曲折蜿蜒，势如长龙；西南微山湖，烟波浩渺，鱼帆点点，碧波映天。山中白云蓊郁而起，玉皇顶浮于白云之上，当地至今有“千山头出云，用雨不要问神”之说。玉皇殿在“文化大革命”期间毁坏，目前仅存其旧痕。近年来，有民间人士在其原址建有坐北朝南、坐东朝西石屋各一处，内供玉皇，老君、托塔天王侍候左右，屋旁的左右侧用碎石密集搭起10余处矮棚，大的容纳五六人，小处仅放香炉之石窝，有游人祭拜、上香、祈祷，往来不绝。

玉皇殿遗址

玉皇阁 玉皇阁位于鲁桥村北、紫竹庵西北，为供奉玉皇大帝的神庙。阁楼为二层砖石结构，底墙为青石砌垒，顶部垛口为青砖抹灰，楼高约7米，质地坚固。民国十六年（1927），老北宫道匪首朱成顺带领土匪先后两次洗劫吴家村（今陶庄镇吴村），杀害村民多人，激起民愤，村民奋起反击，追至玉皇阁，将其及妻女烧死，啖其肉，解民恨。据明万历十三年版《滕县志》载，唐朝老道士王和斋第一个来奚公山玉皇阁。明万历四十五年（1617），道士张敬慈从沛县云游至此，住玉皇阁内。后经多年募化，积累巨资，兴建“三宫”。70年代“三宫”废弃遂被拆除。

老北宫遗址 位于千山西麓，老北宫亦称“三宫”，即：南宫（龙泉观）、中宫（玉真观）、北宫（玄真观），总称为“老北宫”。系由3座规模宏伟、建筑别致的庙堂组合而成，分别供奉玉皇、老君、观音等神像。

明万历四十五年（1617）仲秋，江苏沛县著名道长张敬慈云游至千山头（青山头），并寄居在玉皇阁。明天启元年（1621），张敬慈号召四方善士，倡众辟荆棘、垦山林，开地70余亩，在黑龙潭东之幽谷尽头，首先建起以规模壮观的藏经阁为主体的4个四合院，定庙名曰“龙泉观”。又于天启六年（1626），建成6个四合院的玉真观（俗呼“大观”），有神殿50余间，宿舍40余间，庙田400余亩，道徒40余人。清乾隆元年（1736），功行俱备、通道明德的五世方丈张太经，会同师兄胡世明（湖南原道台），建了以雄伟宽阔的4层仪仗大楼（天台阁楼3间，额题“凌霄仙阙”，俗呼“倒骑楼”）为主体，配备精巧园林的5个四合院的玄真观，与三进院落的青龙观（俗称“下观”）。遂按其方位将龙泉观、玉真观、玄真观和青龙观分别简称南宫、中宫、北宫和下宫，又因为老方丈（亦称“当家”）、高功（主持斋醮法会的道士）、知客（负责接待参访和迎送宾客的道士）均集居北宫，使北

南宫（龙泉观）

下宫（青龙观）

北宫（玄真观）

中宫（玉真观）

宫成为“四宫”的首脑机关，且盛大的道教节日斋醮仪式皆在此举行，故民间将四宫的总称，渐次简称“老北宫”。

清乾隆末年，德高望重、才全智足的七世方丈王一忍（拔贡）善书法、广交友，又募得巨资，对南宫和中宫进行了修葺和扩建。老北宫道士会聚、庙宇传建、香烟缭绕、暮鼓晨钟，已发展到了鼎盛时期，与杭州西湖的抱朴道院齐名，在全国道教界屈指可数，成为鲁南地区道教最大的十方丛林（凡是教徒都有在此挂单居留的权力）和道教中心，直属北京白云观管辖。时有庙田 60 余万平方米，道众 100 余人，牛马成群、农具多套，雇用农工数十人。

老北宫各观中的殿宇建筑，多为台阶上四周青砖砌墙，前面三楹，一门二窗，两硬山间纯木结构屋架，立柱和横梁结合部位多设斗拱，屋面复灰色筒瓦，单檐滴水瓦当，屋脊两端饰兽头，四角垂脊多饰梯次式兽头、八仙指路等；二层或多层楼阁，以青石筑墙为主，室内立柱、横梁、阁板、楼梯均为纯木结构，顶部设女儿墙；木质外露部分，室外多为红油漆平涂，室内雕梁画栋，绘有各种吉祥如意，或羽化登天的各类形象与花纹，其精湛的技艺，无不令人惊叹。老北宫在建筑的布局上，以“间”为单位构成单座建筑，再以单座建筑组成庭院，以庭院为单元组成相连的建筑群，有山门、宫殿、亭台、斋堂、宿舍、园林等部分组成，“既有北方园林之端庄，又具江南风光之秀美”，充分体现了中国传统院落的风格。清朝时期，董其昌、冯晏海等许多文人墨客，宦海游人，隐士名流，都曾慕名而来，或观光瞻仰，吟诗题联；或谈仙论道，品茗对弈；或为脱离尘俗，到此出家，皈依道祖，修身养性。各种功德碑、记事碑、题名碑、宗教碑、造像碑林立各观中，有文人骚客的墨宝，有民间书坛名家的手迹。就文体而论，真、草、隶、篆具备，欧、柳、颜、赵尽有。更值得一提的是那通老子《道德经》碑（民间俗称“四方碑”），碑体纵 2.44 米、横（厚）0.98 米，石灰岩质。四面碑文隶书、阴刻，书法整齐，书风苍厚，无论碑的型制之奇特，还是书刻技艺之精湛，均居老北宫庙碑之首。

抗日战争时期，革命先驱赖若愚、宋子成、王守银、岳岱云、朱化南、唐士德、郭英等人，先后在这里从事秘密的革命活动，谱写了慷慨激昂、可歌可泣的壮丽篇章。新中国成立后，道观剩余的数十名道士或携田入社或返俗回乡。中宫和南宫于 1953 年改建成滕县地区麻风病人疗养院后，其面貌全非。北宫和下宫于 1966 年在“文化大革命”中被作为“四旧”的产物摧毁，所有庙碑、墓碣都被砸烂，由周边几个大队运走修建桥涵、水渠使用。剩下的残楼破殿，又于1984年彻底拆除，用于中小学改造。至此，具有300余年历史的老北宫荡然无存。近年来，当地政府联合山东建筑大学和济南齐鲁古建筑公司，共同完成了“老北宫古建筑群复原图”，基本还原了老北宫古建筑群的原貌。

老君院 位于千山西北麓，始建于唐代。老君院有大殿4间，东屋6间，西屋6间，楼房1间，其他房屋30余间，土地300余亩，庙碑10座。据老君院庙碑记载：该庙“肇于唐代，今已千年矣”。明末有刘、葛二姓依庙定居。清乾隆年间（1711—1799），孙、杨、徐、关等姓相继迁来，逐渐形成村落，命名为“老君院”。

老君院庙内供奉玉皇、老君、观音等塑像，四周林深草密，山岩叠磊，气象万千，环境十分幽雅。因此，历代都吸引着众多游人到此膜拜。也有不少文人墨客在此题字赋诗，以抒情怀。此庙于民国初年因窝藏土匪，被魏庄地主刘宪三拆毁，只剩房屋9间。1964年作为学校使用，1974年被大风刮坏，现尚存残楼1间，名曰“观音阁”，为明万历年间（1573—1620）所建。

观音阁 观音阁位于千山西北麓老君院村，坐落在蜿蜒起伏的老君山西侧，其上原为老君院庙，可惜破坏殆尽，依稀尚可辨出当时的建筑遗迹。许多小佛窟造像已荡然无存，唯余这座石质建筑的观音阁及阁内残存佛像和壁龛造像若干。观音阁高15米，宽8米，盲窗2孔，门额题“观音阁”三字，上年款署万历己未年（1619），下款题为泰兴三立，属万历重修时的题记。迹象表明，观音阁原为唐代佛窟，明万历时围窟建阁留存于今。观音阁内圆雕石刻观音坐像残高1.6米，头部残缺，长裙曳足，右屈膝左垂足坐于龛中，龛右壁附刻圣水瓶。观音坐像身着褒衣博带，项挂瓔珞，圆肩修身，衣纹简练丰满，透露出肌体的弹性感，皱褶密集流畅，下边角起翘翻卷若迎风飘拂，大有“曹衣出水、吴带当风”的艺术韵意。流畅自然中，表现出含蓄而又写实的立体感，庄重丰满，姿势优美。刀法洗练，线条婉转，具有丰富的质感，充分体现了唐代雕像严谨、洗练、精湛的艺术风格。虽然消失的头颅、残断的手臂和风化的躯体，使这座石刻观音残缺不全，但是其造型之准确、雕刻之精细，当属石雕中的精品，显现出了当年的大唐风韵。

观音坐像左侧附刻两列高浮雕，分布于凹龛内。龛上长105厘米，下长130厘米，呈上窄下宽状。浮雕分上下两列，上格左刻唐三藏勒马驭经图，题榜曰：“观音菩萨，令唐三藏取经回来”，纵20厘米，横12厘米；下格浮雕纵60厘米，横18厘米，僧俗造像7尊，头面全部残损。附刻宝象图，高53厘米。各像均有题榜，但都因铲剜严重，无法辨识。观音坐像右侧石刻一列两格，纵72厘米，横178厘米，造像6尊高浮雕，上格4尊，像高53厘米，两像间题曰："持诵经论沙，功德主僧永深"。下格像高50厘米，两尊中题一"蛮"字。近龛沿像旁题榜："天王献宝"四字。窟顶端题有："崇宁四年（1105）记，施主任宏口人左立"，十三字残一，当为北宋时的修缮题记。观音阁据说原有气势恢弘的寺院建筑，北部有4进院落，供奉许多佛像。山顶部有一凉亭，山北侧和西侧有长年流淌不断的山泉水，山西侧断崖上凿有数十个佛龛，满山松柏树参天挺拔。千年古刹，几经枯荣，迨至民国，房舍十毁八九，一派凄凉。观音阁系石块砌垒，幸存至今。

玄都观遗址

元都观 即玄都观。明万历十三年版《滕县志·卷五》载："元都观在奚山，万历年间道人至真建。"元都观依山势坐东朝西，门前横着山涧沟，山泉成溪，庙院宏大，殿宇雄伟，系两进院落，门楼3间，中间高出两边耳房，安有月窗。院内古木参天，号称千株，昔道众多来祭神。庙门外1株千年古柏，树身数围，荫遮数亩，郁郁苍苍，可惜毁于"文化大革命"期间。仙人桥从树荫下通过，桥下水流潺潺，常年不息，观内松、槐、桃、楸，混交成荫。每到春时，松涛碧绿，桃红映天，百鸟飞集。一年四季，晨钟暮鼓，经声回旋。

吕祖阁 即青华阁，建于清康熙三十年（1691），为二层石砌阁楼式建筑，各阔3间，配房2间，院内有甘泉1处，祠前有石碑数座，传说这里便是吕洞宾修炼成仙的地方。据传为清道光十八年（1838）重修之遗迹，其主楼建筑面东而建，

青华阁

长3间，似为前后两进套房。前檐墙上部多毁坏，门窗只剩半截。中墙南角有一拱门与后房相通，前后两进房基高差约一米五六。后房似为3层：下层墙体砌有石碑一方，乃清康熙三十年（1691）立《创吕祖阁碑》；中层正面有一高1.78米的中门；上层四面开窗，东面3个。其中中窗上方拱券中书有行书体“青华阁”三字。所有门窗上均为石发拱券。主建筑左前方有一破败的面南而建的3间配房，两幢墙垣前边有一小平地、十余平方米，中卧一石碑，为道光十七年（1837）二月所立的捐地记事碑。清乾隆年间，青华阁曾设为私塾之所，村举人张光汉曾在此处读书。站在青华阁上向东南眺望，村庄田舍尽收眼底。想当年，松柏环绕，泉水潺潺，居此仙境，对张扬清静无为、离尘出世的游方道人来说，确能生发心旷神怡、宠辱皆忘之感。

九天玄女庙 九天玄女，或称九天娘娘。原为中国古代神话中的一位深谙军事韬略、法术神通的正义之神，后经道教尊奉为女仙。汉魏时期，玄女在社会上特别是道教之中有很大影响。该庙在玉皇庙下南侧20米，现仅剩下残基乱石。

三清宫 从玉皇顶顺石阶往下百多米处，石阶南侧有“三清宫”，百姓称“三星观”。

吕祖堂 位于绣球山山后，其北面、东面、南面为“三山”环抱之中，此处是1平方千米的平坦山麓。吕祖堂是儒家品茗论学的场所，后为千山头庙会人流密集之处。

观音庙 位于绣球山山后，其北面、东面、南面为“三山”环抱之中，与吕祖堂紧邻。

北岳庙 从元都观逆山溪而上约300米处，有一庙名“北岳庙”，也称“北峪庙”。此庙的北边有一深井，井内有石洞，洞内曾有一丈多长的大蟒，舌头伸出像莲花，道士们认为是山神显灵，想成神的道士让人用绳送入井下，凡送到井中的和尚、道士均“成神”而去，事后才发现想成神的道士、和尚被大虫吞噬，直到现在还流传着“千山头出神诓死多少和尚道人”的俗语。

仰止阁 千山西麓有仰止阁，建于明代，庙内开山始祖为一代鼎名宗师刘玄阳，人称“活神仙”。该庙计有堂楼3间，东楼3间，分东西两庭院，各建配房数间，以及山门两廊，规模较为宏大。庙内植古梅1株，高丈余，粗数尺，据传为刘玄阳所植。每到腊月寒冬，花开盈枝，引众多游者观赏，可惜于1990年刨掉。

紫竹庵 紫竹庵位于陶庄镇安上（庵上）村，村中还有供奉冉求的庙宇。据传为刘玄阳之妻李氏携二女出家处。李氏法号丹文，为紫竹庵十世弟子。她边修道边化募，同她的弟子和刘玄阳的弟子又在庵北边创建斗母宫，焚修终身，成为正果。紫竹庵建有堂楼3间，腰楼3间，大殿3间，以及山门两廊东西配房50余间，规模宏大，建造别致，古香古色。大殿前两座石碣相对而立，碑碣高5.5米，宽1.5米。碑额四龙盘绕，神态生动。明代大书法家董其昌曾撰文书碑称颂过李氏，东碑文为工整楷书，西碑文为大草书，均为歌颂李氏功德。

斗母宫 斗母元君，简称斗母，也叫斗姥，是道教崇拜的女神。道教说她是北斗众星的母亲，原来是龙汉年间周御王的妃子，名叫紫光夫人。由于一个春天在花园游玩有感悟，生下9个儿子。在道教中，斗母崇拜十分普遍。紫竹庵十世弟子李氏携其弟子和刘玄阳的弟子，于明朝嘉靖年间（1522—1566）在紫竹庵北创建斗母宫。

禀灵宫 从紫竹庵往西500米处，在鲁封桥的村东有一座庙名“禀灵宫”，也就是玉皇大帝的“传达室”。

艺文

奚仲，自古被公认为世界造车鼻祖，奚公山为奚仲造车及葬埋之地，充满神奇色彩，历代史志研究专家无不在志史中对其褒颂有佳。古今文人墨客、乡宾大贤、平民百姓，或到此观光览胜，或赋诗纪游，创作并留下了大量诗文佳作，奚公山因之名闻海内。

诗词散文歌赋

谒车服祠

无名氏

初阅车服祠，云峦楚楚长。
岩根堆雁塔，溪角架虹梁。
好鸟巢危树，孤猿叫断岗。
雨过闻幽磬，云开见上方。
苔浸石磴滑，花拥洞门香。
激泉寒水发，观郡古楼荒。
禅客谈玄切，骚人觅句忙。
踪迹依稀在，文章太古亡。
登临正游赏，惆怅已斜阳。

访奚公山古梅次壁原韵

殷　筑[①]

素香劳远梦，见值秋黄时。
岁寒三友青，山老一枝奇。

① 殷筑，微山人，邑庠生。

鹤归云漠漠，月决水溺溺。
词客今何在，空留白玉姿。

春日过薛城怀古三首

清·满秋石①

（一）

车正遗封奕代承，杳茫人鬼两无征。
河山依旧还存薛，名分于今终长滕。
绵蕞衣冠余故垒，牧儿歌舞上荒陵。
春光九十深如许，芳草何曾管废兴。

（二）

无以为家唤奈何，丈夫失路逐风波。
死生枉拭雍门泪，富贵空弹长铗歌。
兔窟尚嫌三处少，狐裘应悔一身多。
秦关明月长如此，喔喔鸡声客子过。

（三）

奚山东望隔晴霞，累累荒城一带斜。
草木春深迷故国，山河气盛走轻车。
自从星散三千客，无复云屯六万家。
寂寞孟尝坟下路，东风开遍野棠花。

千山头纪胜

无名氏

峰峦叠嶂君为首，云出岫兮雨水流。
玉皇殿下悬云梯，遥望微湖五百舟。
元都观内桃千株，门前古柏刺云头。
仙人桥下水潺潺，香茶一杯可润喉。

---

① 满秋石（1749—1828），字碧山，号若谷，滕县柴里村人。乾隆三十九年（1774）甲午举人，嘉庆十七年（1812）“以截取选浙江武义知县”。

水母静坐待日出，锦阳荷叶晃银豆。
奚仲造车遗址留，观音庙后塚冉求。
山南蟠龙飘玉带，山西薛河绕鲁州。
凤凰岭下车服寺，更有“雄狮”戏绣球。
三宫巍峨世罕见，依山面水神无忧。
黑龙潭水通东海，一棒神功赖金猴。
二郎担山足迹在，朝阳洞内水悠悠。
斗母宫前紫竹庵，董氏书法传千秋。
松涛滚滚牧童鞭，回音荡荡青华楼。
钟鼓长鸣经长颂，太平年歌太平瓯。
九月十二逢庙会，四方游客兴不收。
鲁南佳景观不尽，风光可数千山头。

千山八景

高□□

青山不老亦千秋，朝阳洞里水悠悠。
仙人桥景依然在，元都观内桃千株。
奚山顶上冉求墓，鲁府封山美名留。
古有山前车服寺，水母像前锦阳湖。
左有龙河飘玉带，右有薛水绕鲁州。
远观南海三千里，尽眺四湖五百舟。
观尽世事欲懒口，还有众人暗点头。
千山美景观不尽，每逢佳节再来游。

题白云洞

无名氏

山深人迹稀，彩鹤饮琼池。
住处无邻舍，朝夕白云里。

怀张倬章先生读书千山头之白云洞

清·颜逢甲[①]

青山欲尽处，万壑白云深。
云白自卷舒，山青无古今。
幽人探道妙，读书卧秋林。
花草兴荣落，悠悠天地心。

奚仲赋

谭玉峰[②]

车正故里，古邑夏封；黄帝苗裔，千山有灵。北依泰岱，仰孔门之儒风；南望楚天，听屈子之雅声；东观沧海，瞻日出之云影；西探微湖，伴渔歌之空濛。日月交辉，万古轮回不绝；河洛万象，衍八卦而无穷。

慕车神之名，访薛河之畔；沿青龙绿道，寻千山之巅。奚仲广场，树圆轮刺苍穹；汉阙对立，刻造车之图腾。拾阶而上，佳木秀而繁荫；一步一景，千山俊且萦萦。老少车友，摩肩接踵。拜车神求安宁，悟车道得心经。宝殿巍峨，迎四方之善众；法相庄严，见皇薛之威容。发度世之慈怀，鸣善爱之洪钟。

睹今怀昔，初创者何名？登山揽胜，得仙者是仲。东眺滕峄，始称千山之首；危磴千云，后名之奚公。钟灵毓秀，二贤立祠比肩；奚仲冉求，东西巨冢并排。虹桥飞度，九洞十三泉隐约可见；古塔耸立，七十二座庙鲜有遗迹。香客云集，道教发轫于两汉；诸教合一，文化兴盛于宋元。仙人井上仙人桥，七上八下；玉皇顶下玉皇庙，福来寿山。元都观内千棵树，千年古柏；圣贤寿限分两边，树荫连天。

至若百工惟时，道义自明；八方有序，德仁贯通。车轮辐辏小周天，方圆规矩合乎中。明君有德，佩车服显礼仪；持乐为御，乘大辂以称雄。江淮之畔，空前惶惶圣迹；盘龙河清，绝后鲁班之工。管子大赞，中规中矩牢利；路史记载，薛之皇祖名仲。

而今古祠再兴，圣颜重光；千山叠翠，层林飘香。喜升平之瑞气，布正道于八荒；沐车神之绵恩，颂华夏之歌长。

---

① 颜逢甲，字原美，滕州人，乾隆甲午年举人。

② 谭玉峰，1969 年 9 月生，山东枣庄人，鲁南辞赋馆副馆长、世界谭氏宗亲会《谭子赋》作者。

奚仲制车赋

靳春文[1]

吾以为生而不智，昧而无知；智而少思，谨而多泥。故生智而善知其理，常思而明顺其势。闻夫黄帝始造以车，奚仲继改于制。是而缓步足之乏，增旧制以利。中出一辕，驾协双骑。忽见其电掣，草林倒于两旁；方觉以风疾，瞬息行于万里。为证其功，故而居为夏民，封以薛邑。是为禹之车正，民之车神也。

观夫奚仲制车，改古法之弊短，利天下之衢通。择千山就其佳势，取众木斫以成形。炼铜以包轴辐，更捷驭驶；中辕以驭马匹，犹兼行程。竖色旗以分尊贵，乔装饰而论公卿。辚辚万乘车动，萧萧十里马鸣。观其旧迹处，频频乎有辙石印记，巍巍也以青松作名。其何止一车也，修路以使四海通贯，连商而助九州利兴。载之朝朝正史，勒于束束汗青。

思奚公之功，兴而歌曰：黄帝造车兮使民以便，奚仲改制兮驾马成行。通连九州兮朝夕可至，朝圣仰止兮齐传美名。千山有幸兮车服坟墓，香火鼎盛兮薛地永铭。松柏苍苍兮山泉汩汩，白云悠悠兮山风清清。

白云洞记

张光汉[2]

白云洞，予旧读书处也。怀其地有所书，必识白云志不忘也。其地在滕阳之奚公山东，山纵东北来，蜿蜒层叠直接海隅，至此戛然止。峰转南回而西向，东面则白云洞在焉。测其高得三之二，洞旁有青华阁，岁久颓坏不可居。山之麓，道士所构楼观庐舍，殊幽整。乾隆庚午，予时年十有九，从我伯父鲁齐先生，始读书于此焉。

后十年，偕同游复至此其地。又十年来，山居依然，风景如故。予与同人赋诗有“心共白云间”之句，因吟陈希夷归华山诗云“携取旧书归旧隐，野花啼鸟一般春。”今不卧孤云者，十余年矣。犹忆其山有高台，楼建其上，予居于此。极目远眺，空阔无障礙。每晨起，东望村墟，林树渺然，烟霭中若隐若见，居然图画。暮至，东方月上，则先得远映，松山清晖，迷离当复。秋时北谷泉发，夜深籁寂，流水之声，潺潺于台上。月下抚琴，一弄悠然，若不知有人间世者。因味朱子武彝九曲诗，

① 靳春文，1975 年 12 月生，山东枣庄人，鲁南辞赋学会理事、《中华姓氏赋》特约作家。

② 张光汉，祖籍西仓，居奚村，清乾隆丁酉科举人。

所谓"月满空山水满潭"，憬然有悟也。庐之外，山半有石刻曰"憩崖"，乃登峰驻足之处。松柏数株，石高下，可坐可卧。当与从人饮燕其上，酒次论文。仰眺岭上，白云舒卷往来，怡然自得，今山中之白云犹是也。

而予之苍颜白发，俨与相映矣。岁月几何，少壮已非，青山回首，入梦徒频。予里居去白云八九里，匪遥也。而数十年来，不过三至。山林之乐，其亦有不可自必者与。感念畴昔，爰追为之记云。

重修车服祠①

山东兖州府滕县儒学署教谕事乡，进士晋江、李深选、李深文世次传山曰："僖公寨寺"，或曰"车服寺"。立名取义，未获其详创于何代，毁于何时，稽考无征，不敢妄议，然遗址规模宛然尚在。迨至我朝地为奚村乡民张胜所主。弘治丁巳（1497）间，适有禅僧如宽默至其地，仰观俯察，见其地形宽阔，山势巍峨，喟然叹曰："此地远乡村、离尘俗，萧条，冷淡，寂寞，清幽，诚我辈之宜居梵宇。"重建也。由是力请其地。胜以此僧可居也相近、其去也不远，端谨洁行之风有素，唯唯无辞。诸室人戚氏暨三子：曰怡、曰宪、曰奈俱奉命称善。弗违僧又患其修理之难，胜捐己资助之，观感者争先济事。甫周岁，殿宇、垣墙焕然一新，随时塑中佛像一尊，功犹未已，寿享耄耋，无病而卒。有长孙张泰缘乏嗣，祷而有代之以终。凡塑左右佛像罗汉珈蓝者咸少后尘，由是托弟庠生张诚固请为文，弗获辞。

碑文

创吕祖阁碑记

白鹿山人题②

予御风乘云，历览各区大地僧寺道观之间，建楼立阁者不可胜指，夫普提仙灵何借栖止於是，而必须烦财聚工坐土木与其上也。得毋主之者籍以身便耶。噫嘻！是说也，世岂无之？而就所论於清允道士也。清允年未及壮，即断尘缘，违父母、舍妻子而隐。初舍朝阳，后得白云而居，自以为缟衣黄冠，伏羲穴而老终身，徜徉焉足矣。若必后后焉，

① 节选自《滕阳奚村张氏族谱》（1994 年版），作者张诚，邑庠生。

② 白鹿山人真实身份不详。

苦心竭思，竟日奔波，工作之为是与尘俗奚异哉？然则，清允何以有是乎，盖为吕祖故也。纯阳与清允夙植根缘，自清允归山后，降乩提度不惜金针者，於兹数十年矣。殷殷恳恳，若不忍释，而清允者奉事益虔，又以为崇之不尊，祀之不久不可以图报也，爰立阁焉。纯阳虽不借阁而尊，而清允尊之之意彰也。清允虽不能长留其身以事纯阳，其徒若孙之据阁而祀者亦自可久矣，是清允建阁之意也。然不有倡者谁开其始，不有辅者难见其终。是举也，倡者李氏如昆，盖一以报吕祖之德，一以成清允之志也。然而报德成志者，又不独李氏，则辅之者又端赖有众人焉。试看阁头起白云之烟雾，楼角敛凤岭之彩霞，驾鹤车而栖息者有焉，杖山头而仰止者有焉，妥灵壮观得与黄鹤岳阳相比迹者，谁谓非诸君子之所赐也哉。清允不忍没众人之力，予不忍负清允之请，因记。

大清康熙三十年岁次辛未孟夏谷旦

重修斗母宫碑记①

女道士丹文者，玄阳之妻李氏，斗世弟子。玄阳刘姓，当朝初宋时千山头为道士。其妻李氏营紫竹庵于山下。使别居玄阳即驻化有果。徵妻二女在庵凡修终其身。厥后弟子与玄阳弟子一家同宗，各派相衍不乱。云庵后有斗母阁，丹文重修之，而请德厚。按春秋建斗匾一至四为魁，五至七为杓，合为斗，未闻有母称也。易说卦云："神地也"，钦称母则地称母也矣。

嘉庆二十七年三月吉日

老君院碑记②

滕邑东南五十里旧有老君院古迹也。肇于唐代，迄今已千年矣，忽兴忽衰，为日已久。自我朝乾隆间，有倪君讳来信者，慨然兴起衰拔废之心，辟荆棘，垦山林，积年累月，开地六十余亩，爰昭遗址，用宏构新，依山傍岭，建瓦殿三间，以及山门两廊规模概粗（初）具矣。至其徒汉液克承厥志，又于大殿前起拜殿三间。

凡四厢缺者补之，废者修之，而气象更宏阔矣，以其赢余置田三百亩，皆敬承其师之遗志，而恢弘阔大者也。

道光乙未年

① 作者不详。

② 作者不详。

祭文

奚仲颂

薛培忠　薛刚①

日月垂范，万古照而行空；河洛显象，八卦衍以无穷。人参天地，三才有灵。糅木为轮，轩辕天工。运驾以马，卓然奚仲。勾股曲直，备制正形。引重以致远，行速而物轻。浩浩兮四海便利，滚滚兮五洲畅通。

观夫杲杲日出，升于扶桑；滚滚木石，行而通畅。缘有诗心，轮以酝酿；载兴载奔，既明且靓。若非至圣之运智，焉造气象之威壮。人文以化成，旗鼓掩日月之辉;物能有以宜，权舆载天地之广。绵绵萌发，无终而复始;悠悠恒存，有途以共享。欣欣原野，一地升平；熙熙山河，四邻相望。

夫夏之大禹君临，勤求高见。繁富理国之法，数奏兴邦之言。不矜茂功，劝德以车正；恭献天符，巧谏以道圆。车以小天下，轮以延空间。其没也，天地为之龃龉；其出也，远近为之光鲜。故而百工惟时，原凭道之通；八方有序，皆由仁之贯。位因功之显，肇创薛国；名借车以赫，诚感苍天。

车者，礼仪之明也。君有大德，方乘大辂。持乐为御也，秉德为车也。从容扶轼，盖不掩而尚纯；驱驰有度，斯崇化于邦和。秉严驾以完备，有功者方以得。斯尽时乘之礼，始于奚仲之德也。

诚然奚仲，名符车神。助夏之功，连系江淮；拓夏宇内，兼化人文。云峦楚楚，吉光望之而兴叹；薛水清清，鲁班饮之而思纷。德邦拜之以为祖，欧美奉之以为神。来者希可追，后者谁可任？莫不感念我祖，拜颂皇仁。

诗以颂曰：仙山魏巍，庙庵林立。香火不绝，朝圣络绎。薛河荡漾，桨橹摇曳；百姓乐业，安享福祺。文明古睢，开拓下邳。士蒙其化，群受其绩。所到之处，驰誉万世。恭念奚圣，百感交集。思承祖德，克继神智。光大先宗，奇创新迹。

---

① 薛培中，江苏省徐州市人，1961 年 1 月出生，当代诗人；薛刚，江苏省徐州市人，1986 年 6 月出生，当代诗赋作家。

民间故事

奚仲造车

在很久以前，大禹治水来到千山头，让老百姓将洪水该顺的顺、该堵的堵。洪水快到了，可山上开好的石料却运不到前边去。这天，开石料的奚仲一不小心跐溜掉一块圆石，从山上滚到了山下，滚得很快。奚仲看愣了，心想：圆石从上往下滚，滚得快，要在平地上滚，一定也会比三角八楞的石头滚得快，要是能造出一样东西在平地上滚，会比人扛省劲，还快。正想着，又看见人们把山上的树砍去了枝杈，从山上往山下滚。他就想：用木头做个圆东西，比用石头做圆东西省劲，还好摆活……

他成天想这事。有天夜里，他梦见太阳和月亮中间插着一个木棍，落到地上乱滚，谁也离不开谁。醒来，他把梦中的事来回地想。他突然想到在两个木轱轳中间插上木棍，那不就跟太阳和月亮中间插木棍一样吗？再在上边安上一个能搁东西的器物，在地上拉起来一定会省劲，还快。于是，奚仲就把这事告诉了禹王。禹王一想也对，就叫奚仲想法去做。奚仲在千山头做了起来，先用两个木轱轳中间插木棒滚，又在木轱辘之间放两个木棍，木棍上放石头，在山坡上用人扶着往下滚。他起初造的木轱辘很沉很笨，后来又把中间挖空，终于造出了比较像样的“车”。

奚仲在千山头谁知造了多少车？年岁多了，山坡上的石头都叫车轮子磨出了很深的沟，至今还能看出来。奚仲造出的车帮着大禹治水立了大功。大禹当了国王后封奚仲为“车服大夫”。后来千山头附近的人为了纪念他，给奚仲修了祠堂，叫“车服祠”，到现在“车服祠”的硷脚石还在。

刘家政、刘宗英搜集整理

仙犬坟的传说

据说在清代乾隆年间（1736—1795），三清宫的道士到江南化缘打算重修庙堂。他养了一条比较懂事的狗，因化缘出门，时间较长，不便将狗带走，道士事先就做好训练，经常带着狗到北岳庙吃食，他跟北岳庙的道长议定：让狗每天来吃食后仍回三清宫看门。三清宫的狗实在通人性，主人走了它就去北岳庙吃食，回三清宫看庙守院。说着说着两个月过去了，北岳庙的住持与三清宫的狗也很熟了。有一天，三清宫的狗在北岳庙正在吃着食，北岳庙的道士对狗说："你在我家吃饭，去您主人家看门，哪这么便宜的事！"北岳庙的道士开玩笑似的说完，就没放在心上，住持也出外化缘去了，小道士把代养三清宫狗的事早放到脑后去了。

三清宫的道士在江南化了半年缘，几乎每天都挂心他的狗，会不会饿着。心想，因吃人家的饭不及时，一定胖不了，回家后一定把狗照顾好些。他归心似箭地回到千山头，虽然感到疲劳，还是想早点看到他的爱犬。当他距三清宫几十丈远时，只见他的爱犬摇着尾巴迎面扑来，他慌忙伏身抚摸，万万没有料到是个空，哪有狗影子。他揉揉眼睛，东瞅西看，急忙走进三清宫，突然发现狗死在香案台底下，已经干瘪了。他悲痛的直跺脚，原来狗挨了北岳庙道士的伤害，从此不再去北岳庙乞食，就饿死了。当三清宫道士了解清了情况，很惋惜地将有灵气的狗埋在门外南侧，并立了一块石碑，上面刻有"仙犬坟"三个字。

刘宗英、刘庆华搜集整理

车服祠的和尚——罢（耙）了

"车服祠的和尚——罢（耙）了"这则歇后语，多年来在民间广为流传。这"俏皮话"还包含一个故事哩。位于奚村北的奚公山上，原有一座祠堂名叫车服祠，周围红墙环绕，古柏森森；殿堂宏伟，金碧辉煌，一派佛门净土，吸引了无数善男信女前来瞻仰膜拜。到了清康熙年间（1662—1722），这座祠堂的香火日趋冷落，香客逐渐稀少。奚村的张作经，邑庠生，人称张秀才（属奚村东五门），与祠堂的老和尚来往甚密，是研究佛经的好友。但是，车服祠的老方丈不以慈悲为怀，偏偏热衷于淫乱之事。他经常带领僧徒化了装，到祠前的大路上劫掠行人，绑架过路青年妇女，关进祠内的地下室，肆意凌辱。由于这里坏人劫路的风声远近闻名，所以祠前大路上行人稀少，前来参拜的香客也不多见了。

老和尚心狠手毒，对僧徒控制严密，如果有谁走漏半点消息，不是死于非命，就是被打入地牢，所以虽有劫路传闻，却不了解老和尚的所作所为，连他的好友张秀才也蒙在鼓里。一天，张秀才又骑马来车服祠会晤老方丈。他进得祠来，不见一人，遂走进禅房坐下来，他见桌上尚有一壶热茶，心想，老师傅去也不远。他便一边品茶，一边等候老和尚归来。他信手翻阅一摞经卷，无意中带动了经卷后面墙上的一根线绳。谁知这一牵拉，立即想起了叮叮当当的一串铃声。铃声过后，地面出现了一个洞口，接着从洞口里走上来好几个美貌青年妇女。张秀才看了非常惊讶。当问清她们被劫持、被侮辱的情况后，气得目瞪口呆，脸色铁青，心想我怎么交了个这样一个妖孽和尚？就在这时，老和尚手持禅杖、身披袈裟，飘然而来。他看到张秀才正与妇女们谈话，暗暗吃了一惊，便双手合十问道：“老施主何时驾到，贫僧失礼了，惭愧！惭愧！”接着，老和尚把脸一沉，拔出随身携带的短刀，怒视着张秀才就要下手。说时迟、那时快，张秀才赶忙拿起桌上的茶壶，向孽僧脸上狠狠地砸去，茶壶击伤了和尚的双目，张秀才便趁机抽身跑出祠外，翻身上马匆匆跑走了。

张作经马上报告了官府。县令亲自带领衙役抄了车服祠，释放了被劫持的妇女，捉拿孽僧归案，并就地进行公开审讯。在事实面前，孽僧不敢隐瞒，如实招认下来。县太爷指着老和尚说：“出家人应以慈悲为怀，恪守佛规，多行善事，你这个和尚却不务正业，专做伤天害理之事，真是有辱佛门圣地，车服祠有你这样的和尚当家，罢了！

众衙役早已恨之入骨，一听县太爷说“罢了”，便把老和尚绑赴田间，埋于地下，只露头顶，然后用牲畜拉起“钉齿木耙”，处决了这个妖僧。从那以后，这一带民间便流传下来这一句俏皮话：“车服祠的和尚——罢（耙）了”。

张传允搜集整理

青华阁的传说

康熙初年，滕县有一个书生叫刘云清。他善读诗书，学习用功，胸怀大志，四处寻师求教，一心想朝拜南海老道为师。一天，他连夜启程。途中，要过一段水路才能到达涝茄山。为表真心，刘云清决定蹚水过去，却不慎被一大浪卷走了。醒来时，他发现自己竟被海浪打到一座小岛上。这时，他只觉又累又饿，忽见山上有一亮光，亮光下一个老嬷嬷正在烧火。刘云清用尽全力，爬到山腰，跟老嬷嬷打招呼，打听道路。老嬷嬷一看，此人书生气十足，心地善良，怪可怜的，便多烧了些汤饭让他吃，并跟刘云清说：“你独自一人出门求师，何必跑这么多路程，你的心太真了！说罢，便安置他在一垛柴草堆里过夜。

刘云清一觉醒来，天色大亮，定神一看，自己竟睡在一块大石板上，老嬷嬷也不见了。刘云清感到奇怪，便在石板上做了个记号。他下山查访，方知山是奚仲山，也叫奚公山，是一个许多名人到过的地方。于是，刘云清回到家中，卖掉了房产，在奚公山上跟老道学化缘。他苦练十五个春秋，又自己花钱建庙宇，盖了三处楼，悬在山半腰，起名“青华阁”，俗称“山佛楼”。

节选自《奚仲文化丛书》（2008年版）

晒金场的传说

晒金场，又名凤凰山，位于夏庄村北山后，东南高、西北低，山顶有较大的青石面，地面平坦，故名“晒金场”。该山为奚村张氏茔林。

传说，以前有个老头，家住夏庄。他没有妻子儿女，为人忠厚朴实。农闲时，他总爱背着粪筐到处捡粪。有一天早晨，家里没有什么活儿可干，便象往常那样，背起粪筐去拾粪。他走着走着，不觉爬上了凤凰山顶，四下一看，这里一摊，那里一摊，遍地都是刚刚拉下的鲜牛粪。他高兴的不得了，于是就用粪扒拾起牛粪来，不一会就拾满了筐。这时，他心想:走吧，山坡上还有很多牛粪，拾吧，粪筐已满了，怎么办好？他习惯地抬起头来向周围扫视了一下，忽然看到前面不远有一块光达达的大青石。他想，何不把鲜牛粪放到大青石上去晾晒，等干了再往家里运呢。于是，他拾一筐倒一筐，直到把山坡上的牛粪全部拾完才坐下来休息。他吸了袋烟，休息了一阵子，又起来把一块块粪翻了个，才走下山回家吃饭。

吃罢饭,他挑起担子上山去担粪。可是,当他赶到山顶的青石旁却不见一块牛粪，在青石的中央，有一块闪闪发亮的东西。他走进一看，原来是一块带有牛粪纹样的大金块。金块下压着一个黄绸布条,上写一行朱红小字:“留下金一锭,权谢晒金人”。这老头虽然不识字，弄不清写了些什么，可心里也明白这是怎么一回事，便虔诚地拜了拜，然后把金块揣进怀里带回家。

据说，千山顶上的玉皇大殿，就是用老人捐献的这块金子修盖起来的。后来，人们都管凤凰山顶上的那块青石叫晒金场。直到现在,那片有三间屋底大小的青石，依然在凤凰山顶上呢。

张联东搜集整理

锯棺相见

“刘玄阳,刘玄阳,锯棺相见传四方”。在当地广泛流传着这首民谣。千山头脚下，有一座古庙，名曰“仰止阁”，为明代所建。庙内开山始祖刘玄阳，人称“活神仙”，家有妻子和女儿，因看破红尘，自愿出家修真养性，登升仙境。于是弃家来到千山脚下，开垦山地，自劳自食，并经数年募化，积累巨资，兴建了“仰止阁”庙。计有堂楼3间，东楼3间，分东西两庭院，各建配房数间，以及山门两廊，规模较为宏伟。

玄阳性善，好拒强扶弱，真心向道，名传四方。后收道徒数人，以其建庙盈余置田100余亩。一天，刘玄阳的妻子李氏领着女儿，带着她亲手做的一双新鞋，到仰止阁来看望他。玄阳沉默寡言，态度冷淡。他的妻子感到丈夫不热情相待，于是，稍停片刻，把鞋放下，便领着女儿告辞了。刚走出大门，玄阳随即把大门关上，把那双新鞋用刀一剁两开，从院内扔出来。他的妻子看到这种情景，十分伤心，眼含热泪说：“你真的跟我一刀两断了吗？难道你能出家，我不能出家吗？”后来，李氏果然下定决心，削发携女出家。经积年累月募化，在仰止阁西兴建了“紫竹庵”一座。建有堂楼3间，腰楼3间，大殿3间，以及山门两廊，东西配房近50余间，规模比仰止阁更为宏阔。明末，大书法家董其昌曾撰文书碑称颂过她：“贤哉李氏，德可称颂，携女入庵……”

仰止阁庙田与田湾村田秀才的地相毗连，田秀才出于嫉妒之心，妄想侵占庙地，与玄阳老道长发生矛盾，玄阳向官府控诉得胜，罚田氏演戏3台。田不服，玄阳道长的众徒弟们，一怒之下，将田氏的祖碑推入十八盘河水中，田氏极为愤怒，随与仰止阁刘玄阳老道长结下了不解之怨，心想：“此仇迟早要报，以解心腹之恨”。光阴似箭，日月如梭，不知不觉又几年过去了。一天，玄阳道长把众徒弟叫到跟前分梨吃，分完之后，对众徒弟说：“我年事已高，将要辞去人世，与你们分离了”。众徒弟才知分梨吃的意思，他们素来很相信师父的话，一听到“分离”，不禁失声痛哭起来……过了一会儿，徒弟们不约而同地问道：“师父，我们何时才能相见？”老道长沉思片刻说：“锯棺相见”。说完，便双手合十，闭上了眼睛。

事也凑巧，自从玄阳老道长去世之后，连年干旱，禾苗枯萎，民心不安。田秀才为报私仇，便大造谎言说：“玄阳死后变成了旱孢，如今灾祸都因旱孢作怪而成。”并上书官府，要求扒开玄阳的坟墓，锯毁棺木。在得到官府批复之后，田氏随率众将玄阳的坟墓扒开，但墓中并没有什么旱孢。玄阳的徒弟们听说师父的坟墓被扒，棺材被锯，纷纷赶来。只见师父白发苍苍，栩栩如生，盘腿打坐，双手捧书，正在默读道经。众徒弟们惊讶万分，不约而同地说；“我们师徒终于相见了，师父的话真灵验啊！”说着便一齐叩头膜拜。当徒弟们抬头再看师父时，却不见踪影，他羽化仙界了。从此，“锯棺相见”这件事，便在四乡广播开来，一直流传至今。

刘宗英搜集整理

白虎泉的传说

千山西麓脚下，有一泉，名曰“白虎泉”。

据传，清乾隆十六年，夏镇（今属微山）有个姓杨的大财主，他本人曾任过传东的副总兵。后来，在他年老的时候，一心想找到一个有“风水”的地方，作为他的墓地以安排他的后事。于是，请了许多风水先生，四处查寻，最后，在千山脚下找到一个地方。那里东依千山，西靠薛河，南临清沟，北有黑龙潭，中间是一片大平原，平原东部有一泉水池，终年泉水潺潺，涌流不息。于是，杨总兵就把自己的墓葬安在泉水池下边的平原地上。

后来，有位南蛮子，来北方往南方赶风水，走到哪里就破哪里的风水地。一天，他看到杨家林所择的地势极佳，是块风水地，便下手破坏，企图把风水赶走。于是，对墓葬东边的泉池加工挖整，用石块砌成“虎”口直对杨家林。寓意白虎吃羊（杨）之意。以此来破坏杨家林的“风水”。从此，“白虎泉”之名便远近相闻了。

1966年，“文化大革命”初期破“四旧”时，杨家林被损毁。白虎泉因日久年远，泥沙冲积，泉眼淤塞，现已干涸无水。

张联东搜集整理

皇姑打虎

据传，薛王的女儿，老百姓都称她为皇姑。皇姑自幼爱习拳脚、刀枪、棍棒，样样精通，还练就了骑马射箭的一手硬功夫。据说，她射的箭百发百中。皇姑眉清目秀，两只眼睛格外有神，谁见了谁夸。薛王和王后更是把她看成掌上明珠。皇姑长到十八岁那年，王后请来一个算命先生给皇姑算了一卦，先生说她八字注定，将来要死在虎口。话说也巧，这事被皇姑知道了，她先是沉吟了一下，接着笑了笑，根本没当这回事，把它丢到脑后去了。这一年，薛国东部千山山脉的虎头山，来了一只凶猛的老虎，人们时常听到它在山岗上吼叫。那声音震得山摇地动，使人听了很害怕。白天，它出没在山上的树林里，一到晚上，就窜下山来，在附近村庄伤害人畜，搅的百姓提心吊胆，惶恐不安。晚上，谁也不敢离开家门一步，就连“五月人倍忙”的时候也不敢到田间去加班干活。于是，老百姓把老虎伤害人畜的事向地方官府禀报，地方官府奏请薛王派勇士前来打虎，为民铲除祸害，好让这一带老百姓过安生日子。薛王看罢奏折，马上传令，选派军兵将士前往打虎。说来也巧，这件事被皇姑知道了。她恳求母后，让她率领军兵，到千山围猎，她要亲手打死这只老虎，出出“死在虎口”的这口气。王后拗不过她，不得不面奏薛王允她率兵前去打虎。为了安全，加派兵丁保卫，并征调虎山头下猎手，随皇姑一同前往。

一天，皇姑骑着马带上弓箭，率领大队人马，离开了薛城，来到虎山头下。一时间，风烟滚滚，人喊马叫，把个山头围得水泄不通。众猎手和兵丁们，四路围堵，八方搜寻，却不见老虎的影子，只发现在虎头山下一片平滑的青石上面，留有老虎蹲坐的痕迹。老虎屁股和两只前爪子，还有尾巴摩擦出来的扇面形状，都好像刻在青石上一样,清清楚楚的,这可真是个奇怪事。正当大伙围观的时候,忽然一阵狂风，从山后窜出 1 只猛虎，直奔人群而来。众猎手和兵士赶忙散开隐蔽。就在这时，皇姑张弓搭箭，“啪、啪、啪！”一连射出 3 支雕翎箭，两支箭射中了老虎的双眼，1 支箭射中了咽喉。只听老虎大吼一声，窜出一丈多高，接着就摔下来，死在虎头山的悬崖下面。众猎手和士兵一看老虎被皇姑射死了，无不拍手叫好，一齐拥向那只死老虎。皇姑命令兵士整队并将那只死老虎捆绑起来抬走，围猎军兵在皇姑的带领下，胜利回师了。大队人马来到薛王囤积柴草的柴禾店，皇姑吩咐军兵在这里休息一会再走。当大家坐下来休息的时候，皇姑走近那只死虎跟前，弯下身子去仔细看了一番，然后用一只脚踩在虎头上说：“我算命打卦死在你口，如今你却死在我的手上”。说罢，狠狠地向虎头踢了一脚。事有凑巧，虎牙把皇姑的红绣花鞋和脚面刮破了一道口子。当她率队返回王宫后，便因伤口感染而病倒，虽经太医精心治疗，终因无效病死了，应验了“命丧虎口”的这句话。皇姑打虎，为民除害，所以老百姓念念不忘皇姑，对她打虎的事代代相传，直至今天。

张联东搜集整理

郭洞江传说

“千山三宫紧相连，玄辈道士出神仙。”这首民谣在当地广为流传。三宫建在千山玉皇阁北，从南至北，老宫、中宫、北宫连成一片。传说，郭洞江第一个在北宫脱俗出家,取道号玄阳,后成了神仙。三宫中数北宫香火最盛。到了明末清初的时候，道徒发展到了一百多人，庙地扩大到十几顷。

有一年农历五月，赤日炎炎，二麦成熟，连日西南风紧吹，十几顷地的小麦已经摇铃，众道徒全力以赴投入麦收。可是那年年景好，短工很难找，在这地多人少，小麦眼看就没有腰子了，北宫老道长心急如焚。这天傍晚，老道长正在客厅来回踱步，苦思冥想，忽见一疯道士容貌不修，道袍褴褛，赤足光膀，手持一烧火棍，在暮色中飘然而至。老道长口念："善哉！善哉！"之后，寒暄数语，分宾主落座。小道徒随即掌上灯来，而后献茶。老道长问道："请问老仙师尊姓大名，仙居何处，前来敝宫有何见教？""疯"道士也不客气地说："俺本是阳玄郭，十百山人也,闻之宫内人手较少,麦收之事迫在眉睫,故而带来大批短工前来帮忙,他们随后即到,今夜子时开始收获。俺虽无大用,也可帮你烧茶燎水,助一臂之力"。老道长闻听此言，心中甚喜，忙道："善哉！善哉！"宾主共进晚餐之后，安排客人休息。

有话则长，无话则短。不觉子时已到，漫山遍野都是收麦之人，到底有多少，数也数不清。疯道士一觉醒来，已到五更时分，起得床来，也不洗脸，便去灶房烧茶做饭。有人见他锅底下烧的是青草,锅里煮的是石子,而且有人听他口中念念有词："青草不冒烟，石子一包面"。大家认为他说的全都是疯话，谁也不去理睬。黎明时分，北宫所有的麦子均已收割完毕，场内麦垛堆积如山。忽然一阵狂风卷来，所有的麦垛安然无恙，但收麦的人却不知哪里去了。

众道徒忙去灶房寻找疯道士询问其故，只见锅底火焰熊熊，哪有疯道士的影子，掀开大锅盖，不见热气升腾，却是一股冷气袭人。只见锅里的水已冰冻，冰块中一块干姜破冰冒出了芽子呢。众道徒一见此景无不惊讶,急忙如此这般地报于老道长。老道长闻听此事,恍然大悟:"善哉！善哉！是老仙师也"。随向众僧解释道:"阳玄郭，即郭玄阳也;十百山人,即千山人也。锅里冻姜，即郭洞江也，这漫山遍野的收麦人，则是老仙师使的法力也"。众道徒这才如梦方醒,哗地一声跪下一片,对天祷告一番，继而全宫上下，钟鼓震天，鞭炮齐鸣，好不热闹。从此，在人们中间广泛传开郭洞江真的成了神仙。

张联东搜集整理

奚仲文化开发利用

文化研究

四千年前的夏禹时期，奚仲在古薛国发明了第一辆马车，成为中华文明的重要标志，被世人称为车祖、车神、车圣。奚仲文化所蕴含的生生不息的创新精神，对加快经济发展和社会进步，具有十分重要的现实意义。据史籍记载和专家、学者考证，车祖奚仲这位了不起的历史人物故里就在薛城奚村，这是薛城及奚村的骄傲，也是一笔极其宝贵的财富。虽然历史上不乏有识之士对奚仲进行过研究和颂扬，但零星分散、断断续续。

为更好地传承和弘扬奚仲文化，枣庄市薛城区紧紧抓住国家鼓励发展文化产业的重大机遇，深入挖掘以奚仲文化为代表的古薛文化。自2007年开始，薛城区委、区政府围绕这一文化资源，先后成功举办了三届中国奚仲文化研讨会，举全区之力开展系统性、全方位研究：从文史工作者单个分散的研究发展为区委、区政府有组织地进行研究与挖掘；从对奚仲出生地的研究发展到对奚仲勇于实践、勇于探索、勇于创新的民族精神的研究；从对奚仲这一历史人物的研究发展到对整个夏文化的研究；从对奚仲及夏代史学的研究发展到对古代民族学、交通学等多学科的研究。通过深入研究、系统性挖掘，获得了重要研究成果，其中一大批层次高、立意新、定位准、质量高的精品佳作，填补了奚仲文化理论研究的空白，并对今后奚仲文化的研究与开发具有很强的指导和借鉴意义。通过挖掘奚仲文化内涵可以看到，奚仲造车是中华民族勤劳智慧、勇于创新的典范，对中华民族精神品格的形成具有深刻恒久的影响，奚仲文化的根本实质就是“勇于实践、勇于探索、勇于创新”的首创精神。

奚仲文化研讨会

第一届中国奚仲文化研讨会 2008年4月25日，在北京人民大会堂成功举办了第一届中国奚仲文化研讨会。邀请清华大学、中国先秦史学会的知名专家、学者对奚仲文化进行研讨、论证，“奚仲故里在薛城，故址在奚村”得到权威专家的一致认定。中国先秦史学会、中国文化产业促进会、中国汽车工程学会、中国汽车工业协会等权威机构联合为薛城区颁发“造车鼻祖奚仲故里”的匾牌、“奚仲文化研究基地”和“中国华夏文化遗产基金会—山东基地”等3块牌匾，在薛城设立奚仲文化研究基地。100余家新闻媒体对此次研讨会进行了宣传报道，在全国范围内叫响了“奚仲故里在薛城奚村”的品牌。

第二届中国奚仲文化研讨会　2009年11月9—11日，在薛城举办了第二届中国奚仲文化研讨会，来自全国史学界、考古界、企业界、新闻界、奚仲后裔代表120余人参加会议。研讨会围绕“奚仲与现代科技”这一主题展开研讨，共收到论文42篇。

第二届中国奚仲文化研讨会（摄于2009年11月9）

第三届中国奚仲文化研讨会　2010年9月18日，由中华炎黄文化研究会、中国先秦史学会、薛城区人民政府共同主办的第三届中国奚仲文化研讨会在薛城召开，来自中国社会科学院、北京大学、清华大学、南开大学、山东大学、中国孔子文化研究院等全国知名高校及科研院所的30多名专家学者应邀出席研讨会。国内一大批先秦史专家学者致力于奚仲文化的研究，发表了一大批奚仲文化研究的最新论著。中央电视台中文国际频道播出了电视专题片《寻找传说中的车神》，薛城在全国乃至世界叫响了“奚仲故里”的品牌。奚仲文化研究的内涵得以深化、外延得到拓展，学术成果十分丰硕。

《奚仲文化丛书》首发仪式（摄于2010年9月17）

奚仲文化文集 2010年9月17日，薛城《奚仲文化丛书》和《车祖奚仲传奇》发行。《奚仲文化丛书》共12册，分别为《奚仲文化研究》《奚仲姓氏探源》《百家媒体看奚仲》《奚仲传说》《薛地名人贤士》《古薛瓷窑》《古薛诗萃》《古薛文选》《薛城民俗》《薛城民间故事》《薛城文物与遗存》《薛城风物》，计260余万字，1000余张图片。《车祖奚仲传奇》为一部人物长篇小说，计40余万字，作者为时任中共薛城区委常委宣传部长沙雪斌。

文化交流

奚仲文化展 2008年4月25日，由薛城区委、区政府主办的《“魅力薛城”——造车鼻祖奚仲故里大型文化展》走进北京人民大会堂。展览由薛城概况、造车鼻祖奚仲、千年古薛国、枣庄新驻地、经济快速发展、自然风光优美、红色旅游之乡、人文环境和谐8个部分组成。全面介绍了薛城区悠久的历史，灿烂的文化，优越的区位、交通优势和丰富的资源优势、雄厚的经济基础，起到了推介薛城、增强薛城美誉度的作用。

中国汽车文化论坛 2008年4月25日，《首届中国奚仲文化研讨会暨第二届中国汽车文化论坛》系列邮品在北京人民大会堂发行。该系列邮品包括纪念封、首日封，由薛城区政府、中国文化产业促进会汽车文化委员会、中国奚仲文化研究会筹备委员会联合发行。该纪念邮册共有4枚邮票，第一枚为手写体甲骨文“车”字，寓意车文化的源远流长；第二枚为奚仲石刻雕像，展示奚仲造车时的情景；第三枚为古人驾车的汉画像石拓像，形象表现了车的使用为人类带来的便捷；第四枚为现代时尚汽车图像，表达了车辆作为当今最重要的交通工具，具有无限光明的发展前景。

中华奚仲网 2008 年 4 月 25 日，中华奚仲网官方网站（网址：http：//www.xizhong.gov.cn）正式开通。该网站旨在“传承奚仲文化，弘扬创新精神”，设置了首页、最新动态、奚仲文化、奚仲产业、薛城风采、视频、网友留言等栏目。

全国性汽车赛事 自 2009 年以来，薛城做足“车”文化品牌，规划建设了集汽车、摩托车、自行车、马术“三车一马”比赛于一体的杨峪体育公园。承办了全国汽车场地越野锦标赛、全国超级卡车大赛、中国汽车拉力锦标赛、全国摩托车越野锦标赛等全国性汽车运动赛事。先后荣获 2009 年“中国赛车新兴城市”、2010 年“中国赛车运动突出贡献奖”“中国越野运动积极参与奖”和 2011 年“中国赛车运动突出贡献奖”“全国摩托车越野锦标赛突出贡献奖”等奖项。

奚仲车赛《越野燃情》（摄于 2010 年 10 月）

奚仲广场 2010 年 6 月，由薛城区委、区政府投资 8500 万元的奚仲文化广场开工建设。奚仲文化广场位于城区南部，是以奚仲造车为主题建设的公园广场。由北京城市景观研究院设计，占地 0.12 平方千米，2011 年 10 月交付使用。广场设计以“车”为构图出发点，用马车的四个重要部件辕、舆、轴、轮来诠释奚仲造车对社会发展的深远影响。北部入口处以泰山石、文化柱阵和奚仲功德亭为主景；中心广场以雕塑跌水向四周辐射呈圆形，建有历史的车轮主雕塑，诠释奚仲造车的创新精神；广场南部为占地 0.04 平方千米的奚仲湖，设有大型音乐喷泉和水幕电影，形成了“一石一湖一广场、两轮四亭十二柱”的景观群，彰显了“江北水乡、奚仲故里”的独特魅力。

奚仲文化活动月 2010 年 9 月 21 日至 10 月 21 日，在薛城举办了首届中国车祖奚仲文化活动月。突出“创新·传承·时尚·激情”主题，本着“政府主导、社会参与、市场运作、全面展示”的工作思路，以求得最大的经济和社会效益。文化活动月期间，举办了第十一届中国枣庄（薛城）国际石榴节暨城市转型论坛；枣庄市薛城区优质农产品推介展销会；第三届中国奚仲文化研讨会；2010 中国北方新能源车业发展论坛；2010“车神奚仲·张范汽车城杯”薛城中国汽车拉力锦标赛；2010 枣庄市海峡两岸四地汽车拉力邀请赛；2010 薛城中国汽车拉力锦标赛时尚车展、拉力赛车展示；首届鲁南金秋汽车房产博览会；“车祖奚仲杯”全国书画作品大展；“聚焦车祖故里·感受动感车都”——全国百名摄影家薛城大采风；中国首部人类始祖史诗电影《车神奚仲》、30 集电视连续剧《恋恋阿里山》《铁道游击队 2》《小小飞虎队》开机仪式；大型文化工程——12 卷本《奚仲文化丛书》首发式；长篇小说《车祖奚仲传奇》首发式；车祖奚仲标准像揭幕仪式；奚仲纪念馆落成盛典；首届中国车祖奚仲文化活动月“青岛冰醇啤酒杯”美食节；2010 全国摩托车场地越野锦标赛；“拜车祖、看车赛、品美食、游枣庄”二日游活动；首届中国车祖奚仲文化活动月“民国影视文化城之夜”大型文艺晚会暨焰火晚会等 20 余项活动。

文化产业开发

奚公山风景区规划 奚公山风景区（中华车祖苑）二期规划建设将依据奚仲造车的历史遗存和史实记载，结合项目区的自然地貌和人文环境，以奚公山奚仲造车遗址为载体，聘请国内外著名规划设计院高标准规划建设集车祖祭祀、古迹观光、文化休闲、商务度假于一体的中华车祖苑。奚公山风景区（中华车祖苑）的核心发展目标是：“以弘扬车文化为主线，打造平安福地”，初步设想建设五大片区：一是完善车祖祭祀区。充实和完善现有核心祭祀区景点，高标准建设车祖奚仲巨型雕像，形成标志性景观，完善奚仲纪念馆、奚仲墓等配套设施，进一步叫响“拜车祖·保平安”的文化旅游品牌。二是恢复宗教文化区。恢复、重建车服寺、玉皇庙、青华阁等古佛教、道教建筑群，弘扬佛教、道教文化，再现历史上“祈福佑·求平安”的盛况。三是建设车文化展示区。建设国际车文化标识山、车文化展馆、新车发布中心等项目，形成国内外知名的汽车文化展示中心。四是建设车文化体验区。引进汽车试驾、赛车等休闲体验项目，丰富景区休闲娱乐业态。

奚仲故里总体规划 《奚仲故里总体规划》把“奚仲故里”品牌融进奚仲文化的整体规划中，主打“奚仲故里奚村行”品牌，借助国家乡村记忆工程政策，积极申报奚村国家级、省级历史文化名村品牌，着力挖掘奚村这一奚仲故里文化特色进行品牌包装，特别在奚村民俗游、乡情游、老薛河支流生态游、老家游等休闲旅游方面做足文章，建设民俗馆、农家小院、生态农业、“老薛河支流情”农家乐、老薛河支流水上游、文化馆等旅游项目开发。

特色旅游项目规划 依托“一山两河”（奚公山、蟠龙河、老薛河分支）山水资源、铁道游击队品牌等，大力发展山水游、红色体验游、农业观光游特色旅游项目，丰富旅游的文化内涵，逐步建设全国知名的特色休闲旅游景区。聘请全国知名创意公司，统一策划、设计、生产奚仲文化系列产品，加大卡通、游戏产品的研发制作，拉长汽车产业链条，扩大奚仲影响，提升品牌效应。

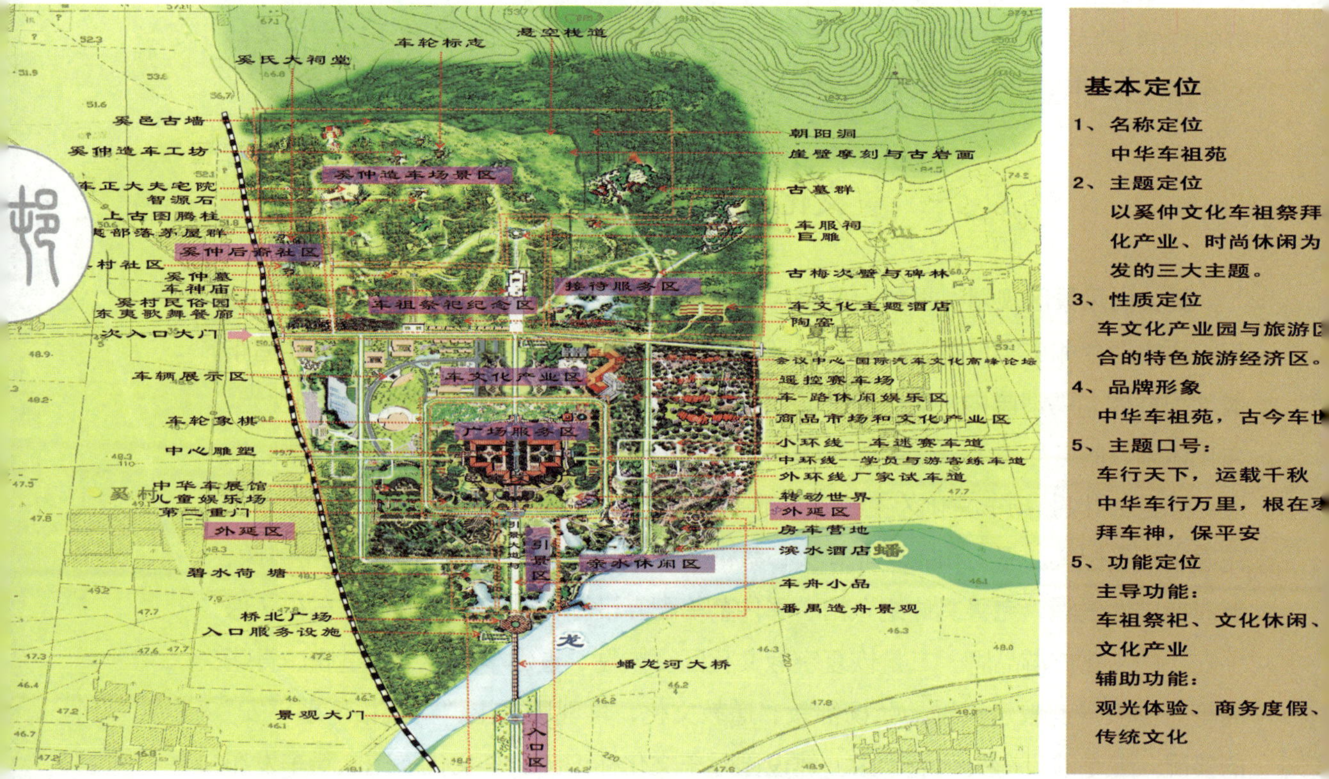

中华车祖苑总平面图

齐鲁名村志
QI LU MING CUN ZHI

奚村志
XI CUN ZHI

村政组织

CUNZHENGZUZHI

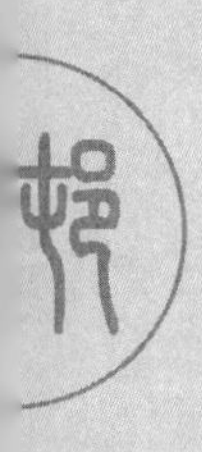

村中国共产党组织

党组织建立及发展

中国共产党基层组织在奚村建立较晚。新中国建立前，奚村有中共党员秘密活动，主要任务是宣传党的政治主张，发动群众开展敌后斗争。1948 年 11 月，奚村第二次解放后，共产党员邵士昌公开活动，发动群众认清革命形势，响应党的号召，开展轰轰烈烈的土地改革。1956 年 6 月，中共奚村第一届支部委员会成立，时有党员 3 名，邵世昌任支部书记，张裕厚、王成玉任支部委员。1957 年，党员张恒茂从朝鲜战场复员后返乡参加社会主义建设。

中华人民共和国成立初期的土地运动、整风和整党运动，使全体党员、农会干部受到了共产党员标准的教育，克服了在某种程度上的组织不纯和思想不纯的现象，组织建设进一步加强。1966 年下半年，“文化大革命”开始，村成立了红卫兵组织，奚村生产大队党支部被红卫兵夺权，党支部书记张恒茂被当成所谓“走资本主义道路的当权派”受到批斗，“靠边站”。1970 年 3 月，奚村大队在县、社整党工作组的指导下，开展了整党建党工作，成立了大队革委党的核心领导小组，行使大队党支部的职权，张恒茂任党的核心负责人。同年底，整顿和恢复了奚村大队党支部。1971 年 1 月，纳新党员 5 名。1984 年 11 月，生产大队改村，奚村召开党员大会，选举

原村党支部、村委会“两委”成员（左：孙景荣，中：张传允，右：高连凤，摄于 2006 年 1 月）

产生了大队改村后的奚村新一届党支部委员会。

1956—2017 年奚村党支部成员任职情况一览表

表

任职时间	支部书记	支部副书记	支部委员
1956.6—1958.9	邵世昌	—	张裕厚　王成玉
1958.10—1966.8	张恒茂	—	张裕厚　王成玉　张百仁
1970.3—1971.1	张恒茂（党的负责人）	—	张裕厚　王成玉　张百仁
1971.1—1972.7	张恒茂	张裕厚	王成玉　张恒岭　赵克兰
1972.7—1974.5	张裕厚	张恒岭	赵克兰　高学银　关传友　张联印
1974.5—1984.11	张恒岭	张裕厚　张传爱（至 1981.）	赵克兰　高学银　朱启厚　高兴武
1984.11—1987.10	高兴武	朱其厚（1983.5 任）	关传允　赵克兰
1987.10—1993.10	张传锁	—	赵克兰　张联付
1993.10—1994.8	—	—	赵克兰　张传明　张联付
1994.8—1996.4	—	赵克兰	张联付　张百强
1996.5—2003.4	张百强	—	张联付　高连凤
2003.5—2007.7	高连凤	—	张联付　张传静
2007.7—2009.10	孙景荣	—	张联付　张传静
2009.10—2010.5	—	张传静	张联付　高连凤
2010.5—2014.11	张传锁	—	张联付
2014.11 至今	孙景荣		张传锁　张联付

注：2012 年 4 月—2017 年 4 月，区委组织部下派驻村挂职第一书记。区物价局先后有三名机关党员干部挂职奚村第一书记，他们是：田远峰，2012.4—2013.4；李强，2013.4—2015.4；种海涛，2015.4—2017.4。

党员发展

新中国成立前，村内有中共党员 1 名。新中国成立后至 2017 年，村支部在各个历史时期累计发展党员（含工作需要转出的及在机关、企业、部队等入党的）46 名（其中女党员 5 名），已故党员 12 名。

建国初期（1949 年 10 月至 1955 年 8 月）入党 3 名，农业合作化和人民公社时期（1955 年 9 月至 1984 年 8 月）入党 24 名，农村管理体制改革以来（1984 年 11 月至 2017 年 8 月）入党 18 名，另有预备党员 1 名。截至 2017 年 8 月，组织关系在村的中共党员 29 名。

在党的组织建设方面，村支部严格按党章要求，从长计议，通过实践锻炼考验优秀青年，注重在村组干部、青年积极分子和经济领域致富能手中培养和发展党员，既为党组织补充了新鲜血液，又增强了党的活力和党组织的战斗力。

2017 年 8 月奚村中共党员状况一览表

表

序号	姓名	性别	出生年月	文化程度	入党时间
1	张联学	男	1947.3	高小	1968.1
2	赵克兰	女	1932.1	识字班	1971.1
3	张联印	男	1948.9	高小	1971.1
4	关传友	男	1947.10	中专	1971.1
5	张百信	男	1950.10	高小	1972.12
6	张全喜	男	1950.7	初中	1973.4
7	张传爱	男	1938.2	识字班	1976.7
8	张百随	男	1943.3	识字班	1976.7
9	朱启厚	男	1956.10	初中	1980.2
10	张联宝	男	1960.6	初中	1980.8
11	张庆标	男	1953.2	高小	1983.9
12	张传锁	男	1950.6	高小	1985.7
13	张传静	男	1963.12	初中	1985.7
14	张百强	男	1965.9	初中	1986.5
15	张贵杰	男	1968.4	初中	1987.12
16	张传庚	男	1954.8	高小	1993.7
17	张传允	男	1950.4	高小	1999.5
18	高联凤	女	1965.11	高中	1999.5
19	张联付	男	1959.5	初中	1999.5

续表

序号	姓名	性别	出生年月	文化程度	入党时间
20	张春光	男	1982.1	初中	2002.6
21	孙景荣	女	1963.9	高中	2004.7
22	张传文	男	1971.5	初中	2006.7
23	高培培	女	1986.4	大学	2008.9
24	石玉凤	女	1976.2	初中	2009.6
25	张盼盼	男	1988.2	大专	2010.7
26	张庆争	男	1988.6	中专	2010.11
27	高　峰	男	1963.3	初中	2011.6
28	张庆东	男	1971.6	初中	2011.8
29	张海亮	男	1984.2	初中	2016.7

至 2017 年 8 月奚村已故中共党员一览表

表

序号	姓名	性别	入党时间	出生年月	去世时间
1	邵士昌	男	不详	不详	不详
2	张恒茂	男	1956.7	1930.7	1973.9
3	张恒岭	男	1971.1	1930.9	1994.1
4	张百仁	男	1960.1	1919.3	2007.2
5	张恒课	男	1960.5	1934.3	1996.12
6	张裕厚	男	1948.10	1928.5	2005.9
7	高兴武	男	1976.2	1951.7	1998.7
8	张传明	男	1979.8	1958.11	2007.10
9	张联壁	男	1960.6	1933.9	2010.3
10	张传营	男	1985.9	1963.5	2011.12
11	高学银	男	1971.1	1924.5	2016.1
12	张传孝	男	1976.7	1938.8	2016.8
13	张恒泰	男	1965.7	1930.3	2016.9

党支部主要活动

奚村党支部建立前，村内不少有志之士受中国共产党一系列方针政策和伟大创举的影响，响应党的号召，积极开展工作。1956 年 6 月，奚村第一届支部委员会建立后，紧跟形势，发动群众，开展统购统销，走互助合作化道路，组建互助组，成立农业生产合作社，大力发展农村经济。1957 年至 1965 年，主要是开展大鸣大放、大辩论，整风反右和整社运动。这一阶段，村党组织发动带领群众大干苦干，改变生产条件，发展农业生产。1958 年，贯彻党中央“鼓足干劲，力争上游，多快好省地建设社会主义”的总路线，高举“三面红旗”，开展“大跃进”“大炼钢铁”、人民公社化运动。在这些运动中，奚村党支部受“左”的错误影响，工作中出现失误。1959 年至 1961 年三年困难时期，党支部认真总结 1958 年的经验教训，带领群众克服困难，贯彻落实“调整、巩固、充实、提高”的方针，艰苦奋斗，自力更生，实行“三自一包一开”责任制，开展生产自救，大队社员没有因生活困难而逃荒要饭的，社会秩序比较稳定。发动群众大搞以整地为重点的农田基本建设，努力改善生产条件，度过三年困难时期。1966 年至 1976 年“文化大革命”时期，党组织受到严重冲击，党的各项工作一度陷入瘫痪。但在极困难的情况下，党支部仍然发动党员群众，打井修渠，平整土地，大队工副业生产有了发展，集体收入有所增加。

原村党支部、村委会“两委”成员（左：石玉凤，中：张传锁，右：高峰，摄于 2013 年春季）

1977 年至 1983 年间，随着党和国家各项政策的落实，奚村党支部带领广大党员群众拨乱反正，彻底否定“文化大革命”“左”的路线和政策，开展真理标准大讨论，纠正部分党员群众认为改革是“复辟”“倒退”“走回头路”的错误认识，大刀阔斧地进行农村经济体制改革。先后实行联产到组、联产到劳、大包干、家庭联产承包责任制，发展村办企业，鼓励群众立足实际，扬长避短，发挥自身优势，开展多种经营，鼓励部分有头脑、有闯劲的农民成为各种类型的专业户、致富带头人。历史遗留问题得到纠正，按照上级统一要求，村内地主、富农分子一律摘帽，其成分改为社员。

1983 年至 2013 年间，村党支部认真贯彻落实党中央关于“坚持改革开放”的方针，党员干部团结带领广大群众，坚持以经济建设为中心，大力发展农村经济。特别是 1992 年邓小平南方谈话以后，村党支部认真组织党员群众学习，联系本村实际，谈体会、找差距，解放思想，集中精力发展经济。农村改革取得显著成绩。实施了最严格的耕地保护制度，农民的利益和国家的粮食安全得到了最大限度的保护，放开了粮食收购市场，特别是把通过流通环节对农民的间接补贴改为直接补贴，有效地保护了农民的利益。中共十八大以来，村党支部根据社会主义新农村建设的总体要求，结合全村实际，坚持以人为本、民生优先，突出抓了村容村貌、生态文明建设，并借助“乡村连片治理”试点的机遇，深入开展了农村环境连片整治示范项目建设，大力实施村庄硬化、净化、绿化、美化、亮化“五化”达标提升工程，强力推进环境卫生综合整治，使全村面貌有了很大转变，实现了环境整洁、空气清新、街道干净、群众满意的目标。同时，大力倡导文明新风，开展了以爱德、诚德、仁德、孝德为内容的“四德工程”建设评选活动，引导广大群众争当道德模范、文明诚信户、文明家庭、好媳妇、好婆婆、好儿女、好邻居等，使文明和谐的道德风尚融入家家户户。

村政权及自治组织

村政权沿革

清朝，奚村实行保甲制。民国时期，先实行闾邻制，后改为保甲制。民国十九年（1930）7 月，民国政府规定，县以下设区，区以下设村里制，村下设闾，25 家为一闾，并设闾长；闾下设邻，5 家为一邻，设邻长管理。民国二十六年（1937）日本侵略军占领临城后，实行保甲制，奚村属皇殿乡，属滕县管辖。日军战败投降后，国民党统治时期，奚村实行乡保制，奚村由保长 1 人管理，村民张百锡、张传世先后担任过保长，主要是催收捐税，应付正反两面的杂事，调解民间纠纷，但主要是为共产党办事。1945 年 11 月，奚村第一次解放，1946 年 3 月建立农救会，张传诗担任农救会会长。1948 年 11 月，奚村第二次解放，重新成立村农救会。武工队员张子建回村担任村农救会会长。新中国成立后，奚村建立农民协会，“一切权力归农会”，村政由村农会掌管，农会组织群众开展了轰轰烈烈的土地改革运动。1953 年 10 月，奚村成立初级农业生产合作社，设有社长和副社长，邵士昌任社长，刘念瑞任副社长。1956 年，奚村与吴村合并组建高级农业生产合作社，邵士昌担任社长，刘念瑞任副社长。1958 年 10 月，滕县临城友谊人民公社成立，实行政社合一，奚村与吴村成立生产大队管理委员会，属临城人民友谊公社。1961 年，两村合一的奚村生产大队解体，奚村单独成立生产大队，建立了管理委员会，下设第一、第二两个生产队，又称生产小队。设生产队长、副队长、妇女队长、会计，建立了队委会，主要负责农业生产、经营管理、农田水利、科技推广等一系列行政、生产事务。1961 年 8 月成立薛城县西仓人民公社。1962 年 6 月成立薛城区人民公社。1966 年 6 月“文化大革命”开始后，大队党、政机构被解散；同年 12 月，在原大队贫农理财小组基础上，成立奚村大队革命委员会，取代大队管理委员会，主任由张联庚担任。1976 年 10 月取消大队革命委员会，恢复大队管理委员会，设大队长 1 人，由张恒岭担任，副大队长由赵克兰担任。1984 年 11 月，进行农村管理体制改革。随着人民公社改为乡镇，奚村生产大队取消大队管理委员会，建立村民自治组织—奚村村民委员会，村民委员会设主任、副主任、委员。

抗美援朝人员：张传俊、张裕厚、张恒茂、张联喜、张百厢

1940—2017年奚村政权组织一览表

表

政权名称	职务	姓名	任职时间	备注
村保	保长	张百锡	1940.	
村保	保长	张传世	1945.	
农救会	会长	张传诗	1946.	
农救会	会长	张子建	1948.	
农会	会长	关文斌	1950.	
初级社	社长	邵士昌	1953.10	
高级社	社长	邵士昌	1956.	
大队管理委员会	大队长	张恒岭	1958.10	
大队革命委员会	主任	张联庚	1966.12	
大队管理委员会	大队长	张恒岭	1967—1975	
大队管理委员会	大队长	赵克兰	1976—1983	
大队管理委员会	大队长	张传锁	1983—1985	
村民委员会	主任	张传明	1985—1994	
村民委员会	主任	张传梅	1994—1996	挂职
村民委员会	主任	张传允	1996—2005	
村民委员会	主任	张传庚	2005—2008	
村民委员会	主任	高　峰	2008至今	

奚村历任大队、生产队分管负责人一览表

表

负责人	生产队	名单
队长	第一生产队	张恒福　张传申　张百仁　张百景　张传银　张联彩　郝广荣　张百随　张联尧　张传成　张百发　张传锁　张联华
	第二生产队	孙延敏　张恒发　关文平　张恒勇　张传才　张联磊　张联云　张传允

续表

负责人	生产队	名单
会计	生产大队	张联科　关传杰　张联峰　关传友　张联印　关传允　张联付
	生产队	张传允　张联峰　张恒课　张联湘
记工员	生产队	张联斗　刘传兰　林秀云

治保组织

民国初年，军阀忙于混战，无暇顾及地方治安，主要由地方驻军兼管。职责名义上负责地方保安、侦缉、防盗、卫生、消防等事务，但实际上是敷衍塞责，以欺诈百姓为能事。本村则由保长、甲长日常管理村内的一切民事纠纷。1937 年，滕县公安局改称县警察局，临城分局亦改称警察所，下设沙沟、陶庄两个派出所，管辖 8 乡一镇，是时推行保甲制度，实行连坐统治，一户触犯，全甲受连累。村保长、甲长负责提报、发放良民证。新中国成立后，村民兵组织和农民协会负责村内治安。1962 年大队建立治保组织，负责村治安，强化基层治保组织建设。1979 年后主要是预防刑事犯罪，昼夜巡查防盗。“文化大革命”期间，各种治安管理制度均遭到不同程度的破坏。直到 1978 年才逐渐恢复。1979 年村治保组织配合地方政府进行“四类分子”评审摘帽工作，对村地富家庭及其成员一律宣布为人民公社社员。1985 年春，村建立治保会，负责全村社会治安综合治理工作。2017 年 8 月底，村设立专职一村一警务助理员，村民张联法担任村第一任警务助理员，具体负责排查村矛盾隐患，预防和化解村民上访、矛盾纠纷等苗头性问题，报告并协助公安机关处置酗酒、打架、犯罪等突发性问题。

调解组织

清朝以前，奚村族内纠纷一般由族长或保长、甲长解决，重大事项报官处理。1953 年，村设调解员，受乡镇人民委员会领导，业务上受县法院指导。农业合作化时期，由生产大队行政负责。1958 年，大队设小组调解委员会，小队设调解员。1979 年 12 月，奚村选出调解主任。1990 年村组建调解委员会，主要负责调解婚姻、债务、家务、邻里、赡养等各种纠纷。

奚村历任治保调解工作负责人员名录

张恒茂　张裕厚　张恒岭　赵克兰　高学银　张传爱　高兴武　张传锁
张传明　朱启厚　张传梅　张传允　张百强　高连凤　孙景荣　高　峰
张联树

村社会团体

农民救国会

1945 年 12 月，奚村第一个农民组织农民救国会（简称“农救会”）成立。1946 年 1 月，中共临城县委颁布“减租减息”“土地回赎”“雇工增资”等政策。农救会是村中最高权力组织，领导农民广泛开展反奸诉苦、减租减息运动。5 月，进行了第一次土改运动。农救会长张传诗带领会员采取登门串户等多种形式，宣传党的土改方针政策，积极发动群众开展土地改革运动，斗地主、分田地。1947 年春，国民党军占领临城一带，地主还乡团借机反攻倒算，形势恶化，土地改革运动失败。1948 年 11 月，奚村第二次解放，重新成立村农救会，“一切权利归农会”，村政由村农会掌管，原武工队长张子建担任农救会会长。农救会成立后，组织民工支援淮海前线，为人民解放战争的胜利做出了贡献。1950 年村农救会改称农会，在县土改委员会领导下，再次发动群众反奸诉苦，提高思想觉悟，增强革命信心，开展了轰轰烈烈的土地改革运动。村内以广大贫下中农为核心，学习土地改革法的有关政策，分清敌我，划分界限，利用各种形式激发贫下中农的阶级觉悟。土地改革工作结束后，农会任务完成，组织自行消失。

贫下中农协会

1964 年，在社会主义教育运动中，奚村生产大队根据上级指示精神，建立贫下中农协会（简称“贫协”），推选高学银任贫协主任，张恒玉任副主任，各生产队设有 1 名贫协小组长。贫协经常性的工作就是组织社员学习马列主义和毛主席著作，召开忆苦思甜大会，进行阶级教育。贫协的基本任务是履行监督职能，对生产大队和小队的政务财务进行监督，发动群众艰苦奋斗，改变生产条件。1968 年 8 月，村成立贫下中农代表管理学校委员会，先后派贫下中农代表李培兰、张全喜等村民进驻奚村小学，对学生进行阶级教育，领导学校“斗、批、改”。1978 年 5 月，随着形势的变化和农村体制的转换，奚村生产大队贫协会组织撤销，进驻中小学校的贫下中农代表全部撤离学校。

青年组织

1945 年 11 月，奚村第一次解放。同年 12 月，奚村成立青年救国会（简称青救会）。解放战争时期，广大青年在土改、参军、支前等方面发挥了骨干带头作用。新中国成立后，奚村共青团组织建立，张恒茂任团支部书记。青年团组织团员积极参加土地改革，带头参军，支援抗美援朝，组织互助合作以及爱国增产运动。特别是以青年团为骨干，组织《中华人民共和国婚姻法》宣传队，在妇女解放、男女平等破除陈规陋习等方面做出了积极贡献。1957 年，广大团员青年深入开展增产节约运动，积极支援祖国社会主义建设。人民公社化以后，建立了青年突击队，人人争当社会主义建设的积极分子、红旗手。1963 年开展“学雷锋”活动，成立学雷锋小组，普遍开展学雷锋做好事和学雷锋送温暖活动，帮助军属和“五保”老人打水扫地，人人争当无名英雄，好人好事蔚然成风。

“文化大革命”期间，青年团员带头破“四旧”、立“四新”，成立文艺宣传队，利用多种形式宣传毛泽东思想和党的方针政策。在“农业学大寨”运动中，大队团支部带领广大青年团员，奋战在农业生产第一线，成为“农业学大寨”的突击队、胜利军。

中共十一届三中全会以来，在落实农业生产责任制、“两个文明”建设一起抓及带领群众发家致富等方面，村团支部组织开展了“新长征突击手竞赛”等活动。“五讲四美三热爱”（“五讲”：讲文明、讲礼貌、讲卫生、讲秩序、讲道德；“四美”：心灵美、语言美、行为美、环境美；“三热爱”：热爱共产党、热爱祖国、热爱社会主义）。广大青年团员率先响应号召，清扫街道、搬运垃圾、讲究卫生，开展义务植树、绿化美化环境活动。1979 年，村团支部书记关传允荣获“全国新长征突击手”

荣誉称号。当“当代保尔”张海迪身残志坚、勇于进取的事迹报道后，团支部组织广大青年谈体会、谈理想、找差距，进行理想信念教育，树立革命的人生观，争做“有理想、有道德、有文化、有纪律”的新型青年。

80 年代初，农村实行家庭联产责任制以来，奚村广大青年团员紧跟形势，解放思想，勤劳致富，投入经济建设的主战场，涌现出许多“建功立业”的青年致富能手。

奚村历任团支部书记名录

张家喜　关传杰　关传友　张百信　关传允　张联付

妇女组织

1945 年 12 月，奚村成立妇女救国会（简称“妇救会”），组织妇女参加土地改革，搞减租减息。解放战争时期，妇救会组织妇女做军鞋、缝军衣、烙煎饼，送粮食支援前线。1950 年，村成立民主妇女联合会，1953 年改称妇女代表会（简称妇代会）。1950 年中央颁布《中华人民共和国婚姻法》后，妇代会通过各种形式进行宣传，号召男女青年解除旧式包办婚约，倡导自由恋爱结婚。土改彻底结束后，无地少地的贫苦农民做了土地的主人，广大妇女也走出家门，参加生产劳动。在互助组、初级社、高级社、人民公社时期，广大妇女积极参与，在生产中发挥了“半边天”的作用。村妇代会还采取速成识字、举办夜校等多种形式，组织广大妇女参加扫盲学习，提高广大妇女的科学文化水平。1958 年，村妇代会改为生产大队妇代会，设主任、副主任。每个生产队都建妇女小组，配有妇女组长。广大妇女在妇代会的带领下，积极投入到“农业学大寨”运动中，战天斗地，平整土地，大搞科学种田，建立了“三八”科研组、“三八”植棉组，同男人一起挖河打井修渠，为改变生产条件大显身手，发挥了半边天作用。1980 年 1 月，奚村大队的妇女们在发展农业生产中成绩显著，被省妇联命名为“三八”红旗集体。1983 年，妇女主任赵克兰被省（市）妇联授予“三八红旗手”称号。1984 年 11 月，大队妇代会又更名为村妇代会。

社会主义现代化建设时期，村妇代会结合自身特点，开展评选“五好家庭”活动，创评“双文明户”活动。实行家庭联产承包责任制以来，村妇代会围绕党的中心工作献计出力，发动广大妇女解放思想、学习技术，发挥自身优势和特长，搞好家庭种植、养殖，依靠辛勤劳动发家致富。在男人们外出务工的情况下，妇女们担当了农业生产的主要任务，耕、种、收、管样样精通。有的妇女走出家门，到工厂、商场、餐饮等行业就业，有的经营商店、超市、生产资料，真正成了家庭致富的行家里手。村妇代会还主动担起宣传计划生育政策的重任，帮助育龄妇女落实优生优育措施，更新生育观念。同时，以“四德”工程建设为载体，积极参与“五好家庭”“好婆婆”“好媳妇”的评比活动，并当作一项经常性工作来抓，对促进家庭和睦和社会和谐起到了积极作用。

奚村历任妇女主任名录

赵克兰　李培兰　林秀云　王海莉　高联凤　孙景荣　石玉凤

民兵组织

新中国成立前，“红枪会”是本地区最早的武装组织，奚村村民亦有人加入。1936年春，滕县县政府办乡农学校，奚村村民到羊庄会馆集训，自备伙食、枪支，主要任务是站岗放哨，看家护院。1945年8月，奚村成立民兵组织。1945年10月，新四军在攻打兴仁庄的战斗中，民兵踊跃支援前线，做饭、送弹、抬担架、抢救伤员，为兴仁庄战斗的胜利做了大量的后勤保障工作。1948年秋，淮海战役打响后，村青年民兵孙延敏、张百荣、张传申、张联奇、张联生等10余人运动踊跃支前，推红车送给养，抬担架接伤员，为革命的胜利做出了贡献。

解放初期，在镇压反革命、抗美援朝斗争中，村民兵冲锋在前，为保卫新生政权贡献力量。在组建互助组和初（高）级农业合作社运动中，广大民兵也都起到模范带头作用。1958年秋，人民公社化实行，村改称生产大队，一切民兵组织均为军事化编制。奚村大队响应国家号召，大队建民兵连，下设民兵排班，将18岁至45岁的男性和18岁至35岁的女性登记造册，编入民兵组织。1969年以来，大队民兵响应毛泽东主席“备战备荒为人民”和“抓革命、促生产，促工作，促备战”的号召，狠抓民兵工作“三落实”（组织落实、政治落实、军事落实），坚持劳武结合，时刻提高警惕，保卫祖国。上级武装部门为大队民兵连配备半自动步枪10支，冲锋枪2支，手榴弹及训练用手榴弹若干枚。为了管好武器，村民兵连建有连部，配备军械员、

奚村民兵参加薛城区民兵比武（摄于1978年冬）

枪械橱，建立武器管理制度，做到“一橱、二箱、三表、四制度”（即枪械橱、子弹箱、武器登记表、管理制度）。从1980年起，枪橱、武器全部集中到乡武装部管理。当时村内民兵工作有声有色，多次受到公社和区的表彰奖励，成为西仓公社民兵工作的一面旗帜。

在社会主义建设时期，村民兵投身社会主义建设，发挥了青年主力军作用。相继参加了1950年第四期“导沭整沂”工程，1951年开挖“白马河”工程，1956年开挖“十字河”工程，1958年大炼钢铁运动和开挖“木石露天煤矿”工程，1959年修治“岩马水库”工程，1976年“北岭会战”工程，以及历次整修韩庄运河工程。农村经济体制改革以来，民兵工作的性质和任务也随之发生变化，除积极参加区武装部组织的民兵集训整组外，村民兵连认真落实《中华人民共和国兵役法》规定的各项任务，搞好年度征兵动员工作，做好拥军优抚工作，支持村委落实各项农村政策，为本村的物质文明和精神文明建设做出了应有的贡献。

奚村历任民兵连长（含副连长）名录

张裕厚　张联印　张传爱　高兴武　张全喜　王水凌　张传明　张联付

至 2017 年 8 月奚村历年应征入伍青年名录

表

序号	姓名	性别	服役起止时间	所在部队	部队任职	复退转业	现（原）工作单位（职务）或住址	兵役	备注
1	张子建	男	1944.1—1947.10	八路军地方武工队	战士	转业	村原砖窑厂长	地方武装工作队	去世
2	张裕厚	男	1946.6—1955.3	解放军 21 军 63 师 188 团	副连长	退伍	原村干部	志愿兵	去世
3	张传俊	男	1947.12—1952.2	华东第三野战军	战士	复员	村民	志愿兵	去世
4	张恒茂	男	1953.1—1957.4	解放军 0220 部队 634 团	炮长	复员	原村干部	志愿兵	去世
5	张联喜	男	1953.1—1957.4	志愿军 201 师 603 团	战士	复员	村民	志愿兵	
6	张百厢	男	1953.1—1956.1	志愿军 201 师 603 团	战士	复员	村民	志愿兵	去世
7	张恒课	男	1954.3—1961.3	北海舰队炮务大队	炮长	复员	夏庄乡政府	义务兵	去世
8	张恒勇	男	1955.3—1959.1	南京军区炮兵部队	炮长	复员	原村干部	义务兵	去世
9	张联云	男	1955.3—1959.1	南京军区炮兵部队	战士	复员	工人	义务兵	去世
10	张联学	男	1968.3—1971.3	济南军区曲阜 6187 部队	战士	复员	企业退休	义务兵	
11	张联纪	男	1968.3—1971.3	济南军区炮司	警务员	复员	枣庄市园艺厂退休	义务兵	
12	张百信	男	1968.10—1973.2	驻河南洛阳炮兵部队	战士	复员	薛城区供销社退休	义务兵	
13	张传友	男	1968.3—1971.12	济南军区寿光 252 部队	战士	复员	薛城区焦化厂退休	义务兵	
14	张百铎	男	1968.10—1984.12	北京军区机场夜航大队	营职	转业	薛城区物价局退休	义务兵	

续表

序号	姓名	性别	服役起止时间	所在部队	部队任职	复退转业	现（原）工作单位（职务）或住址	兵役	备注
15	张全喜	男	1969.11—1975.4	济南军区 67 军 200 师 599 团机枪连	班长	复员	夏庄乡政府退休	义务兵	
16	高兴武	男	1971.1—1975.1	驻内蒙古 53058 部队	班长	复员	夏庄乡政府	义务兵	去世
17	张联洪	男	1971.1—1973.1	驻内蒙古 53058 部队	战士	复员	教师退休	义务兵	
18	张百平	男	1974.12—1994.2	北海舰队	营职	转业	部队干部退休	义务兵	
19	张百堂	男	1976.2—1995.12	浙江军区舟山某部	正营职	转业	潍坊市地税局干部	义务兵	
20	张联友	男	1972.12—1977.6	成都军区 13 军炮 0011 部队 71 分队	通讯员	复员	市中区公路局退休	义务兵	
21	朱启厚	男	1976.3—1979.12	南京军区 22 军	班长	复员	薛城化工厂退休	义务兵	对越参战
22	张联宝	男	1978.11—1984.1	广州军区 53510 部队	战士	复员	薛城焦化公司退休	义务兵	对越参战
23	张传明	男	1978.11—1981.12	83147 部队	战士	复员	原村主任	义务兵	去世
24	张联付	男	1979.11—1984.11	济南军区 54835 部队 76 分队	战士	复员	村文书	义务兵	
25	张传营	男	1981.12—1984.11	驻大连海军 37313 部队 41 分队	战士	复员	村民	义务兵	去世
26	高　峰	男	1981.11—1984.11	驻辽宁海军 37313 部队 21 分队	班长	复员	村主任	义务兵	
27	张百迎	男	1982.1—1984.1	解放军 33762 部队	战士	复员	原薛城区夏庄煤矿	义务兵	
28	张百柱	男	1983.12—1987.4	济南军区胶东后勤部队	战士	复员	原夏庄乡政府	义务兵	去世

续表

序号	姓名	性别	服役起止时间	所在部队	部队任职	复退转业	现（原）工作单位（职务）或住址	兵役	备注
29	张百强	男	1984.11—1988.7	驻河南 33982 部队侦察连	班长	复员	原村干部	义务兵	
30	张贵杰	男	1985.12—1989.1	驻济南 5516 部队	班长	复员	村民	义务兵	
31	张传静	男	1982.10—1987.10	驻河南 54771 部队	车长	复员	村民	义务兵	
32	张联静	男	1987.11—1990.1	沈阳军区驻辽宁某部	战士	复员	村民	义务兵	
33	张联永	男	1987.11—1990.1	沈阳军区驻辽宁某部	班长	复员	村民	义务兵	三等功
34	关继海	男	1989.3—1991.12	辽宁鞍山 81239 部队	战士	复员	村民	义务兵	
35	张春光	男	1989.1—1994.12	兰州武警	战士	复员	个体	义务兵	
36	张　雷	男	1993.12—1996.12	驻青岛 54872 部队	中士	复员	矿工	义务兵	
37	张庆友	男	1994.12—1997.12	驻广东韶关某部	班长	复员	原钛白粉厂工人	义务兵	
38	张　玺	男	1997.12—1999.12	驻广东 53265 部队特务连	侦查员	复员	矿工	义务兵	
39	张　明	男	1999.12—2004.12	河北衡水武警	士官	复员	薛城区武装部干事	义务兵	
40	张宝磊	男	2004.8—	济南军区长岛要塞部队	机械师	服役	部队给养员	自愿兵	
41	张文武	男	2005.1—2008.1	四川省军区特种兵大队	战士	复员	苏州	义务兵	
42	张文婷	男	2006.1—	重庆指挥学院	正连职	服役	重庆	义务兵	
43	张　军	男	2007.12—2015.3	南京军区 96163 部队	班长	复员	不详	义务兵	
44	张　厦	男	2007.12—2010.1	驻黑龙江佳木斯某部	战士	复员	个体	义务兵	

村集体与个人荣誉

奚村集体荣誉一览表（部分）

表

获得单位	荣誉名称	获得时间	授予单位	奖品
奚村大队	先进生产队	1971.2	西仓公社	
奚村大队	“过长江、跨纲要”大队	1973.12	西仓公社	锦旗1面，电机1台
大队贫委	先进贫协	1973.12	西仓公社	《毛泽东选集》1套，十大文件2本
大队妇委	先进妇联	1973.12	西仓公社	服装剪、软尺、书各1件
大队民兵连	先进民兵连	1973.12	西仓公社	篮球1个
科学试验队	先进专业队	1973.12	西仓公社	喷雾器1架
奚村大队	全省农业学大寨先进生产队	1975.1	中共山东省委、省人民政府	
奚村大队	先进知青点	1976.12	中共枣庄市委、市革委	
奚村大队	先进党支部	1978.7	中共薛城区委	
奚村大队	三夏祝捷会先进单位	1978.7	西仓公社	
奚村大队	三秋祝捷会先进单位	1978.10	西仓公社	
奚村大队	计划生育先进单位	1978.10	西仓公社	
奚村大队	群英会先进单位	1979.1	西仓公社	地排车1辆，化肥500千克
奚村大队	农业三项奖	1980.1	西仓公社	
奚村大队	“三夏”祝捷会先进单位	1981.7	西仓公社	
奚村	市级精神文明单位	1990.2	枣庄市精神文明委员会	
奚村	美丽乡村建设工作特色村	2015.3	中共薛城区委	
奚村	“四德”工程建设示范点	2016.3	中共薛城区委、区人民政府	

奚村先进人物一览表（部分）

表

时间	姓名	授予单位	荣誉名称
1972.12	张恒岭（党支部副书记） 李现英（生产班长） 张传孝（生产排长） 张子建（副业负责人） 杜守英（生产班长） 张百随（生产排长） 孟庆兰（计生负责人） 张百娥（团支部委员）	西仓公社	劳动模范
1973.12	赵克兰 张联庚 张子建 张百华 张百随 张百田	西仓公社	劳动模范
1976.11	张百国 张秀华 王洪伟 赵克兰 林秀云 王海莉 李宪英 李 华 张百华 张传君 张联庚 张恒奇 张联成 张百随 张联印	西仓公社	先进个人
1978.4	张恒岭 赵克兰 张联庚	薛城区	人大代表
1978.7	张百随 张联庚 张联云 张联好 张传锁 钟亚玲 侯宗玲 赵修莲 满冰全 徐德兰 张裕娥 张玉芝 张联磊 张恒岭	西仓公社	先进个人
1978.10	赵克兰 张百随	西仓公社	先进个人
1979.1	张恒岭 赵克兰 张百随 张联磊 张传斗 张百田 张子建 杜守英 高兴兰 高兴菊 张百楼	西仓公社（奖金 5 元）	先进个人
1981.7	张联庚 张传存 张百楼 张联云 李宪英 林秀云 钟玉玲 张联华 张秀华 张玉芝 张恒岭 赵克兰 张联尧 张百随	西仓公社	先进个人
1990.1	张传锁	薛城区委	优秀共产党员
1991.4	张传锁	薛城区委、区政府	劳动模范

关传允 全国新长征突击手（1979 年）

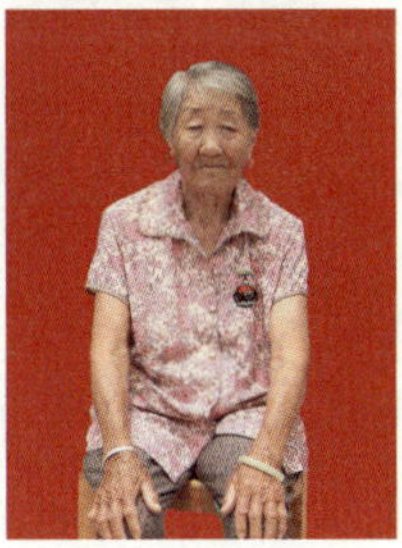

赵克兰 山东省“三八”红旗手（1983 年）

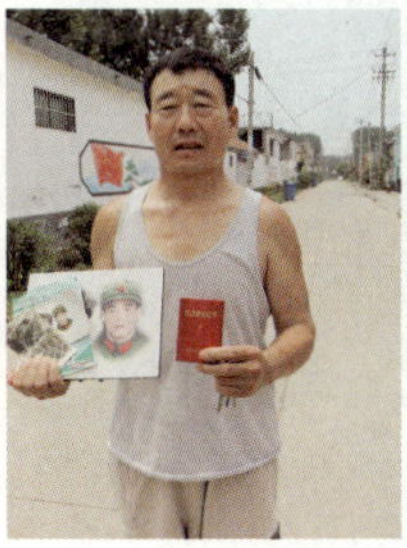

张联宝 对越自卫还击“三等功”（两次）（1979 年）

张联永“共和国卫士”奖章（1989 年）

张海成获得“山省好人”称号（2016 年）

奚村张百增绘（1962 年）

齐鲁名村志
QI LU MING CUN ZHI

奚村志
XI CUN ZHI

经济

JINGJI

生产关系

解放前的土地状况

土地是农民的基本生产资料和赖以生存的基础。解放前，奚村一直处在封建小农经济制度下。1950 年土地改革前，村里共有土地 460 亩，户数 71 户，人口 310 人。除少量为公田（庙田、学田）外，土地均为私人财产，生产工具简陋，耕作技术落后。解放后划分成分时，村里地主、富农 5 家，最多时占有土地 289 亩，占全村土地的 62.8%；中农及贫下中农 66 家，占有土地 171 余亩，占全村土地的 37.2%。其中，刘村地主刘继祥占有土地 21 亩，西石沟村大地主薛玉香占有土地 43 亩，并建有存粮的仓屋。他们自己不经营生产，全部租给农民耕种，收获前估产，收获后按比例分成。解放前，自然灾害频繁，耕作处在犁耕手刨的状态，村内仅有的少量井田地

20 世纪 50 年代初土地改革农民丈量土地

和河边地，大部分掌握在富户手中，农业生产完全处在人种天收的自然状态下。一遇灾害，庄稼减产甚至绝收，正常年景亩产也不过 50 千克左右，肥沃的土地养活不了辛勤耕耘它的农民。为了维持生活，无地少地的村民，租种地主的土地或给地主扛长工、打短工，饱受地主的盘剥。遇上灾荒年，锅里无米，锅下无柴，野菜树皮吃光，被逼流落他乡，逃荒要饭。有的到临城街讨饭、打杂，有的到火车站出苦力，有的远走他乡。据不完全统计，1912—1949 年近 40 年间，全村先后逃荒要饭的有 30 余户，长久居外的有 10 余户。

解放初期的土地改革

1945 年 11 月，奚村第一次解放。1946 年 1 月，中共临城县委实行“二五”减租、“分半减息”政策，农民种地主的土地实行“四六”和“三七”分成，大头归农民。对原高利贷款利率减至最低息，一分五厘生息。地主、富农雇用长工，每年工资规定为 400 千克粮食。1946 年 12 月，在村农救会领导下，对地主实行“耕斗”“扫地出门”，开展了以反恶霸、斗地主、清财物、动员富裕户献地、献粮、献物活动为主题的轰轰烈烈的土地还家运动，地主富农和部分富裕户拿出了部分土地、粮食、财物，贫苦农民的积极性更加高涨。1947 年春，国民党反动派大举进攻解放区，还乡团趁机反攻倒算，土地得而复失。1948 年 11 月，奚村第二次解放。1950 年 11 月，村农会成立土地改革办公室，通过贯彻“依靠贫农，团结中农，中立富农，孤立打击地主”的阶级路线，带领贫下中农摸排具体情况，并按照土地占有情况、经济地位、剥削程度，依据政策以自报公议、民主评定的方式，划分阶级成分。全村总户数为 71 户、310 人，其中划定 3 户（仅本村）为地主成分，划定 2 户为富农成分，划定上中农 2 户，中农 4 户，下中农 8 户，贫农 49 户。阶级成分划定之后，没收地主、富农的土地、耕畜、农具以及房产、粮食、生活用具等一大批浮财分配给了贫下中农，留给地主在质量上、数量上相当于贫雇农份额的土地。中农的土地最多不得超过本村人均土地的 10%，并采取抽肥补瘦、抽多补少、填平补齐、中间不动两头平的方法。而后，出榜公布，明晰产权。1951 年，全村村民领到了《土地证》，实现了“耕者有其田”，村民真正成了土地的主人。

1950 年奚村土改前土地状况表

表

成分 \ 数额 \ 项目	户数（户）	人口（人）	占有土地（亩）	人均土地（亩）	占有耕地（%）
合计	71	310	460	1.48	100
地主	6（本村 3 户）	—	199（含外村）	—	43.25
富农	2	15	90	6.0	19.57
上中农	2	10	45	4.5	9.78
中农	4	20	86	4.3	18.70
下中农	8	49	40	0.87	8.70
贫农	49	216	0	0	0

农业生产责任制

生产互助组 1951 年，土地改革后，农村生产关系发生了根本变化。分得土地

20 世纪 50 年代奚村的春耕互助组

的农民，生产积极性被极大地调动起来。但刚刚翻身的农户，生活贫困，缺乏畜力、农具、资金及其他生产资料，农业生产困难重重。同时，分得土地的农民，一家一户各自经营，无力抗拒自然灾害。因此，农民有组织起来走互助合作化道路的要求。1952年7月，奚村始有村民成立农业生产互助组，多则十户八户，少则三户五户，都是自愿结合组织起来的。各互助组民主推举组长1人。本组内牲畜、农具搭配使用，重活急活小组安排，由组承担，小活轻活自理，后发展成以工代粮的常年互助组。互助组根据农时季节，帮工记工，以粮找补，劳力多的能多收入，劳力少的也不误农时，对极个别困难户则义务帮工，形式非常灵活，群众比较满意，为发展生产创造了条件。同时，互助组也限制了土改后农村再度出现两极分化，为生产资料向集体所有制过渡打下了基础。

生产合作社

1953年10月，在原互助组的基础上，奚村合作化运动发展迅速。

初级农业生产合作社 本着入社自愿、退社自由的原则，奚村组建初级农业生产合作社（简称初级社）。初级社为半社会主义性质的集体经济，实行民主集中制管理，社员大会为最高权力机构，设立正副社长、记工员、会计员、保管员。入社农户的土地、牲畜、农具折价入股，价款从每年全社收入中分期偿还。农业生产统一计划、统一经营，劳力安排由社委统一研究决定。收益分配原则是，现金收入的30%~40%作为土地分红，60%~70%作为劳动报酬。对劳力、土地少，人口多的户，或因天灾人祸造成的困难户，给予适当照顾。各作业组设记工员，每天记工发工分票，劳动日多少按工分计算。每个工日的工分多少，根据农活的强度、技术程度，以及所干农活数量、质量制定份额，每个劳动日分红约8角钱左右。粮食按人头分配，不论成年人或是儿童，每年口粮180千克，后增加到275千克。除社员口粮分配外，集体还要扣留生产费用、农业税和公共积累。

高级农业生产合作社 1956年10月，贯彻毛泽东主席“迎接合作化高潮到来”的号召，奚村认真学习西仓村高级示范社经验，与吴村初级社合并，组建奚村高级农业生产合作社。高级社实行统一经营、集体管理，社员的土地、大农具和耕畜全部归集体所有。劳动力统一调配，分组作业，统一核算，取消土地分红。计酬方法按工分多少计算，农业收入按劳动日分红，生产上推行“评工计酬”，将总收入的60%~70%分配给社员。高级社除了搞好农业生产之外，能集中较多资金和剩余劳力，发展副业生产，增加集体收入，在农田建设、兴修水利、添置农业机具、发展副业生产等方面都显示了优越性。从此，村民们走上了农业生产集体化的道路，生产上出现了大发展的局面。

生产大队 1958年10月，临城友谊人民公社成立，奚村高级农业生产合作社更名为奚村生产大队，张恒茂任大队书记，张恒岭任大队长。奚村大队下设3个排：男劳力排，排长张百随；女劳力排，排长张联磊；青年排，排长张传斗、张联华。行动战斗化，劳动搞大兵团作战，经常吃住在地头；生活集体化，全村办起集体食堂，社员吃饭不要钱，粮菜由集体供应；学习革命化，对不适应大跃进形势的思想和行动，采取鸣放辩论的方法解决，树"红旗"，拔"白旗"。公社化后，实行"一大二公"，生产资料公有化，所有入社劳动力统一管理，全部村民转为人民公社社员，取消了自留地，废除了劳动定额等各项管理制度，实行简单的等级工资制。生产搞大兵团作战。提出"白天跟着太阳干，夜间随着月亮转""人有多大胆，地有多大产"的口号。生产任务要求高标准，放卫星、盲目蛮干、窝工浪费的现象大量出现，瞎指挥、"共产风""浮夸风"盛行，强迫命令，无偿调拨社员和生产队的财物、劳力，搞贫富拉平，干活不记工分，社员利益分配上出现了"大锅饭"，村民生产积极性受到挫伤。1958年秋种时，大队搞高产试验田，亩用麦种75千克以上，以麦粒结麦穗、穗多产量高的方法推算产量，扬言争取单季双吨粮田。因违背客观规律，结果造成劳民伤财，根本形不成产量。是年秋后大炼钢铁，当时提出"以钢为纲"的口号，到处建有小炼铁炉，社员家的铁铜家具一律交公用作炼铁原料，社员家粒粮不能存。当时村内形容1958年是"丰产不丰收"之年，秋后有相当多的男女劳力出外翻地、炼铁，生产受到严重影响。当时庄稼长的很好，但没能好好收获，收地瓜用犁子耕，捡到地头掏的坑里存放，也不遮盖，不久即烂掉。菜园里的白菜入冬不铲，吃时用刀拦腰砍掉，只捡白菜心吃。加上集体食堂的浪费，以致造成1959年春的大饥荒，国家虽有部分救济，但杯水车薪，村里出现大批水肿病人。群众看在眼里，气在心里，有意见不敢提，稍有不满言论，就给扣上"给钢铁抗膀子"的帽子，就被"拔白旗"。

1960年国家开始纠正"一平二调"的错误，允许社员经营少量自留地和家庭副业，从各方面节约劳动力，加强农业生产第一线。遵照这一指示精神，大队开始纠正"五风"（官僚主义。强迫命令、瞎指挥、浮夸风、共产风），解决"一平二调"的问题，清退平调的集体和社员财产，党在农村各项政策得到进一步落实。1961年冬，奚村、吴村合一的奚村大队解体，建立奚村单独成立的生产大队，重新建立大队党支部。

大队党支部带领群众继续解决“五风”遗留问题，研究农业生产，当年的农业生产有所发展。1962 年，奚村按以中共中央《农村人民公社工作条例（草案）》（简称《农业六十条》）规定和《关于改变人民公社基本核算单位问题的措施》，结合本大队实情，恢复了原先的生产队，落实公社、生产大队、生产队“三级所有，队（生产队）为基础”的管理体制，调整充实了各队委会成员。

1964 年，奚村生产大队开始农田水利基本建设，深翻土地，建稳产高产田，改变农业生产条件。到 1965 年，奚村掀起了农业学大寨的热潮，社员们劳动积极性空前高涨，“早见星星晚见灯”“早午吃饭不回家”，大打农业翻身仗。村看村，户看户，社员们紧跟村干部。学习推广日照县和滕县东郭公社韩庄大队“五改造、六统一”的经验，大搞农家肥下田，每亩施肥由 1962 年的 1250 千克增加到 1750 千克至 2500 千克。1966 年“文化大革命”开始后，村领导班子受到严重冲击。由于部分人造反夺权，大队政权一时处于瘫痪状态，全村一片混乱，集体财产受到严重损失，生产秩序遭到严重破坏。由于受极“左”思潮的影响，误把行之有效的劳动管理制度当作修正主义的“管、卡、压”加以批判，将有关的奖惩制度视为“工分挂帅，物资刺激”，农村的财务管理制度也被戴上“繁琐哲学”的帽子，村主要干部被视为“走资本主义道路的当权派”被揪斗批判，戴高帽子游街，一律靠边站。1970 年 12 月，贯彻全国北方地区农业会议精神，再次掀起“农业学大寨”热潮。社员每天上午在村南梨树园、核桃树下学习两个小时，人人发言、斗私批修，还把“生产上的大呼隆”，分配上的“大锅饭”当作集体经济的优越性，把种自留地、搞家庭副业当成资本主义尾巴来批判，取消劳动定额管理，提出“宁要社会主义的草，不要资本主义的苗”。由于混乱形势的影响，严重挫伤了干部群众的生产积极性，粮食产量徘徊不前。直到 1978 年 12 月，中共十一届三中全会以后，才纠正了“文化大革命”“左”的错误以及“农业学大寨”运动中“一刀切”的偏差。

20 世纪 70 年代部分年份奚村劳动力情况统计表

表　　　　单位：人

年份	人口	男	女	劳力（合计）	男整劳力	男半劳力	女整劳力	女半劳力	社办劳力
1971	635	323	312	281	110	30	105	35	1
1972	654	323	331	267	124	9	112	21	1

续表

年份	人口	男	女	劳力（合计）	男整劳力	男半劳力	女整劳力	女半劳力	社办劳力
1975	710	349	361	305	136	8	124	23	14

家庭联产承包责任制

1978 年中共十一届三中全会以后，奚村大队冲破“左”的束缚，结合本村实际，推行了有助于农业发展的农业生产责任制。大队在坚持生产资料集体所有，生产队统一计划、统一使用劳力和资金、统一管理使用农业机械、统一核算分配的前提下，生产队划分作业组，对作业组实行“定劳力、定地块、定产量、定费用、定超产奖励”的五定责任制，初步克服了“吃大锅饭”的弊端。

第一轮家庭联产承包责任制 中共十一届三中全会以后，农村实行经济体制改革。1982 年中央 1 号文件发表后，对分田包干到户的承包经营机制，村民有过激烈的思想斗争，广大村民特别是部分村干部，认为从解放以来年年讲“走集体共同富裕”的集体经营机制，现在一下要退到解放初的农业生产经营体制心理准备不够。当时在干部群众中流传着“辛辛苦苦几十年，一退退到解放前”的顺口溜，思想难以统一，持观望等待态度。时任西仓公社党委书记董金玉专门到村里做干部思想工作。村干部经过连续几天的学习讨论、统一思想认识后，承包经营政策才得以落实。1984 年麦收后，奚村全面实行家庭联产承包责任制，当时俗称“大包干”，取消工分制和队统一分配，初步建立起集体经营和农户经营相结合的双层经营体制。土地仍属集体所有，社员只有使用经营权，没有变卖土地的权利。如需要调整土地，由村集体研究决定。大型水利设施归集体管理使用，机耕和灌溉仍集中由村管理，耕畜、农具都作价到户，户有户用，做到责、权、利有机结合。生产队除留少量经济田承包（以供因人口变化土地小调整时使用），其他土地遵照常年产量划分等级，按人口比例，以合同形式承包到户，分散经营。产品按合同规定，除上交国家任务和集体提留外，全归农户，改变吃“大锅饭”、平均主义的弊病，农民真正有了生产上的自主权，按劳分配的原则得以充分体现。当年，村土地承包户拿到了政府颁发的土地使用证，土地承包期由原来的一两年延长至 15 年。土地按人口预测和以人定量相结合承包，调整办法原则上保持基本不动，大

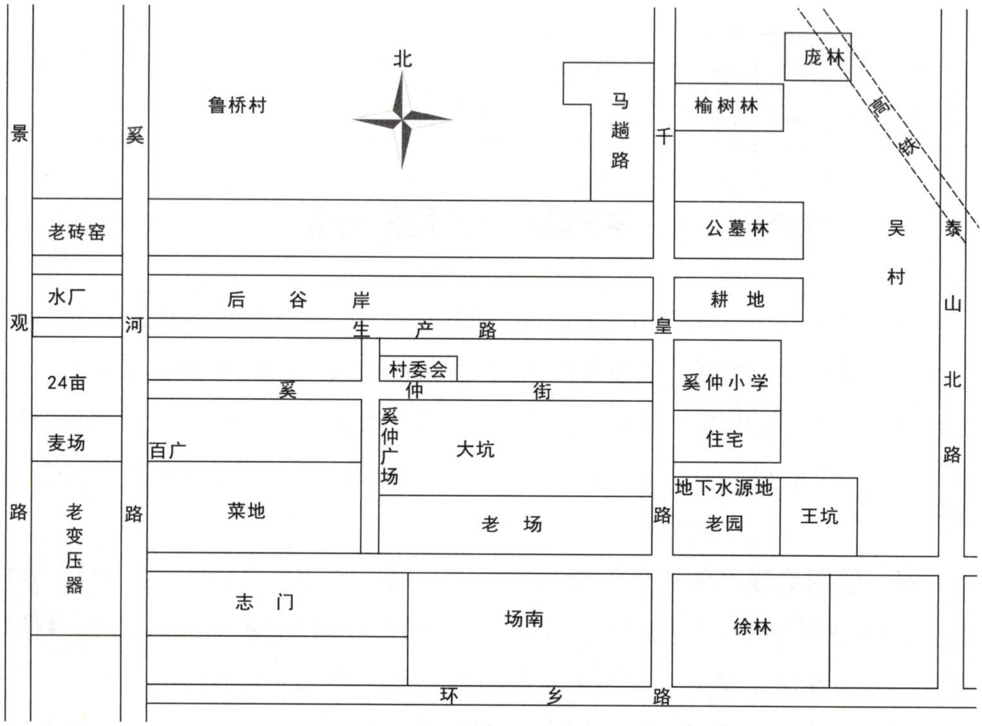

奚村土地分布平面图

稳定、小调整。土地承包以后，农业生产安排较过去有了很大自由，承包人可以在责任田里种植粮食与经济作物，种什么，怎么种，都由个人安排，避免了公社化时期统的过死、行政命令瞎指挥等弊端，村民劳动也轻松了许多。过去到点出工，地头睡觉泡时间的现象没有了，农活一早一晚捎带着干，多数劳力从事副业生产。同时，支持专业户的发展。通过几年的发展，村里出现了养兔、养鸡等专业户。1985年前后，村民生活得到极大改善。过去那种半年糠菜半年粮，瓜干、玉米为主粮的现象被全年白面吃不完所代替；过去的破衣烂衫被式样新颖、花色繁多的新衣所代替；昔日低矮凌乱的茅草屋已不见，代之而起的是整齐划一的瓦房、平房。"楼上楼下，电灯电话""点灯不用油，耕地不用牛"这种50年代农民的最高理想，在奚村已经完全实现。

第二轮家庭联产承包责任制 1996年8月，按照上级政府要求实施"两田制"（即人口田、责任田承包责任制），进一步调整完善农村承包责任制。1998年10月，中央召开了十五届三中全会，决定将农民的土地承包期再延长30年。即对全村账面量化的责任田经营权签订委托书，委托承包期限延长到2028年，与人口田承包期限相一致。“两田制”给地方政府较大的土地支配权，但也损害了不少地区农民的利益，后中央政府停止施行“两田制”政策。第二轮土地承包期限统一从1998年10月1日开始，至2028年9月30日止。此后，村与农户签订了土地延包30年的合同，农村土地承包经营权确权登记颁证。

2017年奚村耕地地块及其面积统计表

表

地块名	亩数（亩）	地块名	亩数（亩）
老园	31.39	马坑崖	17.67
场南	63.79	村后	26.86
园东（南）	30.14	坝北	85.57
老场	10.5	坝南	23
老门	11.36	庄西	24
果园	20.19	公墓林	4.46
公林	2.6	北砖窑	17.22
老变压器	10.472	南砖窑	11.85
庄东	5.98	庞林	15.70
徐林	87.26	公墓林西	14.14
王坑	56.265	马塘路	47.66
—	—	榆树林	36.15
—	—	果园	18.02
—	—	村东学校后	0.95
—	小计 330.5		小计 345.9

奚村农户承包耕地及坐落位置分布统计表

表　　（2014 年制，以权威部门测量为准，此表仅作参考）

序号	承包方姓名	地块名称	地块等级	面积（亩）	长 × 宽（米 × 米）	东至	西至	南至	北至	备注
1	孙景荣	场南	I	2		路	渠	孙元真	张传庚	
2	秦淑英	老园	I	1.46	161 × 6.07	张联柱	张联印	路	路	
		园南	I	1	138 × 4.85	渠	渠	郝茂秀	张百国	
		徐林北	I	1.1	131.9 × 5.8	高学兰	张庆东	路	路	
		公林西	I	0.8	126.5 × 4.74	路	地			
3	刘理霞	园南	I	1.5	138 × 7.25	渠	渠	张百伟	张传斗	
		王坑	I	1.33	79 × 11.4	张庆超	赵庆针	路	渠	
		徐林	I	0.77	99 × 5.3	张百峰	张庆柱	路	路	
4	宋宜芬	老园	I	2.96	165 × 11.9	地	高学兰	路	路	
5	张联套	王坑	I	2.43		张联柱	朱启河	渠	路	
		徐林北	I	2.07		张庆全	张联敏	路	路	
		徐林南	I	0.5		张传国	张联静	路	路	
6	张幸福	徐林	I	0.35						
		徐林	I	0.65		张联喜	张百强	路	路	
		园南	I	1.2	75 × 10.8	渠	路	渠	张联忠	
7	张百强	变压器	I	0.8	104 × 5.39	路	河坝	张传存	张联德	

续表

序号	承包方姓名	地块名称	地块等级	面积（亩）	长 × 宽（米 × 米）	东至	西至	南至	北至	备注
7	张百强	徐林	I	0.35		张联昌	张百峰	路	路	
		徐林	I	0.67		张幸福	张联玉	路	路	
		园南	I	0.4	89 × 7.5	刘明华	路	渠	路	
8	刘明华	园南	I	0.8	89 × 6	张传水	张百强	渠	路	
		王坑	I	1.9	87 × 14.2	张联舟	张联超	渠	路	
		徐林	I	0.9	83 × 7.24	张百强	张百良	路	路	
9	张英歌	村后	I	1.5		张恒业	张联学	路	路	
10	张传魁	老园	I	1.27	164 × 5	张联喜	张联静	路	路	
		徐林南	I	1.04	90 × 7.8	张联超	金秀云	路	路	
		徐林北	I	0.5	130 × 3	张传云	张延龙	路	路	
11	张振龙	老园	I	1.17	164 × 4.78	张联喜	张传银	路	路	
		徐林	I	1.09	81 × 9.05	张联芝	张庆运	路	路	
12	张传孝	园南	I	2.56	91 × 20	渠	张传相	路	路	
		徐林	I	0.66	93 × 4.86	张传梅	张联玉	路	路	
13	张传相	徐林	I	3.9	130 × 20	张联永	张百文	路	路	
		园南	I	2.5	91 × 18.3	张传孝	张联朴	渠	路	
		公林北	I	2.03	66 × 22	坑	路	张传后	渠	
14	张联庚	场南	I	1.5	170.7 × 5.86	路	渠	张联岭	张联忠	

续表

序号	承包方姓名	地块名称	地块等级	面积（亩）	长×宽（米×米）	东至	西至	南至	北至	备注
14	张联庚	徐林	I	0.28	96×2	张联岭	张百强	路	路	
15	张联喜	林后	I	2.39	123.5×12.9	张传锁	张传云	路	路	
		徐林	I	0.92	131×4.68	张传斗	张　彬	路	路	
		老场	I	0.14	61×1.55	张传军	渠	路	路	
16	张庆君	老园	I	1.97	163.4×7.96	张百福	张振龙	路	路	
		徐林	I	0.9	81×7.24	张庆运	张恒林	路	路	
17	张庆运	老园	I	1.97	163.4×7.96	张庆君	张振龙	路	路	
		徐林	I	0.9	85×7.24	徐林	张庆君	路	路	
		徐林	I	0.4	103×2.6	张百峰	张百国	路	路	
18	张庆霞	村后	I	1.4	127.7×7.3	张联柱	张传锁	路	路	
19	张庆国	变压器	I	0.35	55.4×4.15	路	路	张百随	张百福	
		王坑	I	1.45	87×11.24	张联堂	张联付	路	路	
		徐林	I	0.9	130×4.63	张传志	朱启后	路	路	
20	站庆超	王坑	I	0.78	79×6.6	张庆敏	张百国	路	渠	
		老园	I	0.97	162.2×4.02	张百友	朱启全	路	路	
		村后	I	1.2	127.7×6.26		张联科	路	路	
21	张联芳	村后	I	1.3	127.7×6.79	渠	张庆超	路	路	
22	张庆民	王坑南	I	1.24	79×10.47	张联柱	张庆超	路	渠	

续表

序号	承包方姓名	地块名称	地块等级	面积（亩）	长 × 宽（米 × 米）	东至	西至	南至	北至	备注
22	张庆民	村后	I	0.5	127.7 × 2.62	张庆超	张庆柱	路	路	
23	赵庆真	徐林南	I	0.57	96 × 4	张联迎	张联庚	路	路	
		场南	I	1.8	170.7 × 7.03	路	渠	张开心	张联庚	
		王坑	I	0.9	79 × 7.6	张百国	宋宜芬	路	渠	
		变压器	I	0.23	54 × 2.84	路	河坝	张百印	张庆元	
24	彭成菊	老场	I	1.17	68 × 12.1	朱启河	张联斗	路	渠	
		徐林	I	1.23	130 × 6.33	朱启后	张庆玉	路	路	
25	朱启后	老场	I	1.2	65 × 12.35	张联玉	张传梅	路	渠	
		老园	I	0.48	163.4 × 1.99	张联喜	张传银	路	路	
		徐林	I	0.47	130 × 2.42	张庆国	彭成菊	路	路	
		变压器	I	0.31		路	河坝	路	张联昌	
26	朱启刚	老场	I	1.25	68 × 13.9	朱启河	张联斗	路	渠	
		王坑	I	1.45	87 × 11.24	孙晋美	张联静	路	路	
		变压器	I	0.3	62 × 3.8	路	河坝	张传志	朱启后	
27	高学兰	老园	I	1.4	163 × 5.89	宋宜芬	张庆运	路	路	
		徐林	I	0.69	132 × 3.48	张传法	张百伟	路	路	
		变压器	I	0.21	55 × 2.77	路	路	张庆国	张联德	
28	张传敏	园南	I	0.7	138 × 3.38	渠	渠	张庆元	张传云	

续表

序号	承包方姓名	地块名称	地块等级	面积（亩）	长 × 宽（米 × 米）	东至	西至	南至	北至	备注
28	张传敏	王坑	I	1.95	86 × 15.19	张联德	张传行	渠	路	
		村东	I	1.0	77 × 10.35	沟	张联柱	路	路	
		村后	I	1.45	123 × 7.83	张联喜			路	
29	张传云	园南	I	1.8	138 × 8.7	渠	渠	张传敏	赫茂秀	
		徐林	I	0.6	129.8 × 3.09	张联德	金秀云	路	路	
		村后	I	1.45	123 × 7.83	张传敏	张传允	路	路	
30	张联敏	24 亩	I	1.5	152 × 6.6	张联湘	张联君	路	路	
		窑东	I	1	156 × 4.28	张联国	张家喜	路	路	
		徐林北	I	1.74	132 × 8.8	张联套	张玉川	路	路	
31	张联玉	徐林北	I	0.7	132 × 3.6	张联套	张联敏	路	路	
		徐林南	I	0.47	92.3 × 3.47	张传孝	张联昌	路	路	
		老场	I	0.83	67 × 8.24	张庆敏	朱启后	路	渠	
		场南	I	1.5	171.5 × 5.84	路	渠	张联芝	张百文	
32	张联文	场南	I	1.8	171.5 × 7.05	路	渠	宋文英	张传俭	
		徐林北	I	0.69	130 × 3.56	宋文英	朱启全	路	路	
33	宋文英	徐林北	I	0.92	130 × 4.74	张彬	张联文	路	路	
		徐林	I	0.7	130 × 3.6	张联忠	张传志	路	路	
		场南	I	1.7	170.5 × 6.65	路	渠	张联绍	张联文	

续表

序号	承包方姓名	地块名称	地块等级	面积（亩）	长×宽（米×米）	东至	西至	南至	北至	备注
33	宋文英	北窑	Ⅰ	0.42	79×3.5	路	河坝	张联河	张联怀	
34	张联绍	场南	Ⅰ	1.2	170.5×4.64	路	渠	张联文	张联庚	
		徐林	Ⅰ	0.98	89×7.4	张联迎	张传奎	路	路	
		变压器	Ⅰ	0.238		路	河坝		路	
		王坑	Ⅰ	0.98	86×7.58	刘崇课	宋宜芬	路	路	
35	张联怀	场南	Ⅰ	1.2	170.5×4.64	路	渠	张联绍	张联文	
		园南	Ⅰ	1	91×3.66	张传孝	金秀云	渠	路	
		北窑	Ⅰ	0.42	79×3.56	路	河坝	朱文英	张传后	
36	张联贵	场南	Ⅰ	0.8	172×3.08	路	渠	张传志	张联玉	
37	张联芝	场南	Ⅰ	1.1	172×4.25	路	渠	张传志	张联玉	
		徐林北	Ⅰ	1.1	130×5.65	张庆云	张联德	路	路	
		王坑	Ⅰ	0.96	87×7.5	朱启河	张联舟	渠	路	
		徐林南	Ⅰ	0.88	81×7.24	张联绍	张传龙	路	路	
38	张联永	场南	Ⅰ	3	170×11.76	路	渠	张庆玉	张传庚	
		徐林	Ⅰ	0.48	92×2.77	张联舟	张传平	路	路	
39	张联舟	王坑	Ⅰ	1.95	87×14.99	张联芝	刘明华	渠	路	
		徐林	Ⅰ	0.38	92×2.77	张庆全	张联永	路	路	
40	张永跃	园南	Ⅰ	1	138×4	渠	渠	王茂平	张传敏	

续表

序号	承包方姓名	地块名称	地块等级	面积（亩）	长 × 宽（米 × 米）	东至	西至	南至	北至	备注
40	张永跃	变压器	I	0.23		路	河坝	张百印	张百文	
41	朱启军	老场	I	1.05	68 × 10.25	朱启河	朱启利	路	渠	
		徐林南	I	0.97	92 × 6.9	张联玉	张联昌	路	路	
		徐林北	I	1.38	130 × 7.1	刘崇课	朱启全	路	路	
42	朱启河	王坑	I	0.48	87 × 3.75	张联套	张联芝	渠	路	
		老场	I	1.04	68 × 10.25	张传志	朱启军	路	渠	
43	朱启全	老园	I	1.46	162.3 × 6	张传志	张百友	路	路	
		徐林	I	0.69	130 × 3.56	张联文	朱启河	路	路	
		变压器	I	0.35	59 × 4.1	路	河坝	张传金	张庆全	
44	张联斗	老场	I	1.68	68 × 16.48	朱启利	张联玉	路	渠	
		王坑	I	0.45	79 × 3.8	张庆敏	张联德	路	渠	
45	张联继	村后	I	1.7	127.7 × 8.87	张庆柱	张联柱	路	路	
		王坑	I	0.67	79 × 5.7	张联柱	张联芳	渠	渠	
46	张联德	老场东	I	1.76	61 × 19.1	渠	张百友	路	渠	
		王坑南	I	1	79 × 8.55	张联斗	张联付	路	渠	
		王坑	I	0.48	86 × 3.79	张延龙	张传敏	路	路	
		徐林	I	0.45	130 × 2.32	张联芝	张传云	路	路	
		变压器	I	0.23	55.4 × 2.77	路	路	张百福	张贵杰	

续表

序号	承包方姓名	地块名称	地块等级	面积（亩）	长 × 宽（米 × 米）	东至	西至	南至	北至	备注
46	张联德	变压器	I	0.41	104 × 2.63	路	河坝	张百强	张联君	
47	张传斗	园南	I	2.25	138 × 10.88	渠	渠	张百国	张传平	
		徐林	I	1	131 × 5.27	张传志	张联舟	路	路	
		徐林	I	0.45	129.4 × 2.3	张传静	张贵杰	路	路	
		村东	I	0.3						
		王坑	I	1.1	78.5 × 8.6	张传平	张庆柱	路	渠	
48	张传平	园南	I	2.25	138 × 10.88	渠	渠	张传斗	张庆东	
		王坑	I	1.01	78.5 × 8.6	张传梅	张传斗	路	渠	
		村东	I	0.3						
		徐林	I	0.43	92.3 × 3.12	张联永	张联舟	路	路	
49	刘崇科	场南	I	2.7	172.7 × 9.6	路	渠	张传梅	张联刚	
		徐林	I	0.82	130 × 4.23					
		王坑	I	1.46	86 × 11.37	张传行	张联绍	渠	路	
50	张传爱	村东	I	1.19	73 × 1.19	张联成	场	路	路	
51	张传志	变压器	I	0.6	60 × 6.7	路	河坝	张庆全	朱启利	
		场南	I	1.5	173 × 5.8	路	渠	刘崇课	张联芝	
		老场	I	0.42	68 × 4.12	路	朱启河	路	渠	
52	张联柱（小）	老园	I	0.49	167.2 × 2.01	朱启全	张联柱	路	路	

续表

序号	承包方姓名	地块名称	地块等级	面积（亩）	长 × 宽（米 × 米）	东至	西至	南至	北至	备注
52	张联柱（小）	徐林北	I	0.7	131 × 6.74	宋文英	张庆国	路	路	
		徐林北	I	0.6		张联刚	张传斗	路	路	
53	张联刚	场南	I	1.5	173 × 5.8	路	渠	刘崇课	张联芝	
		徐林	I	0.99	131 × 5.06	路	渠	张百随	张传志	
54	张联堂	王坑	I	1.90	87 × 14.99	张联迎	张庆国	渠	路	
		王坑	I	0.9	79 × 7.6	张联忠	张联柱	路	渠	
		变压器	I	1.2	108 × 7.58	路	河坝	张联湘	张百顺	
55	王明秀	场南	I	1.5	172.7 × 5.8	路	渠	张百强	刘崇科	
		村东	I	0.7	24 × 20	吴村	路	张传千	路	
		老场	I	0.45	62 × 6	朱启后	张传生	路	渠	
		王坑	I	1.3	78 × 11.46	张传军	张传平	路	渠	
56	张传军	老场	I	0.69	61.5 × 7.4	张传生	张联喜	路	渠	
		园南	I	1.5	138 × 7.25	渠	渠	张庆东	路	
		王坑	I	0.8	78 × 6.8	张传庚	张传梅	路	渠	
		变压器	I	0.31	55.4 × 1.35	路	渠	张百印		
57	张百文	场南	I	2	171.5 × 7.78	路	渠	张联印	张百法	
		徐林	I	1.8	131 × 9.38	张传相	张百法	路	路	
		变压器	I	0.2	56 × 2.84	路	河坝	张庆元	张传银	

续表

序号	承包方姓名	地块名称	地块等级	面积（亩）	长 × 宽（米 × 米）	东至	西至	南至	北至	备注
58	张百强	场南	I	2.25	172.7 × 8.7	路	渠	张联昌	张传梅	
		徐林	I	1.15	96 × 8.1	张联庚	张联昌	路	路	
59	张百法	场南	I	2	171.5 × 7.78	路	渠	张百文	张百随	
		徐林北	I	0.92	131 × 4.68	张百文	张百随	路	路	
		徐林南	I	1.04	89 × 7.9	张联付	张传成	路	路	
		变压器	I	0.24	56 × 2.8	路	河坝	张庆元	张传银	
60	田传兰	老场	I	1.2	61 × 13.4	张传梅	张传军	路	渠	
		变压器	I	0.2	55 × 2.77	路	路	张传庚	张传成	
		王坑	I	1.8	78 × 15.25	张百峰	张传庚	路	渠	
61	金秀云	园南	I	1	88 × 7.52	张联朴	张传水	渠	路	
		徐林南	I	1	89 × 7.8	张传龙	张庆全	路	路	
62	张百友	老园	I	0.95	162 × 4	朱启全	张传锁	路	路	
		园东	I	1.2	60 × 13.4	张联德	张百峰	路	渠	
		徐林北	I	1.1	131.5 × 5.85	张玉川	张联昌	路	路	
63	张百峰	徐林南	I	0.5	99 × 3.24	张恒林	张庆运	路	路	
		园东	I	2.2	60 × 24.19	张　彬	路	路	渠	
		王坑	I	1	78.5 × 8.6	张开心	田传兰	路	渠	
64	张联成（小）	老园	I	1.95	163.4 × 7.97	张庆全	张传锁	路	路	

续表

序号	承包方姓名	地块名称	地块等级	面积（亩）	长 × 宽（米 × 米）	东至	西至	南至	北至	备注
64	张联成（小）	徐林	I	1.15	100 × 5.74	张庆柱	路	路	路	
		场南	I	1	173 × 3.87	路	渠	张成喜	张联昌	
65	高尚英	徐林	I	1.45	89 ×	张百法	张联永	路	路	
		老园	I	1.55	148.6 × 6.9	张联印	张联杰	路	路	
		变压器	I	0.23	55.4 × 2.77	路	路	张传生	张百随	
66	张百随	场南	I	2.5	171.5 × 9.7	路	渠	张百法	张传银	
		徐林	I	1.15	131 × 5.85	张百法	张联刚	路	路	
		变压器	I	0.47	55.4 × 5.53	路	路	张传成	张庆国	
67	张传银	场南	I	1	171.5 × 3.95	路	渠	张百随	张庆东	
		变压器	I	0.48	56 × 5.67	路	河坝	张百文	张传金	
		徐林南	I	0.9	83 × 7.08	张庆玉	张联静	路	路	
		老园	I	1.46	163.4 × 5.98	金秀英	张庆全	路	路	
68	张联静	老园	I	0.98	163.4 × 3.99	金秀英	张庆全	路	路	
		徐林南	I	0.9	83 × 7.08	张传银	张联迎	路	路	
		徐林南	I	0.38	96.5 × 2.66	张联套	张联迎	路	路	
		王坑	I	0.98	87 × 7.5	朱启刚	张联堂	渠	路	
69	张联迎	老园	I	0.98	163.4 × 3.99	张传龙	张庆全	路	路	
		徐林南	I	0.9	83 × 7.08	张联静	张联绍	路	路	

续表

序号	承包方姓名	地块名称	地块等级	面积（亩）	长×宽（米×米）	东至	西至	南至	北至	备注
69	张联迎	徐林南	I	0.38	96.5×2.66	张联静	张联岭	路	路	
		王坑	I	0.98	87×7.5	朱启刚	张联堂	路	渠	
		变压器	I	0.24	63×2.53	路	河坝	张联昌	张联绍	
70	张传行	王坑	I	2.45	86×18.94	张传敏	刘崇课	渠	路	
		王坑	I	1.31	78.5×11.2	吴村地	张传静	路	渠	
		变压器	I	0.58	55.4×6.92	路	河坝	朱启河		
71	张传静	村西	I	1.8	152×7.9	张传后	张百玲	路	路	
		王坑	I	0.9	78.5×7.64	张传行	张传水	路	渠	
		徐林	I	0.5	130×2.58	张传水	张传斗	路	路	
72	张传水	园南	I	2	88.5×15.07	金秀云	张恒林	渠	路	
		王坑	I	0.9	78.5×7.64	张传行	张传静	路	渠	
		徐林	I	0.5	130×2.58	张恒林	张传静	路	渠	
		变压器	I	0.4	106×2.6	路	河坝	张传泽	张联印	
73	张开心	场南	I	2.7	171.5×10.5	路	渠	张庆东	赵庆针	
		王坑	I	0.9	78.5×7.64	张合	张百峰	路	渠	
		变压器	I	0.23	55.4×2.77	路	路	张合	张联柱	
74	张联忠	园南	I	1.2	73×10.9	渠	路	张幸福	渠	
		徐林	I	0.4	130×2.07	张贵杰	张永乐	路	路	

续表

序号	承包方姓名	地块名称	地块等级	面积（亩）	长 × 宽（米 × 米）	东至	西至	南至	北至	备注
74	张联忠	王坑	I	1	79 × 9.03	张联付	张联堂	路	渠	
		场南	I	1	170.7 ×	路	渠	张联庚	张红雨	
75	张联付	王坑	I	1.8	79 × 14.72	张联德	张联忠	路	渠	
		王坑	I	0.98	87 × 7.5	张庆国		渠	路	
		园南	I	2.5	138 × 12	渠	渠	渠		
		徐林	I	1	89 × 7.55	张庆全	张百法	路	路	
		北窑	I	1.42	76 × 3.69	路	河坝	张联国	张百坡	
76	张传锁	村后	I	3.3		张联贝	张联喜	路	路	
		老园	I	1.95	162.2 × 8.03	张联成	张百友	路	路	
		园南	I	0.9	138 × 4.35	渠	渠	张传军	路	
77	张庆敏	果园	I	1.9	127.7 ×	张联芳	张庆柱	路	路	
		老场	I	0.83	67 × 8.24	张联斗	张联玉	路	渠	
		王坑	I	1.58	79 × 13.3	张庆柱	张联斗	路	渠	
78	张庆柱	果园	I	2.4	127.7 × 2.4	张联芳	张联柱	路	路	
		徐林	I	1.4	101 × 7.1	张联成	张百国	渠	路	
		王坑	I	0.9	79 × 7.6	张传平	张庆敏	渠	渠	
79	张联强（大）	场南	I	1.5	170.5 × 5.87	路	渠	张联文	张庆东	
80	张联瑞	场南	I	1.5	170.5 × 5.87	路	渠	张联文	张庆玉	

续表

序号	承包方姓名	地块名称	地块等级	面积（亩）	长 × 宽（米 × 米）	东至	西至	南至	北至	备注
81	张联杰	老园	I	2.1	150 × 9.48	张传成	路	路	路	
		场南	I	0.7	170 × 2.84	路	渠	张传君	张联超	
		变压器	I	0.3	63 × 3.24	路	河坝	张联朴	张联昌	
82	张联昌	场南	I	1.25	172.7 × 4.84	路	渠	张联成	张百强	
		徐林	I	1.38	131.5 × 7.02	张百友	张联永	路	路	
		徐林	I	1.6	96.5 × 11.17	朱启军	张联敏	路	路	
		变压器	I	0.3	63 × 3.24	路	河坝	张联杰	张联迎	
83	张联超	场南	I	0.7		路	路	张联杰	路	
		王坑	I	1.47	87 × 11.24	刘明华	张贵杰	渠	路	
84	张联柱（大）	王坑	I	1.95	88.5 × 14.73	吴村地	张联套	渠	路	
		变压器	I	0.8	55.4 × 9.45	路	路	张开心	路	
85	王茂平	王坑	I	0.48		张联柱	朱启河	渠	路	
		园南	I	1.5	138 × 4.83	渠	渠	张联付	张庆元	
86	张庆东（小）	场南	I	1.5	170.5 × 5.9	路	渠	张联瑞	张联永	
		徐林	I	1.3	85 × 10.62	张联玉	张庆玉	路	路	
87	张庆玉	场南	I	1.5	170.5 × 5.9	路	渠	张联强	张联永	
		徐林	I	0.66	83 × 5.31	张庆东	张传银	路	路	
		徐林	I	0.6	130 × 3.08	张庆敏	张联芝	路	路	

续表

序号	承包方姓名	地块名称	地块等级	面积（亩）	长×宽（米×米）	东至	西至	南至	北至	备注
88	关成云	场南	I	2	170×7.84	路	渠	张合	张联柱	
		村西	I	0.3		路	张联生	路	场	
89	张传君	场南	I	1.5	170×5.88	路	渠	张合	张联柱	
		徐林	I	5.8	131×30	沟	张百福	路	路	
90	张成喜	场南	I	2.28	175×10.56	路	渠	路	张传成	
		徐林	I	0.92	131×4.68	张联敏	张百友	路	路	
91	张贵杰	王坑	I	0.98	87×7.5	张联超	孙晋美	渠	路	
		徐林	I	0.9	130×4.7	张传斗	张联忠	路	路	
		变压器	I	0.8	55.4×9.68	路	路	张联德	张传行	
92	张传国	徐林	I	1.5	91×3.66	张传孝	金秀云	渠	路	
93	张庆东（大）	场南	I	1	171.5×3.9	路	渠	张联迎	张开心	
		徐林	I	1.38	132×6.96	张百伟	张庆全	路	路	
		园南	I	2	138×9.69	渠	渠	张传平	张传军	
94	薛传凤	老园	I	0.97	161×4.05	张百伟	张传成	路	路	
		庄东	I	1.82	155.4×7.9	张联生	张百信	路	路	
		变压器	I	0.41	109×2.53	路	河坝		张联湘	
95	刘淑云	徐林	I	1.1	130×5.9	张联喜	宋文英	路	路	
		马趟路	I	2.1	102×13.71	路	渠	张百印	孙茂秀	

续表

序号	承包方姓名	地块名称	地块等级	面积（亩）	长 × 宽（米 × 米）	东至	西至	南至	北至	备注
96	张传庚	场南	I	2.0	170×7.84	路	渠	张联永	孙景荣	
		王坑	I	0.9	78×7.84	田传兰	张传军	路	渠	
		变压器	I	0.23	55.4×2.77	路	路	张传君	张传生	
97	张迎春	庄西	I	2.08	157×8.9	场	张联印	路	路	
98	张庆全	老园	I	1.46	163.4×5.98	张联迎	张联成	路	路	
		徐林	I	0.92	132×4.68	张庆东	张联套	路	路	
		徐林	I	1.98	91×14.6	金秀云	张联付	路	路	
		徐林	I	0.38	92.3×2.77	张联舟	张传孝	路	路	
99	张联柱（中）	老园	I	0.49	162.2×2.01	张联柱	张庆超	路	路	
		场南	I	1.5	170×5.88	路	渠	张传君	张联杰	
		果园	I	1.1	127.7×5.74	张联继	张庆霞	路	路	
		王坑	I	0.9	79×7.6	张联堂	张联继	路	路	
100	孙元真	变压器	I	0.23		路	路	张传行	张开心	
		场南	I	2						
		场南	I	1.6						
		王坑	I	0.9						
101	高　霞	坝北	I	1.5	145×6.9	关传新	张百印	路	渠	
		马趟路	I	1.6	102×10.47	路	渠	张百玲	张恒志	

续表

序号	承包方姓名	地块名称	地块等级	面积（亩）	长×宽（米×米）	东至	西至	南至	北至	备注
101	高　霞	老窑	Ⅰ	0.42	74×3.79	路	河坝	辛宝真	张百好	
102	高　峰	坝北	Ⅰ	1.3	153.3×4.35	张传让	王吉英	路	渠	
		坝北	Ⅰ	1.5	147.6×6.82	路	地	路	渠	
		马趟路	Ⅰ	1.7	128×8.86	路	地	关传军	张联东	
		村东	Ⅰ	0.95	30×21.8	吴村	路	路	张传千	
103	关继海	村后	Ⅰ	2.5	123×13.57	张联金	张百迎	路	路	
104	殷秀华	坝北	Ⅰ	2	145.3×9.19	地	张联宝	路	渠	
		马趟路	Ⅰ	1	102×6.5	路	渠	孙茂秀	刘淑云	
105	张延军	坝北	Ⅰ	2.5	149.3×11.2	张强	张留锁	路	渠	
		老窑	Ⅰ	0.6	70×6	路	河坝	路	张传后	
106	张全喜	坝北	Ⅰ	2.5	147×11.34	辛宝真	郭宝兰	路	渠	
		公林西	Ⅰ	0.6	128×3.2	路	地	朱秀英	张联湘	
107	张留锁	坝北	Ⅰ	1.5	128×3.1	路	地	路	关传军	
108	张延龙	老窑	Ⅰ	1.26	73×11.5	路	河坝	张传文	张百石	
		徐林	Ⅰ	1.1	130×5.66	金秀英	郭宝兰	路	路	
109	张延才	公林西	Ⅰ	1.8	126.6×9.5	路	地	孙宝玲	张联广	
110	朱秀英	公林西	Ⅰ	0.6	128×3.13	路	地	张联东	张全喜	
		庞林	Ⅰ	1.33	166×5.43	路	路	张刚	张联山	

续表

序号	承包方姓名	地块名称	地块等级	面积（亩）	长 × 宽（米 × 米）	东至	西至	南至	北至	备注
110	朱秀英	庞林	I	0.9	163 × 3.7	路	路	张百好	张百井	
111	张全林	徐林	I	1.3	130 × 6.69	张联成	张传祥	路	路	
		王坑	I	0.48	86 × 3.79	张联付	张联德	渠	路	
		坝北	I	1		张联宝	辛宝真	路	渠	
		公林西	I	1.4	128 × 7.3	路	地	李宪英	郭宝兰	
112	张家喜	榆树林	I	0.5	124.5 × 2.68	路	路	刘全营	张强	
		老窑	I	0.42				路	路	
		窑东	I	2.5	155 × 10.75	张联敏	张传允	路	路	
113	李井兰	村后	I	3.25	116.5 × 18.6	张裕明	张联磊	路	路	
114	孙思君	村西	I	1.75	152 × 7.7	张百玲	张联湘	路	路	
		老窑	I	0.42	73 × 3.85	路	河道	张恒宝	张联东	
115	孙宝庆	老窑	I	1	152 × 4.38	路	河道	魏延兴	张传海	
		老窑	I	0.63	80 × 5.2	路	河坝			
116	孙宝杰	公林西	I	0.65	128 × 3.39	路	地	张全林	郭宝兰	
117	李龙英 张联强	村后	I	1.5	124.2 × 8.07	张联磊	张传友	路	路	
		榆树林	I	0.4	123.9 × 2.16	路	路	张联庆	张百营	
118	张联山	马趟路	I	2	102.6 × 12.2	路	地	孙宝玲	张庆河	
		庞林	I	0.9	166.5 × 3.62	路	路	张全志	张恒志	

续表

序号	承包方姓名	地块名称	地块等级	面积（亩）	长 × 宽（米 × 米）	东至	西至	南至	北至	备注
119	张联豹	庞林	I	1.8	163 × 7.38	路	路	张治国	张传顺	
		公墓林西	I	0.5	126.6 × 2.64	路	地	张恒志	张百井	
120	张联存	村后	I	2	124.2 × 10.8	张联磊	张传友	路	路	
		榆树林	I	1.1	123.5 × 5.94	路	路	张传海	张联庆	
		马趟路	I	2.2	102 × 14.4	路	渠	张百河	孙宝玲	
121	刘全营	窑东	I	2.5	158 × 10.55	张传允	张传存	路	路	
		老窑	I	0.42	80 × 3.5	路	河坝	张联浩	孙宝庆	
		榆树林	I	0.5	124.5 × 2.68	路	路	张联广	张家喜	
122	张百殿	坝北	I	1	153.3 × 4.35	路	张传让	路	渠	
		榆树林	I	0.9	124 × 4.85	路	路	张百坡	张联广	
123	张传能	榆树林	I	1.8	129 × 9.36	路	路	张联国	张联涛	
		庄西	I	3.5	153 × 15.2	张联君	张联才	路	路	
124	张联东（大）	坝北	I	2	146.7 × 9.09	高学义	张治国	路	渠	
		公林西	I	0.3	128 × 1.56	路	地	高锋	朱秀英	
		马趟路	I	0.8	102 × 5.24	路	地	张百坡	辛宝真	
125	张治国	坝北	I	2	146.7 × 9.09	张联东	张传海	路	渠	
		老窑	I	0.84	74 × 7.57	路	河坝	孙思君	辛宝真	
		庞林	I	0.9	166 × 3.62	路	路	张恒志	张联豹	

续表

序号	承包方姓名	地块名称	地块等级	面积（亩）	长 × 宽（米 × 米）	东至	西至	南至	北至	备注
126	侯宗玲	村后	I	1.5	122 × 8.2	张英歌	张联金	路	路	
		老窑	I	0.42	79 × 3.56	路	河坝	张传后	张家喜	
		榆树林	I	0.6	129 × 7.12	路	路	张传友	张百永	
127	张传海	坝北	I	1	154 × 4.34	张传让	高锋	路	渠	
		榆树林	I	0.8	123.5 × 4.43	路	路	张恒堂	张联存	
		老窑	I	0.42	80 × 3.5	路	河坝	孙宝庆	张恒业	
		马趟路	I	0.8	102 × 5.23	路	渠	张联河	张联水	
128	张东峰	坝北	I	1.5	146 × 6.82	张联东	王兴英	路	渠	
129	张联水	坝北	I	1.5	146 × 6.82	张联东	张联峰	路	渠	
		马趟路	I	0.8	102 × 5.23	路	渠	张传海	张裕明	
130	杜云英	村后	I	1.76	124.2 × 9.45	张联存	渠	路	路	
		榆树林	I	1	127 × 5.2	路	路	张联好	张联学	
		老窑	I	0.21	79 × 1.78	路	河坝	张联安	张恒宝	
131	张传后（大）	坝北	I	2	155 × 8.6	张传允	张海峰	路	渠	
		马趟路	I	0.8	102 × 5.23	路	渠	张传海	张恒志	
		老窑	I	0.63	79 × 5.3	路	渠	张联怀	张联学	
132	张海成	村后	I	1.8	123 × 9.75	张百营	孙宝苓	路	路	
133	张百迎	村后	I	1.2	123 × 6.5	张百学	张　永	路	路	

续表

序号	承包方姓名	地块名称	地块等级	面积（亩）	长 × 宽（米 × 米）	东至	西至	南至	北至	备注
133	张百迎	榆树林	I	0.7	122 × 3.77	路	路	李龙英	张百坡	
		马趟路	I	0.5	102 × 3.27	路	渠	王兴英	刘淑云	
		坝北	I	1	151 × 4.42	关传新	张百坡	路	渠	
134	张联广	村后	I	2	132 × 10.1	张裕宽	张百印	路	路	
		榆树林	I	0.5	122.5 × 2.68	路	路	张百殿	张百真	
		马趟路	I	0.3	126.6 ×	路	路	张延军	张联磊	
135	张裕明	村后	I	2.5	117 × 14.2	孙宝苓	路	李景兰	路	
		变压器	I	0.61	108 × 3.9	路	张联军	河坝	张传泽	
136	张传让	坝北	I	2	153 × 8.7	张百殿		路	渠	
		村后	I	2.69	125.5 ×	张传斗	张联云	路	路	
137	张传千	公林东	I	1.9	65 × 21	吴村地	路	高锋	张传梅	
		庞林	I	0.2	12 × 13	吴村地	路	吴村西		
		村后	I	2.26	125.5 × 2	张传允	张传让	路	路	
138	张联河	坝北	I	1.5	151.3 × 6.6	张百坡	张传文	路	渠	
		马趟路	I	0.6	102 × 3.93	路	地		张传海	
		老窑	I	0.42	79 × 3.56	路	河坝	张百坡		
139	张联成（大）	徐林北	I	1	130 × 5.14	张联国	张全林	路	路	
140	张　强	坝北	I	2.5	148.3 × 11.2	王兴英	张延军	路	渠	

续表

序号	承包方姓名	地块名称	地块等级	面积（亩）	长 × 宽（米 × 米）	东至	西至	南至	北至	备注
141	张　刚	庞林	I	1.35	166 × 5.43	路	路	吴村	张全芝	
		庞林	I	1.95	166 × 0.57	路	渠	张恒志		
		马趟路	I	0.8	102 × 5.24	路	渠	张联湘	孙思君	
		公林东	I	0.5	128 × 2.6	路	路	张家喜	张联好	
		榆树林	I	1.1	129 × 5.7	路	路	张全芝	千山	
142	张联强（小）	徐林	I	1.8	131 × 9.36	张联昌	张传相	路		
		王坑	I	1	87 × 7.5	张贵杰	朱启刚	路		
143	王兴英	坝北	I	2	148.3 × 8.93	张东峰	张　强	路	渠	
		马趟路	I	2	102 × 13.08	路	渠	张百石	殷秀华	
144	张传祥	徐林	I	3.1	129.8 × 16	张全林	路	路	路	
		公林西	I	0.5	126.6 × 2.64	路	渠	张联豹	张庆合	
145	郭保兰	坝北	I	1	147 × 6.5	张全喜	张恒堂	路	渠	
		徐林	I	0.5		路	地	张延才	李景兰	
		公林西	I	0.8	126.6 × 4.16	路	地	张延才		
		榆树林	I	0.66	129 × 3.43	路	路	张联涛	路	
146	辛宝真	坝北	I	1	145 × 2.3		张百印	路	渠	
		老窑	I	1.05	74 × 9.4	路	河坝		张百好	
147	张裕宽	村后	I	3.57	128 ×	张联云	张联广	路	路	

续表

序号	承包方姓名	地块名称	地块等级	面积（亩）	长 × 宽（米 × 米）	东至	西至	南至	北至	备注
147	张裕宽	坝北	I	1	151.3 × 4.4	张传文	张传泽	路	渠	
148	张延成	坝北	I	3	151.3 × 13.2	章传文	张传泽	路	渠	
149	张　雷	坝北	I	0.5	152.6 × 2.19	张联安	张传顺	路	渠	
		榆树林	I	0.8	129 × 3.43	路	路	张百殿	张联宏	
150	张联湘	村西	I	2.5	152 × 11	孙思君	张联君	路	路	
		公林西	I	0.5	126 × 2.6	路	地	张庆军	孙宝玲	
		变压器	I	0.4	109 × 2.53	路	河坝	张联涛	张联堂	
151	张庆君	公林西	I	1	127 × 5.27	路	地	张庆海	孙宝岑	
		坝北	I	0.8	154 × 4.3	张军峰	路	路	渠	
152	张庆奎	公林西	I	1.2	128 × 6.25	路	地		张刚	
153	张联浩	窑东	I	2	154.7 × 8.62	张联君	孙建英	路	路	
		坝北	I	1	151.3 × 4.41		张传文	路	渠	
		老窑	I	0.42	80 × 3.5	路	河坝	张恒宝	刘全营	
154	张联后	公林西	I	0.6	128 × 3.13	路	地	孙宝国		
155	张传顺	坝北	I	2	153 × 8.7	张联涛	张恒齐	路	渠	
		庞林	I	1.35	163 × 5.5	路	路	张联豹		
		老窑	I	0.42	76 × 3.96	路	河坝	张百好		
		村后	I	0.33	121 × 1.81	路	张恒业	路	路	

续表

序号	承包方姓名	地块名称	地块等级	面积（亩）	长 × 宽（米 × 米）	东至	西至	南至	北至	备注
156	关传新	坝北	I	3	151 × 13.25	张留锁	张百坡	路	渠	
		公林西	I	0.6		路	河坝	张传泽		
		变压器	I	0.4	105 × 2.5	路	河坝	张传泽		
157	关传君	坝北	I	2	146.7 × 9.1	张恒堂	高霞	路	渠	
		坝北	I	2	145 × 4.2	张联金	高锋	路	渠	
		公林西	I	0.5	128 × 2.6	路	地	关传允	高锋	
158	张传允	村后	I	4.3	125.5 × 22.8	张传云	张传千	路	路	
		窑东	I	1	155 × 4.2	张家喜	刘全营	路	路	
		榆树林	I	0.7	123.5 × 3.78	路	路	张联存	李龙英	
		坝北	I	4	154.9 × 17.2	张传后		路	渠	
159	张联云	村后	I	5.18	128 × 28	张传让	张裕宽	路	路	
160	张庆海	公林西	I	1.5	127 × 7.9	路	地	张庆河	张庆君	
		马趟路	I	0.6	120 × 3.33	路	渠	张联山	张庆河	
161	张庆河	公林西	I	1.5	127 × 7.9	路	地	张百井	张庆海	
		马趟路	I	0.6	120 × 3.33	路	渠	张联山	张庆海	
162	张联好	变压器	I	2.4	93.2 × 16.8	路	河坝	渠	张传存	
		榆树林	I	1.1	129 × 5.7	路	路	张　刚	张传友	
163	张联国	徐林	I	1.5	130 × 7.7		张联成	路	路	

续表

序号	承包方姓名	地块名称	地块等级	面积（亩）	长 × 宽（米 × 米）	东至	西至	南至	北至	备注
163	张联国	窑东	I	1.6	156 × 8.1	孙建英	张联敏	路	路	
		老窑	I	0.42	76 × 3.69	路	河坝	张传顺	张联付	
		榆树林	I	0.94	129 × 4.89	路	路	张百永	张百殿	
164	孙茂秀	马趟路	I	1.7	102 × 11.7	路	渠	张彬	殷秀华	
		庄西路	I	1.5	154 × 6.5	张传能	张传存	路	路	
165	张联锁	马趟路	I	4	126 × 21	路	路	张联磊	张百广	
166	张联安	坝北	I	1	152.6 × 4.38	张生	张联涛	路	渠	
		老窑	I	0.21	79 × 1.78	路	河坝	张家喜	张传友	
167	孙保苓	村后	I	1	123 × 5.43	张勇	张裕明	路	路	
		马趟路	I	0.8	120.6 × 5.55	路	渠	张联存	张联山	
		公林西	I	1.67	126.6 × 8.8	路	渠	张庆君	张延才	
168	张联磊	村后	I	2	125 × 10.6	李井兰	张联存	路	路	
		马趟路	I	0.6	125 × 4.2	路	渠	张联广	张传济	
169	张百军	马趟路	I	3	102 ×	路	渠	张百广	张百石	
170	张百石	马趟路	I	3	102 ×	路	渠	张百军		
		村后	I	2.77	132 × 14	张百印	路	路	路	
171	张百广	马趟路	I	5	102 ×	路	渠	张联锁	张百军	
172	张恒志	庞林	I	1.8	167 × 7.24	路	路	张联山	张治国	

续表

序号	承包方姓名	地块名称	地块等级	面积（亩）	长 × 宽（米 × 米）	东至	西至	南至	北至	备注
172	张恒志	公林西	I	0.6	126 × 3.17	路	地		张联豹	
		马趟路	I	0.6	102 × 5.24	路	地	张裕明	张　刚	
		马趟路	I	0.4	102 × 2.62	路	地	张联宝	张联河	
173	张恒业	村后	I	3	121 × 16.5	张传顺	张英歌	路	路	
		老窑	I	0.42		路	河坝	张传海	渠	
174	张百玲	坝北	I	2	151 × 8.84	关传新	张联河	路	渠	
		马趟路	I	0.6						
		庄西	I	0.7	152 ×	张传静	孙思君	路	路	
175	曹继荣	马趟路	I	1.5	120.6 ×	路	渠	张生		
176	张百坡	坝北	I	1	151 × 4.4	关传新	张联河	路	渠	
		马趟路	I	2.4	102 × 15.7	路	渠	张恒宝		
		榆树林	I	0.9		路	河坝	张百石	张百殿	
		老窑	I	1.05	76 × 9.2	路	河坝	张联付	张联河	
177	张百印	坝北	I	1.5		张联安	辛宝真	路	渠	
		村后	I	2	132 × 10.11	张联广	张白石	路	路	
		榆树林	I	0.3		路	路			
		变压器	I	0.4	99 × 2.6	路	河坝	张百顺	张联君	
178	张恒堂	坝北	I	1.5	147 × 6.8	张联宏	张联金	路	渠	

续表

序号	承包方姓名	地块名称	地块等级	面积（亩）	长 × 宽（米 × 米）	东至	西至	南至	北至	备注
178	张恒堂	榆树林	I	1	123 × 2.75	路	路	张联金	张传海	
179	张百永（小）	坝北	I	3	154 × 13	王吉英	张百好	路	渠	
180	张　鑫	变压器	I	1.2	99 × 7.6	路	河坝	张联堂	张百印	
181	孙建英	窑东	I	1.7	156 × 8.6	张联浩	张联国	路	路	
182	丁红霞	马趟路	I	1.4	102 × 9.5	路	渠	张联东	张联存	
		坝北	I	1	155 ×	张百好	张传允	路	路	
183	张百然	老窑	I	0.4		路	河坝	张延龙	孙思君	
		马趟路	I	0.6		路	渠	张刚	张联存	
		老窑	I	0.6		路	河坝	张联安	张联浩	
184	张传文	坝北	I	1.8	151.3 × 7.96	张联河	张延成	路	渠	
		老窑	I	0.5	71 × 4.7	路	河坝	张传后	张延龙	
		公林	I	0.3	44 × 5	坑	路	张传春	张传后	
185	张传后（小）	庄西	I	2	155 × 8.66		张传静	路	路	
		公林	I	1.2		坑	路	张传文	张传相	
		老窑	I	0.42	71 × 4	路	河坝	张延军	张传友	
186	郝茂秀	园南	I	1	138 × 4.84	路	渠	张传云		
		坝北	I	2	154.9 × 8.6	张传允	张庆君	路	渠	
		公墓林	I	0.3	44 × 5	坑	路	空	张传文	

续表

序号	承包方姓名	地块名称	地块等级	面积（亩）	长 × 宽（米 × 米）	东至	西至	南至	北至	备注
187	张传存	窑东	I	1	156 × 4.5	刘全营	路	路	路	
		庄西	I	1	154 × 4.3	孙茂秀	沟	路	路	
		变压器	I	1	98 × 6.8	路	河坝	张联好	张百强	
188	徐继云	庄西	I	1.8		张联印	张传后	路	路	
		马趟路	I	0.8	102 × 5.2	路	地	张彬	张百好	
189	张百锋（小）	坝北	I	0.9	153.3 ×	张百永	路	路	渠	
		榆树林	I	0.6	129 × 3.12	路	路	张联学	张百永	
190	张百永（大）	公林西	I	0.8	128 × 1.56	路	地	张联浩	张强	
		坝北	I	1.6	153.3 × 6.96	张传顺	张百锋	路	渠	
		榆树林	I	0.8	129 × 4.16	路	路	张百锋	张联国	
191	张百宏	坝北	I	2	154.9 × 8.7	张百永	张百好	路	渠	
		老窑	I	0.42	76 × 3.69	路	河坝	张百好	张传顺	
		坝北	I	1	154.9 × 4.3	路	张传顺	路	渠	
192	关文真	坝北	I	1.5	154.9 × 8	张百宏	张百河	路	渠	
		老窑	I	0.84	76 × 7.3	路	河坝	张联宝	张传顺	
		马趟路	I	1.2	102 × 7.86	路	渠	张百信	张百玲	
		庞林	I	1.35	163 × 5.5	路	路	张传顺	张全芝	
193	张联臣	窑东	I	1.2	154.7 ×	张联君	张联浩	路	路	

续表

序号	承包方姓名	地块名称	地块等级	面积（亩）	长×宽（米×米）	东至	西至	南至	北至	备注
194	张联君	窑东	I	1.3	154.7×	路	张联臣	路	渠	
		变压器	I	1	103×6.57	路	河坝	张联德	张裕明	
		庄西	I	1	152×4.38	张联敏	张传能	路	路	
195	张　生	坝北	I	1.5	152.6×6.56	张裕宽	张联安	路	渠	
		马趟路	I	0.6	120.6×3.33	路	渠	张传泽	张联金	
		榆树林	I	0.3	123.5×1.6	路	路	张联金	张恒堂	
196	张联金	榆树林	I	0.4	123.5×2.16	路	路	吴村	张　生	
		村后	I	1	122×5.46	张英歌	侯宗玲	路	路	
		坝北	I	1	147×4.54	张恒堂	关传君	路	渠	
		马趟路	I	0.8	120×4.4	路	地	张　生	曹继荣	
197	张传泽	坝北	I	1.5	152.6×6.56			路	渠	
		马趟路	I	0.6	120×3.3	路	渠	张庆合	张　生	
		变压器	I	0.4	105×2.29					
198	王吉英	坝北	I	2	153.8×8.67	高锋	张百永	路	渠	
		公林西	I	0.4	128×2.1	路	地	张百永	张　强	
199	张联涛	变压器	I	0.4	109×2.53	路	河坝	张裕明	张联湘	
200	张传金	变压器	I	0.48	56×5.7	路	河坝	张传银	朱启全	
		园南	I	1	138×4.83	渠	渠	张联付	王茂平	

注：本表“四至”栏内的姓名，是指该姓名下的承包田。

减轻农民负担 60年代后，农民全年生产的粮食约30%用于交公粮和公社、大队、生产队三级提留。若夏季一季完成全年的征购任务，每个社员平均要交小麦60千克左右，秋季还要卖余粮。1983年1月，中共中央颁发《关于当前农村经济政策的若干问题》的文件。8月，农村体制改革。1984年11月，奚村大队改制为奚村村民委员会。随着党在农村各项政策的贯彻落实，村民的生产积极性越来越高，收入逐渐增加，但群众负担也随之日益加重。全村人均耕地不足1亩，而乡村三提五统（三提：公积金、公益金、管理费；五统：教育附加、计划生育费、民政优抚费、民兵训练费、乡村道路修筑等费用统筹）涉及20多个收费项目，均按人头收取，另外还有农业税、特产税等。再加上无休止的随意集资、摊派，群众不堪重负。1985年10月31日，中共中央、国务院联合发出《关于制止向农民乱摊派乱收费的通知》。据此，村党支部、村委会采取减少干部、压缩非生产性开支等措施，收到一定成效，但农民负担并未能真正减轻。1990年以后，群众负担进一步加重，乡政府分配给村的集资任务折成小麦，以夏粮征购任务的形式一次下达到户，人均公粮任务150~200千克不等，并且是白条结算，不予找补。多数年份夏季完成全年集资提留任务，公粮任务完不成集资摊派的部分再收取现金。有的年份夏季欠收则交全年提留任务分配的60%，剩下部分秋季完成。

除此之外，还有随时安排的强行摊派和集资，如建校集资、修路集资（区、乡、村三级）、敬老院集资等。为完成集资任务，村委迫于无奈，就向银行贷款或向私人高息借款，组织村干部入户强行收缴。当时村内流传着“村干部两大难，计划生育和要钱”的顺口溜，一时干群矛盾突出，社会不稳定因素增加。1991年12月7日，国务院发布实施《农民承担费用和劳务管理条例》，明确规定农民负担不能超过上年农民人均纯收入的5%。1992年7月23日，国务院办公厅发出《关于进一步做好农民负担费用和劳务监督管理的通知》。1993年2月19日，中共中央办公厅、国务院办公厅联合发出《关于切实减轻农民负担的紧急通知》。1995年6月，农业部、监察部联合发出通知，要求自1995年起，在全国推行农民负担监督卡制度。这一年，村民拿到了《山东省农民负担监督卡》。从此，农民负担开始有实质性的减轻。1992年，由交粮食改为折收代金，加上提留、集资，每个村民全年平均在150元以上。1995年后，贯彻落实中央关于减轻农民负担的重要指示，明令取消和停止一些乱收费、乱集资和达标项目，人均减负30元。之后，中央三令五申，严禁以任何名义向农民乱集资、乱收费，并陆续取消农林特产税、民办教师补助等收费项目，进一步减轻了农民负担。2002 年中共十六大后，党中央和各级党委政府把“三农”问题作为工作的重中之重，除取消向农民的各项提留集资外，国家一系列惠农政策相继出台。2006 年，国家取消农业税，终结了维系 2600 余年农民种田交税的历史。同时，国家对种植小麦按亩数实行补贴，还实行良种直补、农资综合直补等惠民、富农政策。2004 年开始逐年增加。为鼓励生猪养殖，2007 年每头母猪补助 50 元，2008 年又增至 100 元。同时，家电、汽车、摩托车均实施下乡补贴，村民充分感会到党惠民政策的温暖和社会主义制度的优越性。

1988—2003 年奚村“三提五统”及征购明细统计表

表　　　　单位：元

年度	总计	“三提”				“五统”	征购	农业税
		小计	公积金	公益金	管理费			
1988	17660	11000	5000	5000	1000	6660	139000	3300
1989	19000	12000	5000	6000	1000	7000	130000	3400
1990	22400	13000	5000	6000	2000	9400	130000	3700
1991	24400	13600	5600	6000	2000	10800	152000	4400
1992	16800	5800	1456	2912	1456	11000	70000	4400
1993	27400	15400	11400	1900	2175	12000	134000	5300
1994	27100	15100	11000	2000	2100	12000	130000	—
1995	31700	18000	11000	5000	2000	13700	120000	8200
1996	37000	22000	10000	8400	3600	15000	116000	11000
1997	55200	30000	10000	11600	8400	25200	120000	11000
1998	55200	30000	10000	11600	8400	25200	123000	11300
1999	55200	30000	10000	11000	9000	25200	120000	11000
2000	51100	30800	18900	11000	9000	20300	115000	11000
2001	44430	24550	20000	35500	1000	19880	115000	10300
2002								42900
2003								42900

注：本表数字来自奚村历年统计报表，仅供参考。自 2002 年起取消“三提五统”。2006 年国家取消农业税。

农业

作物种植

清末至民国时期，农作物种植全部为农户独户分散种植，栽培技术落后，各种作物的产量极低。种植结构的特点是粮食生产为主，村民靠种植粮食来养家糊口。种植业经济占奚村经济的主导地位。主要作物为地瓜、高粱、小麦，其次是大豆、谷物、黄烟、绿豆等，小麦种植面积占良田面积的 30% 左右，小杂粮除间作外或在田间地头零星种植，产量很低。新中国成立后，奚村举全村之力大搞农田水利基本建设，生产条件不断改善，地瓜、小麦、大豆、高粱面积逐步增大，谷子、绿豆等杂粮面积减少。小杂粮、棉花、黄烟等其他经济作物次之。1956 年以后，种植业的比率急剧上升，畜牧业和林业的比率下降。人民公社时期，农作物主要有小麦、地瓜、豌豆，棉花种植面积扩大，高粱、谷子种植面积减少。70 年代初开始较大面积种植玉米，大豆、黄烟仍作为经济作物种植，粮食作物的播种面积占耕地总面积的 85% 以上，其中小麦面积占粮食作物面积的 60% 以上，油料作物、蔬菜作物仅有零星种植。1984 年以来，随着生产条件的改善，奚村粮食作物的播种面积一直保持在耕地总面积的 90% 以上，其中小麦、玉米面积始终保持在粮食作物面积的 95%，蔬菜面积很少，林业面积的比率稍有上升。

2016 年奚村农业生产基本情况一览表

表

单位：亩

确权(承包)耕地面积	实际耕种的耕地面积		确权(承包)林地面积	实际经营林地面积	实际经营的淡水养殖面积	普通户种植播种面积	普通户种植其他播种面积		普通户总播种面积
595.70	600.25		0	0	1	1189.4	10.00		1199.4
户数(户)	贫困户(户)	住户成员(人)	确权耕地	实际耕地	小麦面积	玉米面积	蔬菜面积	土豆面积	果品面积
199	0	798	595.70	600.26	595.70	593.70	9.60	4.45	0

小麦种植 小麦为村内主要粮食作物，种植面积约占各种粮食作物的30%左右。解放前由于种子陈旧单一，品种多以地方品种为主，没有优良品种，土质瘠薄，肥水跟不上，种植技术落后，粗种粗管，产量低而不稳定，村民根本不能以细粮为主食。新中国成立后，随着生产条件的改善和科学种植水平的提高，特别是良种推广、科学施肥和水利条件的改善，产量逐步提高。1949年平均每亩单产只有50余千克，1980年上升到260余千克。1984年以后，由于分田到户，村民生产积极性高涨，不断引进新良种和改进种植模式，提高复种指数，特别是村民精耕细作，科学管理，测土配方施肥，到90年代平均亩产达到450余千克。

早在50年代，村内就开始进行土壤改良，改进种植技术，增加施肥量，更新小麦品种，小麦产量得到提高。60年代，村农田水利建设迅猛发展。肥料以农家肥作为基肥，氨水、碳酸氢铵、尿素等化肥作为追肥。中共十一届三中全会以后，广大农民不断加大生产投入，学习借鉴科学种田的先进经验，纠正过量使用氮肥的现象，普遍使用磷肥、复合肥、磷酸二胺肥等多元素肥料。90年代以来，小麦种植采用精播、半精播技术，降低产量，推广应用种子包衣技术，扩大高产良田面积，并在世界银行项目区内实施优质专用小麦良种补贴高产创建项目，小麦平均亩产达到600余千克。

奚村小麦品种、产量及播种技术、病防变化情况一览表

表

年代	主要品种	播种量	亩产量	主要技术	施肥量
20世纪50年代	碧玛一号、碧玛四号、黄县大粒米芒等品种	每亩播种量3.5~4千克	平均亩产130千克左右	合理密植，深耕改土，增施底肥并追肥；中耕锄草	亩施土杂肥1500千克左右，开始推广用化肥和饼肥进行追肥
60年代	平原五〇、济南4号、北京8号、鲁滕1号	每亩用种7.5千克	平均亩产175千克左右	机耕牲畜耙、整平土地打畦田播种，耕层深至25厘米	每亩施用土杂肥2000千克以上；每亩增施无机肥15~25千克作基肥
70年代	泰山1号、4号、济南13号、百泉7141、百泉3039等品种	每亩用种8~9千克	平均亩产达到230千克左右	推广机械播种，重施基肥，选用高产、抗倒伏、抗病的优良品种	每亩增施土杂肥2000~25000千克，大量推广施用磷肥、碳酸氢铵和尿素，碳酸氢铵25~35千克作基肥。

续表

年代	主要品种	播种量	亩产量	主要技术	施肥量
80年代	百泉4140、7240、鲁南13号，及鲁麦1、5、7等品种。	每亩用种8~9千克	亩产一般在375千克左右	配方施肥，良种繁育。磷酸二氢钾、辛硫磷农药拌种	施用过磷酸钙、复合肥、磷酸二铵、锌等多元素肥料，亩施土杂肥2500千克。
90年代	鲁麦14、15、18、21等品种	每亩用种6.5~9千克	亩产一般在250想千克左右	精播、半精播技术，种子包衣技术	尿素每亩施12~15千克
21世纪以来	济麦22、济麦23、济麦229	每亩用种6~10千克	亩产一般在550千克左右	精播、半精播技术，种子包衣技术	尿素每亩施12~15千克

玉米种植 玉米俗称“棒子”，分为春玉米、夏玉米。村域主要种植夏玉米，玉米种植面积等同小麦，为主要粮食作物。新中国成立前，玉米种植面积很少，多在田边、地头、水沟旁零散种植。至60年代，村里开始小面积引种玉米，作为杂粮种植。进入70年代后，随着施肥水平的提高，玉米种植面积大幅提高到300余亩，单产达到275千克。春玉米逐渐被夏玉米所取代。夏玉米分为麦后直播和麦田套种，逐渐成为本村主要粮食作物。主要品种为鲁宁1号、中单2号、群单105号、烟单13号、单玉13号等品种，后改种掖单2号、掖单4号等品种。80年代，种植和管理更加精细化。1988年后，为增加其生育期，实施麦田套种，产量比直播增加20%左右，且为秋种争取了时间，施肥以追肥为主，玉米品种主要为掖单2号、烟丹14号、鲁玉3号、丹玉11、丹玉13等。90年代到2000年，全面推广玉米高产栽培技术，增加种植密度，推广小麦秸秆还田，实行配方施肥，推广玉米专用肥，使用化学除草剂，种植登海1号、9号、11号、掖单11号、4号、13号等高产优良品种，使玉米单产提高到400~500千克。2000年后，境内玉米种植逐步实施了“一增四改”技术，即合理增加种植密度、改种耐密型品种、改套种为直播、改粗放用肥为配方用肥、改人工种植为机械化作业。为合理增加密度而选用耐密型品种，推广了郑单958、天泰10号、鲁单9002、鲁单661等品种。当家品种有北京联创808、预育5号、中科11号等优质高产品种。同时采用种子包衣技术，防止地下害虫。由于种植技术科学合理，到2016年，全村玉米产量平均亩产达550千克，有的地块亩产高达700余千克。

20 世纪 60—80 年代部分年份奚村农作物种植情况统计表（一）

表　　　　　　　　　　　　　　　　　　　　　　　　单位：千克、亩

年份	作物总面积	作物单产和种植面积											
		小麦		大麦		豌豆		大豆		春地瓜		夏地瓜	
		单产	亩数	单产	亩数	单产	亩数	单产	亩数	单产	亩数	单产	亩数
1962	448	84	312	10	39	167	56	46	167	205	68	170	170
1963	456	88	320	15	30	164	43	87	184	210	71	170	180
1964	445	94	396	12	25	171	4	87	205	216	70	271	326
1969	496	205	313	12.5	29	173	190	87.5	187	226	87	248	238
1970	546	280	527	13	27	183	47	93	116	244	95	245	145
1973	697	312	600	15	20	180	30	88.5	30	245	30	275	31
1975	769	337	668	16	31	182	53	92.5	78	249	43	330	45
1979	785	342	696	20	25	195	37	108	85	258	66	341	32
1983	780	374	706	26	16	198	29	112	96	267	68	289	28

20 世纪 60—80 年代部分年份奚村农作物种植情况统计表（二）

表　　　　　　　　　　　　　　　　　　　　　　　　单位：千克、亩

年份	作物总面积	作物单产和种植面积											
		玉米		高粱		烤烟		棉花		谷子		茼	
		单产	亩数	单产	亩数	单产	亩数	单产	亩数	单产	亩数	单产	亩数
1964	445	171	12	163	143	82	98	99	9	131	56		
1969	496	195	32	172	55	95	179	104	10	132	13		
1970	546	244	172 复	220	110 复	101	179	115	4.5	128	25 复		2
1973	697	280	448	242	150	125	165	128	8	156	25		
1975	769	210	444	242	160	163	146	129	12	186	35		
1979	785	318	482	267	156	164	95	135	10	160	32		
1983	780	379	489	289	167	169	58	141	13	175	33		

农田基本建设

土地改革以后，村民真正成了土地的主人，村内一度形成户户打小井的高潮。1953 年秋成立初级社后，奚村开始平整土地，改善生产条件。1956 年，全民性大搞水利基本建设，要求 90 亩地一眼井，村内先后打了数眼土井、浅井，个别机井配备了铁制水车。1957 年冬，贯彻执行“四十条”纲要，村里集中劳力集肥平地、整修地块，开始加大对农田基本建设的投入。1958 年掀起大规模的生产运动，大跃进放卫星、深翻土地、大炼钢铁同时并举。人民公社化以后，村党支部一班人立志创业，确立了“先治洼，后治坑，整地修路，打井治水同时并举”的方案，全村动员，全民上阵，专业队常年不停，冬闲季节掀起农田水利建设的高潮。1960 年冬，在村东南场地打井 2 眼，称“双眼井”，改善了水浇地条件。1964 年，水利建设再度掀起新高潮。在村西河岸北部、南部建提水站 2 处，配备了电机或柴油机。机井也在当时开始建设，使用半机械化的轲辘钻机打井，后使用磨盘钻。1965 年冬，在轰轰烈烈的“农业学大寨”运动下，开展了农田水利建设高潮。村东南菜园地、西南河岸地、坝北地全部整平，填沟造田 90 余亩。1970 年全大队群众继续发扬“愚公移山”的精神，开展整地治水夺高产运动，重点对村东王坑涝洼地进行整治。同年，北方地区农业会议以后，再次掀起了农田建设高潮。村里以生产队为单位，组织劳力，起高垫低，填坑造地，集中全村的小平车和全部劳力，组织大会战。1977 年夏秋，天气干旱、河道干涸，村开展“打井找水”会战。

农田水利建设（摄于 2013 年春）

先后打井10余眼，兴建管渠3千米。1978年12月，在村西南与前湾村修建拦河坝1座，拦蓄能力15万余立方米，从根本上解决了两岸村民水利和交通条件，至今仍发挥着巨大作用。

2010年建成的奚村水站（摄于2017年5月）

1989年7月，水利部将山东省28个县（市、区）的引黄、引湖和井灌区划入世界银行贷款项目范围，其中奚村被选定为井灌节水示范区。1992年10月开始建设，新打机井10眼，配套机泵10台（套），新建机井房12间，铺修水渠3000余米，达到全村耕地田成方、林成网、沟相通、路相连，井、泵、房、机、电实现“六配套”。2001年以来，奚村属黄淮海开发、世界银行二期开发、小农水治理开发、农业综合开发土地整理项目范围，田间道路进行统一规划整修。村委发动群众投劳，对损毁水利工程进行修复，实施水利新技术推广，开展节水灌溉工程，从机井顺路边地头埋设地下暗管，地头留出水口，既能节水，保护了道路，又方便群众浇灌，生产条件得到进一步改善。

畜牧业

根据考古发现，奚村早在新石器时代六畜已经出现。商周时代，在发掘出的六畜遗骸中，说明本地的家畜品种不断增加。两汉时期，奚村周边考古，出土了木、陶、石做成的动物随葬品，说明当时六畜养殖已具备普遍性。自唐宋起，村民已经把畜禽养殖作为一项重要的经济收入来源。但当时只有分散的家庭饲养，畜牧业不发达。明清时期，村中拥有较多土地的地主均养有马、牛等大牲畜，农忙时用于耕地积肥、种地拉耧、运输打场、拉磨推碾等农家活。新中国成立前，一般农户养有猪、牛、羊，鸡、鸭、鹅等，一是卖钱换物，养家糊口；二是农田耕作使役；三是积粪肥田。有牲口的农户耕作便利，省工省时；无牲口的农户则请有牲口的户帮忙，同时把地瓜秧、花生秧等饲草送给有牲口的农户作饲草，以示酬谢。另外，在中秋节前后，无牲口的农户备置酒菜，请相处关系融洽、合得来的有牲口的农户主上门做客，商议嘱托借用牲口耕作事宜。此种做法后渐成习惯，成为邻里互帮互助的传统美德。

畜牧养殖 解放初期，村内畜牧业有较快发展，畜禽存栏量明显增加。为加快畜牧业发展，村民响应县政府号召，运用信用贷款的形式，购买牲畜、家禽，村内出现家家养鸡鸭，户户喂猪羊，牛马骡大发展，一派六畜兴旺的好景象。1955 年冬至 1956 年春，原初级社变成高级社，大牲畜饲养方式第一次变革，将户养的大牲畜折价归集体，以生产队为单位建有饲养场（也称牲口棚）。国家颁布了护牛政策，制定了“禁止宰杀耕牛”的一系列法律政策，对其他家畜、家禽的饲养亦规定了奖励办法。1956 年，贯彻国务院发展养猪业的指示，实行“私有、私养、公助”政策，生产队给养猪户留有饲料田，奖售化肥、食糖等，分给饲料粮。村建有集体养猪场，派专人管理，后因管理不善而解散。“文化大革命”期间，对农民个人实行限养、禁养家畜家禽的政策。中共十一届三中全会后，实行“对外开放、对内搞活”的方针，提倡户养大牲畜。随着拖拉机在农村普遍应用，耕地、耩地及场间作业都实现了机械化，用牲畜作业已被淘汰，大牲畜主要用于短途运输。1983 年农村经济体制由大集体转向家庭联产承包责任制，牲畜同其他集体生产工具一样，采取抓阄形式，折价分到户个人饲养。后随着农业机械化的发展，畜力耕作逐步减少，仅有个体运输户喂养驴。80 年代中期，村民张传成率先引进长毛兔养殖，后推广至全村，村中绝大多户养殖长毛兔，形成长毛兔养殖专业村，成为村民生活收入的又一来源。90 年代初期，村民张传栋引进种貂养殖，村民张联套、孙思军在村废弃的北窑厂，张联钟在南砖窑分别建养鸡场，从事肉鸡养殖。村民张传成还养殖过池鱼、肉鸽、食用菌等，但由于技术和市场因素，没有形成规模。现在的村民，除散养家禽、长毛兔、看家狗、猫外，其他畜禽村内已基本没有养殖的。自 2007 年开始，国家对母猪饲养进行补贴，调动人们养猪的积极性。但从几年的农村发展来看，效果不明显。

生产大队部分年份奚村饲养牲畜家禽情况统计表

表

年份	牛(头)	马(匹)	牛(头)	马（头）	羊（只）	鸡(只)	鸭(只)	鹅(只)
1964	23	—	—	52	21	273	20	25
1965	26	—	2	14	78	256	27	24
1968	36	—	5	127	153	365	35	28
1970	35	—	—	136	179	653	40	31
1973	32	1	—	164（集体 55）	33（山羊 24）	812	41	32
1975	22	2	—	165（集体 80）	87（山羊 63）	823	49	37
1982	30	1	—	87（出栏 185）	山羊 170	1040	241	132
1983	16	2	—	90（集体 40）	山羊 300	1230	249	157

牲畜使役 几千年来，村民们主要靠牛马骡驴进行农耕、运输。特别是耕牛，在几千年的农耕生产中，一直占牲畜使役的主导地位。本地区出土的汉画像石《牛耕图》，可以充分证明这一点。新中国成立后，牛是主要的保护对象，随意宰杀耕牛要判刑；牛老得不能动了，宰杀时也需要申报。牛主要使役于农业生产的耕耙、播种、运庄稼、打场、脱粒。马、骡除使役于农耕外，主要是从事交通运输，是拉车驾辕的得力干将。驴和牛除配套农耕外，也是农户过去推磨拉碾的忠实伙伴。80年代，村民主要使用毛驴拉沙、拉砖、拉石料。

牲畜使役后，要及时休息。驴骡、马卸车、卸磨后，必须牵着至干燥松软的场地上，由其打滚、消汗，然后才能饮水、喂料。牛在喂草之后，要留出足够的反刍时间，俗称“回嚼”或“倒沫”。不同的大牲

汉画像石《牛耕图》

畜使役工具也不同。牛轭又称“牛梭头”，使役时安放在牛颈之上，与绠套、撇绳、拢担组成单套、二套或三套，并列称“搁椇”，边上的“一拢担”为“领墒牛”。马、驴、骡用夹板套，用光滑圆木两块组成，使役时夹在牲畜脖子两边。驾车套主要有牛套和骡马套两种，由背搭、鞍子、大小肚带、搭腰、车袢等组成。另外，还有鞭子、皮绠、笼嘴、缰绳、撇绳、鼻环、嚼口等。马、驴、骡属圆蹄畜，待成年使役时要按时切蹄、打铁掌。

林果业

新中国成立前，村内植树没有统一的规划，村民多在宅旁院内、坑塘河滩、园角地头、村头坟地等闲散地方栽植零星柿树、杏树、枣树、核桃、桃树等，树种杂乱、参差不齐，村西河两岸多柳树、槐树和低矮灌木，侧柏主要在坟地成片栽植。

新中国成立后，党和政府非常重视林业生产。1956 年 3 月 18 日，毛泽东主席在听取林业部工作汇报时指出:“林业真是一个大事业”。1956 年 4 月 25 日，在《论十大关系》中指出：“天上的空气，地上的森林，地下的宝藏，都是建设社会主义所需要的重要因素”。这次讲话后，奚村也和全国各地一样掀起了“植树造林，绿化祖国”的植树热潮。1964 年春，薛城区号召建设防护林带，在村西老薛河支流大堤内侧植簸箕柳，后又植槐，营造防护林带。1967 年春，奚村大队贯彻“备战备荒为人民”的指示精神，把村庄“四旁”绿化列为备战备荒的重要内容之一，提出了“白天不见庄，夜晚不见光”的绿化要求，形成了人人植树、村村绿化的热潮。村内栽满树木，村外有围村林带。随着村四周整修道路，道路绿化与农田林网结合在一起规划绿植，栽植了大量行道树，以泡桐、法桐为多，实现了有路有树，村内庭院、空闲地多栽植杨树、泡桐、刺槐、榆树等。奚村栽植梨树的历史悠久，村南、村西及村东北先后栽植梨树、苹果树 140 余亩。至 70 年代末，为发展种植业，大队除村后留有少部分苹果树外，其他地方的梨树全部砍伐殆尽，主要发展粮食和经济作物。至 90 年代初期，村后剩下的果园也全部改种粮食和经济作物。

2012 年以来，党和国家把建设“生态农村、建设秀美山川”提上重要日程，并提出了“绿水青山，就是金山银山”的号召，村民充分利用空闲土地栽植以杨树为主的经济林木，自栽自管，部分地块树木落实了林权改革。2015 年底，围绕新农村建设，陶庄镇人民政府大力实施水系治理工程，落实“河长制”，对村西老薛河支流水系全面进行治理，开挖拓宽河道，先将河堤杨树及杂树、灌木砍伐后，对河两岸大堤进行加固复修，堤内重新栽植优质速生杨树，形成沿河生态型的防护林带。

20 世纪 60、70 年代奚村林果种植情况统计表

表

种植位置	种植品种	栽种时间	栽种面积（亩）	砍伐时间	砍伐原因
村南	梨	60 年代	40 亩	70 年代	改种粮食作物
村西	梨	60 年代	30 亩	80 年代	改种粮食作物
村东北	梨	60 年代	10 亩	80 年代	改种粮食作物
村后	苹果、梨	70 年代	60 亩	80—90 年代	改种粮食作物

部分年份奚村林业及果品生产情况统计表

表

年份	苹果园		梨园		枣	桑园	其他树木
	株数	产量	株数	产量			
1964	—	—	1600 棵	6650 千克	30 棵	—	—
1971	450 棵	1400 千克	2900 棵	10650 千克	—	2 亩	2300 棵
1973	20 亩	1600 千克	3600 棵	21870 千克	15831.5 千克	2 亩	—

生产工具

新中国成立前，村民们一直沿袭粗放的耕作方法，用的是传统的旧式耕作农具。耕地用犁或人工用锹、用镢挖，有的用铁镢刨。种地下种用耧，或用牲畜犁沟、人工撒种的方法。中耕用大锄和小锄，刨茬用镢头，平地用耙，送粪一般以人工担挑为主。新中国成立后，多改用畜力车拉运。收割庄稼用镰刀，打场用碌碡、扇车等。此种状况基本延续到 60 年代。此后，机械化开始起步，农用拖拉机开始成为村主要的动力机械，开始实行机耕机播。80 年代，小麦脱粒实现机械化，田间耕作普遍实行机耕、机耙，并开始使用机收。90 年代末，小麦联合收获机开始在村使用。

21 世纪初期，耕作、整畦、播种、管理、收割、脱粒全过程机械化程度进一步提高。随着国家农机购置补贴政策的实施，联合收割机普遍使用。小麦、玉米等主要农作物实现了机械化收获，玉米机收、玉米直播、秸秆还田、小麦免耕播种等农机化新机具、新技术得到广泛应用。

20 世纪 60 年代部分年度奚村生产农具使用统计表

表　　　　　　　　　　　　　　　　　　　　单位：辆、把

年份	铁制水车	胶轮手拖车	地排车	旧式犁	旧式耙	耩子	锄	镰	锨	镢	喷雾器
1964	7	7	23	4	4	8	180	300	150	156	2
1965	12	7	25	4	4	8	186	310	154	158	6

20 世纪 70—80 年代奚村部分年份农用机械使用统计表

表　　　　　　　　　　　　　　　　　　　　单位：台、马力

年度	耕作机械（拖拉机）	机引农机具	柴油机	汽油机	电动机	水泵	机动脱粒机	粉碎机磨面机	地排车	喷粉器	喷雾器
1973	1	1	2	1	7	4	3	3	21	1	9
1974	1	1	2	1	3	6	5	3	20	1	11
1982	3	2	3	2	17	3	6	5	130	2	10
1983	5	3			17	6	4	3	150	1	11

耕作机具　木犁是本地长期沿用的耕地农具，主要由犁铧、木托扶把组成，常与木耙配套，以牛、马、驴、骡牵拉为主，人力牵拉为辅。50 年代引进 7 寸步犁及马拉双轮双铧犁，耕深在 25 厘米左右，由畜力牵引，操作方便，翻土匀且平整，提高功效 25% 左右。1973 年，生产大队购回 12 马力“泰山”牌拖拉机 1 台，用于耕作和运输，一昼夜可耕 200 亩左右，结束了村内没有拖拉机的历史。随后，大队又引进了 24 马力、50 马力拖拉机，机引犁配备一、二、三铧犁，从此奚村 90% 以上的土地实现了机耕作业，结束了白茬地过冬的历史。拖拉机除使用作冬耕、秋种、拉粪外，其他时间用于大队副业的交通工具。农村实行经济体制改革后，集体饲养的大牲畜全都作价到户，拖拉机也都承包给个人。承包拖拉机的农户自配双铧

耕地机械

犁，搞有偿耕作服务，每耕耙一亩地收15~20元费用。为鼓励个人购买大型农机具，政府采取放宽低价柴油供应等政策，吸引村民购买小型拖拉机从事生产运输。进入21世纪，在国家农机补贴惠农政策的激励下，农业机械化生产方式已经取代畜力和手工劳动，并在农业生产中居主导地位。联合收割机、农用运输车、旋耕犁、双铧犁、新型农机具及新农机技术普遍推广应用，全村生产实现了全过程的机械化，提高了劳动生产率，加快了传统农业向现代农业转变的步伐。

播种机具 在没实行机械播种前，本地传统播种主要有两种方式：一是木犁耥沟撒播或点播，主要用于小麦、玉米、高粱、花生、大豆播种等；二是用传统的播种工具双腿耧耩子，一人扶耩子，畜力或人力牵引，多用于小麦、谷子、高粱的播种。奚村曾推广使用过三腿耧耩子。1978年，开始推广拖拉机牵引幅宽1.6米九行播种机。实行农业生产责任制以来，由于各户承包的地块畦田标准不一，大多数农户仍使用铁制三腿耩子播种。后随着农户购置小型播种机的推广，奚村小麦的种植除很小地块无法机播外，其他陆续实现机播化。早期的玉米播种，自从“垄耕模式”以来，都是先破垄（老百姓叫“破茬”），再下籽，之后覆土合成新垄，一直沿用到第二轮

耩子

小麦播种机

土地承包(1998年)之前。玉米无论直播还是套种，都是将玉米种子放在手拎的小筐、小篮、小瓢中，人工一埯一埯地点种（百姓称为“点棒子”）。进入21世纪，使用的是手推式滚动穴播器，推着这种滚动的穴播器用自然步态向前走，播种器就会自动把苞米籽均匀地扎进地里。2013年后，玉米播种，大面积使用动力机械的玉米点播机，大大提高了生产效率。

浇灌机具 辘轳是昔日村内最主要的浇灌提水工具。一般每架辘轳日浇地1亩左右。在互助组初级社时期，奚村引入解放式水车。70年代初，随着集体经济的发展，大队和生产队都添置140、195柴油机，除用于粉碎、磨面、粉条加工外，还用于提水灌溉。1968年，奚村通电后，逐步将柴油机改为电动机。后随着深水井增加，逐步使用潜水电泵，浇灌能力大大增强。80年代初，村民开始使用压水井。压水井使用成本低、体积小、使用方便，用于饮用水、浇菜园，深受村民欢迎，全村家家户户使用。现在大面积浇地或用电动机浇灌，也有用拖拉机或农用车改作抽水机动力的，2~3寸（7厘米左右）塑料软管可远距离输水，直达地头。

机井

植保机具 新中国成立前，村内无植保机具，遇有虫害，人抬水桶撒草灰水或石灰水。在高级农业合作社时期，村内开始使用喷雾器。开始是铁制圆柱型、手压充气式喷雾器，人工背负作业。60年代，大队开始购进高压喷雾器，用作给果园果树喷石硫合剂和农药。自实行生产责任制以来，农户根据自身实际和生产需要，购买小型背负式喷雾器。2013年后推广新式的电动喷雾器，以蓄电池作为能源，驱动微型电机带动离心泵加压，可连续工作8小时以上，使用成本低，提高工作效率2~3倍。

收割机具 镰刀，是历史上最主要的收割工具，沿用至今。没有使用机械收割以前，小麦全部为人工用镰刀收获，劳动强度很大，仅小麦收割打轧就需用时半月有余。80 年代初期，引进与泰山 -12 型拖拉机配套的割晒机，使用效果较好。2000 年左右，大型小麦联合收割机得到推广应用，小麦全部实现机收。2010 年，小麦、玉米两用大型联合收割机推广应用，通过互换割台，夏季可以收割小麦，秋季可以收割玉米，提高了机械的利用率。到 2016 年，全村的玉米机收机播、机械化秸秆还田率达到 98% 以上。全村除零星地块外，其余已全部用机械收割，2~3 天即可收完全村所有地块作物。

场间机具 场间作业主要是为农作物脱粒、扬晒。在奚村购买拖拉机以前，由于没有机械脱粒，全部使用传统的脱粒工具——碌碡，主要用于小麦、谷子、高粱、大豆脱粒，用人工或畜力拉着滚轧。70 年代以后，生产队购买拖拉机带动振动器、石磙脱粒，使用柴油机带动小麦脱粒机，俗称“打麦机”。扬场一般用木锨，辅助工具有木杈、铁杈、扫帚。70 年代末期，生产队购进小型脱粒机，并开始使用扬场机。随着农业机械化程度的不断发展，脱粒机均由电动机带动。奚村实行联产承包分田到户后，村民仍使用木锨扬场，木杈或铁杈垛垛。进入 21 世纪，随着联合收割机的使用，做到收割、脱粒、清粮一遍成功，入场脱粒、扬场的小麦越来越少，村里已不设置正式的扬麦场。

粮食加工机具 60 年代以前，全村 70% 以上的人家都有石磨和兑臼小磨，自产粮食，自己加工吃用。磨面用石磨，由畜力拉磨，再用人工箩。没有牲畜的人家，借用有畜力人家的牲畜磨面、碾米，有时借不下牲口就人工推磨。碾米用碾子，作业程序和磨面一样，但碾子是全村里的公共工具，70 年代前村曾有 2 座石碾，分别在村东和村西。因石碾碾米效率低，所以农户碾米时需要早起来排队占碾子。1970 年，大队安装了粉碎机（俗称电磨）、打面机为群众加工粮食，小麦麸面混杂。这是奚村粮食加工最早的机械，主要加工小麦、玉米、高粱、地瓜干等。1982 年以后，周边井亭村、柴胡店等村建面粉厂，专门从事小麦加工，村民大多到面粉厂用小麦兑换、加工面粉。1990 年随着新型磨面机、打糊子机大量使

石磨

用，个体粮食加工地点也都配以电机，麦麸和面粉分离，提高了面粉质量。玉米加工分人用和饲料两种，有的1台机器有粗细箩之分，人食用细箩，饲料用粗箩。有的备用两部机器，人用和饲料分别加工。随着社会的发展和人们生活的提高，粮食深加工机械走进寻常百姓家，人们再也不用因碾米、磨面发愁。到了80年代，村民吃饭基本上都是购买或兑换加工好的面粉，民用电磨逐渐淘汰。

碓窝

石碾子

运输机具 新中国成立前，扁担、木轮小车、木轮大车是传统的人力畜力运输工具。扁担人挑货物重量一般在40千克左右，木轮小车一般装载200千克，如一拉一推或借助畜力，可承载250~350千克。大把手车需二人操作，装载量大，但很笨重。高级社后，胶轮小车、地排车、胶轮马车大量增加，这些运输工具多以生产队为单位集体购买，在兴修水利、农田改造、生产运输中发挥了重要作用。70年代，奚村成立了胶轮马车、胶轮地排车运输队，拉运砂石等材料。到80年代中期，胶轮地排车几乎家家都有，不少农户用驴拉地排车从事运输业。实行生产责任制后，这批运输工具都作价卖给农户，买了车的帮群众拉运东西，搞有偿服务。受其影响，有条件的农户也购买拖拉机，搞耕播拉运，服务农业生产。到21世纪，农用三轮车、拖拉机、货车、面包车、家庭轿车逐步进入普通家庭。

建筑机具 平板、瓦刀、锤、铲都是传统的建筑工具，沿用至今。地基处理用夯砸实，乱石垒砌，沙灰灌缝。材料搬运多用车推、人传、绳提。屋顶混凝土浇制时，由于时间紧、劳动强度大，特别是现浇顶起工的时候，常采用人海战术，30~40人不等，分层传料，轮流作业，顶面混凝土的砸实也用锤砸、锨拍、提浆，无任何机械。

随着建房机具租赁业的发展，村内民房建设开始租用模板、振动棒、平板振动器等小型机具。现村内建房除使用平板、锤、铲等传统工具外，普遍使用混凝土搅拌机、切割机、振动棒、吊车、上料机等大型机具。随着对建筑材料的高要求，村内建设所使用的混凝土大多是由商砼站提供的成品料，通过商砼搅拌车直接运送到家，方便了施工，保证了质量，提高了效率。

工商副业

工副业

新中国成立前的奚村工副业，主要是小手工业，多为制陶坊、制糖坊、酿酒坊、豆腐坊、油坊、铁匠铺等手工业作坊，单门独户进行经营，其中制陶业至80年代一直是奚村的重要副业。50年代，农业合作社和生产大队发展林果业，建成梨园、苹果园，果品大部分销往外地。为解决果品装运问题，在河渠边栽植了荆条、棉槐，邀请外来匠人编制果筐、抬筐、粪杈、粪筐等。60年代，为发展集体经济，村生产队在村西北河岸、西南河岸边建砖窑厂，人工切砖轧瓦。除生产砖瓦外，还土法炼制焦炭、硫黄等。70年代，生产队在大队院前办起粉坊，加工粉条、粉面，粉渣、粉汤提供给大队养猪场喂猪，解决了饲料不足的问题。那个时期，大队还组织社员拉沙运输搞创收，生产电力水泥杆、水泥板块等预制品。1985年，村筹集资金在千山头前建设石灰窑1座。改革开放以后，村民个体经营的工副业大多从事家具业、建筑装修业、运输业等，经营收入远远高于农业生产。

2016年奚村部分个体商户情况一览表

表

姓名	经营项目	开业时间	商铺地址
张全安	经营豆芽	1978年	奚村
张庆纪	诊所、药品	1984年	奚村住宅

续表

姓名	经营项目	开业时间	商铺地址
张百利	珠宝钟表通讯器材	1986 年	薛城永福中路
张海成	日用百货	1987 年	奚村村东
张传梅	化肥、农药、种子	1996 年	原夏庄乡驻地
孙宝国	化肥、农药、种子	1998 年	原夏庄乡驻地西
张延军	经营豆芽	1999 年	奚村
张百继	湖产销售	1999 年	薛城
张联庆	工业阀门	1999 年	济南、滕州
张东升	食品加工	2000 年	奚村、薛城
关传新	饭店	2001 年	奚村村东
张传能	粮食贸易	2004 年	奚村
张传让	日用百货	2005 年	奚村村东
张　杰	沙发床垫	2005 年	奚村
张海亮	日用百货	2008 年	千山新苑
刘延平	日用百货	2013 年	薛城

土陶业　奚村土陶烧制业有三四千年的历史，特别是近代以来，曾经是奚村的传统工艺项目和村民谋生的重要手段，在奚村的生产生活和社会发展中起到过重大作用。清康熙年间（1662—1722），奚村、吴村的烧陶业已初见规模，远近闻名，至解放初期达到鼎盛时期。新中国成立以后，土陶业作为村里的特有手工业，在党的政策指引下，重新焕发出生机和活力。股份制手工业遍布全村，1953 年，张建庚、张传鼒、张恒全、张百臣牵头投资，村民出力出工，建窑、盖屋，打扫场地，一片

土陶烧制

繁忙，四邻八乡的窑匠们纷纷入股。至70年代初全村70%以上的人数从事过土陶的生产销售。1927年，关传芝、张传贵出外谋生至江苏省铜山县沈长村，以在当地从事制陶业为生。

奚村的窑主有：张建庚、张恒怀、张百臣、张传鼐、张恒全。匠人有：张百平、高学银、谢尚修、张百宗、张百义、高学义、关文德、张百楼、张传存、曹化正、司庆友、张传永、张传贵、张百山、胡述祥、张文月、张恒体、张恒锔、关传芝、李德成、谢情恩、谢付恩、胡继先、张传营、张传海、张传锁、张联济、张联成，等等。

进入60年代，烧制土陶业归集体所有，实行工分制，由队长张恒勇、采购张百干负责重建烧窑业。当时规定：春秋季每周保证1窑货，冬夏每10天1窑货，每窑300工分，提成现款15元，产销由生产队负责。改革开放后，1984年高学银在自家院内，高学义和张传梅合伙分别在奚公山下绣球山前建成两座小窑。

随着社会的发展和生产工具的改进，铁制品、铝制品、塑料制品等新材料替代了陶制品，加之匠人相继年长，后继乏力，这一传统制造业逐渐淡出人们的视野、退出人们的生活。今天，村里已经没有从事土陶生产的匠人。

烧砖业 为发展队集体经济，1963年3月，奚村生产一队在村西北河岸边新建砖窑2座，占地面积30亩，每窑烧砖3万块，年产烧制砖100万块。张子建首任厂长，张百仁、张传申具体负责。1965年砖窑扩建至4座，年产成品砖200余万块。1963年，奚村生产二队在村西南河岸边新建2座砖窑，占地面积20亩，年产烧制砖100万块。制砖坯工艺最初采用手工，涌现了张传志、张百殿、张传孝、张百全、张传泽、张传营、张联云、张传锁、张联柱等一批从事手工脱砖坯的行家里手。为提高脱坯效率，1980

机制砖坯现场图 （摄于 1986 年）

年引进半机械脱砖机械和模具制瓦设备。之后，不再人工脱坯。

奚村砖窑烧制历经生产 20 余年，远近闻名，曾吸引周边及苍山大量务工人员，为奚村经济创造了财富。砖窑改革开放前由生产队集体管理，安排部分社员从业，成为奚村重要的副业经济来源。改革开放后交给个人承包，90 年代停止经营。

石灰窑旧址 （摄于 1985 年）

石灰烧制业 80 年代，改革开放如火如荼。为壮大集体经济，解决村民就业问题，1985 年，奚村村委在小南山（狮子山）脚下建成石灰窑 1 座。该窑高 12 米，周长 8 米，呈四方形，下宽上窄,“口”字型结构，总投资 2.8 万元。石灰窑建成后，张传允任厂长，张百仁任副厂长，张联湘任会计，张传梅负责供销；生产班长张百随、张联尧，工人高学义、张传庚、张联堂、谢运水、张庆福、张庆银、张庆云、管学顺等人。石灰窑建成后，购买地排车 6 辆，地磅 1 台，建房 3 间。烧制石灰时，24 小时昼夜不停，日产灰料 24 立方米，月销售收入 3 万元，解决村就业人数 20 余人。因市场、资金和管理问题，两年后停业。

建筑业 奚村的建筑装修业起步于80年代初，有技术的村民主要从事民居建设和室内装修。据不完全统计，至2017年，村里有40%以上的人从事过或正在从事建筑行业，是居家村民从事农业生产收入外的最主要的从业方式和挣钱来源。村里修建房子手艺的有：孙延敏、张传俊、张百增、张传秘、张传绪、张百灿、张百才、张传信、张传仁、张百荣、张百银等人。他们大都会一些农村泥瓦建筑技术，主要为村民建房帮工，俗称“泥瓦匠”。

70年代，集体、农户建设草房，由生产队派工，每工记工分10分；农户建房，每工交给大队5角钱。80年代初，社员拆土草房建砖瓦房的愿望高涨。为此，村里成立建筑队承揽村民建房。建筑施工队由生产队长张百随带队（兼记工员），张百俊、张传俊、张传仁为技术指导，张联柱、张联科、张联广、张传盈、张传泽、张联后、孙思军为技术骨干，朱殿元、张传仁、张百楼、张传金、张联德、张联好、张联云、张联国、张传允、张联安、张传海、张百印为骨干力量，木工张联园、张联贵、张传济、张百田等负责做梁头、打门窗，张联园、张联贵也兼做砌砖。建筑队成立后，为村民张联友建起了全村第1座瓦房。

1984年实行土地承包责任制后，这支由生产队时期组建的队伍随之解散，建筑

20世纪80年代村建筑队 前排左起：张传营、朱殿元、孙思玉、张传泽、张联德；后排左起：孙思君、张联臣、张联玉、张庆申、张联科、关传允、张全喜 （摄于1988年）

架料作价卖给村民。不久，张联柱、张传允、张联后、张联元、张联国等自发成立建筑队，开始到枣庄高新区兴仁庄建设民房，当时大工工钱每天 2 元，小工工钱每天 1 元 2 角。90 年代，村内青年进入建筑行业的渐多，张联好、张联钟、张联敏、张传营、张庆申、张联柱等人联合成立建筑队；1995 年，张百石、张百广、张百军三兄弟成立建筑队；2000 年，张联钟牵头成立建筑队，人员有张联后、张联营、张联玉、张庆柱、张联浩、张联才、张传营、张传泽等。以上几支建筑队伍，主要承建本村和外村村民房屋，以建瓦房、平房、二层楼房为主。除村建筑队伍外，村民张联昌、张庆海、张联锁等少数人外出跟随大的建筑公司打工。1995 年，村民张庆东以其家庭成员为主，成立钢筋扎制专业队伍，后期规模越来越大，专门接包商住楼盘、商场等大中型建筑钢筋扎制业务，建筑量最大的时候年营业收入 800 万元，正常年均收入 300 余万元。

装修业　装修业是随着村民生活水平的提高而出现的。奚村的装修业起步于 90 年代，至 2017 年，最初是从扎顶棚、刷油漆、打家具开始，后成立多个专业队伍。从事室内门窗安装的有张联刚、张庆喜父子；从事墙面仿瓷、刷漆、吊顶等业务的有张联舟、张联晋、张联强、张庆亮、张庆虎、张猛等 20 余人。他们长期在农村或到城里承接工程项目，成为奚村建筑装修业的一道亮点。装修业不仅解决了村民就业问题，而且成为农户增加收入的重要来源。

运输业　新中国成立前，村里从事运输主要用扁担、马车、独轮车、木轮大车等运送货物。新中国成立后，木轮车改为胶轮车，运输业得到进一步发展。农业集体化以后，生产大队及各生产队均有大牲畜马车，农忙时运送农用物资，农闲时跑运输。1973 年，随着第一辆泰山 -15 拖拉机进村，机械化耕作走进田间地头，代替人力和畜力进行耕作。农闲时也从事河沙、山石、砖瓦、化肥等建筑材料、生产、生活资料等货物的运输。小型拖拉机单车运量 1.5 吨左右，中型拖拉机单车运量 2.5 吨，大型拖拉机运量 4 吨以上。

中共十一届三中全会后，农村联产承包责任制推行到户。农闲之余，村民张传成、张传志、张传庚等开始从事个体毛驴车运输，主要向附近矿山、城镇、建房户等运送河沙、砖、石灰等建筑材料。到 1988 年，全村最多时有驴拉地排车 10 余辆。1984 年，农村经营体制改革后，村集体的拖拉机作价卖给村民使用，从此村民购买拖拉机跑运输的逐渐增多，村里先后有张传成、张全喜、张传军、张联海、张联怀、张联柱、关传军、张百印、张百成等从事拖拉机短途运输。1990—2017 年，村民张传军、张百文、张百峰、张百福、张联怀、张传让、张联峰、张联庆、张家贺、张联明、张志强等从事货车长短途运输。到 2016 年底，全村有各类长短途物流货车 7 辆，农用三轮车、拖拉机 5 辆，家庭轿车 21 辆。从事城市交通出租车业务的村民有：张联水、张海成、张涛、张志国、张经纬、张峰、张联志等。

奚村汽车运输专业户统计表

表

姓名	车型	吨位（吨）	数量（辆）	备注
张传军、张联明	解放	19	1	汽车
张百峰、张志强	解放	19	2	汽车
张联怀	解放	19	1	汽车
张联峰	东风	5	1	汽车
张家龙	解放	5	1	汽车
张百成	泰山	5	2	拖拉机
张传让	解放	5	1	汽车

注：（2017 年 8 月统计）

商贸信贷

集市贸易　奚村集市曾在一段时期贸易较为发达，村内商户店铺林立，故有“奚村街”之称。开集日为每月的农历初二、初五、初七、十二、十五、十七、二十、二十二、二十五、二十七、三十。集市位置从村东头路南古槐树向西至村中唐槐古井，为东西走向，全长 300 余米。当时的集市比较红火，店铺摊位较多，如：张传告的烟酒糖茶铺，张建银、张恒全和河北庄丁石才的羊汤铺，张传典的馒头房，张建斗、张恒琪的打锅钻店，做粮食买卖的服务斗户张百苞，河北庄张囗镇的面条铺，张建宽的白布酒油杂货铺子，张文有的卖盐、炒花生，张恒允、张百荣的香油加工，张文造、张恒林的粥、油条、馓子，张传伟的打烧饼，张联奇的轧挂面，张百伦的弹棉花，张文吉、张恒里、张百俊、张百春的家什店、豆腐、凉粉等，千山头刘召林的颜料印花布染坊，皇殿陈皮匠的修补鞋，其他诸如卖陶罐、青菜、针头线脑的数不胜数。每到逢集，周边村的人们从四面八方前来赶集，人来人往、络绎不绝。50年代初期，随着对资本主义工商业的社会主义改造后，小作坊和个体店铺全部取消。

1965 年，奚村集迁至鲁桥（原因不详），奚村集市贸易随之不复存在。1976 年，村民再次发起兴集，因种种原因，最终没有恢复起来。中共十一届三中全会前，全村除供销社奚村代销经营点外，没有其他的私营经济。中共十一届三中全会后，随着农村经济体制改革的逐步深入，党的富民政策深入人心，私营经济得以发展。1978 年，有村民张全安卖豆芽，张百殿、张恒林卖粥等等。至 2017 年，奚村共有 16 户村民从事商品贸易。

信贷 奚村民间借贷，古已有之。一种为亲戚朋友间相互帮助，借款者或因临时急需，或因缺乏农业投资，亲朋好友给予借款，解决暂时困难，一般不计息。此种借款方式，在民间普遍流行，并一直延续至今。另一种为以谋取高利为目的借贷活动，借贷形式主要有抵押借贷、利滚利、劳役利、青苗债等。

1952 年，贯彻“深入农村，帮助农民解决困难，发展生产”的农贷方针，村民以股金形式入股农村信用合作社，入股后称信用社社员。信用社以现金和实物形式向村民发放贷款，贷款面和规模都比较小，主要是扶持翻身农民购买种子、耕畜和小型农田水利机具，帮助恢复和发展生产。1954 年后，随着农业互助合作运动的迅猛发展，农业贷款由扶持农民个体转向扶持互助合作社，并专设贫农合作基金无息贷款，帮助农民解决入社股金。1959—1961 年，连续 3 年自然灾害，上级信贷部门派人给社队送救灾款物，帮社员渡过难关。1961 年，对 1956 年以前发放的贫农合作基金贷款和 1961 年底以前无力归还的各项农业贷款全部豁免。1964 年，根据以“农业为基础，以工业为指导”，发展国民经济总方针，信用社设立社队企业存款、贷款科目，为社队企业进行开户、转账等金融服务，帮助村发展农业增产增收，向村内进行贷款投入，用以改变生产条件。

1973 年，奚村大队建立了信用代办站，配备 1 名不脱产、不拿国家工资的代办员，报酬按存款金额计付（1 元至 3 万元存款金额提成万分之六；3 万元至 10 万元提成万分之二；10 万元以上提成万分之一）。村第一任信贷员是关传允，后由张联芳接任，当时小额贷款只是扶持生产队和生产大队。自农村实行经济体制改革以后，随着本村专业户的涌现和村民外出务工创收，村内储贷大量增加。农村贷款用途起了变化，贷款以扶持优质高效、高产农业为主体，更多地贷给承包大户和种养（殖）专业户等。

收益分配

分配比例

奚村集体经济的集中管理和收益分配形式，是从初级社开始实行的。其收益分配原则，一是坚持国家利益、集体利益和社员利益三者兼顾的原则；二是坚持“各尽所能，按劳分配”的社会主义分配原则。初级社按地四劳六的比例进行分配，即收入的 40% 按土地分配，60% 按工分分配。高级社按人四劳六的比例进行分配，即收入的 40% 按人平均分配，60% 按工分分配。人民公社后，实行按“人七劳三”的比例进行分配，即收入的 70% 按人平均分配，30% 按工分分配。人民公社实行“食堂化”，社员把多年节省的粮食以及炊具、桌凳等生活用具都交给食堂，生产队的粮食也不分配给社员个人，集体吃“大锅饭”。食堂刚成立时，吃饭不要饭票，也不定量，吃多少给多少。后来改为定量供应，分为 5 个等级：1 至 3 周岁，4 至 6 周岁，7 至 9 周岁，10 至 15 周岁，16 周岁以上，各等级的饭票数量不一。16 周岁以上的成年人每人每年按 180 千克粮食计算。主食一般是混合面（小麦或杂粮）煎饼，纯粮窝窝头，熟地瓜，还能喝上地瓜萝卜粥。菜肴是腌咸菜、大葱、大蒜，有时炖白菜、炒萝卜，很少吃上猪肉、鸡蛋。当时的包工活，谁干的多、干得好，就奖谁 1 张窝窝头饭票。1959 年麦季歉收，食堂开始增加“副食”。“够不够三百六，不够地瓜胡萝卜凑”，当时 2.5 千克生地瓜顶 0.5 千克粮，5 千克胡萝卜顶 0.5 千克粮，饭量大的少吃粮，多吃地瓜、胡萝卜、青菜。但到了 1959 年冬季，仓库不仅粮食、地瓜没有了，连胡萝卜也没有了，食堂便使用玉米芯、地瓜秧子、豆秸、花生秧等磨成细粉，加工成“副食品”，美其名曰：“康福饼”。不久，食堂停办。因为社员大多没有余粮和柴烧，自留地也因缺乏适时管理，收获甚微。所以，失去了公共食堂的供给之后，广大社员便陷入了艰难的生活困境。为了糊口，不少社员刨开冻土，挖寻上年秋收残留地下已冻烂的地瓜、胡萝卜，四处搜集野菜、干菜叶、树叶、树皮等代“食品”充饥。从 1960 年起，国家发放倾斜的统销粮，每人每天 0.25 千克，且多为瓜干、杂粮。由于人们吃不饱，缺乏营养，人人都面黄肌瘦，肚子和腿部虚肿，几乎家家都有水肿病人。1960 年上半年又恢复了工分制，按参加生产队集体劳动所挣工分多少进行分配。工分成为村民赖以生活的依据，所以长期从集体获得物质分配，奚村流传着“工分工分，社员命根”的说法。在 1984 年推行农业生产责任制以前，社员的口粮，好年景每人平均 150~200 千克左右（麦季小麦 50 千克左右，秋季杂粮、地瓜干子 80 千克左右），灾年收成不好，社员的口粮分配不到 150 千克。每个整劳动力的每日工值在 0.5~1 元左右。由于奚村粮食收成好，集体经济收入较高，所以工分值较高，村民的生活好于周边村庄。

中共十一届三中全会后，生产队按照各自不同形式的责任制落实情况，实行“人劳各半”“人四劳六”等向“按劳”倾斜的分配办法。落实家庭联产责任制后，在完成征购任务、农业税和集体提留后，剩下的全部归为村民自己所有。1984 年前，每年进行分配时，生产队都事先进行产量核实、严禁搞“超分配”，决算前进行工分清理、账目清理、现金物资清理，做到账实相符，按照国家、集体、个人三者利益兼顾的原则，制定收益分配方案，留足生产费用，适当提留公共积累，然后根据“按劳分配、多劳多得”的原则进行分配。一般留分比例是：初级社与高级社阶段，年终分配不低于年总收入的 60%，扣留 40%，其中 10% 作为公共积累，30% 作为第二年生产费用。人民公社阶段，分配 50%，扣留 50%，其中 10% 作为公共积累，40% 作为半年生产费用。

生产分配

农业合作社和公社化时的生产大队是二级所有单位，担负着对各生产队“五保户”“军属户”负担的平衡，干部等社务工分的记录和平衡，基础设施建设、农田水利建设等支出的记账和平衡，管理费支出和公益事业支出的平衡。在这一时期，奚村大队虽有副业，但由于是计划经济，队办副业的经营和发展空间很小，受到一定的限制，而各类会议费用、农田水利等基础设施建设用工支出、军属补贴等负担又较重，因此，生产大队每年都要重新修正一次分配方案，结算各生产队余缺找补。农业合作化时期，生产队由小队会计记录生产队账户。实际上交下拨总会计记录和结算生产队的平衡，余缺找补在初（高）级社进行。人民公社化初期，社员都吃食

1958 年，人民公社食堂

堂饭，实行“一平二调”，生产队之间的余缺找补也不很严格。1963 年，“四清”运动开始，每年的结算平衡较为严格，要接受贫协代表的查账监督，后改为社员查账代表监督。这一监督方式一直沿用 2017 年（现为民主理财小组）。每年初，大队要把国家粮食征购任务、农业税等分配落实到生产队，下达各项指标。年终对三者关系（国家、集体、个人）提出处理意见，要将大队下拨、社务工分、军属户、“五保户”等支出方案形式平衡到队，进行余缺找补。家庭联产承包责任制实行以后，村干部由工分制转为工资制，“五保户”供养、军属户优待也由村（大队）支付现金。

“文化大革命”后，奚村账务核算是以大队为基本核算单位。大队集体的用工分配制度，采取按耕地面积为主的向生产队分摊征用所属劳动力的办法解决。由于人口年龄变化较大，耕地面积相对稳定，因此按耕地面积摊派劳动力比较公平。这一摊派方式，从 70 年代开始以后稍有变动，除按面积摊派劳动力外，对复员退伍军人、家庭生活困难的农户等给予适当照顾安排。在用工结算上，农业合作化初期，村干部社员务工一般是以尽义务为主，后用工分为固定工和临时工两种。固定工主要是一些有经济收入副业单位和长期用工、大队主要干部等。这些用工每年初大队都要按面积分摊找平，年终由大队编造方案，总收入减去支出、按规定提留部分和税金，剩余部分按固定工分结算下拨生产队，生产队所得的下拨款等于固定工的每个劳动日乘以工分值。临时工主要是非生产性用工，如各类会议工分，农田水利、基建用工、军属补贴、计划生育、社务工等这些用工的产生，因无固定用工规定，如党员干部、计划生育对象和技术人员各生产队不同，只能作为平衡负担，到年终按面积分摊轧平，结算的方式是：生产队实有工分 -（总劳动工分 ÷ 大队总面积 × 生产队面积）= 生产队余缺。到年终时，由大队干部讨论决定工分值，并结算找补到生产队。临时工的工分值要低于固定工的工分值。

账务档簿

奚村账务核算是以大队为基本核算单位。“三账六簿”是生产队分配的基础，它全面记录生产队全年的经济收支情况，由会计负责做帐，现金由仓库保管员辅助。原始单据由生产队长签字后方可入账，账目经查账代表查后定期进行公布，全年进行 1 次清查核实后，方能编分配方案。分配方案是分配的依据，一般有现金分配方案和实物分配方案，先编造总方案，结算全队的收、支、留、分等数目，求出工分值和按口粮、工分、土肥投资的可分配实物基数，后编造分户方案，计算各户可得数。“三账六簿”是：

现金日记账 它是生产队会计的首要账册，由现金保管员按期将发票结报给会计，会计再将每笔收支分门别类记入账户，收付相抵，余额与现金保管员取得一致后，编制现金结报单，相互盖章签字。

分类账 以现金日记账为基础，包括其他账簿。将账册分门别类。主要科目为：收入、公积金、公益金、固定资产、社员投资、社员预支、生产成本、下年生产费、小农具添置等。账页中在发生的余额后面还设有分析栏。如生产支出科目的分析栏中要分种子、肥料、农药、管理费等明细，便于一目了然。

社员分户账 与分类账中的社员投资和社员预支对应，记录每户社员的投资明细和每季分配实物、现金借支预支等明细，使每户社员一年的收入和分配清楚在案。

劳动工分簿 记录社员全年所得工分，一般以户为单位，页中竖排劳动力姓名。劳动工分簿的记载，以点名册和按件计酬农活数为依据，按照点名册上的出工天数，对照每个劳动力的劳动底分，可以算出劳动力每个月的劳动工分。对按件计酬农活完成后，按预先评定的工分底分，分配到劳动力个人。可以 1 个月或半个月汇总 1 次，上墙或分户公布后，记入劳动工分账。按件记酬根据农忙农活情况，安排给社员劳作。

土肥投资簿 记录社员全年所投土肥金额，内设猪粪、人粪、鸡羊粪、草木灰等明细，一户一页。

实物分配簿 记录生产队每次分给社员的粮食及其折率，副产品（麦秸、柴草、萝卜等）等实物。粮食一般分小麦、玉米，因农忙收获季节晒场满足不了，所以收 1 天，分 1 天。留起标准粮食由专人负责晒干，计算所得折率。柴草物资以千克为单位计算。

财产登记簿 一般登记生产队所购置的财产及主要农机具，供清查和年终折旧用，与公积金和小农具添置分类科目相对应，便于年终结算。

物资登记簿 由仓库（物资）保管员上报会计，记录库存种子、饲料等和其他专项实物的变动情况。

现金登记簿 由现金保管员登记现金收付发生的单据记录，定期报给会计记账，一般为 1 个月结报 1 次。

以上账户每年都要换新账，新账开头要写明“上年结转”字样，末尾写上“结转下年”字样，账面过页要写明“过此页”和“承上页”；有些科目如生产成本、收入需要当年结清，要写上“转分配”而结平。

工分与工分值

工分是生产队会计记录社员每天上工应得报酬分数的简称，每年年底，生产队会计根据社员工分数总和计算出全年分红。当时，男劳力每天六七分工，女劳力四五分工，老幼病残一般一二分工。遇上丰收年景，效益好的生产队工分单价能值四五分钱，效益差的生产队三四分钱甚至两三分钱。

工分 “工分，工分，社员的命根”。工分凝聚着村民的汗水甚至泪水。大集体时，一家少则三四口，多则七八口甚至十来口人，靠的就是在生产队挣的这点工分养家糊口。孩子上学、穿衣购物、油盐酱醋等一应开支均包含其中。绝大部分的家庭那时由于老小多，靠生产队分的那点口粮根本不能解决一家人的吃饭问题。社员吃不饱甚至饿着肚皮干活是常事。工分评分一般用劳动日作为社员投入劳动的计量单位，1 个劳动日表明 1 个中等劳动力 1 天完成的劳动量。1 个劳动日再分为 10 个工分。计算工分数量的主要方法：

（1）按件记工，即按社员完成的工作定额确定应得工分。

（2）“死分活评”，即按照每个社员劳动力的强弱和技术高低评定每个工作日应得的工分，再根据劳动中的实际表现进行评议，确定加分、减分或按原定标准记分。

（3）“死分死记”，即按社员劳动力强弱和技术高低评定每工作日应得工分，再根据实际出勤时间记分。

（4）包工，即合作社或生产大队把一定的生产任务，按照工作定额预先计算出一定数目工分，包给生产队完成。最初是实行季节性包工称为“小包工”，以后出现了常年包工称为“大包工”。劳动者所得的劳动报酬多寡，取决于他本人参加集体生产所得的劳动工分多少和工分值的高低。

大队的干部班子成员及民兵，小队会计、保管员、军烈属、工属（在外有正式工作的干部、工人的家属）、“五保户”等，他们平时一般都不参加工分计核，年末小队统计工分时，小队会计把社员实际干活挣的工分加在一块，按劳力人数去除求出人平均工分，作为他们的基础工分，然后按平均工分偏高的分数再补给上述人员，当时叫做“补助工分”。年末分粮食、食物时，把平均工分加上补助工分的之和，作为实际工分去参与小队的全年分配。

工分值　工分值是以生产队为核算单位所计算出的工分价值。生产队的工分值和人均收入，在集体经营期间均比较低，而且队与队之间有一定差距。人民公社化以后，生产队单位工分值在人民币0.50元上下浮动。工分值的高低来自农产品的收益多少，与农产品产量、价格、副业收入、农业成本核算等密切相关。

20世纪60—70年代部分年份奚村收益分配情况统计表（一）

表　　　　　　　　　　　　　　　　　　　　　　　　　　单位：元

年份	总收入						各项费用支出							国家税收
	合计	粮食	林业	牧业	副业	其他	合计	粮食	林业	牧业	副业	管理费	其他	
1965	12809	10208			2532	65	4916	2373			2372	166		826
1968	48239	34043	14196				13420							1975
1975	91470	64034	1350	2450	21072	2564	30466	17250	505	2964	7367	357	2023	3670
1976	130987	84586	8406	1520	28260	8215	51235	32446	750	3230	11463	192	3154	3353
1977	118299	73008	2281	1402	35886	5722	58055	39210	490	3268	10721	190	4176	3483

续表

年份	总收入						各项费用支出							国家税收
	合计	粮食	林业	牧业	副业	其他	合计	粮食	林业	牧业	副业	管理费	其他	
1982	240276						55410							
1983	369160						70143							

20 世纪 60—70 年代部分年份奚村收益分配情况统计表（二）

表　　单位：元、人、个

年份	集体扣留				社会分配	参加分配人口（人）	参加分配工日（个）	平均工值	备注
	合计	公积金	公益金	储备金					
1965	2184	578	352	1254	5963				
1968	2257	820	597	840	30880	597			人均分配现金 15 元
1975	11639	7689	1550	2400	45695	701	9013	0.5	
1976	30940	10000	3900	17040	48812	708	101693	0.48	
1977	15917	7917	3000	5000	49933	716	99865	0.5	
1982									人均分配 206.72 元
1983									人均分配 302.00 元

粮油分配

农业集体化经营时期，奚村村民的粮食来源由国家统销粮和生产队种植所得两部分组成。集体种植部分俗称自产粮。由生产队组织的粮食生产及粮食分配涉及每个社员的切身利益，社员对于粮食数量的关注比任何一个时期都强。农业实行家庭联产承包责任制后，村民自产粮部分的数据统计准确性比较差。

分配口粮的标准　口粮是农业集体化经营时期的产物，口粮分配标准的决定权在初（高）级社生产大队。社员口粮分配以“按需为主，按劳为辅”为原则，即原则上按社员年龄定粮，俗称“以岁定粮”。在口粮的分配和农副产品的分配上，有两种人得到适当照顾：一种是劳动强度大的整劳动力，体力消耗量大，一般单身汉相对高一些；另一种是独个劳动力，子女小，家庭吃饭人口负担重的相对高一些。1958 年开始提出"吃饭不要钱，放开肚皮吃饱饭"的口号，实行伙食供给制，大办食堂。社员在食堂用餐，粮食由食堂控制，不分配给社员。1960 年上半年，口粮分配重新恢复。1962 年，确立三级（公社、大队、生产队）所有，以队为基础，以生产队为基本核算单位，使组织生产和进行分配的单位统一起来，生产队实行"四固定"（劳力固定、土地固定、耕畜固定、农具固定），各项分配得到落实。1964 年，粮食分配实行"新三定"（定产、定购和定销）。"新三定"的计算方法与"老三定（定产"就是根据粮田单位面积常年产量，作为计算粮食购销任务的基础。"定购"就是根据粮食定产数量，扣除农业税和农民自用的种子、饲料和口粮，计算出农民一年应有的余粮数量，然后按余粮的一定比例确定国家对农民的购粮数量，由农民在收获后按照国家规定的牌价交售给国家。"定销"就是评定农民的缺粮数量，国家按照销售牌价给予供应。）基本相同，一是按田亩、田方、田块分上中下 3 个级别制订好粮食产量；二是生产队核定人口，以岁定粮，计算好每户基本口粮；三是留足种子、饲料、储备粮、机动粮；四是核定落实上缴国家粮任务。所以，以岁定粮标准，大队以下各生产队完全统一。1983 年村取消口粮分配。

口粮来源 奚村自 50 年代起至 90 年代粮食市场放开止，社员（村民）口粮由国家统销粮和自产粮两部分组成。村民凭粮票向粮站购买。国家统销粮，每年由大队（村）逐级上报以岁定粮数，经县（区）粮食局核定审批、下达包干指定销数。具体发放过程如下：大队会计根据本年度粮食种植面积和按年龄规定的口粮标准，算出国家统销粮供应数，经公社（乡）粮管所专管员查验后，报请县（区）粮食局核定，下发粮票，由大队进行分配，一般分 9 月和年终两次由生产队会计核算发放到户。村民凭粮票到粮站购买，购粮款由村民自负。

自产粮是由生产队集体生产的粮食。集体粮食的分配以生产大队为单位，基本上由种子、饲料、储备粮、其他用粮、社员分配等五部分构成。粮食分配中，生产队对"三定"政策的落实，因各自的具体情况不同略有差别。如果生产队 3 年中出生、死亡、出嫁、娶进相抵，人口平衡，社员的包干口粮就没有变化；相反，包干数就出现增减。公社以上的各政府部门人员到下面都由大队接待，耕作机械、机井房等生产资料都由大队统一管理和维修，这使得生产队一年中其他用粮支出并不多。

所以，其他用粮在生产队粮食分配中占的比例很小。生产队其他用粮主要用于特殊工种的补贴，补贴的工种有因公外出，如挖河、挖矿、维修场屋等补贴。以 1975 年粮食分配为例：集体良田面积 0.44 平方千米，粮食单产 440 千克，总产 290808.5 千克。其中国家征购 75541.5 千克，奚村集体扣留 56403.5 千克（种子 7400 千克，饲料 27979 千克，储备粮 10000 千克，专项用粮 3624.5 千克），分给社员 158863.5 千克。按人口分配 111504.5 千克，按工分分配 47309 千克。

食用油分配 50 年代，村民食用油主要是豆油，但也有少量的棉籽油。农业集体化经营时期，食用油分配主要是生产队豆油的分配。社员分配食用油采取按劳、按需分配并举原则。按需部分每人每年确定一定数量人口油，其余按劳分配。整个农业集体化经营时期，食用油比较缺乏。一方面食用油的来源单一，仅限于豆油和猪油，而两者都受到国家征购任务的限制。猪油因出栏的猪以生猪交售国家为主，自宰量很少，有的年份还不允许自宰，只分一部分肉票，猪油来源就不多。由于食用油缺乏，菜都是放在锅里清蒸的。豆油因有国家统购任务，且国家对超任务完成的给予“超售加价”奖励，以促使生产队多交售，支援国家建设。集体收获的大豆，除用于国家统购任务及集体其他支出外，一般是由生产队将大豆榨油，豆饼归生产队作饲料、肥料，豆油分给社员，但分配给社员的并不多。为了弥补豆油的不足，村民在冬季大多自己熬点猪油，熬好后放在罐里，吃饭时用筷子挑一点到清蒸的菜里一拌；有时在玉米煎饼中或把煎饼泡到开水碗里，用筷子蘸点猪油放入其中。实行家庭联产承包责任制后，国家大豆统购任务不再下达，村民责任田上种植的大豆用于自给，豆油成为村民最主要的食用油，不够部分或不种大豆的村民向市场购买调和油、花生油等。

“五保”老人供养老年人补贴

1956 年，奚村实现了农业合作化，对鳏、寡、孤、独村民采取补助劳动日的办法，供给费用从公益金中支付，由村集体对其实行“五保”，即保吃、保穿、保烧、保住、保养的“五保”户制度。1958 年，西仓公社办起了敬老院，当时全村“五保”对象全都入院供养。1960 年后，因三年自然灾害等原因，敬老院解体，但仍将分散供养的“五保”对象作为国家救济的主要对象。1963 年，“五保”供养提取公益金为 40.6 元。1966 年至 1976 年期间，五保供养水平尚能达到一般群众的生活水平。1980 年后，大队利用空闲的知青房办起了敬老院，对部分“五保”老人实行集中供养。敬老院配有院长、会计、服务员、炊事员等工作人员。1990 年，由于规划建房需要，村委会在村中坑南沿重新规划建设老年人幸福院，房屋为砖瓦结构，东西一排带院落。后来由于“五保”老人减少，加之管理不善，将“五保”老人改成分散供养或安置到镇敬老院集体供养。村“五保”老人分散供养标准提高到每人每年 3300 元，集中供养标准提高到每人每年 4500 元。2012 年，枣庄市财政对不符合农村“五保”条件的困难老年人纳入农村低保保障范围，并给予较高差额补助。对参加新型农村合作医疗的老年人，免除其中 70 周岁以上老年人和 69 周岁以下纳入低保范围老年人的参合费用；减免 60~69 周岁未纳入低保范围老年人 50% 参合费用，每季度由镇医院派医生到村为老年人进行一次健康查体。2012 年枣庄市财政为百岁老人发放长寿津贴，2014 年百岁老人长寿津贴，由原有的每人每月不少于 100 元增加到每人每月不少于 200 元，并以 100 周岁为基数每增加 1 周岁每月再增加 10 元长寿津贴。对 90~99 周岁老年人每人每月发放不少于 60 元的高龄补贴，对 80~89 周岁老年人每人每月发放不少于 30 元的高龄补贴。

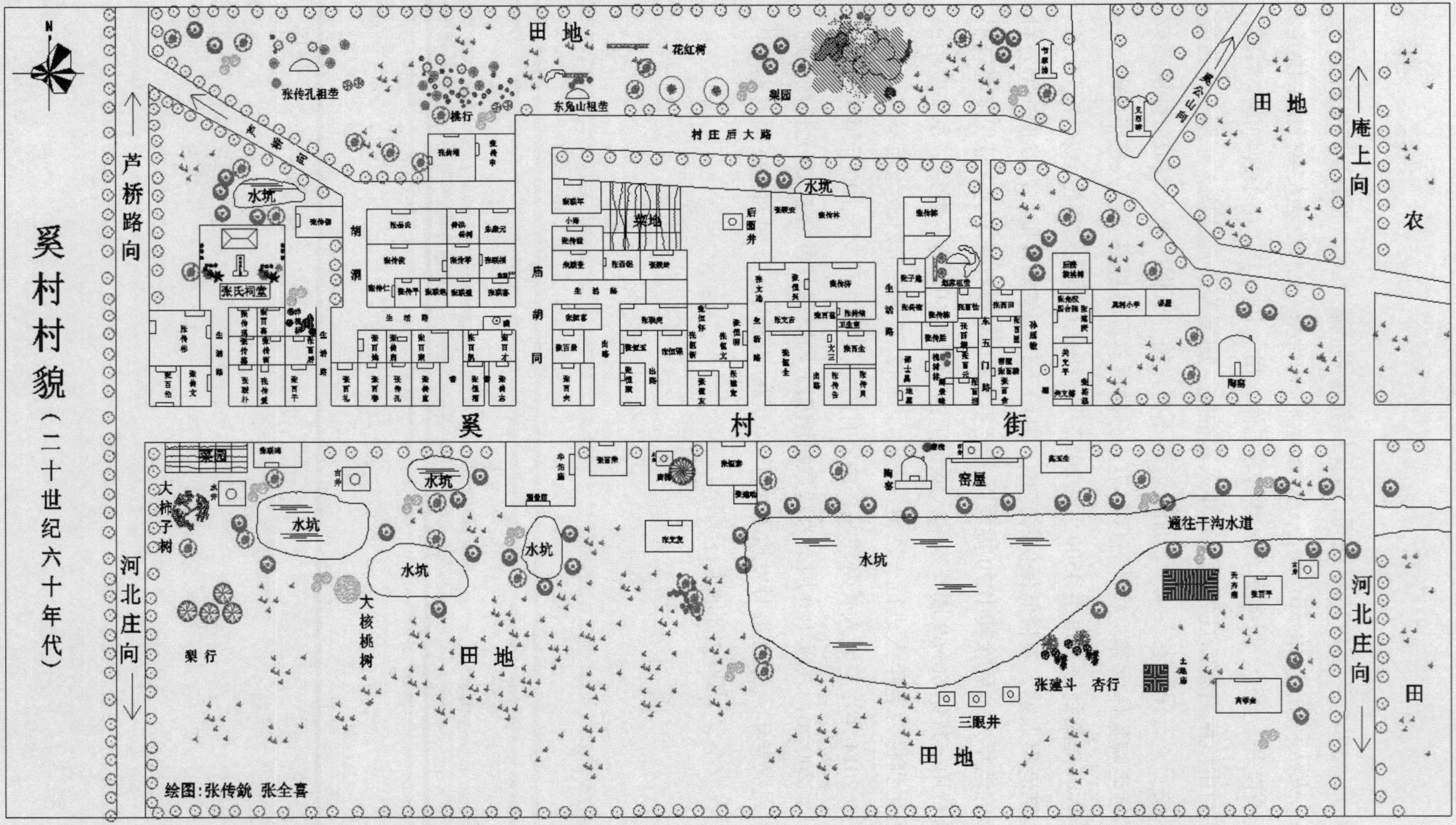

奚村 20 世纪 60 年代村庄平面图

齐鲁名村志
QI LU MING CUN ZHI

奚村志
XI CUN ZHI

村庄建设

CUNZHUANGJIANSHE

村庄变迁

村庄改造

奚村之地原为夏奚仲封邑—奚邑，奚仲后裔迁邳古薛国消亡后，奚邑废。春秋时，奚邑渐湮为村落，元时居住民情况无详实资料考证。明洪武二年（1369），晋民张良落居此地，张氏遂在此繁衍生息，人烟开始兴盛。《滕县志》（明万历二十六年版）记载：“……奚村为（滕）县东南60里较大村落”。

奚村坐落于千山脚下的冲积平原区，村围在老薛河支流（薛河分支）与蟠龙河之间。解放前，奚村是一个二三百余人的村落。旧时交通相对封闭，村民多以草房聚族而居。新中国成立后，奚村的人居生活环境得到改善。60年代，村内仅有一条东西向街道，俗称“奚村街”，全村上百户人家仅有几户居住在村外，居户相对集中。

奚村村庄规划现状图

由于建房取土，村内存有数个土坑塘。

中共十一届三中全会以来，随着社会的发展和人口的增加，旧村垣已不能满足村民的居住需求，住宅不断向奚村主街道以南、以东延伸拓展。1984 年前后，奚村村“两委”实施了大规模的旧村“排房化”改造，路成网、房成排、村落方整，成为那个时代的特征。

2000 年和 2015 年，随着社会的发展和村民的生活富裕，奚村又先后进行了两次较为集中的旧村改造，供电、供水、通讯等一应俱全。中共十八大以来，在陶庄镇党委、政府的主导下，奚村开展了新一轮农村建设规划，完善了生活区、休闲区、生产区等功能分区，形成了“六横十四纵”的道路框架格局。与解放初期相比，村庄面积扩大 1.5 倍。生活居住功能提升，村庄管理科学规范，村居面貌焕然一新，一个欣欣向荣、充满生机、生态文明的现代化新农村展现在世人面前。

住宅变迁

新中国成立前，奚村占地 90% 以上的村民住房以土坯草房为主，草房占地大多长 10 米、宽 4 米左右，土坯垒垛，以土打墙，布局较为凌乱。全村人均住房面积不足 5 平方米，房舍低矮阴暗，不少家庭几代同住一室，仅有少数地主、富农住有大宅院，房舍讲究。坐北朝南的四合院，最前面三间大门留在中间，两边是耳房（看门的和打杂的居住），进了大门东西两边是厢房（西厢房住着丫鬟，放一些生产用具和杂物；东厢房仅来往客人居住），地主住堂屋，堂屋有客厅、餐厅、书房和卧室。院子中间放上几口大缸，缸里盛满水主要是为了防火。有钱的地主盖有两进、三进的院落，他们在后院中设有花园，花园里种植各种各样的花草，假山是工匠师傅们用奇形怪状的石头叠起来的，鱼塘里养有莲花，水里游着各种各样的金鱼。假山、鱼塘之间以长廊相连，建有赏花、观山、看鱼的亭台。盖房用的木料非常讲究：枣脊榆檩，杏门看窗。就是用枣木做屋脊棒，榆木做檩，杏木做门，香椿木做窗户，寓意早早的把余下粮食囤积起来，踏过兴旺发达之门。躺在卧室的床上，一阵风儿绕窗而入，带着香甜的气息扑面而来。新中国成立后，村民生活有了一定改善，住房陆续拆旧翻新，但仍以土墙草房为主。60 年代，多为“马褂子屋”，即半草半瓦。70 年代初，瓦房逐渐普及，但仍为砖墙、石墙、半土墙的主体结构。因无统一建设规划，加之建房取土，改建新建的房屋基向各异，宽窄不同，高低不齐，村内道路随高就低、弯曲狭窄，村容村貌改观不大。

1980 年以前，村民住房比较紧张，三代同堂现象相当普遍。3 间房屋，一堂两公婆及子女居一屋，子、媳另居一屋的情形比比皆是。有的人家儿子成婚，媳妇进门之后即在外赁房居住；有的人家弟弟将对象领进家门，要等兄长、嫂子从家中搬出后自己才能完婚。一套住房，弟兄几人轮流做新房，兄嫂前脚搬出，兄弟紧接跟进当作洞房的户数也不算少。1980 年之后，村里开始规划宅基地，村民建新宅越来越多。新居建成后，晚辈迁出，老辈居住房屋越来越宽松。进入 21 世纪之后，随着城镇化进程的加快，村民因孩子进城上学、务工、经商等原因，进城购买商品楼房的逐年增多，村中出现了“空心院”，形成空巢老人留守旧院现象。

土坯建房工艺

新中国成立前，奚村房屋建设结构普遍是三行瓦、提门提窗，好多农户挑 3 间土泥墙。由于家境贫困，大多只能建起两间，大门框套小门。一般是过几年后，待经济条件允许后再换成双扇门，有的农户直到那间墙因雨垮塌也未能建成。建房时，建筑师傅放好线后，按线开挖墙基槽，用从山上拣回来的石块砌上地面，然后就地取土、用水洇透，撒上碎麦穰和泥。等麦穰泥和好后，用专用的铁叉在做好的墙基上挑泥墙。由于泥软，一次只能挑 50 余厘米就得停下，晾一下用叉把凸出的地方劈下来，工匠师傅称之为刷墙，1 栋房子通常要挑五六次。如果天气好，一两个月能把墙挑好。老百姓盖房子通常

20 世纪五六十年代村民住房（摄于 2016 年 9 月）

20世纪60年代建设的村民住房（张联洪老宅，摄于2017年6月）

都是盖3间，主要是因为“四道山墙”不好听（寓意四三无业）。等把墙挑好后选木料做梁头和屋棒，工匠师傅先把檩架好后，再把脊棒和檐棒架上，把棒两端稳固好，用秫秸扎好的把子由脊棒向两边折开至两边屋檐，然后用洇透的稀泥掺上麦糠和好，用铁锨铲到把子上，用抹子抹平。最后一道工序就是叠屋脊。屋脊一层一层叠上来，一般脊顶叠接近0.001千米厚，然后用抹子把和好的麦糠泥抹平，这也是工匠们所说的草屋一道脊，即是从东山头至西山头一条线，用现在的水准可以测出脊顶有东山头至西山头连同整个脊顶是平的，这样就算把房子盖好了。那些能工巧匠们还有一项绝活，那就是找来一根木棒在檩下把屋脊顶好，再用比较粗的铁条把前后檐拉紧以后用锯子把木梁头锯下来、把锯下来的木料用锯子拉开之后，可以做门或窗用，此工艺就是人们常说的“偷檩换柱”。

土坯泥墙最怕风吹雨淋，工匠们采用高粱蘸着和好的泥浆，一层一层粘到泥墙上，用来防止风吹和雨水的冲刷，可要是遇到大暴雨仍会被雨水冲落下来，房顶和屋檐也成了麻雀安家的窝，闹得房子成天漏雨。对此，工匠们想出新的应付办法：在盖好的房子外墙上，开始用砖镶嵌，先立砌两行，然后用小镢头掏，等把土掏出后再卧砌一行。就这样，依次前后檐镶到檐下，东西山墙镶到山尖顶部。此工艺被称为“砖包墙”，老百姓也称之为“里生外熟”，即墙内是生土，外包的是烧制的熟砖。工匠们把房屋后檐先扣上两三趟瓦，然后再用麦穰或山草往上一层层叠上去，东西两个屋山头也用瓦扣上，此工艺称为“四檐青”“瓦包头”。（当时的砖瓦为泥制，用柴草烧制呈清灰色）。改建后的房屋依旧是高低不同、宽窄不同，院落的大小也不一样。因为没有运输工具，村民建房都是就近掘坑取土，全村落下不少大大小小的坑洼，从而导致道路弯曲狭窄，甚至有不少死胡同，村容村貌也没有多大改观。

砖混结构工艺

70年代后期，村庄经济开始好转，村内逐渐兴起建房热。自1982年开始，村大队结合住户老宅的实际情况，参照东仓村的排房化建设，聘请专业建筑人员张联峰组织规划施工，在旧村址上削高垫洼、平沟填塘，统一规划，统一测绘，统一建设，并制定了建房鼓励政策：凡按照村里统一规划、统一标准建设的砖瓦房，每座房给予2000块低价砖（本村有砖厂，对外出售0.05元/块，对村民出售0.015元/块）和奖励资金800元，由村建筑施工队统一按标准施工建设。建房工分由生产队出（村里给工分，每天10分，每分0.1元左右。实行家庭联产承包责任制以后，取消工分制，每建一座房子工钱36元）。宅基地申请程序：凡家中男孩年满18周岁，户主提出申请，

奚村的农家小院（张联套庭院，摄于2017年6月）

村民委员会研究通过后，报西仓公社（后改为夏庄乡）政府批准，发放建房证，建房证上标注地理位置及四至范围，持证建房。

砖瓦房由村统一规划，村建筑队统一基础放线。每户宅基地南北长 16 米，东西宽 13 米，占地面积 208 平方米，各排房屋标高基本相同，前后排稍有差别，前排房屋比后排房屋必须低一砖（约五厘米），特别人性化。基础放线一般由张联柱负责，然后开挖地基，待基槽挖好后用夯夯实，地皮以下用毛石填平，出地面用块石砌垒四层石，基座厚度为 30 厘米，高度为 88 厘米，俗称“88”基座，上立砌一层砖，俗称虎头砖，至窗底正好 1 米高，均为基座。砌砖时，以基座内口齐，外留台，砌至规定高度开始出檐，待山头开始起脊、山墙砌垒完毕，开始上檁。檁的材质根据家庭条件而做，有木质的、钢筋的，还有角钢的不等，构造基本相同，檁稳牢后上棒。棒基本上由木棒改用水泥棒，土烧泥瓦换成了水泥瓦（当时，土烧泥瓦工序繁琐，用的时间过长，村里采购员张传成从外地引进脱水泥棒、脱水泥瓦，此工艺用时短、产量高、价格适宜，村民普遍接受）。檁、水泥棒装稳后，用秫秸把子（也有用苇箔的）由脊向两边屋檐劈开至屋檐，把子排好后用麦糠泥抹平，此时的麦糠泥加以白石灰（因为白石灰能防止虫蛀）开始由下到上来卡瓦，前后同时进行，有掌檐的、协腰的、掌脑的，大家分工明确、各负其责，一般前面由张联柱掌檐，后面由张传盈撑檐，等把瓦卡完脊顶用脊瓦扣好，然后用麻刀灰把缝抹好，把两个山头瓦上用砖压好，这样一座房子就算齐工了。最后开始抹墙皮装修。那时都是清水墙，即一层丁砌，再一层刨砌，内墙用沙灰抹平，外墙抹缝，地面铺砖或水泥磨平，玻璃门窗通风采光，居室设计趋于合理，宽敞适用，主辅分开，客卧各居。随后的几年里，村民建新房达到高潮。经过几年的建设，村容村貌彻底改观，全村普遍建起了砖混结构的排房，实现了由土坯草房、半砖草房向砖瓦房过渡的历史性转变，成为薛城区达到住宅排房化标准的先进村。

进入 90 年代以来，随着人们生活的不断提高，人们对住房有了更高的要求。全村普遍拆旧房、盖新房，特别是 2000 年之后，住房平楼化、楼房多层化成为建设的主流。平房、楼房大多采用立柱框架式混凝土结构，中间为砌块或烧制砖填充，建筑面积多在 100 平方米左右，室内卧居、炊房、卫浴等功能布局齐全，室外配房与院墙、大门相连，自来水管、电视网线等一应俱全。截至 2017 年 8 月，全村建有房屋 370 余套，人均住房面积 46 平方米，平房建筑占村总房数的 85% 以上。

奚村村庄地籍图宅基地土地权利人情况一览表

表　　　　单位：米、平方米

地权人	丈量距离				总面积	方位	地权人	丈量距离				总面积	方位
	后墙	前墙	左墙	右墙				后墙	前墙	左墙	右墙		
张永乐	15.59	15.36	14.72	14.79	229.59	北一排	张联芝	14.92	14.80	14.78	15.00	220.37	北一排
张恒志	15.01	15.30	14.79	14.78	226.18	北一排	张联玉	14.86	14.86	15.00	14.95	222.33	北一排
张传行	14.69	14.80	14.78	14.82	218.19	北一排	张庆国	12.61	15.11	14.95	15.22	230.00	北一排
张传行	15.38	14.98	14.82	14.96	227.95	北一排	张联芳	15.81	15.69	15.22	14.80	239.63	北一排
张亮亮	14.71	14.95	14.96	14.88	221.21	北一排	张　凯	12.60	15.03	14.80	14.89	220.00	北一排
张传存	15.18	14.93	14.88	14.78	221.58	北一排	张联喜	14.80	14.95	14.89	15.25	225.24	北一排
张宝强	15.67	15.49	15.05	15.00	234.16	北一排	张联存	14.85	14.94	14.62	14.53	217.07	北一排
朱启利	15.70	15.36	15.00	14.94	231.38	北一排	张茂祯	15.26	14.88	14.53	14.64	218.63	北一排
赵庆真	15.37	15.51	14.94	14.70	229.72	北一排	张百迎	12.62	12.61	14.64	14.53	185.01	北一排
张延成	13.70	15.60	14.70	14.79	229.76	北一排	张联君	13.43	13.64	15.91	15.93	215.45	北二排
朱成华	15.48	15.50	14.79	14.83	229.36	北一排	张　玺	12.84	12.70	15.93	15.95	202.59	北二排
张传斗	15.40	15.41	14.83	14.73	226.55	北一排	张艳婷	13.32	13.18	15.95	15.82	210.39	北二排
张联国	15.54	15.59	14.73	15.13	236.85	北一排	张联浩	12.86	13.13	15.82	16.08	207.21	北二排
张　兰	15.55	15.59	15.13	14.71	230.66	北一排	张　峰	13.09	12.96	15.82	15.82	208.39	北二排
张百洪	12.59	15.12	14.71	14.81	223.09	北一排	张联敏	13.08	13.30	15.82	16.01	206.72	北二排

续表

地权人	丈量距离				总面积	方位	地权人	丈量距离				总面积	方位
	后墙	前墙	左墙	右墙				后墙	前墙	左墙	右墙		
张传能	14.85	14.86	14.81	14.74	219.49	北一排	张联文	13.04	12.69	15.89	15.89	209.80	北二排
关传军	15.27	14.97	14.74	14.64	222.07	北一排	张传迎	13.19	12.35	15.89	15.84	207.53	北二排
曹继荣	12.46	15.13	14.64	14.62	219.29	北一排	刘学兰	12.85	12.83	15.91	15.97	206.33	北二排
张庆民	13.14	12.52	15.97	16.15	211.28	北二排	高秀英	12.95	12.89	16.09	16.10	207.93	北二排
张庆标	12.89	12.84	16.18	15.75	203.54	北二排	关永永	13.12	13.10	16.05	15.94	209.31	北二排
张庆运	13.13	12.41	15.75	15.58	209.38	北二排	张传能	13.11	13.14	15.94	15.94	207.60	北二排
张庆海	13.06	12.65	15.77	15.70	205.37	北二排	张百洪	20.33	19.00	10.38	10.31	210.37	北二排
张传允	13.10	13.33	15.70	16.16	209.55	北二排	张传军	13.64	13.83	15.96	15.96	219.17	北三排
张联绍	12.96	13.14	16.13	15.81	208.39	北二排	张联海	12.70	12.36	15.96	16.04	201.36	北三排
张联舟	13.18	12.97	15.81	15.88	206.19	北二排	张传银	13.18	12.02	16.00	16.10	201.70	北三排
张传平	13.22	13.10	16.08	16.01	211.07	北二排	张联海	13.13	14.27	16.10	18.97	266.88	北三排
张百锋	12.81	13.05	16.01	15.93	206.46	北二排	张庆柱	12.96	12.91	16.05	16.01	209.02	北三排
田大芳	12.86	12.48	16.02	16.09	206.46	北二排	张联强	13.00	13.10	16.01	15.80	210.73	北三排
张军锋	13.10	12.38	16.09	15.97	212.20	北二排	张联怀	12.69	12.74	15.91	15.71	201.05	北三排
侯宗玲	13.31	13.24	16.04	16.09	213.22	北二排	孙晋美	12.35	13.28	15.71	16.13	217.40	北三排
朱启全	12.83	13.04	15.94	16.07	206.98	北三排	张联广	12.89	12.90	15.98	16.14	207.09	北三排
王广玲	12.52	13.76	16.07	16.02	218.40	北三排	张　磊	13.10	12.93	16.07	12.46	210.20	北三排

续表

地权人	丈量距离				总面积	方位	地权人	丈量距离				总面积	方位
	后墙	前墙	左墙	右墙				后墙	前墙	左墙	右墙		
张联臣	12.84	12.95	15.94	16.08	208.44	北三排	张茂峰	11.76	13.18	12.46	15.94	210.56	北三排
张百继	12.41	12.95	16.08	16.10	209.77	北三排	张联明	13.16	12.13	16.05	16.00	201.65	北三排
张百继	12.65	12.75	15.75	15.29	201.44	北三排	张传让	19.00	18.93	6.34	10.54	197.92	北三排
张传允	13.33	13.06	15.29	14.95	199.53	北三排	张联法	18.93	18.91	11.97	10.49	200.29	北三排
张裕宽	13.14	12.70	15.71	15.58	201.66	北三排	张联强	13.83	13.12	16.07	16.02	216.02	北四排
张联庆	12.97	12.25	15.58	15.70	206.95	北三排	张联柱	12.36	13.10	16.02	15.87	202.87	北四排
张海东	13.10	13.10	15.96	13.97	209.73	北三排	张联根	12.02	12.45	15.92	15.91	194.77	北四排
田大芳	13.05	12.85	13.97	14.16	181.68	北三排	张联昌	12.91	12.92	16.10	16.24	208.25	北四排
张传让	12.38	13.44	16.16	16.16	217.27	北三排	张联杰	13.10	13.38	16.24	16.12	213.34	北四排
张联广	13.24	13.20	16.18	15.98	212.56	北三排	张联贵	12.74	12.84	15.89	16.19	210.01	北四排
张联济	13.28	13.04	16.19	16.28	213.63	北四排	张传良	12.93	12.79	15.98	16.12	206.37	北四排
张联斗	13.04	12.84	16.17	15.98	207.98	北四排	张　玺	13.18	11.01	16.12	16.01	212.95	北四排
王广兰	13.76	13.33	15.98	15.99	222.08	北四排	张海成	18.91	17.32	10.72	10.62	200.42	北四排
张联金	12.95	13.03	15.88	15.95	208.34	北四排	张炳辉	17.32	16.94	10.72	10.31	177.34	北四排
孙思荣	12.95	13.03	15.95	15.98	207.45	北四排	张　合	13.12	12.91	16.22	16.35	211.92	北五排
张　强	12.70	12.16	16.00	15.93	197.19	北四排	张传敏	13.10	13.09	16.35	16.38	214.24	北五排
张庆河	12.25	13.30	17.14	15.93	214.47	北四排	张传金	12.45	14.05	16.33	16.50	227.35	北五排

续表

地权人	丈量距离				总面积	方位	地权人	丈量距离				总面积	方位
	后墙	前墙	左墙	右墙				后墙	前墙	左墙	右墙		
辛保真	13.10	12.70	15.93	15.90	205.13	北四排	祠堂	15.22	13.86	17.86	17.97	242.05	北五排
李后兰	18.40	—	16.22	—	146.62	北四排	邵士兰	12.92	13.00	16.23	16.18	209.98	北五排
张传让	13.44	12.15	15.66	15.58	210.67	北四排	王茂平	13.38	13.39	16.18	16.01	215.38	北五排
张　伟	13.20	13.12	15.91	16.04	210.18	北四排	张鹏程	13.16	13.18	16.10	15.52	208.96	北五排
张海成	12.90	12.83	16.04	16.04	207.16	北四排	张庆敏	13.04	13.10	15.52	15.85	208.59	北五排
张庆超	12.84	13.30	16.20	16.15	217.15	北五排	张百强	12.79	12.80	15.76	15.88	204.54	北五排
张传云	13.33	13.43	16.15	16.07	215.55	北五排	张　杰	12.85	13.05	15.88	16.13	208.99	北五排
张传敏	13.03	13.14	16.10	16.06	209.59	北五排	关传新	12.80	11.80	15.91	14.61	187.91	北五排
张联岭	13.15	12.91	16.06	15.94	209.18	北五排	关传新	16.94	16.94	10.79	10.74	182.35	北五排
张　刚	12.16	11.88	15.79	16.45	193.61	北五排	张迎春	15.03	15.29	15.99	16.65	248.19	南一排
孙茂秀	13.30	13.29	16.45	16.43	218.52	北五排	张安稳	13.50	13.34	16.65	16.83	223.25	南一排
张庆奎	12.70	13.03	16.09	16.17	207.47	北五排	张联印	13.49	13.64	17.06	16.95	230.64	南一排
张庆军	13.82	13.36	16.17	16.51	221.73	北五排	张改革	12.63	12.74	16.95	16.95	215.00	南一排
张　燕	11.92	12.28	10.93	11.09	133.11	北五排	张传国	12.81	12.82	16.86	16.83	215.96	南一排
杜云英	13.54	12.10	16.10	16.51	197.61	北五排	张开心	13.55	13.43	16.83	17.13	232.37	南一排
张传后	13.12	12.67	16.16	16.17	209.05	北五排	张联瑞	13.07	12.10	17.17	17.17	217.03	南一排
张　辉	12.83	13.06	16.27	16.17	209.03	北五排	张联付	13.41	13.52	17.17	17.32	230.25	南一排

续表

地权人	丈量距离				总面积	方位	地权人	丈量距离				总面积	方位
	后墙	前墙	左墙	右墙				后墙	前墙	左墙	右墙		
刘崇科	13.73	13.81	17.57	17.10	238.49	南一排	张联刚	13.09	12.05	17.14	17.23	216.51	南一排
张　强	13.74	13.21	16.26	16.36	220.15	南一排	孙　辉	13.15	13.18	16.11	16.09	210.35	南一排
张联庚	13.57	13.88	16.31	16.54	225.38	南一排	张海龙	12.98	13.01	16.09	16.18	210.47	南一排
张联庚	12.46	12.01	23.27	23.39	289.45	南一排	张裕明	13.05	12.20	16.18	16.04	209.56	南一排
张百印	13.46	12.87	19.45	19.44	257.12	南一排	张裕明	13.03	13.16	16.12	16.19	212.33	南一排
张百利	12.95	13.01	16.02	15.98	207.71	南一排	张联新	15.75	14.14	16.19	15.48	250.43	南一排
张联锁	12.12	12.24	16.13	16.13	196.43	南一排	张百锋	15.29	15.10	15.89	15.92	242.56	南二排
张　亮	11.80	13.24	16.13	16.03	213.97	南一排	张联生	13.34	13.10	15.92	15.97	214.19	南二排
张联洪	17.18	18.67	16.95	16.21	306.84	南一排	张四权	12.82	11.86	15.83	16.73	206.07	南二排
张海龙	6.87	6.63	16.25	16.21	109.54	南一排	张联昌	13.43	13.67	16.73	10.20	156.02	南二排
关传友	13.09	13.46	16.06	16.15	212.98	南一排	金秀云	12.98	12.73	16.04	16.18	189.89	南二排
季双梅	13.20	13.56	16.10	16.12	213.23	南一排	金秀云	9.53	9.05	16.18	15.73	148.60	南二排
朱齐者	13.81	13.85	16.05	15.43	228.87	南二排	高　峰	13.01	12.89	16.02	16.01	208.70	南二排
张传生	13.21	12.54	15.43	16.15	208.52	南二排	高　峰	12.91	13.14	16.01	16.01	206.71	南二排
孙元真	13.88	13.58	16.01	—	182.94	南二排	张联后	13.16	13.18	16.05	15.95	208.69	南二排
张百印	12.87	13.31	13.51	13.28	176.85	南二排	关传友	14.14	12.86	15.95	16.15	228.61	南二排
张恒业	13.01	12.93	16.70	16.20	214.37	南二排	张联纪	15.05	16.21	13.32	12.89	212.56	南三排

续表

地权人	丈量距离				总面积	方位	地权人	丈量距离				总面积	方位
	后墙	前墙	左墙	右墙				后墙	前墙	左墙	右墙		
张百谱	3.98	4.07	—	—	20.15	南二排	张庆全	13.10	12.36	12.89	12.83	166.87	南三排
张百永	12.91	12.88	16.03	15.95	206.21	南二排	张永秀	12.54	13.19	15.97	15.06	201.10	南三排
张　刚	13.45	13.43	15.95	15.94	214.23	南二排	张家贺	12.02	13.01	15.06	14.73	195.63	南三排
张联河	13.46	13.32	16.01	16.01	212.54	南二排	张家振	11.46	10.03	16.49	16.20	193.83	南三排
张联刚	13.36	12.52	16.01	15.99	202.57	南二排	张传水	12.59	13.03	16.20	16.36	212.79	南三排
张联东	13.04	13.07	15.81	16.01	204.40	南二排	张联营	12.84	13.11	16.07	16.06	210.50	南三排
孙宝国	13.18	13.41	16.01	16.95	228.98	南二排	张百强	13.09	13.12	16.06	16.18	211.14	南三排
张联强	12.85	12.88	16.23	15.41	211.13	南三排	关传允	12.89	12.87	16.08	16.26	208.22	南三排
高学兰	12.54	13.07	15.41	16.27	218.24	南三排	孙延彩	13.14	13.30	16.26	16.35	214.71	南三排
张百锋	12.20	12.47	16.42	16.35	202.18	南三排	关继峰	11.50	11.71	16.27	16.20	189.32	南三排
张　林	13.90	12.52	16.35	16.51	230.25	南三排	关继海	14.44	14.55	16.20	16.01	262.57	南三排
张　涛	13.31	13.36	16.04	16.11	216.09	南三排	张联刚	12.93	13.10	14.95	15.01	195.02	南三排
张百军	12.93	13.12	16.11	16.23	210.64	南三排	张　波	13.61	13.30	15.01	15.31	205.66	南三排
张联存	18.96	18.89	18.03	19.88	346.16	南三排	张联敏	12.76	12.75	15.00	15.10	192.98	南三排
张传顺	5.26	5.16	9.59	9.98	35.94	南三排	张联昌	13.52	13.32	15.10	15.09	201.69	南三排
张春明	12.88	12.95	15.96	15.90	205.79	南三排	张　帅	13.51	13.24	15.01	15.10	201.34	南三排
朱启后	13.43	13.16	15.90	15.98	212.34	南三排	张　振	13.54	13.50	15.10	15.15	203.41	南三排

续表

地权人	丈量距离				总面积	方位	地权人	丈量距离				总面积	方位
	后墙	前墙	左墙	右墙				后墙	前墙	左墙	右墙		
张联山	13.07	12.97	15.96	14.88	207.72	南三排	张联印	16.40	16.54	16.03	16.01	263.78	南四排
孙宝国	13.71	13.31	15.96	19.31	169.33	南三排	张百法	13.11	13.00	16.01	16.05	209.22	南四排
张庆东	13.19	13.01	16.02	16.09	210.33	南四排	刘明华	13.23	13.08	16.33	16.48	215.66	南四排
张传庚	13.01	12.85	16.09	17.46	227.33	南四排	殷延云	12.95	12.97	16.37	16.21	212.71	南四排
张传志	11.08	10.74	15.93	15.94	174.24	南四排	关传允	13.16	13.11	16.21	16.37	213.48	南四排
张联柱	13.03	13.64	15.94	15.76	216.56	南四排	黄士梅	13.38	13.12	16.35	16.40	217.63	南四排
张百友	13.11	12.93	16.08	16.01	208.90	南四排	张　宇	12.85	12.81	16.40	16.22	208.43	南四排
张联成	13.12	13.30	16.01	15.81	207.76	南四排	张联强	12.97	13.02	16.16	16.15	209.99	南四排
张百才	13.53	12.66	15.41	15.78	205.29	南四排	刘全营	13.31	13.02	16.15	16.02	211.73	南四排
高兴兰	13.07	15.24	15.78	16.17	215.31	南四排	关传杰	12.87	12.92	16.07	15.84	205.73	南四排
张传孝	13.77	12.74	16.24	15.32	217.88	南四排	张全林	13.30	13.06	15.84	15.86	208.86	南四排
张百伟	13.36	13.21	16.13	15.96	211.81	南四排	张庆东	13.18	13.36	16.06	16.17	215.13	南四排
张百坡	13.12	13.23	15.96	16.09	214.20	南四排	陶　艳	14.55	13.63	16.17	16.46	229.83	南四排
张百然	12.93	12.90	16.26	16.33	210.40	南四排	张　瀚	13.10	13.01	15.01	14.80	196.22	南四排
张　路	13.10	13.01	15.01	15.08	193.70	南四排	张庆元	13.24	13.15	16.22	15.88	210.97	南五排
张联山	13.04	13.17	15.08	15.12	199.70	南四排	张传孝	13.42	13.36	15.72	15.90	213.59	南五排
张联付	13.24	13.10	15.32	15.39	202.28	南四排	赵克兰	12.87	12.75	15.86	15.82	209.39	南五排

续表

地权人	丈量距离				总面积	方位	地权人	丈量距离				总面积	方位
	后墙	前墙	左墙	右墙				后墙	前墙	左墙	右墙		
张庆玉	13.50	13.31	15.39	15.56	208.27	南四排	张庆东	13.56	13.17	15.82	16.54	214.93	南五排
张联志	13.00	13.02	16.50	16.59	215.23	南五排	关传允	12.82	12.88	13.36	13.71	174.01	南五排
张传锁	13.01	13.02	16.04	16.03	211.46	南五排	张全志	13.70	13.29	13.71	15.32	205.35	南五排
何凤英	12.85	12.87	15.28	16.31	208.26	南五排	张　颖	13.14	13.17	15.16	15.10	199.07	南五排
张传成	13.00	12.82	16.97	17.23	221.10	南五排	张全芝	13.43	13.29	15.25	15.23	203.52	南五排
张联东	13.64	13.74	17.23	17.09	234.87	南五排	袁爱玲	13.94	13.94	18.18	18.24	253.80	南六排
张百随	12.93	13.12	16.66	16.11	212.25	南五排	孙保苓	13.02	13.38	16.89	16.71	222.60	南六排
张联纪	13.30	13.00	16.11	15.98	212.05	南五排	孙保苓	12.87	12.58	16.71	16.29	209.89	南六排
王明秀	12.66	13.06	15.90	15.76	204.43	南五排	张　建	12.82	12.94	15.76	15.83	203.46	南六排
张传军	13.74	13.56	15.83	15.86	216.27	南六排	张百文	13.17	13.10	16.18	16.20	212.70	南六排
张百随	13.12	13.34	15.83	16.25	215.20	南六排	张龙洋	12.92	13.19	16.19	16.26	211.83	南六排
高学兰	13.00	12.93	16.25	16.15	210.03	南六排	张　义	13.29	12.94	16.26	16.32	213.57	南六排
张　猛	13.06	13.22	15.87	16.12	210.16	南六排	张联柱	13.53	12.19	16.08	16.16	218.80	南七排
张传祥	13.32	12.97	16.12	16.20	212.39	南六排	张庆君	13.12	13.27	16.08	16.01	211.70	南七排
张百永	14.36	13.03	16.24	16.30	214.29	南六排	张延龙	13.60	13.17	16.01	15.96	216.09	南七排
张百永	12.93	13.29	16.30	16.54	215.26	南六排	张　生	13.06	13.09	16.09	16.15	210.56	南七排
张家喜	13.09	12.77	15.97	15.88	206.81	南六排	张联超	13.27	12.59	16.15	16.04	208.32	南七排

续表

地权人	丈量距离				总面积	方位	地权人	丈量距离				总面积	方位
	后墙	前墙	左墙	右墙				后墙	前墙	左墙	右墙		
孙思军	13.36	13.51	15.88	16.09	214.76	南六排	张庆涛	13.03	12.93	15.94	16.06	207.46	南七排
张全芝	12.75	12.52	15.81	16.08	201.53	南六排	张贵杰	13.15	12.61	16.06	16.17	208.92	南七排
张治国	13.17	13.44	18.06	18.10	242.77	南六排	张传静	13.40	13.23	16.08	16.04	216.11	南七排
张　迎	13.29	13.18	16.24	16.22	214.82	南六排	刘崇科	13.03	13.00	16.04	15.97	208.33	南七排
朱启刚	13.19	12.51	15.90	15.91	207.46	南七排	张联刚	13.09	12.98	16.21	16.29	211.49	南八排
张传后	13.18	13.17	15.91	16.11	210.88	南七排	张联静	12.59	13.12	16.29	16.14	214.59	南八排
丁红霞	13.15	13.16	16.00	16.60	214.24	南七排	张百强	12.93	13.05	16.19	16.18	213.36	南八排
张幸福	14.12	13.12	16.60	17.28	230.62	南七排	张百文	12.52	13.11	16.18	15.96	210.60	南八排
张恒林	13.35	13.29	15.48	15.40	205.60	南七排	高　霞	13.23	12.92	16.04	15.98	209.89	南八排
—	14.55	14.41	14.78	16.24	235.40	南七排	徐继云	13.00	13.49	15.98	16.05	214.76	南八排
李井兰	12.77	13.05	16.21	16.39	214.57	南七排	张传存	12.51	12.73	16.14	16.16	207.30	南八排
张传海	13.51	13.23	16.39	16.81	221.86	南七排	张传文	13.17	13.17	16.16	16.28	217.30	南八排
张传魁	15.93	15.96	5.30	5.29	84.37	南七排	张传魁	13.16	12.87	16.63	16.46	214.64	南八排
张庆敏	10.55	12.06	16.31	16.23	197.25	南八排	张百国	13.12	13.09	16.46	16.18	214.51	南八排
张联忠	13.27	13.30	16.07	16.29	214.94	南八排	孙建英	13.29	12.68	16.08	16.04	209.38	南八排
张传喜	13.17	13.18	16.29	16.23	212.02	南八排	张二孩	14.28	14.22	16.04	15.34	225.18	南八排
郝茂秀	13.60	12.88	15.34	15.02	199.39	南八排	张　程	12.61	12.77	14.44	13.66	183.89	南八排

续表

地权人	丈量距离				总面积	方位	地权人	丈量距离				总面积	方位
	后墙	前墙	左墙	右墙				后墙	前墙	左墙	右墙		
张百石	11.60	11.64	15.01	14.71	172.11	南八排	张传后	14.47	14.04	13.66	14.99	214.60	南八排
孙宝苓	11.79	12.33	14.71	14.51	170.16	南八排	白茂芳	12.96	12.93	15.86	16.03	204.49	南八排
张传能	13.58	13.06	14.71	16.40	215.22	南八排	夏　敏	13.07	12.91	16.03	15.97	210.68	南八排
张联堂	13.04	13.30	16.40	16.06	215.78	南八排	张庆柱	12.65	12.65	16.16	16.20	204.66	南八排
张百石	12.99	12.97	16,06	16.22	209.55	南八排	张东峰	12.70	12.46	16.20	16.29	204.88	南八排
张联豹	13.22	13.26	16.22	16.13	214.18	南八排	张百广	13.76	13.74	16.01	16.09	220.73	南九排
侯传雪	12.52	12.61	15.26	13.77	192.10	南七排	张庆海	13.03	12.99	16.19	16.05	210.45	南九排
张传后	14.41	14.47	13.77	14.69	214.60	南七排	朱启全	13.21	12.97	16.05	16.04	210.35	南九排
张　琛	13.05	12.96	14.85	14.94	195.46	南七排	张传相	13.05	12.93	16.05	16.04	210.56	南九排
张庆彬	13.23	13.07	14.94	15.00	196.82	南七排	朱英璐	11.02	10.94	16.04	16.21	177.48	南九排
郭宝兰	13.17	12.70	16.61	16.91	216.12	南七排	张成喜	13.28	13.08	16.21	16.07	213.46	南九排
张传君	10.61	10.36	17.20	17.10	199.07	南九排	张百真	13.28	12.96	16.28	16.51	215.12	南九排
张军锋	12.07	12.28	17.10	16.76	206.77	南九排	张联香	12.99	13.11	16.51	16.84	222.07	南九排
张百信	2.13	2.43	7.36	7.36	17.88	南九排	王吉英	12.96	13.09	16.84	16.75	216.03	南九排
张　建	13.22	13.23	16.90	17.08	225.30	南九排	张联永	12.62	12.73	16.75	16.85	212.99	南九排
张振龙	12.84	12.86	17.08	17.16	220.39	南九排	刘全营	12.71	12.68	16.85	17.10	216.34	南九排
张鹏程	13.26	12.97	17.16	17.21	225.39	南九排	张英歌	12.85	12.96	17.10	17.10	220.88	南九排

续表

地权人	丈量距离				总面积	方位	地权人	丈量距离				总面积	方位
	后墙	前墙	左墙	右墙				后墙	前墙	左墙	右墙		
张庆元	17.65	17.45	17.21	17.15	301.59	南九排	张庆玉	12.51	12.88	17.10	17.99	227.65	南九排
张庆东	12.80	11.16	17.06	17.43	206.37	南九排	李召玲	12.80	12.36	17.99	18.10	225.58	南九排
王兴英	13.27	12.97	17.43	17.36	227.93	南九排	张传千	12.68	12.70	18.10	18.20	230.38	南九排
孙景荣	12.93	13.05	17.36	16.48	221.74	南九排	孙宝庆	12.74	12.57	18.20	18.10	227.95	南九排
张联德	12.99	12.95	16.48	16.56	214.57	南九排	张传祥	13.50	13.77	18.10	18.21	250.32	南九排
张百锋	12.79	12.94	16.56	16.28	208.57	南九排	张联瑞	10.36	10.32	10.37	11.60	113.40	南十排
张春光	13.16	12.92	15.15	15.18	197.80	南十排	张力月	13.67	13.36	14,71	14.73	199.22	南十排
张庆法	13.06	13.07	14.80	14.20	194.12	南十排	张联强	12.94	12.79	14.73	14.80	189.85	南十排
刘崇科	12.95	13.03	14.20	14.83	194.05	南十排	王学敏	13.10	12.94	14.75	14.65	191.34	南十排
张　剑	13.17	13.16	14.70	14.74	192.24	南十排	张传千	12.95	12.93	14.65	14.80	189.30	南十排
张东东	13.12	13.01	15.74	15.03	195.84	南十排	张百殿	9.01	9.01	14.60	14.81	131.58	南十排
张哲珍	13.02	13.03	15.03	14.78	195.31	南十排	村委会	25.81	25.84	26.96	32.67	735.58	北四排
张联水	10.91	11.38	14.76	14.71	164.14	南十排	张东升	13.47	13.46	5.02	5.02	68.03	北四排
张华翔	13	13	16	16	208	南二排							

注：枣庄市国土资源局薛城分局提供（2016 年 3 月 24 日公示）

基础设施

道路

解放初期，奚村的道路特点是少、窄、不平，且均是土路，村内仅有1条东西向公共道路，平时方便村民行走，逢集时用做摆摊做生意。因无统一建设规划，加之建房取土，房屋基向各异，宽窄不同，高低不齐，与村民家院连通的大多是狭窄、弯曲的胡同，沟沿、坑沿、菜园边的小路，也是村民出行之路。1980年以后，伴随着奚村的排房化建设，村民建房和道路实施了统一规划布局，两户一排，打通取直了胡同，平整了道路，开挖了排水沟，特别是对村西和村东外出道路进行扩宽整平，向北、向南延伸，打开了与邻村、与县城、与县道省道的交通。村内开通了东西向道路5条，其中中心道路1条，路宽0.01千米，

配套完善的村庄街道 （摄于2017年7月）

村民称之为“十米路”；其他道路路宽0.005千米。并以横向2排房为一间隔，修建南北向道路13条，每条道路宽0.003千米，实现了全村“六横十四纵”的街道格局。

50年代，通向田地的生产路也是狭窄不平，仅能通过人畜，地排车几乎无法下地，晴天一身土，雨天半身泥，给群众的生产生活带来了很大的不便。60年代，为改善农业生产环境、改变社员出行劳作困难，奚村大队结合农业学大寨运动，对村生产、生活道路进行初步规划，并组织劳力取直整修，整平田间地块，初步实现了田成方、路成网的格局，农业生产条件得到了很大的改善。到了70年代，小型拖拉机能够进入大部分地块从事农田生产作业。1991年后，奚村先后划入世界银行贷款开发项目区、黄淮海项目开发区，政府投资对奚村农田林网、水系沟渠、道路沟坝进行综合治理，形成了现在的道路林网格局。奚村现有贯穿村南北向主路两条，分别是村东的千皇路（千山至皇殿）和村西的奚河路，村内村外道路畅通，彻底改变了村民“出行难”的局面。

照明

旧时，奚村人照明以麻油灯为主，多以火镰、火石取火。富户人家多以蜡烛照明，穷户人家一般不用灯，必须照明时，点燃几根秫秸和树枝即可。清末民初，煤油（俗称洋油）传入境内，村富户多改用煤油灯照明。村内多数农户已采用煤油灯照明。1945年，日本投降后，村里遇大型集体活动和农户喜庆之日，有借用汽灯照明的，平时照明仍以煤油灯为主。新中国成立前，奚村没有电的“概念”，村民吃水、磨面、农副产品加工，全靠人力或畜力完成，晚间照明也全靠煤油、豆油、猪油等照明。“洋火”（火柴）在当时很少使用，老农外出下地干活都带火镰、火石或用“玉米花线”拧制的火绳取火吸烟，既不安全，也不方便。五六十年代，普及“洋火”，每盒0.02元，用火镰、火石、火绳取火成为历史，碗子灯也被棉花捻煤油灯取代。1965年以后，大部分农户用上罩子灯，室外照明多用提灯，办红白事的村民以及学校晚自习用汽灯。

1970年，奚村大队在村西河涯安装了第1台50千伏安的变压器，架设了生产用电线路，通村的线杆为木杆、水泥方杆，主要是供村集体办公和村工副业用电。

1971年，磨面、抽水、打轧、脱粒等逐步由柴油发动机改为电动机，照明用电0.195元/度，农业用电0.058元/度，工副业用电0.16元/度，电开始成为农业生产的助推器，加快了农业现代化步伐。解放初期流传的“耕地不用牛，点灯不用油，浇地不用辘轳头”基本变成了现实。80年代，拆除原变压器，在村队旧址、村前梨园建变电室2座，购置50千伏安100千伏安变压器各1台，基本满足了群众生活和生产用电。随着人民生活水平的不断提高，各种家用电器的增加，个体中小型生产加工项目的增多，尤其是农业生产水平的提高和生产设备的增加，电力不足影响了村民的生产生活。为适应工农业生产和家用电器设备增加的需要，缓解电力供需矛盾，在上级电力部门的帮助下，村集体增加电力投资，整改输电线路，完善电力配套升级。1990年，本着“安全美观，方便群众，服务生产，搭配适当，利于管理”的原则，对所有低压线路进行全面彻底改造，统一绘制线路图，照图埋栽标准线杆，户表全部外移，联户设电表盒，更换标准低压线，彻底纠正私拉乱扯现象。

2005年，为满足电力供应，解决农电老化问题，在村委办公楼西南角，新建变电室1处，安装400千伏安的变压器1台。2013年，在村东安装了200千伏安的变压器1台。至2015年，全村电力总负荷为600千伏安，保证了村民照明生活与生产加工用电需求。为加强用电安全管理，每户安装触电保护器，电工配掌钥匙。用电管理权归镇供电站，做到“五统一”（统一抄表，统一核算，统一电价，统一发票，统一考核）、“四到户”（供电到户，抄表到户，收费到户，服务到户）、“三公开”（电量公开，电价公开，电费公开），群众用电放心，交费舒心，非常满意。2016年，奚村统一生活用电价为0.5469元/度，农业用电价0.5600元/度，工副业用电0.7639元/度。电力的充足，电网的全覆盖，家用电器的普及，方便了村民的生产生活，提升了生活质量，电已经成为村民日常生活密不可分的重要组成部分。

1963—2017年奚村历任电工一览表

表

姓　名	性别	文化程度	任职起止时间
张联庚	男	高小	1963.8—1985.9
张百营	男	初中	1985.10—1994.11

续表

姓　名	性别	文化程度	任职起止时间
张联杰	男	初中	1994.10—1996.10
张传云	男	初中	1996.10 至今

日用水

至 80 年代初，村民的饮用水主要靠村里的 3 眼水井，人畜用水一直是村内的一大难题。井为人工挖掘、石砌井壁，取水方式为绳提肩挑，汲水工具为陶罐、水桶、井绳、水担子，木桶很少见，后普及铁桶，1955 年村引进新式铁制水车二人拧。农忙时节，村民们在田地里耕作辛勤一天，回到家吃罢饭，第一件事情就是去井台挑水。由于担水时间比较集中，经常出现排队现象。全村大牲畜饮水都要专门安排劳力，每天人工担水上百担，不但消耗体力，而且浪费劳力，村里人畜饮水紧张的状况，多少年来一直没有改变。农作物庄稼用水水源主要来自老薛河支流。70 年代，村内通电后，开始使用水泵抽水。1978 年扩建拦河坝后，村内开始大面积修建水渠，引水进地改善水浇条件。

饮水站（摄于 2017 年 7 月）

80 年代，手动人力压水机开始在村民家中普及。压水井投资少、用水方便，深受村民喜爱。随着地下水位下降和村民对水质要求的提高，饮用深水成为村民所需。

雇人机钻深水井，水位约在0.06~0.08千米，安装自吸泵取水。2000年，陶庄镇政府和奚村投资30多万元建设饮用水源地，在村外原机井的基础上淘挖深水井1眼，安装了压力罐和多级高压真空水泵，铺设地下管道6千米，将清洁卫生的水通过输水管道送到各家各户。2010年，实施远程自来水网输水工程，改用陶庄镇马公村饮用水源远程输送自来水到奚村。

通讯

从古及今，村民书信往来靠托人捎信，或通过邮政所渠道寄信、收信。60年代，村大队仅有1部手摇磁石电话，形式为专线对讲，打电话时通时断。村民在外或者他人有急事要办，只能把电话打到生产大队。1990年，电话切换方式由半程控改为全程控，先富起来的村民张传成，率先安装起了奚村第1部家用程控电话机。自此以后，安装私人电话的越来越多。1998年，奚村成为电话村，网通用户实现了村内电话免费直拨。2000年以后，与电话普及的另一种通讯工具BP机和手机进入村民日常生活。一开始，青年人腰别BP机、手拿"大哥大"很是风光。不久，BP机退出了历史舞台，很快被手机所替代。随着科技进步，手机功能越来越全，国产品牌的"华为""小米""VIVO"，以及美国"苹果"等具有可视功能、照相功能的智能手机成为青年人的青睐，全村老少手机拥有量达到90%以上，固定电话不再使用。随着21世纪网络信息化时代的到来，闭路数字电视开始普及，笔记本电脑、家用电脑摆放在百姓家的桌子上。村民不出家门，便可上国际互联网，了解全球资讯，给村民带来了方便，成为村民生活的新时尚。

新农村建设

2015年6月，薛城区和陶庄镇两级党委、政府着力建设"美丽乡村"，借助奚村丰富的文化底蕴和基础条件，加大资金投入力度，全面实施了硬化、亮化、绿化、净化、美化工程。累计投入233.7万元，先后对村内"六横十四纵"道路进行整修硬化，路旁全部栽植花草、灌（乔）木，粉刷了路旁墙面，绘制了反映"四德"工程、社会主义核心价值观内容的墙体画；把环境卫生纳入一体化工作范畴，全面清理路域卫生死角，配备了专职保洁人员，统一定点配置了垃圾桶和移动垃圾箱，定时上门收集，进行集中清运，实现了“户集、村收、集中清运”的垃圾收运机制。对总长度 3.49 千米的村内街道、小巷全部硬化，大小道路下水管道重新改造，户户安上了出水口，全村污水和雨季降水全部排入下水道。安装村级主次干道节能型路灯 100 余盏，清理维修残墙断壁 600 余平方米，新栽植乔木、灌木等各类绿化树木 1 万余株。特别是对垃圾成堆的村中大坑塘进行清理整治、部分填充，新建奚仲文化广场 1 处、景观亭 1 座，配备了体育健身器材，村民从此拥有了一处休闲、娱乐、健身的活动场所。美丽乡村、文化名村建设，使奚村焕发新的生机和活力，成为奚仲故里走向世界的名片。

消逝的建筑

四合院

清乾隆三十四年（1769），丁酉举人张光汉曾在千山头东南白云洞读书，中年在奚村村东历时三年投资兴建别墅 1 处，村民称之为“四合院”，是当时周边仅次于西仓大院的最豪华的建筑。该建筑历经沧桑，最后由张建庚继承居住，可惜于 1984 年全部拆除，仅留在村民的记忆中。

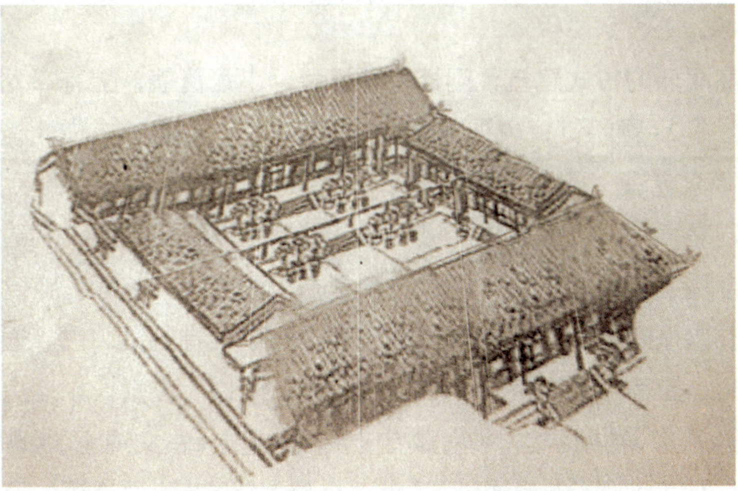

清乾隆举人张光汉四合院局部复原图，原建筑于 20 世纪 80 年代初拆除

“四合院”占地

8 亩，三进庄园式院落。以大门、后堂为中轴线，分大门、二门、穿堂、后宅，其中后宅古瓦房 16 间，草瓦房 12 间，2000 余平方米。四合院高低错落，互为依托，展现出别样的韵致和风范。整个建筑多建在台阶上，硷基除檐又四十二砖，四周青砖砌空心墙，方石镶嵌。前后堂一门四窗，樑、檩、椽结合的斗拱，青石基础，屋面复灰色筒瓦，单檐滴水瓦当，脊两端饰兽头，四角垂脊多饰梯次式泥兽十六身，庄重丰满，姿势优美，栩栩如生。院前大门是奚村贯通东西的大道，大道边有两块重两吨的巨石，大道南有 600 余平方米的广场，前有从吴村通往村中防水患、火患的水坑塘。大门为一高两低的古式建筑，门楼为斗拱型，小瓦覆盖，上有二龙戏珠和泥兽排列。大门上有 28 颗门钉，虎头镶嵌，各有兽环。门楣悬挂有广西桂林专员刘平江赠送的“莱泉老者”四字匾额，檐下四莲缀掉的门楹，精工雕琢。进门后中间是影壁，两边是角门，过回廊进二进院，此处为生产、生活区，两边各有瓦房 3 间。要进四合院必走穿堂，穿堂两边分别是东、西两间大客厅。穿堂为道座式门槛，两边各有座榻两块，东榻雕有松鹤迎春，西榻刻有鹊巢鸠占。通过穿堂厅，院内方砖铺地，正面主堂 5 间，中 3 间为学堂，两边为寝堂。东厢房 3 间作账房，西厢房 3 间为书房，卷棚屋盖，书房藏有《资治通鉴》《古文观止》《聊斋志异》《东周国志》《三侠五义》《老残游记》《洪秀全传》《论春秋说论语》及整族家谱等四百余部，文房四宝一宗，是远近闻名的书香之家，均毁于“文化大

四合院平面图

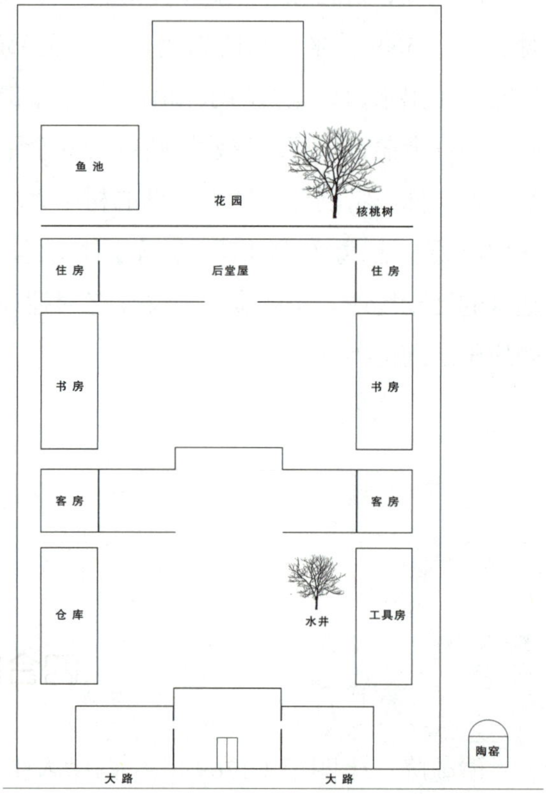

张全喜制图

革命”破四旧。宅后堂楼的后面，是占地600余平方米的花园。园内大核桃树高10米，树冠遮荫半亩，另种有紫荆、迎春、十里香、银杏、黄杨、香樟、女贞和石榴等花木，红花的喜庆，紫花的庄重，黄花的雍容，白花的素净，无不衬出这座古老庭院古朴典雅和安逸静谧。

炮楼

奚村的炮楼子原有两座，主要功用是看家护院，抵御土匪，保障安全，守护家园。其中1座坐落在村西，位于村民张百英（张联斗的爷爷）老宅，70年代拆除；1座坐落在村东，位于村民张百川老宅（张联湘的爷爷），90年代拆除。

原位于张百川老宅用过的炮楼，20世纪90年代初拆除

民国时期，鲁南地区“马子”（土匪）猖獗，绑架勒索成性，甚至于任意撕毁“绑票”。奚村的土炮楼子，是村民为保卫生命财产而兴建。村民自发组成自卫队，在炮楼上轮流守更，进行自我保护。炮楼呈方体，墙体为砖石结构，地上3米以下均为青石砌垒，以上外砌垒青砖，内衬生坯填充，墙厚0.5米以上。炮楼建有两层，中间横搠粗圆木，上面搭建厚木板作为中间的地板，内置楼梯便于上下，二层的墙体上设有瞭望孔和枪眼，最顶层是在木板上筑一层厚厚的白灰沙，以防雨防晒。上面建有女儿墙，墙上设垛口，便于瞭望。另外，炮楼还起到更楼的作用。以前村民大多没钱买钟，夜晚必须靠更夫打更报时。因炮楼较高，声音传得远，久而久之，故村内更夫就在炮楼打更。

观音庙

观音庙位于村中路南大槐树西约 60 米，坐南朝北，称“倒坐观音”。观音庙占地约 225 平方米，建有土墙草屋 3 间，周边拉院，内有泥塑观音菩萨像 1 尊 . 初建于何时不详。新中国成立后被鲁桥乡政府拆除。院东原立有捐资建庙功德碑两块，亦不知去向。

华佗殿

华佗殿紧邻观音庙，位于观音庙的东面，有土墙草房两间，坐东朝西，初建以及废弃于何时不详，内供奉华佗像。华佗，字元化，汉末沛国谯（今亳州谯城区华佗镇小华庄）人，是三国时期著名医学家，被后人称为“外科圣手”“外科鼻祖”。他研制了“麻沸散”给病人全身麻醉进行手术治疗，他还创作名“五禽之戏”的体操，教导人们强身健体。每逢农历八月廿七华佗诞辰，奚村村民及周边百姓都到此祭拜。

天齐庙

天齐庙位于奚村东南角（今土地庙所在地）。清乾隆三十九年（1774），奚村“老七支”尔泗（张铎四子）次子张作梮修建，原为供奉刘、关、张之所，后作为村义学之处。该庙原占地 133.4 平方米，坐北朝南，建有石墙草屋两间，无院落。屋前立有古石碑两块，其中一块碑云：“滕县东南六十里有商汤王左相仲虺之故乡”。“文化大革命”期间，此庙被拆除，剩下的石条、石碑被运走修建蟠龙河之王桥。

齐鲁名村志

QI LU MING CUN ZHI

奚村志

XI CUN ZHI

文体教育卫生

WENTIJIAOYUWEISHENG

文化体育

文化

村民的文化生活 奚村文化源远流长，但明代以前无史料可考。旧社会，村民们日出而作，日落而息，生活单调贫乏，文化娱乐几乎是一片空白。冬季农闲时，人们三五成群，凑在朝阳的墙根下，要么谈狐论仙，说南道北；要么听人念唱本，内容多是《三侠五义》《小五义》《聊斋志异》《三省庄》之类。仲夏农活事少，村民们一帮一伙地躲到阴凉地儿，在地上划上方格格，下地棋。天一黑，上床睡觉。外地跑江湖打把式卖艺的、变戏法的、唱戏的，有时来村里落地摊，村里男女老少争先恐后地跑去围观，也有人到集市听江湖艺人说书唱戏和玩杂耍。碰上好年景，

文艺宣传队（摄于20世纪70年代）

能在家门口听上一台戏，听上几晚上瞎腔、拉魂腔就很难得。解放战争时期，村民配合拥军支前、土改运动、反奸诉苦等项工作，自编自演节目，提高群众觉悟。1948 年 11 月，奚村解放，村民们压抑不住内心的激动，用敲锣打鼓、舞狮玩龙、旱船高跷等不同的娱乐方式庆祝解放。

解放初期，村内的文体活动逐渐多起来，每年春节期间，村里的文艺爱好者张传文、张百才、张百增等自发组织高跷队，跑旱船、舞狮子、玩龙灯等群众喜闻乐见的表演穿街过巷，锣鼓喧天，热闹非凡。篮球、象棋、纸牌、麻将等文体活动也相继开展起来。晚上，村里办起了夜校，男女老少围坐在油灯下学文化。1958 年人民公社成立，大跃进、食堂化，社员吃饭不要钱，劳动热情空前高涨，农田里“大兵团”作战，人欢马叫，“与天斗，与地斗，人定胜天”的标语口号随处可见，风展红旗，歌声四起，人如海，歌如潮，如火如荼。练兵场上，男女民兵英姿飒爽，斗志昂扬，《打靶归来》的歌声和口号声响彻云霄。

1963 年 3 月，薛城区委社教队进驻奚村生产队，深入开展社会主义教育运动，组织社员吃忆苦饭，人们吃着“五大两”（每人每天主食 0.25 千克原粮的标准），唱着革命歌曲，开展忆苦思甜活动。大队购置扩音器、电唱机，安装了干电池广播大喇叭，建起了广播室，村民直接收听中央人民广播电台的节目。“文化大革命”开始后，奚村大队组织了一批有文化的知识青年，成立了“毛泽东思想宣传队”。在毛主席“百花齐放，百家争鸣”的方针指引下，还自编自演“三句半”“快板”“数来宝”、话剧等群众喜闻乐见、雅俗共赏的文艺节目。村宣传队除排演《红灯记》《智取威虎山》《收租院》《箭杆河边》等样板戏片段外，主要是紧跟形势，配合奚村农业大生产，展现全村人民战天斗地的精神风貌，表扬好人好事，批评抵制不良现象。时任记工员的张联磊是大队文娱活动的具体组织者，演员有张联峰、张联绪、张联庚、张从兰、关传允、高学义、关传友、张全喜、张传锁、张百铎、高兴俊、高兴菊、孙宝柱等人。奚村妇女干活不怕苦、不怕累，是全公社乃至全省的典型，1980 年获得全省“三八红旗手”称号，为奚村大队赢得了荣誉。宣传队把她们的事迹编成节目，节目中唱道：“奚村妇女真可夸，干起活来顶呱呱；不怕苦来不怕累，和泥脱坯烧砖瓦。干活从不挑和拣，个个争先先进拿。别看汗水顺头淌，心里总是乐开花”。节目演出后，她们都高兴得合不拢嘴。喜闻乐见的演出形式，贴近生活的节目素材，朴实无华的演技，为村民带来了欢乐，鼓舞了社员从事农业生产的干劲。

1967 年，活学活用毛主席著作的活动达到高潮，全民参与大演大唱。社员们每天要进行“早请示”“晚汇报”，背诵“老三篇”和《毛主席语录》。红卫兵带着红袖章，“破四旧”“造反有理”，向走资本主义道路的当权派开炮，大字报贴满了大街小巷的墙壁。1970 年，在区、社两级的部署下，奚村组织群众大演大唱大学习，斗私批修搞得热火朝天。村里大演大唱语录歌、革命样板戏达到最高潮。上有七八十岁老人，下至几岁的儿童，都积极踊跃参加演唱，争先恐后登台演唱，演出热情之高前所未有。“文化大革命”后期，文艺活动成为日常生活的调味品，每年春节或重大集会组织演出。

农村体制改革以后，大集体变成了家庭联产承包，宣传队遂成为回味的历史。80 年代流行的收音机、电视机、三唱机、录音机，90 年代流行的晶体管彩电、VCD 影碟机、DCD 影碟机，如今被电脑、微电影、有线电视、无线网络等取代，人们的生活节奏加快，文化生活需求发生了质的变化。每至春节前夕，薛城区文化、科技、卫生等部门到村开展送书、送戏、送电影、送诊等“三下乡”活动，丰富了群众的精神文化生活。如今，村里的一些中老年人也像城里人一样，注重身体健康，注重生活质量。每天晚上，“文化大院”、文化广场耀眼的灯光下，一群中老年妇女在音乐的伴奏下，跳起了广场舞，欢歌笑语，此起彼伏。农户里部分青年人坐在电脑前学习科技知识，捕获市场商机和信息，通过商业网站不出家门做世界生意。

进入 21 世纪，群众性的文化活动蓬勃发展。以村委大院为基础，办起了“文化大院”，开设了“农家书屋”，建设了奚仲文化广场，购置了多种健身器材，建起了篮球场、农家书屋、远程教育平台，村里经常购置一些科

村民休闲娱乐 （摄于 2017 年 7 月）

技书籍，为农民提供科学种田知识。

体育 村民自古就有习武的传统。奚村张氏第十五世张任，是学武之人中的佼佼者。他勤学苦练，刀、枪、剑、棍样样精通，耍石锁，搬置石，练就了一身硬功夫，是村里有名的武庠生。1965 年，奚村开始建设学校，学校体育事业有了很大的发展。当时，体育仅局限于在校的学生，成年人很少体育锻炼。70 年代，大队建成篮球场，组建了农民篮球队，组织青年、知青经常参加篮球比赛。1985 年，有缝纫师傅来村教授村民缝纫技术，业余时教练“小洪拳”，张玉川、张联东、张联杰、张传法、张联桃等人跟从学习。随着经济社会的发展和村民生活不断提高，村民更加重视体育健身。2014 年，村委在新办公楼前安装了乒乓球台、篮球架等，在奚仲文化休闲广场安装了数套健身器材，方便群众健身运动。奚仲小学开辟了 200 米跑道的体育场，并配置了篮球架、羽毛球架及单杠、双杠、跳箱、木马、跳高架、铅球等体育器材。

游戏 旧时农村文化生活匮乏。至 80 年代电视进村前，除每月有限的电影外，老年人打纸牌，中年人打麻将、牌九，青少年主要以简单、方便的游戏消磨时光、寻找乐趣。使用的道具都很简单，如石子、泥巴、土块、砖头、瓦片、树叶等，随手可得，任意选用。春夏秋冬各有重点，白天晚上不尽相同，有的游戏还男女有别。在这些自然质朴、生动活泼的游戏中，最为普及、参与度广、令人难忘的游戏有很多。如，女孩多玩踢毽子、跳皮筋、翻花绳、炸果子、拾石子、丢手绢等；男孩子多玩弹杏仁、弹琉璃蛋、打柆子、滚铁环、抽陀螺、洋火枪、斗鸡、打瓦、摔泥窝窝、摔宝、跳山羊、跳房子、摸瞎子、老鹰捉小鸡、鸡虫虎棒、老鼠十八洞，以及鸡毛蒜皮、憋死猫、砍高粱、搁六洲等竞技棋类。

有线广播 1974 年，广播线路架至奚村，一个个神奇的小戏匣子开始进入社员茅屋草舍，广播进入每个家庭，奚村人第一次听到来自电线里的声音。当时形势下，广播模式基本是固定的，开头是《东方红》乐曲，接着是其他节目。社员把小戏匣子安在床头、正堂屋门旁等最显眼、最方便收听的地方。早晨不出被窝就能听到来自广播里的《东方红》乐曲，随之就是国内外大事和当地新闻、科技讲座、天气预报等节目。区、社党政领导可借助有线广播传达上级指示、安排工作。有些戏曲爱好者，对广播里的河南豫剧、山东梆子等优美选段绝不放过，静心收听，有的跟着学唱，特别是《朝阳沟》唱腔和剧情备受戏曲爱好者和青年人们的喜爱。由于广播有说有唱、内容新颖，群众常听不厌，成为人们生活中不可或缺的一部分。劳动之余，一家人围坐一起听广播，成了每天必有的生活。1988 年，随着收音机、电视机的普及发展，有线广播成为奚村的历史。

收音机 60 年代，第 1 台收音机进村，引起大队社员的关注和好奇。随后收音机陆续进入百姓家庭，档次也逐步提高。特别是著名评书表演艺术家刘兰芳的《岳飞传》于 1979 年在电台播出后，群众反映热烈，激发了争相购买收音机的强烈愿望。1981 年刘兰芳的第二部评书《杨家将》问世，村民又一次掀起购买收音机的高潮。"红灯""宝莲灯""青松"等品牌收音机进入百姓家。每当《岳飞传》《杨家将》播出之际，大家都放下手中活计，甚至饭碗，男女老少围坐在一起，静心收听。有些耳背的老人把耳朵贴到收音机上听；有的怕耽误农活就带收音机下地，到点准时收听；有的赶集也带着收音机，决不错过一分一秒……村内村外，到处都回荡着刘兰芳铿锵悦耳的说书声。人们都被刘兰芳独特的表演魅力和扣人心弦的故事情节所征服，岳飞和杨家将精忠报国、舍小家顾大家的英雄壮举成为人们议论的话题，成为进行爱国主义教育的好教材。进入 21 世纪，袖珍收音机仍备受中老年人的喜爱，将其装在衣袋里早晚散步于田间地头，随走随听音乐和新闻，乐在其中。

电影 电影是进入奚村最早的现代文娱形式。新中国成立前，奚村村民没有看过电影。1953 年，山东省教育电影队 102 队首次到临城县放映电影，放映地点多在县文化馆大院或广场，奚村村民很少有人去县城看电影。1962 年，薛城区建立初期，薛城隶属枣庄市电影中队的一个巡回放映点。一部影片的放映一般先在薛城区驻地售票放映，然后再到各公社包场放映。每逢在公社放电影，村民成群结队去看电影。从 60 年代初至"文化大革命"前夕，放映的

村露天电影

主要影片有《南征北战》《丰收之后》《李双双》《上甘岭》《战上海》等。1972 年后，薛城区电影中队开始巡回到村放映影片。1973 年西仓公社有了自己的专业放映队。每个月的 27 号为奚村电影放映日，每到这一天，只要天气允许（有时到村东四合院）公社放映员褚庆生、刘庆华骑着自行车带着放映设备来村放映。1975 年后，203 部队、245 部队等单位也经常来知青点奚村免费为社员放映电影，满足社员文化娱乐需求，增强军民团结。

电影这种艺术形式，内容丰富，观众容量大，放映前往往加映新闻片或幻灯，很受村民欢迎。每逢放映日，村民就像过节一样，特别是青年和儿童，尤其兴奋，提前几个小时到放映场地“占窝”，搞不好还闹矛盾打架。他们成群结队到村头迎候，满街飞跑，嘴里喊着“放电影来了，放电影来了”。对电影放映员，大队将其视为上宾，热情款待。太阳未落，放映地点就挤满观众，等待天黑幕布挂起。当时在电影放映前，大队干部作简短讲话，主要是安排生产。当听到“放映现在开始”的声音时，全场一片沸腾。一场电影，几乎吸引了全村男女老少，不少人家大门一关，全家出动。80 年代，电影放映更加普及，河北庄村、井亭煤矿、203 部队、薛城、陶庄都有放映点，村民可随时到放映点观看。1986 年后，随着电视机进入各家，村民坐在家里不出门就能欣赏到各种节目，观看电影的人逐渐减少。2008 年，薛城电影公司把原放映机更换为数字电影机，节目更新及时快速，仅次于院线电影。原“2131”放映工程改称“农村电影放映工程”。奚村年均放映电影 6 场次，活跃了农村文化生活。

电视 1982 年前，奚村没有电视。每到晚上，村民成群结队到河北庄村去看电视。电视是黑白的，人们围在院中集体收看，那时大多播放戏曲片较多，有《墙头记》《朝阳沟》等。当时看戏的张恒怀老人高兴地说：“都说朝阳沟好，我看了还真不孬，明天我还得去看”。1982 年 6 月，大队为了满足群众文化需求，购买了 24 英寸“金星”牌彩色电视机 1 台，一时轰动全村。电视放置在大队部门口的高架子上，每天晚上定时播放，村民张传梅负责管理维护，本村、邻村男女老少争先恐后地前来围看，每晚你拥我挤，非常热闹。中共十一届三中全会以后，党的各项政策在农村深入落实，村民日益富裕，购置电视机蔚然成风。1984 年前后，村民孙思功、孙建英、张传成等率先购置了 12 英寸黑白电视机，成为奚村拥有电视机最早的农户。到 1988 年前后，随着农民收入的提高，买电视机的户数逐年增加，村户纷纷购买熊猫、金星、牡丹、飞跃等国产品牌电视机，电视机普及率达到 50% 以上，大部分农户闺女出嫁普遍陪送电视机。截止到 1995 年，有电视的农户占到 90% 以上。90 年代后，长虹、康佳、TCL、创维、海尔等一批当红国产彩电品牌占领国内市场，彩电品种和质量大幅跃升，村民开始纷纷更换彩色电视机。凡有彩电的农户大都配有 DVD。进入 21 世纪以来，电视已经走进千家万户，已成为平常人家不可或缺的必需品，电视普及率达到 98% 以上。2003 年前后，薛城区开始架设有线电视。2008 年，有线电视进村。全村实现有线电视全覆盖，电视机品种从早期的黑白进入彩色，从电子管、晶体管电视迅速发展到集成电路液晶电视，大屏幕、等离子、背投、立体、高清晰度、云数据等彩电进入农家，电视节目内容不断丰富。

互联网络 2000 年前后，电脑、网络电视走进奚村农家，使用的大多是年轻人。他们上网了解外部世界最新资讯，查找有价值的信息，开办网店，不出家门做生意，开拓了视野，增长了知识，增加了收入，成为一代网络文化农民。

文化设施

村文化大院 位于村中心街北侧，是在原村委旧址上新建的村政场所。村委于 2013 年 5 月开始筹建，2014 年 9 月投入使用，总投资 35 万元。该办公楼坐北朝南，院落东西宽 26 米，南北长 33 米，占地面积 843.2 平方米。院内建有二层（局部三层）楼房 1 栋，东西长 25 米，宽 32 米，上下各 8 间，为村两委办公地点，设书记办公室、主任办公室、会计办公室、会议室、计生协会办公室、计

奚村文化书屋 （摄于 2017 年 8 月）

生查透服务站、人口学校、道德讲堂、远程教育活动室、党员活动室、农家书屋等。办公楼前院落为水泥硬化地面，安装有篮球架、乒乓球台等体育健身器材。

奚仲文化广场 广场位于村中，总投资78万元，2015年建成使用。广场南北长40米，东西宽30米，建设面积1200平方米，地面全部铺设花砖，广场中央安放奚仲塑像1座，坐东朝西，青石料制作，像高3米。塑像的左前方，建有仿古式纪念亭1座，漆红的4根立柱，亭檐外翘，雕梁画栋，飞檐流阁，古色古香。塑像的右侧，安放有村民健身用的各类体育器材。

滕阳张氏宗祠 位于村中偏西、奚村主街北侧，始建于1994年，占地面积400余平方米，周边拉建院墙。园内主建筑为砖墙红瓦、小瓦房脊走兽结构，内植松树、银杏数棵，园后立有清咸丰七年（1857）族谱碑两块，一是西托二世张祥后世谱碑；二是"奚村张"二世张汉后世谱碑。祖堂前左侧有石碑两块，均为1994年刻，分别为"奚村张"续谱捐资人功德碑和奚村张氏源流族支分布。2015年，奚邑张氏文化研究会出资对张氏祠堂修缮。该祠堂及其周边原为张氏墓地，"文化大革命"中坟墓及墓碑全部损毁。祠堂墙基现镶砌张尔润（张氏十三世）墓志铭一块，文字344字。清乾隆三十六年（1771），奚村贡生张瑞为其记刻生平。这方墓志铭是研究奚村张氏家族族史的重要史料和宝贵实物。

奚仲休闲健身广场（摄于2017年8月）

奚村民俗馆 位于村西，占地面积200平方米，总投资20万元。该馆分生产工具展区、生活场景展区和民俗活动体验区三大展区。生产工具展区包括生产工具、木工用具、水车、石碾，以及茅翁、蓑衣、老式家具等，都是近代奚村村民的生产用具和生活用品，每件展品旁都有文字对其进行介绍，还有100余张具有丰富民俗内容的老照片。这些过去农家使用的工具，如今大部分都成了闲置品。通过陈列的这些民俗文物，较全面地展示了民间传统的习俗，告诉人们过去老辈们的生活状况，留住乡愁记忆。

奚邑张氏文化研究会 成立于 2014 年 2 月，研究地点总部在薛城，2017 年有会员 300 余名。主要职能是借助人才、信息、资金、市场等资源优势，建立弘扬奚仲（奚村张氏）文化平台，在促进奚仲（奚村张氏）文化繁荣、带动奚仲文化产业经营发展、推进家乡生态文明建设等方面起研究、协助、协调、推动作用。会员以热衷于弘扬中华奚仲文化和热心于奚邑张氏文化交流、支持家乡建设的奚仲故里（祖籍奚村）张氏成员为主体，不带任何政治动机和宗教色彩。该会成立以来，筹建运行奚邑张氏网站，修缮宗庙祠堂，挖掘整理族史，举办家族年会，赴徐州、沛县、微山、滕州等地寻亲问宗，宣传族务知识，追根溯源问宗。

忆母亭 位于奚村村西，亭占地面积 400 平方米，为青石材六边形结构，地基为圆形，直径 5 米，雕工精美，总投资 5 万余元。石亭周边安装了部分小型体育器材，成为村民休闲娱乐的又一活动场所。该亭建于 2016 年 12 月，是由住薛城的张联龙携其妹联花、联俊为纪念其母徐德英所建。

忆母亭 （摄于 2017 年 8 月）

书法作品

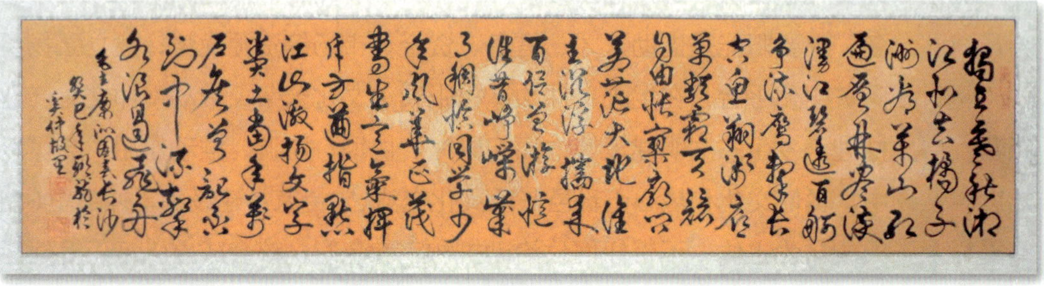

《沁园春·长沙》张联龙（薛城）书

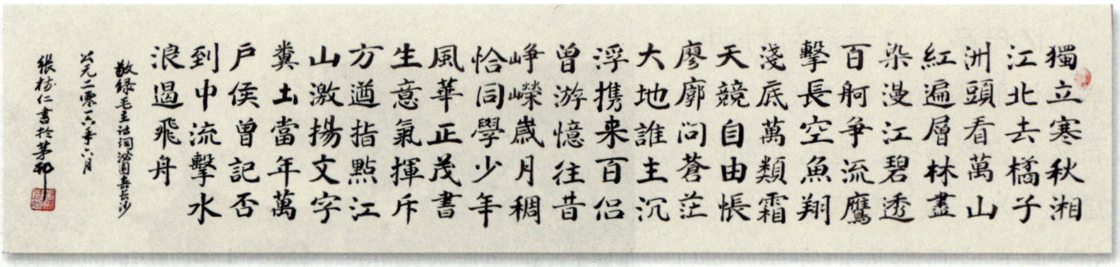

《沁园春·长沙》张树仁（班山）书

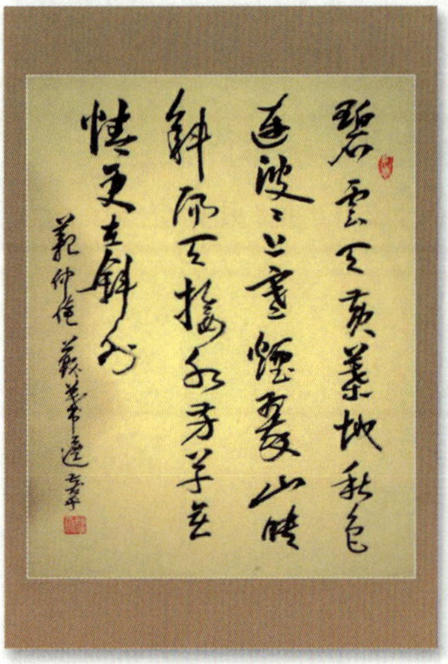

范仲淹的《苏幕遮·怀旧》张庆平（枣庄）

张庆平 书

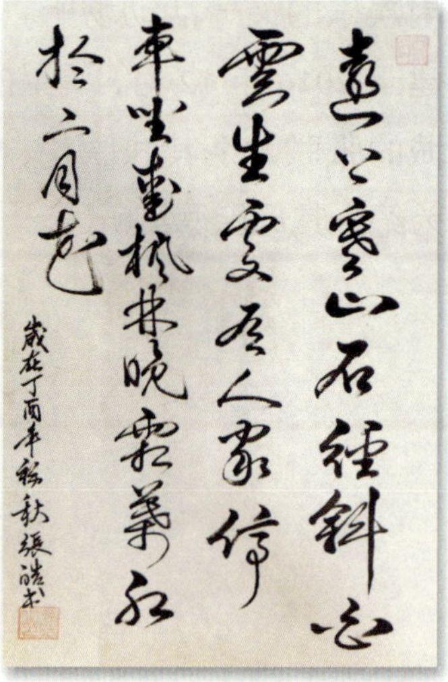

《山行》（杜牧）张皓（西托前）书

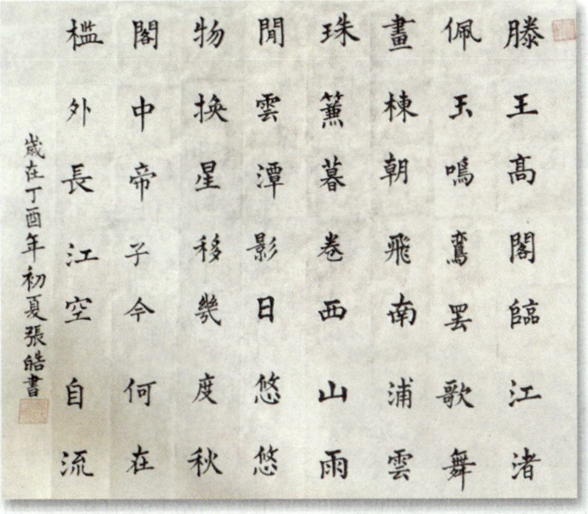

《滕王阁序》（杜牧）张皓（西托前）书

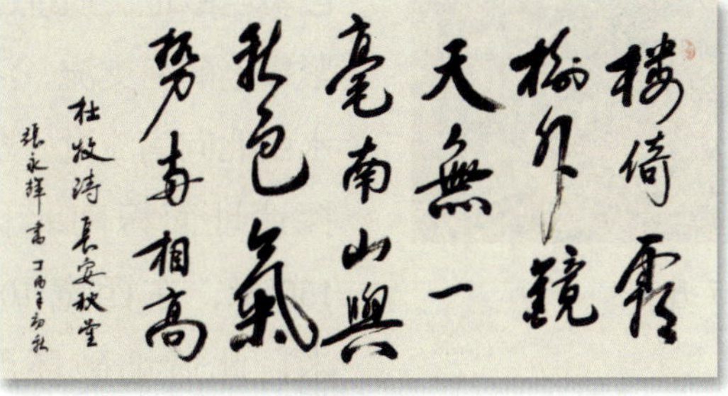

杜牧《长安秋望》张永辉（茶棚）书

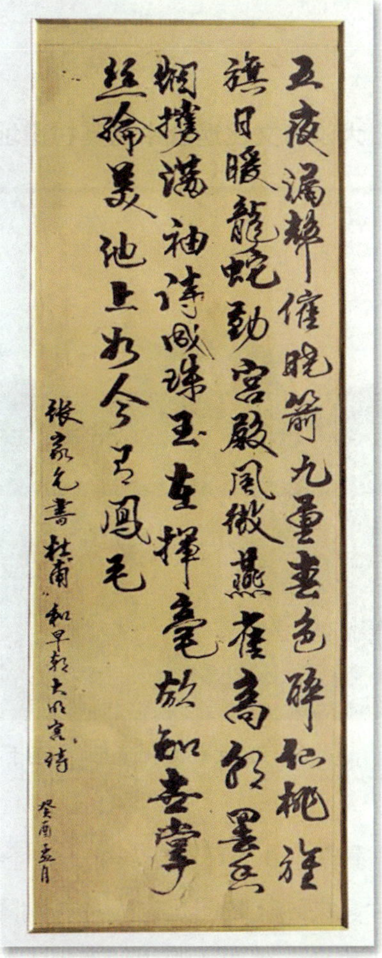

《登金陵·凤凰台》（杜牧）
张家允（西托前）书

世界造车鼻祖奚仲故里（木雕）张家宝（班山）

与时俱进（砖雕）张家宝（班山）

振兴中华（木雕）张家宝（班山）

遗址古迹

大汶口文化遗址中的奚村遗址　80年代初，在对奚村文物普查时，枣庄市考古队在村西老薛河支流两岸考古普查发现一处新石器时代遗址。该遗址位于奚村北50米，地势平坦，为一冲积地面，即战国时期薛之下邑奚邑故址。遗址西紧靠老薛河支流，河水由北向南流过。勘探遗址面积南北长150米，东西宽100米，此遗址破坏严重，暴露出3个环底形灰坑，直径约2米，深1.5米，灰坑内出土文物有石斧、兽骨、蚌片、夹砂红陶鼎足、壶片、陶鬶、磨光黑陶残片等。另有被破坏的墓葬，有陶器等随葬品。在遗址西边清理出1具人骨架，仰身直肢，头北脚南无随葬品。由于地层已破坏，无法确定墓口深度及底深。根据遗址南部断面观察，耕土厚约1.5米，其下为文化层，厚约0.5米，土质发灰。据考古专家推断，奚村大汶口文化遗址分布于河北庄西部、田湾村北，前湾、后湾、庞庄等村，总面积约20000余平方米。

大汶口文化遗址（摄于2017年7月）

商周文化遗址　1996年夏秋之际，奚村小学在迁址建校开挖房基时发现古墓葬，并出土鬲1件。随后，市、区、镇文物管理部门联合对房基所占压的墓葬进行抢救性清理发掘。发掘自1996年8月19日开始至8月25日结束，历时7天。钻探技术人员对专家划定的区域进行钻探。通过钻探，发现古墓20余座，窑址1座，古道路1条。墓葬分布密集，有的墓相互紧挨，有的墓上下叠压，距地面深浅不一。经技术探测，这些遗迹所处的时代约在商代、西周或东周，一直延续到汉代，时间

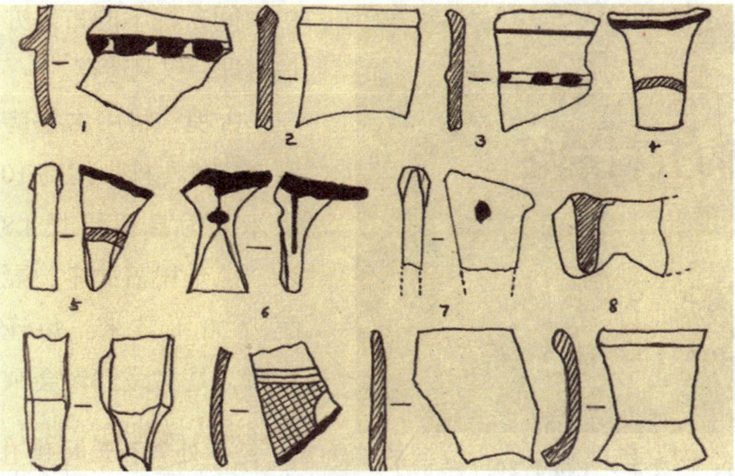

奚村遗址标本图

达近千年。

此次发掘房基所占压的墓葬4座，其中3座有随葬品。1座古窑址和古道路在房基南部，只破坏了一点边沿。由于施工紧迫，只能等待于以后发掘。本次发掘的墓葬均为土坑墓，3座墓的随葬品有：鬲、壶、罐、豆、盂、盆、垒、簋等陶器，骨器1枚，同时发现了全国罕见的西周时期夫妻并穴合葬墓。从出土文物分析墓葬为西周至春秋时代。

千山头遗址　位于奚村北约100米，遗址南北长约300米，东西宽约100米，面积约30000平方米。2007年春对京沪高铁沿线进行考古调查时发现。2008年4月11日至18日，对占压范围内考古勘探时发现的灰坑、建筑遗迹、窑和墓葬等进行了发掘，共发掘灰坑3个，内里包含较多的红烧土颗粒、木炭颗粒、筒瓦、板瓦、盆、罐等陶器残片和残铁器等，其年代为汉代；建筑遗迹1处，南北长3.65米，东西宽3.45米，深0.5米；窑址1处，窑内填土中包含较多的汉代筒瓦、板瓦、盆、罐等残片和少量隋代瓷器残片，依据出土最晚的瓷片分析，时代应在隋代或稍晚，它的发现对研究枣庄地区烧陶手工业的历史提供了十分重要的实物资料；墓葬5座，发掘前工程部门施工中使墓葬均遭到不同程度的损坏，均为石室墓，其中单室4座，双室1座，随葬品较少，部分被破坏。

古井　70年代，奚村村中东西路旁自东至西有3口石砌古井，每口井旁均栽植有古槐一株。据专家考证，村中间古井、古槐历史最为久远。古槐树龄约在六七百年，为张氏始祖张良从山西迁此后所植。每座古井，均为石砌结构，直径约有1.8米，深7米左右，井水甘冽，常年不枯，是村民世世代代生活饮用之水。由于常年使用，井台光滑，井苔遍布井壁。随着社会的发展，到80年代，村民使用自来水，古井已走到历史的尽头，成为村民们已逝的乡愁记忆。原村东、村西古槐古井今已无存，

古井（位于张华翔老家院内，已废弃）（摄于2017年8月）

村中古槐（摄于2017年8月）

村中间古槐下的古井亦被填埋，仅剩遗存。

古槐 村中古井旁原有古槐1株，树高10余米，树身粗周长4.8米，主干树盖如伞，冠荫近30平方米。每逢夏日，是村民们聚会乘凉、谈天说地的好地方。由于日久年远，树的主干已中空枯死，颜色灰黑，枝深皲裂，盘旋昂首，古气盎然。仅在东北方向约占全树五分之一的上部保留一个侧枝仍继续生长延伸。如今，侧枝交柯错叶，郁郁森森，叶色水绿，迎光璨然，形成覆盖面积20余平方米的新树冠。

教育

私塾

奚村历史悠久，文化底蕴深厚，比邻儒家圣地曲阜，素有尊师重教、培育人才的优良传统。私人办学源远流长，但奚村私塾创办于何时，无确切资料考证。奚村张氏碑谱记载："及国朝（清朝），道光壬辰（1832）又二百余年矣，叔曾祖绮川受馆于奚……""受馆于奚"，即指在奚村设学馆授课，意指奚村在清治道光年间即办有蒙馆、学馆。清光绪三十二年（1906）废科举、兴学堂，推行学校教育，但奚村地理相对偏僻，很长时间村里幼童学习仍以学塾授课。

启蒙教育　20年代，大陶庄的燕□□先生（塾师）、兴仁的王□□（秀才）先后被奚村张氏家族聘请来村为族中子弟授课。当时的学生有奚村的张百才、张传栋、张传典，吴村的张家印等。1940年，原从奚村聘到埠岭教书的塾师张宗汶回奚村定居后，在村东其家中四合大院后堂腾出地方教授学生，先后办了3期学生培训班。当时教授的学生有张家彬、王传振、张联吉、张家才、张庆林、张建采、李东安等20余人，本村的张恒乾、张传树等也均在村里教过私塾。私塾教育为奚村及其家族培养了不少读书识字的人，但在科举考试中能侥幸得中的人却寥寥无几。据《滕县志》记载，奚村村民张光汉考中清乾隆丁酉（1777）科举人，其余多为庠生或为文授职员。

管理　私塾先生由奚村大户人家聘请，每年旧历年前把聘书送到被聘先生家中，称下"关书"，先生若同意应聘，就把"关书"留下，只等过了年开学，称"就馆"，聘期为1年。"就馆"时间一般是农历正月十六，"解馆"时间一般在当年的农历腊月初八后。私塾先生实行年薪制，每年1石5斗至2石小麦（1石约400千克），分端午节、中秋节、春节前3次付给，年终一次付清。塾师的酬金称之为"束修"。私塾一般只有1位先生，学生几人或十数人不等，年龄和文化参差不齐，年龄通常在六七岁至十五六岁，一般只收男生。启蒙读物有《百家姓》《三字经》《千字文》《神童诗》《弟子规》等，继而读"四书"（《论语》《孟子》《中庸》《大学》）、"五经"（《诗经》《书经》《易经》《礼记》《春秋》）。中后期开始辅导诗、词、古文，女生加读《女儿经》《教儿经》之类读物。无力进学的农家子弟，启蒙读物还学《日用杂字》和应用文、珠算、毛笔字等，以备日后实用。

明清时期奚村及张氏宗族科举考试文员（部分）

表

类别	名　单
举人	张光汉（丁酉科，奚村）

续表

类别	名　单
贡生	张　瑞（岁贡生，奚村）　张儒翘（岁贡生，班山）　张凤岗（廪贡生，东凫山） 张毓泰（例贡生，茶棚）　张彩云（岁贡生，茶棚）　张鹏程（廪贡生）
监生	张宗汶（奚村）（西托前）　张恒纪（茶棚）　张会宾（茶棚）　张廷玺（茶棚） 张祥云（茶棚）　张超云（茶棚）　张卿云（茶棚）
庠生	张　诚（奚村）　张　敢（奚村）　张作经（奚村）　张作伦（奚村） 张作纬（奚村）　张作纲（奚村）　张作纪（奚村）　张恒信（奚村） 张　介（奚村）　张大猷（西托前）　张　项（西托前）　张　颛（西托前） 张　灏（西托前）　张凤翔（徐沃）　张丕泰（柴胡店）　张　任（奚村） 张锦标（来培，奚村）　张大治（西托前）　张　题（西托前）　张凤仪（徐沃） 张佑先（班山）
太学生	张作楷（奚村）　张锦雯（来均，奚村）　张景昂（东凫山）　张宜锷（奚村） 张百铭（奚村）

明清时期奚村及张氏宗族职官人员名单（部分）

表

姓名	官职	朝代	职级	所在村
张应龙	驿官	明	从九品，临城驿	奚村
张则变	驿官	明	从九品，临城驿	奚村
张景载	中宪大夫	清	四品，文授	东凫山
张景堪	奉政大夫	清	五品，文授	东凫山
张奉阳	奉政大夫	清	五品，文授	东凫山
张奉朝	奉政大夫	清	五品，文授	东凫山
张奇云	守御所千总	清	从五品	茶棚
张会宾	儒林郎	清	从六品，文授	茶棚
张廷玺	儒林郎	清	从六品，文授	茶棚
张恒泰	布政司理问	清	从六品，文授	茶棚
张聚云	奎文阁典籍	清	七品，文授	茶棚
张　本	登仕郎	清	从九品，文授	奚村
张学俭	登仕郎	清	从九品，文授	吴村
张　霞	登仕郎	清	从九品，文授	匡腰
张尔润	登仕郎	清	从九品，文授	奚村

学前教育

幼儿教育 新中国成立前，奚村无幼稚园类办园形式，幼儿教育一片空白。解放初期，奚村幼儿教育一向在家庭中进行。农忙时节，为了抢农活、赶收割，家庭中的老人代为儿媳、孙媳照顾子女，将幼儿集中起来后，教唱民谣儿歌，学说顺口溜，做儿童游戏等。1956 年奚村成立高级农业合作社后，为了便于儿童统一管理、开发幼儿智力，让家长更好地参加生产劳动，村集体办起了幼儿识字班（也称育红班），把村里 4 至 6 岁左右的儿童集中起来，聘请村里文化程度较高的村民张百增担任幼儿教师，地点设在原观音庙内，设备十分简陋。幼儿上学自带小板凳，墙壁上挂 1 块小黑板，画上蔬菜、瓜果、农具等实物图，教授儿童看图认字。由于条件有限，识字班办学时断时续。1958 年，为适应“大跃进”形势下妇女参加集体生产劳动的需要，生产队在“三秋”“三夏”等农忙时节集中办托儿所，队里安排专人看管本队的托幼儿童。当时条件很差，多占用民房，设施简陋。紧张的生产劳动季节一过，托儿所即停办。

1975 年前后，为解决生产和教育的矛盾问题，奚村生产大队开始重视幼教工作，想方设法落实办园场所，举办“育红班”，后改称幼儿园。幼儿园几易其所，最早设在村西坑南沿大队部，后在村东大坑北沿的满兵全家的院子里，后搬到知青大院，再后来搬到村坑南前的幸福院。幼儿教师最早抽调在奚村落户的、具有高中文化的知识青年李丽担任。1977 年下半年，由于负责幼教的李

奚村幼儿园师生（教师左起：张美冬、张联英）合影 （摄于 1991 年）

丽回城，生产队又从村里安排初中毕业的张华担任幼儿园教师。1986 年，教师由朱红担任。1988 年后，张联英、张美冬、张莉先后担任幼儿园教师。当时，办学条件较差，教学设备缺乏，仅有 1 台脚踏风琴。1997 年，新建的奚仲小学建成使用后，学校开始开设学前班，分大中小三个班，统一教材、分类管理，教学条件发生质的改变。

小学教育

奚仲小学 原名奚村小学、夏庄乡中心小学、夏庄乡奚村小学、夏庄乡六联小学，2000 年 8 月改名为奚仲小学。学校始建于 1965 年，先后三易其址，有 50 余年的办学历史。70 年代，原奚村小学位于村东路西，占地面积 1 万平方米。1996 年 7 月，夏庄乡政府实施学校改貌工程，1997 年 9 月迁入现在的新校址。新校由奚村、吴村、河北庄、田湾、千山、庵上等 6 个自然村共建，初称“六联小学”，后改为“奚仲小学”。学校建设总投资 120 万元，校园占地面积 1.5 万平方米，其中建设面积 3600 余平方米。学校坐北朝南四层教学楼，其中 1~3 层每层 28 间，第 4 层 10 间，共计 94 间，楼梯安全通道 3 处，高 15 米，内设花园式伙房、传达室等配套设施，操场占地面积 7000 余平方米，预设班级 20 个。2017 年，学校有 9 个教学班，附属幼儿园 1 所，在校生 300 余人。学校有教职工 26 人，其中一级教师 7 人，二级教师 19 人，本科学历 17 人，学历达标率 100%。

村办学历程 1963 年之前，奚村没有小学。上学要到河北庄村上小学（初小，1~4 年级），庵上村上高小（5~6 年级），期间也到过夏庄上学。1963 年，根据村民受教育的需求，奚村生产大队决定设立教学班，在村里集中办学。为解决教师问题，经大队研究，决定把村里文化较高、刚嫁入奚村的上海知青杜月芬（时在夏庄小学任代课教师）安排到村筹建教学班。当年夏天，村大队开始选址，教室设在生产队的柴园。所谓的教室，也就是露天场地，用方木作为课桌，学生自带板凳，把小黑板挂在树上讲课，全村学生集中上课，一年级办了 1 个班，学生有：张庆坦、张庆芝、张庆会、张联凤、张百文、张百峰、张慧芝、张传军、张联堂、张百好、张秀云、张恒堂、高兴荣、张联华、张联好、张联玉等。随后，又相继办了一、二年级复式班。

1965 年 5 月，西仓公社考虑到奚村的地理位置和实际办学情况，决定在奚村设立教学点，并派遣公办教师赵西印负责奚村小学筹建事宜。奚村小学选址在奚村东、吴村西，兼顾两个村（河北庄有小学），由村大队出资建两间教室。没有课桌，赵西印、杜月芬就带着学生打制水泥板当作桌面，磕土坯叠垫桌腿，学生自带板凳，水泥板冬天非常凉，学生的棉衣袖都磨破了，条件异常艰苦。

1966 年，学校贯彻“五・七”指示，强调“学生以学为主，兼学别样”，组织学生学工、学农、学军。是年秋，“文化大革命”开始，学校成立造反组织。1968 年复课，全国响应“侯王”建议，公办小学下放到大队来办，公办教师回原籍工作，这个时候原在城里教学的教师张联绪回到老家奚村教学，待遇实行工分加补贴。

1967 年 9 月，小学办学体制实行五年制，中学实行二三制，使用全国统一教材。一至五年级均设语文、数学、思想品德、体育、美术、唱歌、写字，四年级加设自然、地理，五年级加设历史。1969 年，废除招生考试制度，实行推荐选拔制，在“社社办高中，队队办小学”的口号下，奚村大队扩建教室，奚村小学办起戴帽中学班，学制两年，称为六年级、七年级。奚村大队派李培兰（朱殿奎之妻）作为贫下中农代表管理学校。到 1970 年，奚村小学扩校，已是 1 所公办五年制完全小学。除奚村、吴村外，河北庄、田湾、庞庄、前湾、后湾、鲁桥、庵上、千山头村、夏庄等村的适龄儿童都到奚村上学。教学实行班级制，开设 1~5 年级 5 个教学班，约有在校学生 200 余人，教职工不足 10

教师合影　前排右起：张运良、庞庆桐、张传顺、孙晋远、田传焕、王新国、孙宝民、张文立；后排右起：田华、刘敏、刘爱玲、杜勇、庞爱国、邓涛、徐德民、罗衍萍、王光华　（摄于 20 世纪 90 年代初）

人。1973 年，本着小学不出村、初中不出片的原则，又开设 2 个初中班，招收生源系中片 8 个自然村的小学毕业生约 100 人，增加中学班教师 7 人。随之，奚村学校晋升为中片学区中心校兼管鲁桥、河北庄、庞庄、后湾等 4 所小学的教研工作。1979 年秋，小学仍实行五年制，同时开始使用全国统一教材，一至三年级均设语文、数学、思想品德、体育、美术、唱歌、写字，四年级加设自然、地理课程，五年级加设历史课程。

1982 年，实行土地家庭联产承包责任制，废除民办教师工分补贴，改工资制，由原来的每月 4 元增加到 26 元。1984 年，集中对小学进行布置调整并实施校舍改造工程：旧教室全部拆除，改建成新式教室，玻璃门窗，电灯照明，木制板凳。同年，奚村小学改造升级为“夏庄乡中心学校”。初创时，学校共有 7 个班、280 名学生，教师员工 14 人，成为夏庄乡教育的龙头学校。1985 年前后，奚村小学 4 个中学班搬进夏庄乡中学。到 1990 年，学校共有 7 个班、241 名学生，教师员工 18 人。1995 年夏，夏庄乡政府投资在奚村中心校的对过路东征地开建奚村小学新校，1997 年搬进新校，改名奚村六联小学，生源为中片的 6 个自然村的学生，预设教学班 20 个，每年有 4 个平行班，教师有 38 人，教学设施齐全。2001 年，原夏庄乡合并到陶庄镇，奚村六联小学改名为奚仲小学。

教学环境 1970 年，奚村小学占地面积 15 亩，建有办公室 3 间（瓦房），教室 5 间（草房）、总建筑面积约 350 平方米，有操场面积 700 余平方米。1970—1980 年间，由于扩校升级的需要，小学开设初中班，3 年时间内陆续建砖瓦结构教室 4 间，配套用房 2 间，总

实验课堂 （摄于 2017 年 5 月）

建筑面积约400平方米，学校建起院墙，开设校门，校内设专用操场1处，校占土地系奚村一个村提供，建房资金上级有一定数量资助。1980年前，小学部的课桌全部是自制水泥板和为桌面垒起的土台课桌，学生自备课凳。学生多时，在校内院墙上挂黑板，学生自带板凳上课。其后，逐步增添木质课桌板凳。1984年前后，借助薛城区实施农村中小学进行校舍改造的机遇，奚村小学投资对学校进行改造。改建后，学生们告别土桌子、坯台子，全部使用木质课桌凳，结束自带凳子上学的历史。学校竖起了旗杆，建起了花坛，新建的校舍均为砖墙瓦石结构，新建平房大多带走廊，房子的装修也比较讲究，不少房子外墙用水刷石，建起了新颖的大门楼，图书、教具、体育器材等配备齐全，基本达到国家要求的“六配套”标准。这一时期，学校有4个中学班搬进了夏庄乡中学。

1995—1997年，在原夏庄乡政府的大力支持下，奚村村委广泛筹措资金，在村东原奚村小学对面，划地1.5万平方米，规划建设奚村小学新校。利用1年多的时间，投资120万元盖起了可容纳20个教学班的4层教学楼，能同时容纳500余名学生上课。学校按照“三园”“四化”的要求（即“学园、花园、乐园”，“美化、绿化、硬化、净化”），对校园进行美化、绿化，栽花种草，全部硬化校园道路，体育场、体育设施齐全，创造了宁静雅致的教学环境，被枣庄市教育局命名为“花园式”学校，2001年，奚仲小学由五年制教育改为六年制教育，简称“五改六”。学校注重加强直观教学，普遍开展了教具制作活动，并逐步引入幻灯、录音、录像等多媒体教学手段。2005年，学校先后建成了微机室、多媒体教室。2006年，小学取消百分制，学生学业成绩评定实行等级制，一般分为A、B、C、D四个等级。2016年4月，为了迎接义务教育均衡化发展国家级、省级验收，奚仲小学在区、镇两级政府支持下，提高教学内部配备标准，实现了班班通和教师人手1台电脑，计算机教室配备品牌微机40余台，满足最大班额上机需求。科学实验室、综合实践教室、音乐教室、美术教室、体育器材室均按照省级二类标准配备。另外，在操场东部投资新建1座两层幼儿教学楼，建筑面积500余平方米，幼儿教育条件得到根本改善。

管理体制 奚村小学自建立以来，党团组织不健全，领导机构由校长、教导主任、事务员组成，后期还设有少先队辅导员。学校实行校长负责制，校长主持和管理全面工作，教导主任负责业务工作，具体负责组织全校教师的政治学习、业务研究、师生的思想政治教育，安排教学计划，组织授课、考试及总结。教师队伍由公办、民办两种身份的教师组成。80年代，公办教师约占60%，民办教师约占40%，中师和高中学历的教师占70%，学历不达标的教师占30%。通过上级教育部门辅导培训和教师自身进修，至1990年教师学历全部达标，并有少数教师取得专科学历，形成了一支学历达标、专业结构合理、教学能力较强的稳定的教师队伍。广大教职员工能够全面贯彻党的教育方针，依纲据本，认真施教，注重学生素质培养，致力于学生的全面发展，圆满完成了基础教育任务，有力地支持了九年义务教育规划实施，对提高村民文化素质，为学生接受高层教育、继续深造打下了良好的基础。

1995年3月18日，《中华人民共和国教育法》颁布，全校师生认真学习，广泛宣传，依法执教，学校教育走向法治轨道。1998年，针对教师水平参差不齐的实际情况，依据上级“两基”达标的具体实施意见，全体教师积极参加中师面授函授学习，学制4年，经考核，师资学历达标的要求完全实现。另外，全体教师苦练五项基本功，即教师口语表达，教具制作与使用，小学教育活动、写字、简笔画。经考核，学校全体教师均考取到教师资格证书。为提高教学质量，教师们认真备课，深入钻研教材，掌握本科教材的重点、难点。课堂教学采用启发式，力求做到少而精，以开发学生智力，培养学生能力为重点，让学生多练系、多实践，教学质量普遍提高。为提高教师业务水平，学校经常组织教师外出听课，开展教学观摩。2003年以后，学校在“弘扬奚仲文化、培养创新精神”这一办学理念指导下，坚持以“让每一个学生学会创新”为办学思想，积极构建学习型组织，打造研究型教师队伍，先后承担了3项省级实验课题、3项区级小课题的研究。学校还巧借地处奚仲故里的这一地域文化优势，开展特色教学，形成了依托奚仲文化资源，开展乡土艺术教育为内涵的办学特色。2008—2016年，学校先后承办了薛城区农村教育发展现场会、薛城区特色教育推进现场会、薛城区班级文化创建现场会、陶庄镇小班化教学推进现场会等。学校先后被评为“枣庄市规范化学校”“枣庄市信息技术示范校”“枣庄市农村环境育人优秀学校”“枣庄市绿色学校”，“薛城区规范化学校”“薛城区绿色学校”“薛城区精神文明校园”等等。2017年，学校有区级优秀教师6人，市、区级课改标兵3人。现任校长邓涛，先后荣获薛城区“优秀教师”、薛城区“十佳校长”等荣誉称号，先后担任国家“十五”规划重点课题《合作学习的基本理论与实践研究》课题组成员，山东省教学研究课题

《创新实践能力的培养》课题组组长，并在国家级刊物上发表多篇论文，其中 3 篇论文获全国优秀论文一等奖。

自 1965 年以来，先后在奚村小学任教的教师达到 150 余人，其中外村籍教师 140 余人。他们教书育人、为人师表，为奚村及周边村教育事业的发展和人才培养做出突出贡献，得到村民的普遍欢迎和爱戴。

1965—2017 奚村小学历任校长及从教人员一览表

表

人员类别	名 单
历任校长	赵西印 田传洪 张联绪 种道福 李茂珍 伊永基 于成坤 梁瑞臣 郭允来 吕传金 孙晋远 秦恒友 庞爱国 王新国 刘志国 刘传国 邓 涛
教师	赵西印 杜月芬 赵家蕴 孙延太 田传洪 田传煜 刘春彦 孙思顺 朱明课 张传顺 郝桂兰 刘桂兰 谢云忠 种道福 伊永基 李茂珍 褚衍炳 于成坤 宋世远 王厚云 孙晋岚 谢云龙 谢云东 张庆全 殷召贵 梁瑞臣 宋申水 张庆喜 王新武 石允明 孔祥东 曹振凤 吕传金 种道连 庞庆坦 孙思淼 孙宝健 李庆水 戚 剑 田金兰 李书利 张全喜 张传龙 刘 敏 孙思凤 孙思兰 秦恒友 赵保玉 田春娥 田厚奎 田厚业 田传焕 郭允来 王新国 郭修玲 田家瑞 张家贞 冯开车 朱启利 时君文 刘凤英 丁翠玲 冯传军 田家强 庞道钦 张运良 庞爱国 于保金 孙晋远 刘传国 邓 涛 马孟啟 宋淑岭 张传龙 谢云虎 冯茂启 罗衍平 吴 倩 刘丽丽 邓桂萍 杜修靖 杨其峰 刘爱兵 徐德民 何瑞吉 王 鹏 刘志国 张联英 李德山 孙晋文 田家坡 高惠民 谢海洋 贾东海 冯 永 丁 静 孔令敏 许运敏 李文芬 杨丽萍 张 云 王全其 冯开兵 王再祥 关 艳 赵利民 张 娟 侯贵竞 刘 蔚 吴 艳 杜 秋 种小梦 刘 敏 赵珊珊 王 干 孙 晴 刘 艳 王赐超 郭 健 张俊英 李 丽 姜景训 关传允 刘春来 杜修池 袁玉荣 孙思蕊 王次中 张联绪 张延芬 张 敏 潘成芳 刘现贵 张 利 种法珍 冯开冰 张 丽 王全芳 种晓雯 张建岭 何 静 贾 瑞 孟庆真 孙欣丽 孙思月

注：历任校长按任职先后顺序。

成人教育

新中国成立之初，奚村成人教育以扫除文盲和文化技术教育为主。1952 年冬，奚村在观音庙开办冬学，利用农闲季节组织农民学习文化。冬学环境条件差，用土坯支课桌，自带板凳，学屋墙上画十二属相以及青菜、萝卜、白菜、葱、茄子等图案。白天是 10~20 岁的学生上课。每天晚上，村里成年人点着煤油灯去上课。冬学负责人张恒法，老师为张百增、张传树，学生有张恒岭、张传孝、张翠英、张翠云、张联云、张恒勇、张恒发、张恒茂等40余人。后来在村干部邵士昌门前的地屋里又办了多期，夜校连续办了10多年，奚村扫除文盲近200余人。

1952年，人民政府大力推广“速成识字教学法”，奚村开展了声势浩大的扫盲运动。但由于脱离实际，盲目发展，多数速而不成。后来根据上级指示精神，速成班转为了常年扫盲民校。1957年，扫盲民校转为业余民校，并结合民兵建设，以求达到“组织军事化、行动战斗化、生活集体化、休息学文化”的要求。“文化大革命”开始后，奚村办起了政治夜校，后改为学习班，学习《毛主席语录》和“老三篇”。1972年，恢复农民文化教育。至1975年，在奚村小学开办扫盲班，由张传顺担任扫盲教师，所有的文盲青年都必须进夜校学习，由上级统一发放课本，每学一课都要认真做作业，公社教育组和区教育局不定期检查或抽查。期中、期末都要考试，考试由薛城区教育局安排人员监考阅卷。到1984年，本村98%的文盲青年脱盲，以后又断断续续开展过扫盲工作，但巩固率较低。1995年普及九年制义务教育，辍学现象基本不再出现。

原籍奚村副科级以上干部统计表（至2017年）

表

序号	姓名	性别	工作（退休）单位	行政级别	备注
1	张　勇	男	司法部	厅局级	在职
2	张联才	男	华东煤炭厅	副厅级	已故
3	关传杰	男	枣庄市山亭区政协副主席	副县级	退休
4	张联俊	女	枣庄市质量技术监督局	副县级	在职
5	张庆功	男	枣庄市气象局	副县级	在职
6	关继标	男	山亭区卫计局	副县级	在职
7	张百奎	男	枣庄农商银行	副县级	在职
8	张传润	男	枣庄市检察院	正科级	已故
9	张联会	男	枣庄第八中学	正科级（高级教师）	已故
10	张百华	男	薛城区人民检察院	正科级	在职

续表

序号	姓名	性别	工作（退休）单位	行政级别	备注
11	张联珍	男	薛城区科技局	正科级	在职
12	张联武	男	薛城区计生局	正科级	在职
13	张庆坦	男	山亭区教育局	正科级	在职
14	张庆丰	男	薛城区总工会	正科级	在职
15	张庆成	男	薛城区公安局	正科级	在职
16	张庆锦	男	薛城区行政审批中心	正科级	在职
17	张庆平	男	枣庄市公路局	正科级	退休
18	张全志	男	薛城区编办	正科级	在职
19	张庆长	男	枣庄学院	正科级（讲师）	在职
20	关继良	男	枣庄市行政审批中心	正科级	在职
21	关传允	男	薛城区陶庄镇人大	副科级	退休
22	张百铎	男	薛城区物价局	副科级	退休
23	张百杰	男	枣庄市薛城区地税局	副科级	在职
24	张联东	男	薛城区委老干部局	副科级	在职
25	关继国	男	薛城区政法委	副科级	在职
26	张国庆	男	枣庄市市中区供销社	副科级	在职
27	张庆珍	男	枣庄市国土资源局	副科级	在职
28	关继伟	男	枣庄市山亭区交通运输局	副科级	在职
29	关继武	男	枣庄市山亭区交通运输局	副科级	在职
30	张　珍	女	薛城区市场监管局	副科级	在职
31	张勋庆	男	枣庄市台儿庄区人民法院	副科级	在职
32	张庆伟	男	薛城区陶庄镇党委	副科级	在职
33	关奇峰	男	深圳市宝安区公安局	副科级	在职
34	张庆征	男	枣庄市盐务局	副科级	在职
35	张庆强	男	枣矿集团总部	副处级	在职

奚村中级职称以上人员统计表（至 2017 年）

表

序号	姓名	性别	工作（退休）单位	中级以上职称	备注
1	张联龙	男	徐州市沛县大屯煤电公司	政工师	退休
2	张联奎	男	枣矿集团付煤公司	高级讲师（副教授级）	退休
3	关传友	男	薛城区财政局	会计师	退休
4	张联印	男	薛城区陶庄镇经管站	经济师	退休
5	张联绪	男	薛城区实验小学	中师	退休
6	张联馨	男	黑龙江省富裕县繁荣中心医院	副主任医师	退休
7	张传顺	男	薛城区陶庄镇奚仲小学	中师	退休
8	朱启利	男	薛城区陶庄镇奚仲小学	中师	退休
9	张华清	男	江苏省南京晓庄学院	教授	在职
10	张华翔	男	枣庄市市中区人民医院神经外科	主任医师（正教授级）	在职
11	张志刚	男	潍焦集团薛城公司	工程师	在职
12	张美荣	女	枣庄广播信号转播台	工程师	在职
13	张凤琴	女	枣庄市魏庄监狱行管警察	会计师	在职
14	张　刚	男	薛城区住建局	工程师	在职
15	张庆宝	男	薛城区陶庄镇政府	工程师	在职
16	张家龙	男	山东高速集团	工程师	在职
17	张　凯	男	枣庄学院	讲师	在职
18	张　伟	男	国家海洋局	助理研究员	在职
19	关继军	男	中国财险枣庄公司	业务主任	在职
20	张庆荣	男	枣庄市第三中学	中学一级教师	在职
21	张庆刚	男	深圳大丰实业公司	董事长	在职
22	关继昌	男	薛城区教育局	中学一级教师	在职
23	张志鹏	男	薛城区教育局	中学一级教师	在职
24	张永勤	男	薛城区第四十四中学	中学一级教师	在职

新中国成立后奚村考入大（中）专、技校学生名录（至2017年）

表

序号	姓名	性别	考录学校	学历	工作单位	家长姓名
1	张传润	男	山东大学	本科	枣庄市检察院	张百坦
2	张联奎	男	南京林业大学	本科	枣矿集团退休干部	张传孔
3	张庆坦	男	曲阜师范大学	本科	枣庄市山亭区教育局退休干部	张联尧
4	张华清	男	曲阜师范大学	本科	南京晓庄学院	张传润
5	关继标	男	枣庄师范专科学校	专科	枣庄市山亭区政协	关传杰
6	朱启利	男	枣庄师范学校	中专	陶庄镇奚村小学退休教师	朱殿奎
7	张庆平	男	山东省交通学院	专科	枣庄市公路局退休干部	张联会
8	张全志	男	山东省中医药学校	中专	枣庄市薛城区政府退休干部	张裕福
9	张华翔	男	济宁医学院	本科	枣庄市中区人民医院	张传润
10	张庆成	男	山东省人民警察学院	中专	枣庄市薛城区公安局	张联尧
11	关传允	男	枣庄市农业学校	中专	薛城区陶庄镇人大工作室	关文德
12	张国庆	男	枣庄师范专科学校	大专	枣庄市市中区供销社	张联峰
13	张庆梅	女	枣庄师范学校	中专	枣庄市第二十四中学	张联尧
14	张庆长	男	枣庄师范学校	中专	枣庄学院	张联庚
15	张庆刚	男	青岛烹饪学校	中专	深圳大丰实业公司董事长	张联奎
16	张庆霞	女	泰安中药材学校	中专	薛城区药材公司	张联奎
17	关继武	男	山东经济管理学院	大专	枣庄市山亭区交通局	关传杰
18	张美荣	女	山东省广播电视学校	中专	枣庄广播电视信号转播台	张联尧
19	张志刚	男	山东省冶金工业学校	中专	潍焦集团薛城公司	张联清
20	张庆祥	男	枣庄市经济学校	中专	枣庄市中区住建局	张联岭
21	张联东	男	枣庄师范专科学校	大专	枣庄市薛城区老干部局	张传成
22	张庆珍	男	枣庄银行学校	中专	枣庄市国土资源局	张联纪
23	张勋庆	男	枣庄师范专科学校	大专	枣庄市台儿庄区法院	张联峰
24	关继军	男	山东粮食专科学校	中专	中国财险枣庄公司	关传杰
25	张庆峰	男	薛城职业中等专业学校	中专	个体工商户（薛城纺机下岗）	张联绪
26	张庆斌	男	山东轻工业学院	大专	华众纸业	张联斗

续表

序号	姓名	性别	考录学校	学历	工作单位	家长姓名
27	关继国	男	枣庄广播电视大学	大专	枣庄市薛城区政法委	关传友
28	张　珍	男	华东理工大学	大专	枣庄市薛城区市场监管局	张联庚
29	张庆征	男	临沂市商业学校	大专	枣庄市盐务局	张联岭
30	张　靖	女	山东警察学院	大专	山东省司法局里彦监狱	张联尧
31	张庆伟	男	枣庄市经济学校	中专	枣庄市薛城区陶庄镇政府	张联纪
32	张慧娟	女	枣庄第二卫生学校	中专	枣庄市薛城区陶庄镇卫生院	张联涛
33	张家龙	男	中央党校经济管理	本科	山东高速集团	张传生
34	关继昌	男	枣庄农业学校	中专	枣庄市薛城区教育局	关传允
35	关奇锋	男	山东公安专科学校	大专	深圳市宝安区公安局	关传友
36	张志鹏	男	枣庄师范专科学校	大专	枣庄市薛城区教育局	张联清
37	张庆宝	男	枣庄联合大学	大专	枣庄市薛城区陶庄镇政府	张联印
38	张　玉	女	枣庄卫生学校	中专	枣庄市薛城区陶庄镇卫生院	张全喜
39	张　凯	男	中国人民解放军通信指挥学院	本科	枣庄市薛城区移动通信公司	张庆良
40	张庆强	男	华北电力大学	本科	枣矿集团总部	张联奎
41	张　静	女	山东省物资学校	中专	枣庄市薛城个体工商户	张联清
42	张艳秋	女	枣庄师范学校	中专	枣庄市薛城奚仲中学	张传军
43	张东生	男	淄博商学院	大专	个体工商户（食品加工）	张联成
44	关继良	男	临沂财经学校	中专	枣庄市行政审批中心	关传允
45	张　凯	男	复旦大学	博士研究生	枣庄学院	张联国
46	张　伟	男	北京林业大学	硕士研究生	国家海洋局	张联绍
47	高培培	女	聊城大学	大专	枣庄市薛城区民政局	高　峰
48	张争明	男	威海职业技术学院	大专	山东博能电子商务	张庆玉
49	张庆喜	男	枣庄职业技术学院	大专	个体工商户（家庭装修）	张联刚
50	张　青	男	中国人民公安大学	本科	山东省公安厅	张庆成
51	张玉梅	女	枣庄师范专科学校	大专	枣庄市陶庄镇中心校	张裕明
52	张　强	男	青岛大学	本科	山东高速鲁苏收费站	张联珍
53	张东伟	男	山东建筑大学	本科	枣庄市薛城区财政局	张百杰

续表

序号	姓名	性别	考录学校	学历	工作单位	家长姓名
54	张庆荣	男	聊城大学	本科	枣庄市第三中学	张联军
55	张　猛	男	泰山学院	本科	枣庄市自来水公司	张百华
56	张　成	男	山东化工学院	高技	枣矿八一轮胎厂	张全芝
57	张庆争	男	济南大学	本科	潍坊市质监局	张联存
58	张茂岭	男	济南大学	本科	济南银行	张全林
59	张　莹	女	滨州学院	大专	枣庄市薛城幼教	张联杰
60	张　芬	女	山东化工学院	高技	邹平市	张全芝
61	张延凯	男	枣庄职业技术学院	大专	临沂铜铁厂	张裕明
62	张茂祯	男	枣庄职业技术学院	高技	枣矿八一轮胎厂	张延安
63	张　骞	男	滨州学院	大专	枣庄市滕州振兴集团	张延军
64	张　允	女	枣庄卫生学校	中专	枣庄市薛城区常庄镇卫生院	张全喜
65	张　艳	女	山东第二卫生学校	中专	枣矿八一轮胎学校	张全芝
66	张　惠	女	枣庄师范专科学校	本科	枣庄高新区张范中心校	张全芝
67	张智勇	男	烟台大学财务管理	本科	枣庄财务会计事务所	张庆长
68	张　萌	男	青岛海洋大学	本科	在校生	张百义
69	张玲慧	女	山东英才学院	大专	在校生	张传梅
70	张　琨	男	青岛大学	本科	枣庄市薛城区卫生监督局	张庆岭
71	张　鹏	男	聊城师范大学	本科	澳大利亚	张庆岭
72	张　涛	男	潍坊医学院	本科	枣庄市口腔医院	张庆平
73	张　琛	男	上海对外经贸大学	硕士研究生	英国纽卡斯尔商学院研究生	张国庆
74	关　楠	女	枣庄学院	本科	枣庄幼儿园	关继标
75	张好文	男	济南技术学院石化分院	大专	薛城公安局凤鸣湖派出所	张家龙
76	张　浩	男	青岛航海学院	大专	航海客轮	张庆峰
77	张庆辉	男	武汉大学	本科	青岛啤酒（薛城）公司	张联庆
78	张庆甫	男	山东省青年干部学院	大专	济南	张联瑞
79	张永强	男	鲁东大学	本科	潍坊	张庆彪
80	张永康	男	枣庄学院	本科	薛城区沙沟地税所	张庆锦

续表

序号	姓名	性别	考录学校	学历	工作单位	家长姓名
81	关　健	男	南京政治学院	本科	枣庄市电业局	关继伟
82	关　柯	男	山东师范大学	本科	杭州	关继民
83	张　琛	男	山东英才学院	本科	青岛	张联静
84	关　腾	男	潍坊科技职业学院	大专	山东海特电子公司	关传新
85	关继阳	男	鲁南机床技校	中专	山东海特电子公司	关传新
86	张永钦	男	菏泽医学专科学校	大专	在校生	张庆珍
87	张馨雅	女	烟台大学	本科	在校生	张庆伟
88	张　琦	男	山东建筑大学工程管理	本科	在校生	张庆祥
89	张鑫颖	女	枣庄职业技术学院	大专	在校生	张庆东
90	张永恒	男	山东大学	本科	在校生	张勋庆
91	张　冬	男	枣庄职业技术学院	大专	在校生	张联付
92	张惠敏	女	济宁医学院	本科	在校生	张庆国
93	张　玺	男	枣庄矿务局技校	高技	在校生	张联涛
94	张红涛	男	青岛理工大学	硕士研究生	在校生	张传行
95	张筱颖	女	西南政法大学	本科	在校生	张联东
96	张　硕	女	闽南师范大学	本科	在校生	张　刚
97	关祥宇	男	西北农林科技大学	本科	在校生	关继武
98	关雨果	女	山东艺术学院	本科	在校生	关继军
99	关　振	男	潍坊技术学院	大专	在校生	关继海
100	张苗苗	女	山东城建学院	大专	在校生	张家龙
101	张哲宣	男	中国地质大学（北京）	本科	在校生	张志刚
102	张　圆	女	浙江大学	博士研究生	赴国外留学	张庆坦
103	张　浩	男	南京大学	博士研究生	赴国外留学	张庆坦
104	张永法	男	山东科技大学	硕士研究生	在校生	张庆奎
105	张亢亢	女	大连海事大学	硕士研究生	南京市文化局	张华清
106	张　蜜	女	上海财经大学	硕士研究生	澳大利亚留学	张华翔
……						

医疗卫生

医疗发展状况

民国及民国前，奚村村民有病大多无钱医治，小病靠自愈，儿童接种疫苗需派人到外村联系医生，村民患大病除求助偏方、土方外，就是求神拜佛、祈祷神灵，找巫婆神汉，一旦病重则命归西天，婴幼儿患肺炎算不治之症。遇到天灾人祸、瘟疫流行，人口死亡率高的惊人。

新中国成立前，奚村没有看病医生和个体药铺，村民看病大都找兴仁济生堂的王东鉴、河北庄广济堂的丁魁善、沙庄宝善堂的刘荣贤问诊。新中国成立后，奚村的医疗卫生条件逐步得到改善。50年代，社员看病多到临城六区联合诊所芦桥保健站或私人诊所看病。1960年，大队建起卫生室，安排孙思军、张庆凤两名村卫生员（后担任赤脚医生）负责全村卫生保健工作。1973年，奚村学习外地经验，社员集资，生产大队从公益金抽款交付卫生室管理使用，办起大队合作医疗站，开展“一根针、一把草”和“三土四制”活动，广收土方、单方、验方，用于临床和制剂。张百信、张菊玲、张庆芝、张全志、张传玲等人先后担任村赤脚医生，并陆续到公社卫生院参加乡村医生培训。80年代初期，张全志参加了全区为期3个月的乡村赤脚医生培训。村办卫生室配有简单的医药器械，配制大青叶、板蓝根制剂，治疗村民小病，兼做预防接种工作。同时，在村后果园栽种2亩中药材，自己采集加工药草。夏秋农忙时，赤脚医生携带急救箱往返于田间，以应社员劳动时不测之急。1976年，张百信调薛城区人民医院合作医疗办公室，张全志于1977年考入省中医药学校，村卫生室由张庆芝、张传玲负责。1977年，合作医疗升级，公社拨款作为合作医疗费用，即社办合作医疗。80年代初期，农村经济体制改革。根据上级有关指示，合作医疗解体，集体诊所解散，由集体经营转为分散经营，村卫生室停办转让给个人经营。奚村张庆芝懂医务知识，在自己家中开办私人诊所。张庆芝出嫁后交由其妹张庆纪开诊所。1992年，枣庄矿务局中心医院的退休医生刘敦纯、王□□、庞学珍到村开办诊所。因在农村行医日常吃住、生活、交通不方便，诊所开办 3 个多月就停了。1995 年，村民张传国开办诊所，2000 年后停办。截止 2017 年 8 月，村里仅有张庆霞仍在家里开办小诊所，方便群众就医。2000 年后，随着乡镇卫生院就医环境的改善和农村合作医疗制度的不断完善，村民就医条件越来越好，村民可以自由选择到区级医院、镇卫生院或矿务局医院就诊。

农村合作医疗 50 年代初，随着农业互助合作化运动的兴起，我国的农村合作医疗制度逐步兴起。农业合作化运动进入高潮后，农村合作医疗有了较大的发展。1955 年，奚村农业合作社采取由社员群众出“保健费”、生产合作社出公益金补助相结合的办法，建起了奚村保健站。“大跃进”开始后，社员看病不花钱，医药费从村集体公积金中列支，但没坚持多久，卫生站就因吃大锅饭、造成经费困难而停办。60 年代，奚村建立了以村集体经济为基础，集体与个人相结合、互助互济的合作医疗站，奚村生产大队实行了合作医疗，社员每年交一部分钱，大队出一部分钱，交给公社医院，社员在大队、公社看病免费。大队卫生室收支由大队财务监管，本村的赤脚医生由大队支付工分，回生产队参加分配。合作医疗因经费等各种原因，持续时间不长就取消了，恢复到村民取药全额收费。

1984 年 11 月，奚村“队改村”后，随着农民生活水平的提高，农村医疗卫生保障供需矛盾日渐尖锐，导致农村合作医疗因不适应经济和社会的发展而出现了严重萎缩。2003 年，政府采取“以个人投入为主，集体扶持，政府适当支持”的办法，尝试建立农村合作医疗基金，奚村列为新型农村合作医疗试点村，按规定每人每年交纳 7 元现金，药费可报销 25%，由镇医保单位负责。如需到上级医院就诊、住院，按规定比例报销住院费和药费。2004 年开始至 2017 年，奚村建立起新型农村合作医疗制度。

奚村 2003—2017 年新农合情况一览表

表

年度	个人交纳（元）	国家配套补贴资金（元）	参合人数（人）	参合率（%）	备注
2003	7	3	202	32	
2004	7	3	202	32	
2005	10	15	305	42	

续表

年度	个人交纳（元）	国家配套补贴资金（元）	参合人数（人）	参合率（%）	备注
2006	10	35	410	56	农村特困群众和五保户、优抚户扶持参加新农合
2007	10	44	580	79	
2008	10	79	660	85	
2009	20	80	701	86	高血压病Ⅱ期等 22 种特种慢性病列入补偿范围
2010	20	110	710	87	信息管理系统全面运行，实时监管定点医疗机构，费用现场结报
2011	50	200	747	87	建立新农合 VPN 虚拟专网，儿童白血病、先天性心脏病等 7 种重大疾病纳入新农合补偿范围
2012	60	240	750	88	
2013	70	280	760	89	为参合农民统一购买 15 元大病保险
2014	80	320	767	89	
2015	100	360	770	90	
2016	140	420	776	90	
2017	219	460	1221	98	

卫生防疫

爱国卫生运动　新中国成立前，奚村村民生活贫困，房屋低矮潮湿，村民庭院大多狭小，住房拥挤，积肥、饲养都在狭小的空间里，粪堆乱放、粪圈茅厕相连，夏天蚊蝇孳生，卫生状况极差，造成疾病流行，影响村民身体健康。

新中国成立后，村民响应上级号召，开展以除害灭病为中心的清洁卫生工作，逐步养成讲究卫生、预防疾病的良好习惯。春冬季节，村民常在晚上关门窗熬醋杀菌预防感冒；常晒被褥衣物，杀灭细菌；定时开门窗，使居室空气流通；室内摆设几盆鲜花，吸收灰尘，使室内空气清新。一年四季勤换衣服，勤洗澡保持清洁，以利健康。每年腊月二十三大扫除，干干净净、利利索索过新年。大人教育孩子们饭前便后洗手，讲解病从口入的道理，很多村民们养成了刷牙的良好习惯。1952 年，全村开展了反对细菌战为中心的“四净五灭一捕”（四净：人净、房净、院净、街净；五灭：灭蝇、灭蚊、灭虱、灭蚤、灭蟑螂；一捕：捕鼠）活动，成立了爱国卫生运动委员会，组织全村男女老幼进行除病灭害工作。村里安排专人身穿白大褂挨家挨户，宣传动员村民，广泛开展捕鼠、灭蝇、清洁卫生大扫除活动。1958 年人民公社化以后，奚村积极响应中共中央和国务院“除四害”（老鼠、蚊子、苍蝇、麻雀）、讲卫生的号召，大力开展第二次爱国卫生运动。村民结合积肥，把陈年的墙土、圈土及垃圾堆制成了肥料，家家户户进行了大扫除，整修厕所，水井加盖，畜圈移出村内，建设“三白”（白帽子、白口罩、白工作）村的工作，奚村的卫生状况得到很大改变。

70 年代后，开展“两管五改”（两管：管水、管粪；五改：改厕所、改水井、改炉灶、改环境、改畜圈）的卫生活动，大队组建了“两管五改”专业队伍，对全村厕所进行初步改造，对大队的猪圈、牲畜饲养院进行了整修，做到每天必须清扫畜圈 1 次。村内饮水井砌筑抬高井台，改建民用灶，将村内的墙壁和树木在 1 米以下全部进行石灰水粉刷。1976 年 2 月，华东六省一市爱国卫生运动检查团到检查奚村环境卫生防疫、除“四害”工作情况。

80 年代，爱国卫生工作又增添新的内容和要求，即以“五讲四美”（“五讲”，即讲文明、讲礼貌、讲卫生、讲道德、讲秩序；“四美”，即心灵美、语言美、行为美和环境美）为中心的爱国卫生运动，进一步治理了村内的脏、乱、差现象。1982 年 3 月，在第一个全国文明礼貌月活动中，奚村大队动员广大村民大力治理脏、乱、差，积极创造优美环境，掀起新中国建立以来第三次大规模爱国卫生运动。90 年代，个中原由，难以断言，老鼠繁殖较快，老鼠的大量出现给人们带来很大的危害。在上级爱国卫生委员会的领导下，奚村开展了有组织的灭鼠活动。市、区防疫站投资，购置了玉米和灭鼠药物，制成了灭鼠饵料，乡、村集体领回发放各村。奚村村委安排了专人负责定时统一投放、检查、清除。通过这一灭鼠活动，减轻了老鼠对人类生活的危害。

进入 21 世纪，清洁卫生工作更加深入。特别是 2015 年以来，在薛城区和陶庄镇党委、政府的大力支持下，奚村开展了新农村建设和城乡环卫一体化建设，生活垃圾及时清理，坑塘进行清淤，村中公厕合理改造，大小街巷道路硬化，粉刷了墙壁，改造了自来水管，疏通了下水管道，新建了文化健身广场，购置了健身器材，组建了清洁卫生队伍，村中清洁卫生做到了专业化、经常化、制度化。村庄的环境卫生得到彻底治理，一个整洁、卫生的新农村正展现在人们面前。

防疫 新中国成立前，奚村群众自发聘请外村乡医为儿童接种牛痘。新中国成立后，政府开始免费为6岁以下儿童接种牛痘，到1955年村内天花病绝迹。随着国家对传染病防治力度的不断加大，国家针对结核病、霍乱、麻疹、疟疾、结核等传染疾病，制定政策免费检查治疗，使传染疾病短期内得到有效的控制和彻底根除。从1966年起，全村儿童开始服用骨髓灰质炎糖丸，注射麻疹疫苗。1976年起，7岁以下儿童进行“百白破”疫苗、牛痘苗、卡介苗、麻疹疫苗等接种。1979年又免费为儿童服用驱蛔药。1980—2003年，全村适龄儿童普遍服用或注射卡介苗、流脑疫苗、乙脑疫苗、麻疹疫苗、百白破疫苗，服用骨髓灰质炎糖丸等，免疫率达100%。2003年春夏之交，全村众志成城抗击“非典”（非典型肺炎），张贴非典型性肺炎标语，宣讲“防非”常识，村干部、党员24小时值班，组织人员给各户喷打消毒液，并在各路口设卡、专人把守，阻止外来人员和车辆进村。在外回家的本村村民隔离观察15天，按时量体温。全村村民没有感染此病者。2016年，奚村的人口寿命平均达到76.2岁。

枣庄市“十佳”乡医张传存在为儿童患者诊疗（摄于2017年8月）

徐德用　山东枣庄人，大学学历。毕业后在地方从事基层党政工作。历任秘书、乡镇长、党委书记、区政府区长助理、区政协党组副书记、副主席。1991—1993 年在薛城区夏庄乡（今陶庄镇）工作期间，为奚村农业发展做出贡献。现为中国黄宾虹书画研究院鲁南分院长、中国孔子国画院常务副院长、中国传统文化促进会理事、薛城书画院院长、薛城区美术家协会名誉主席。出版有《徐德用书画作品集》《徐德用中国画作品选集》《徐德用书法》《养生集》《临风流韵》《花鸟画撷英》，等等。

齐鲁名村志
QI LU MING CUN ZHI

奚村志
XI CUN ZHI

风土民情
FENGTUMINQING

千百年来，奚村村民在漫长的生产生活中，累积了浓郁的地方特色民俗文化，饱含着人们对生活的美好期许，彰显村民生活的淳朴和厚重。

随着时代的发展、社会的进步和多元文化的繁荣，传统文化渐行渐远，新观念、新时尚逐渐被当今人们所接受，民俗民情逐渐淡漠，这无疑给生活在传统文化中的人们带来了冲击。

民俗的生命力源于生活。浓墨重写村民习俗，在与为后代子孙留住乡愁记忆，感悟源于生活的民俗生命力，延续民俗传统，传承地域文化基因，勿忘中华民族古老灿烂、渊源流长的乡土地域传统文化。

村风

世代居住在奚村的村民，在抵御大自然灾难和社会政治灾难的斗争中，抗灾祸、求生存，逐步形成了吃苦耐劳、朴素节俭、团结互助、文明热情的良好村风，其间虽也有诸多不良风气，但好的村风始终占据主流，特别是开展“四德工程”（即爱德、诚德、孝德、仁德）活动以来，村风民风不断向好。

吃苦耐劳　吃苦耐劳是奚村人祖辈相传的最主要的优良传统。过去，生活在村里的人们，黎明即起，洒扫庭除，扛起农具下地劳动。春夏秋冬，哪一样都离不开体力的付出与辛劳。六七十年代，村里的妇女们不仅要承担繁重的家务活，还与男人一起参加生产劳动、挣工分，一天到晚手不释闲。进入 21 世纪，村民种地基本上是机械化作业，家庭生活现代化，村民摆脱了繁重的体力劳动，但夫妻勤劳致富、共建家园的生活风气没有改变。

朴素节俭　奚村村民代代养成了朴素节俭的传统美德。老人们常用“吃不穷，喝不穷，算计不到就要穷”教育后代子孙。这所谓的“算计”实际上就是量入而出，就是尽量节俭。表现在衣食住行等日常生活消费方面尽量做到精打细算、物尽其用。如今，村民省吃俭用、不乱花费、有钱大用依然是生活主流。

团结互助　奚村历来具有浓郁的和睦亲善的邻里关系，占绝大多数人口的张姓与关姓、孙姓、高姓、朱姓等同住一村，世代和睦相处。在村里，一家有事众人帮已成为传统。日常生活互帮互助，农活大忙主动帮忙，喜事请上门，丧事自上门。如遇大的灾祸和困难，大家想方设法相助。

文明热情 文明，是奚村人代代追求的美德。村民待人热情实在，有客人上门，必热情招待。过去，对上门乞讨者，剩菜剩饭也要给1碗半碗，有当时即食者，还要给上锅里热一热。80年代，安徽一妇女讨饭到奚村（后称“老于”），村民不嫌弃，收留她在村里安家，吃百家饭生活40余年。如今，村委倡导新事新办，力求文明俭朴，树正气、压邪气，全村说文明话、办文明事、做文明人蔚然成风。

村民（摄于2017年6月）

安闲自在 安居种地者居多，外出谋事者甚少。奚村村民粮食自给自足，多数农户把仅有的钱攒起来，为下代盖房、结婚，给后辈儿孙留下生存的基础和条件，祖辈相传，世代沿袭。改革开放之初，经济收入增多，生活日益富裕，人们的思想逐步改变，视野不断扩大，但一切向钱看、人际关系淡漠、不关心帮助别人等不良现象有所蔓延。进入21世纪，在党和政府的正确引导下，村民们的思想觉悟和道德风尚正在发生变化，老辈人的好传统、好风气又逐渐回归，而且形成了许多体现时代特色的新风尚。

顾全大局 70年代和90年代，为满足本村及周边村学生上学需要，奚村小学先后两次进行扩建。村民们为了周边村的孩子能够上学，腾出好的位置和土地学校，为教师提供口粮，让别村的孩子同样享受到奚村小学上学的条件。70年代某年，薛城部分地方遭受旱灾、风灾，粮食大减产，部分村公粮上缴完不成任务，而奚村夏粮获得大丰收。为此，奚村村民急国家所急，响应上级号召，在完成公粮上缴任务的基础上，勒紧腰带超交爱国粮8万千克。2008年10月，京沪高速铁路修建，需要划拨奚村土地安置千山村拆迁户。在人多地少的情况下，村民们顾全大局，忍痛响应上级政府安排，从奚村耕地中征18亩土地用于安置房建设。

尊师重教 旧社会，村民对读书人十分崇敬。由于家庭都比较贫穷，几家请1位先生教书是最常见的事，人们称之为“私塾”。人们对教书者尊称为“先生”，在私塾阶段，大户人家请塾师教孩子，把塾师奉为圣人，对塾师的生活起居都细心安排照管。新中国成立之后，尊师重教之风发扬光大，形成了新型的师生关系。60年代奚村建校伊始，奚村大队想方设法安排教学场所，解决学校教师口粮和教学用具不足问题，使教师免除后顾之忧，安心教育工作。80年代，每年教师节，奚村两委邀请老师召开座谈会，对老师进行慰问，以示对老师的关怀和尊重。建校50多年来，奚村拿出土地、资金数次扩建校舍，改善教学条件，成就了今天的地方（教育）标准化、示范化的奚仲小学。

孝老爱幼 自古以来，村民恪守孝悌忠信、礼仪廉耻的古训，形成了沿袭多年的尊老、敬老的传统美德。村民张百强、张百良兄弟俩，在其父亲张恒林下肢瘫痪、生活不能自理，母亲患有脑血栓的情况下，床前尽孝十九年，不离不弃、悉心照顾，不怕苦、不嫌脏，毫无怨言，始终如一日精心照料父母，被评为全区“爱老敬老”模范和“四德”工程标兵，用行动诠释了传统孝道，受到村民的赞誉。村民张联锁，多年来尽心照顾患病在床的父亲张传济，不怕脏、不嫌累，直至父亲去世。孝悌父母的例子在奚村数不胜数。

助人为乐 村民张贻兰（张裕福之妻），至今已年逾九十岁，耳聪目明，身体康健。她心地善良，好做善事。早在1958年，她曾为路过村口遇困行人弄吃弄喝、借住家里，临走送长袍衣御寒。1959年她曾收留一精神病少女管吃管住、精心照顾。邓寨村一亲戚腿残无依无靠，她义务照顾18年，直至送终，被传为佳话。在奚村历史上，诸如下河救人、为患重病者献爱心、接济困难户、救助失火家庭、为地震灾区捐资捐物等数不胜数。2016年12月，村民张海成见义勇为，挽救路人生命，挽回经济损失，先后被省、市、区授予“见义勇为积极分子”“山东好人”称号。

民俗

岁时节日

春节 俗称“过年”，为一年中最隆重的节日。进入腊月，村民即开始备年货，包括吃的、穿的、用的都要换新，新年新面貌、新气象，平时节俭窘迫可以，但春节要过个“肥年”。腊月二十三或腊月二十四这一天，将房内、院落打扫得干干净净，刷新墙、洗衣服，名曰“扫尘”，并祭灶。从祭灶这天起，人们开始赶年集、办年货，准备过年。购置衣物服饰、锅碗瓢盆、干鲜海货、俗信物品、红纸、鞭炮、年画，以及天老爷、灶君像、门神等。年二十九、三十，家家户户酥菜、剁馅子、贴春联。除夕入晚，炒花生、折灶糖、包水饺、蒸馒头，人们秉烛焚香，鸣放鞭炮，驱鬼除邪，老老少少围坐在一起吃年夜饭。从1984年起，一家人边饮守岁酒，边观看中央电视台春节联欢晚会。除小孩外，其余人通宵不睡，谓之“守岁”。除夕之夜，长辈要给子孙“压岁钱”，以表示对其晚辈的祝福、亲情与恩惠。近年来，随着网络信息的普及，年轻人及至中老年人用手机拜年，发信息抢红包成为新时尚。

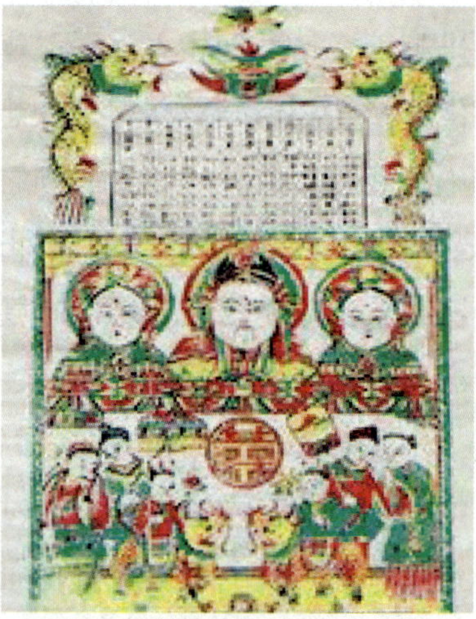

灶君像

拜年 正月初一大早，户户焚香烧纸，燃放鞭炮，磕头祭祖，俗称“发纸”。天不亮，村内大街小巷都是拜年的人群。拜年的时候，先拜父母，再按本族长辈近远拜年，然后到邻居家拜年。一些辈份大的人家都提前在屋里或院子铺好褥子或是席子，爷爷或奶奶迎在屋门口，去拜年的人按辈份从前到后排开，同辈的人横排成行，排不开的或是年龄小、辈份小的人就自己找个地方趴下就行了。现在即使是辈份大的人家已经不再让老人接受跪拜式拜年了，一般都说岁数大了怕麻烦，来了就好。有老人身体不好或家庭有不幸之事，就闭门不再接受拜年。拜年是不论贫富，只论辈份，再富有、职务再高，只要是在家就要去给各长辈拜年，否则会被认为是极不敬的事，是被乡亲们极看不起的。再富有的人，也要开门迎客，无论来拜年的人穿戴如何，都要拿出好烟好糖招待，否则也是被乡亲们极瞧不起的。越是有身份的人家此时一般表现低调，免得被乡亲们扣上一句，发了福了，瞧不起人了！吃过早饭，是女人们拜年的时间，妯娌们成群结队、走街串户拜年问安。当然，这里说的女人单指已经结婚的媳妇们，有幼童的农村说就是老娘儿们，未婚少女无论年龄大小都只能在家里待客，只能眼看着和自己同龄甚至小很多的小男孩子威风地跟在大人后面四处拜年。或者是等人们拜年结束，再找自己的伙伴去玩。有幼童随大人拜年的，到谁家都赏给花生、瓜子、糖果之类，有时布兜兜得满满的。村民拜年跑满庄，在街上遇见第一句话就是“新年好”“见面发财”等祝福的话。男孩子则是从能独立行走开始就和大人们一起拜年，并且这也是各位大人乐于向各长辈介绍的，这是我们儿子，快给爷爷奶奶或大伯大娘拜年。长辈一般会说，真好，别磕了，等成家（结婚）再磕。

拜年

近年来，开始流行家庭带孩子初一给父母拜年，初二给岳父母拜年的风俗，也有至亲好友串门拜年的。随着电信业的发展，电话拜年、手机拜年成为当今拜年的主流，传统的拜年方式受到现代生活理念的影响逐渐淡薄，在农村拜年也限于近族、邻居之间。

正月初五 俗称“五忙日”。早晨，商铺开业，盖房的可以夯地工动土，农活可以下地，针线活可以动手。

立春 又叫“打春”，农谚称“春打六九头”。有时在腊月，有时在正月。打春这天，家中妇女用彩色布条缝制“春公鸡”，用白布缝制“春娃娃”“春姑”等玩具。春公鸡缝在孩子的右衣袖上，以鸡谐“吉”，象征孩子吉祥如意。凡是未种牛痘的儿童，还在春公鸡的嘴上缀上一串豆粒，种过牛痘的儿童以辣椒种子代替，希望以鸡吃豆使孩子将来不再生天花、麻疹等病。

元宵节 正月十五称“元宵节”。家家户户吃元宵，各项活动在晚上进行。村民有元宵节捏面灯的习俗，一般用麦面或杂粮面做成，种类有生肖灯、月份灯、勺子灯等。狗灯放在大门口，鸡灯放在鸡圈内，龙灯放在粮囤上。月份灯寓意在于祈祷风调雨顺、五谷丰登，12个灯代表十二个月份，灯碗边捏一只角为一月，捏两个角为二月，依次类推捏到十二个月。此外，还捏盘龙灯、勺子灯。面灯捏好后，放蒸笼里蒸。掀开蒸笼后，观察月份灯中的蒸馏水多少，以卜旱涝丰歉。面灯注入豆油，捻上棉花芯插在中间，点着放在大桌上、磨盘上、香台上和家门口两旁，观察灯花形状，以卜什么庄稼丰收。晚上是灯会，家家挂彩灯、放鞭炮及各种花炮、礼花、彩珠炮，村中大街上是一片灯的海洋。旧时，大多是端面灯、挑纸灯、萝卜灯，现在的灯声、光、电集于一体，种类繁多。民间认为元宵节的灯光是吉祥之兆，能驱妖避邪除百病，老人举灯照遍屋内外，孩子们端灯相互照明脸庞，嘴里说着：“照照眼不害眼。”除灯会外，另有高跷、花船、竹马、龙灯在锣鼓、唢呐声中起舞，烘托出浓厚的节日气氛。当晚，村里有的青年，用锅将铁片融化成铁汁，用木勺装铁汁甩出，形成漫天美丽的花朵，五彩缤纷，令人目不暇接。男孩子们将用秃的扫帚把点燃后向远处投掷，说是把扫帚星扔掉可以祛百病。燃烧的扫帚把在空中像火龙、如彗星，形成一道亮丽的风景。大人、小孩都乐于放花炮，放地老鼠、钻天追、提溜几、粘窝窝、礼花。“地老鼠”燃后满地乱窜，尾带白光；“钻天追”带着火焰在空中爆响；“提溜几”、粘窝窝点燃后炸出火星，在黑暗中尤为醒目。现在，各种各样的礼花种类繁多，在空中绽放出绚丽多彩的烟花，非常壮观和美丽。

叫闺女 过完正月十五，娘家人把闺女接到娘家去叫“踩百姓”（一说“走百病”），据说对小孩好。正月十六这天，如赶上好天气，路上叫客（读音kei）的络绎不绝。过去条件差的时候，有步行的，有拉地排车的，有骑毛驴的，有推独轮车的。现在家庭条件好了，交通发达，有坐公交的、骑电动车的，最多的还是坐小汽车的。接来的必须在二月二前赶回婆家。现在随着人们生活节奏的加快，大多当天来回，近的也就是中午一顿饭功夫。正月十六晚上“捞灯笼”，有打灯笼上街的，但不如正月十五的盛景。

仓龙节 “二月二，龙抬头”。二月初二一大早，太阳未出来之前，在院子里或大门外，村民用草木灰以大门为半径撒成圆圈或五道圈，叫“围仓囤”“引仓龙”，祈盼当年风调雨顺、五谷丰登。还有的在灰圈中间挖个小坑，放上五谷杂粮，谓之“填仓”。家家炒盐豆或糖豆，谓之“炒蝎爪”。据说能引诱蝎子出来粘住蝎子爪，不让它到处爬。也说吃了炒蝎子爪，一年不被蝎子蜇。早饭吃面条，名为“龙须面”；中午蒸“大角子”，名为“蒸龙蛋”。旧时，此日禁动针线、石磨，恐伤了龙眼，压了龙头。

清明节 清明节前一天称“寒食”，相传为纪念春秋时晋人介子推之日，这天禁烟火、吃冷食。清明节，柳枝发芽，家家户户折来柳枝插于房门两旁，孩童把柳枝编成圆圈戴在头上，据说这样可以一年不生癞疮；有的套在狗脖子上，说是不生狗蝇；有的把柳枝折断拧成柳笛、喇叭，可以吹奏。清明节家家到先祖坟地添土、扫墓、烧纸钱。清明时节，村民们有踏青、放风筝的习俗。清明节还是农事较为关键的季节，如果清明这天天气晴好，则麦收季节无连阴雨，能有好收成。

端午节 农历五月初五，也称端阳节，相传为纪念伟大的爱国诗人屈原而立。家家房檐下、门旁插艾条。“艾”，即“爱”的谐音，意在纪念爱国诗人屈原。民间有“吃了端午粽，一年不生病”之说，家家包粽子。用茶叶煮鸡蛋，趁热吃 3 个以上，能健身强体，防病治病。这天，小孩套“虎兜”，戴虎帽，穿虎鞋；用红、黄等搓成的五色丝线系于小孩的手腕、手指、脚腕或脖颈上，有的还将五色线拴在门挂上，认为能祛灾辟邪，在端午节后第一场雨将五色线剪掉扔到河里变成蛇。端午节过后的五月十三，本地传说是关老爷磨大刀的日子，也是下雨的日子。本地俗语云：“大旱不过五月十三”。端午节一大早，家庭妇女便把五谷杂粮炒糊，贮于罐中，泡茶全家饮用，也作老人、儿童祛寒、消食、防病之用。

六月六 “晒衣节”。这天，只要天气晴朗，起床之后，家家户户都要翻箱倒柜，将全家人穿过的单衣、棉衣、被褥等找出来搭在庭院扯的绳上曝晒。传说此日晒过的衣服不生虫，此俗谓之“晒龙袍”。衣服、被褥等经过这天晾晒之后，便可收叠储放到箱柜内，整个雨季不再翻动，以防衣服吸潮霉变。

伏日 “冷在三九，热在三伏”，入了伏才是天气最炎热的季节。入伏有吃伏羊、喝绿豆茶等习俗。伏天吃伏羊、喝羊肉汤，可治夏枯病、阴虚等。过去，农村吃伏羊，往往是几家买1只羊，杀后用1口锅煮。煮好后，肉平均分吃，汤随便喝。这叫“算分子”或叫“打平伙”。现在，村民自己多到集市买肉或子女送羊腿自己煮吃。逢年过节，农村还有杀牛、杀猪算分子、打平伙的。

七夕节 民间传说，农历七月初七是天上牛郎织女相会的日子。在七月七前后，一般都会下雨，说是牛郎织女相逢互相哭诉的泪水，所以叫“可怜日”。在这一天，如果天空淅淅沥沥下着小雨，在园中眉豆架下或院中葡萄架下仔细聆听，说是能隐隐约约地听到织女的哭声和牛郎的劝慰声。七月七，天空不见飞鸟。传说鸟雀都去天河为牛郎织女搭“鹊桥”去了，民间也叫“百鸟填河”。现在，七月七已成为中国的“情人节”。

中秋节 农历八月十五，俗称“八月节”“团圆节”。此时秋收已近尾声，年成已定，民心安乐，过中秋仅次于春节。外出的村民，即使远在天涯，也要尽量赶回与家人团聚。中秋之夜，一家人设宴于庭，摆设酒肴、月饼，举杯共饮，共享天伦之乐，谓之“圆月”。“送节礼”是八月十五普遍的习俗。如新婚，闺女婿向岳父家送礼，不次于春节。礼品通常以纸包装月饼、糖果、米面油、酒水、水果、活鸡、鲜鱼等。随着时代的不同，送礼内容多有变化，节日馈赠越来越精美、越来越讲究，高中低档礼品琳琅满目。

重阳节 旧时九九重阳节为文人雅士郊游、登高，饮酒赋诗、以文会友的日子。本地沿习旧俗，老年人有郊游、赏菊等活动。现在，重阳节被赋予了更多“敬老孝老”的内涵。当地政府部门或民间组织带着礼物到老人院和困难老人家看望，义务为老人诊疗，送上一台文艺节目等。除此之外，人们素有重阳节测天气的传统。俗语云：“重阳无雨看十三，十三无雨一冬干。”

冬至 以冬至开始入“九”，每9天为一九，共有“九九”。冬至这天，有用鸡、鸭鹅煲汤，或是买羊腿煮汤，作为换季滋补身体、驱寒祛病的食补习俗。特别是老年人，更要喝母鸡汤。这天，出嫁的闺女和在外工作的儿子，为父母长辈送上活鸡、鲜鱼或羊腿、下水（猪牛羊宰杀后其内脏的统称）等，以示孝敬和关心。所以，入九前一两天，集市上鸡、鸭和羊肉要比平时贵许多。入九以后的其他几个九，则不作节过了。

腊八节 农历腊月初八，为腊八节，腊八节喝腊八粥。当日早晨，家家煮腊八粥，一般原料为小米、大米、红小豆、豇豆等谷物和红枣、花生米、莲籽、菱米、栗子、核桃仁等干果及红白糖，混合煮成稠米饭为早饭。这些原料，均是滋补佳品，做成食粥，对身体大有裨益。如今，腊八粥不再成为腊八节的专利，早已进入人们日常生活饮食的每一天。“喝了腊八粥，就把年来数。”从这一天起就要筹备过年了。

衣食住行

服饰 民国年间，村民衣着布料多窄幅染色粗布，装束大襟褂子、对襟褂子、汗衫。夏季，村民多光背披蓝、白色宽幅披巾，名曰“大手巾”；下身穿长裤，但裤腿多挽起至膝盖以上。农村流行一种宽裆、镶白腰的单裤或夹裤，俗称“大裆裤子”。妇女除上衣为右偏襟外，下身与男装相同。男女均用扎腿带扎住裤腿，男穿双脸五眼布底鞋、铲鞋，女穿绣花或割花尖头鞋。过去的上衣，没有纽扣，都是用布条挑制的“疙瘩迷”。有身份的男子多戴红、黑疙瘩的圆顶黑瓜瓣帽，俗称瓜皮帽，乡绅和商人多戴礼帽，农民多戴毡帽。毡帽头有半圆形和“三块瓦”，平时边向上卷，折下可护两耳和后颈。冬天戴大皮帽，棉帽还有“漫头撸”的“老头乐”线帽，一般来说，老年穿青色（即黑色），青年穿蓝色，姑娘媳妇穿印花布。村里穷苦百姓寒冬腊月仍披麻袋片，穿草鞋甚或光脚。新中国成立后，机制布逐步替代土布，卡其布、华达呢、条绒布等布料流行，男穿中山服、学生服的居多，妇女多穿列宁服，但穿老式便装的仍占多数。60年代后，棉毛织品上市，人造棉、的确良、涤卡等进入市场。农村盛

民国时的服饰。左起：张百增、张百臣、张百坦、张百元

行穿解放初期的军用球鞋，夏天男女喜欢塑料底松紧口鞋、塑料凉鞋。“文化大革命”期间，年轻男女以穿草绿色军装为“革命”象征，冬戴军棉帽和夹帽，穿带绒领各式短大衣，后又时兴棉猴、捷克式皮大衣、风雪衣等。70年代，曾一度流行喇叭裤、长裙、长裤，老年人穿铁灰、银灰中山装，女青年开始留辫子，系上蝴蝶结，穿洋布裤褂，冬穿绒领列宁服，头包方围巾，春秋脚穿方口布鞋，夏穿塑料凉鞋，男女式样有别。80年代后，棉、毛、皮革、混纺布料的花色品种、服装款式逐年增加，对襟褂开始在中青年妇女中流行。西服很快成为城乡各界人士的普通装。青年男女穿喇叭裤和牛仔裤、西装、衬衣等，女装以连衣裙、短裙、牛仔裤、鸡腿裤、西式袄裤较为时兴。继而夹克衫、滑雪衫、羽绒服、风雪衣、羊毛衫、皮夹克、马夹等相继流行。大襟棉袄，仍在老年人中流行，一般着装后用长布带扎腰。50岁以上的老太太喜欢穿红袄，外罩蓝、青单褂，称“笼袄褂子”。1990年以后，布棉鞋逐渐被皮棉鞋代替，不少老年人穿皮袄、皮裤、皮坎肩、皮夹克、高级皮毛料衣服。健美服尤为青年所喜爱。男女西服套装，青年人还系领带，布料高档，颜色艳丽。跨入21世纪，时装进入寻常百姓家，款式色泽日新月异，人们穿着更是讲究舒适美观。如今，青年人追求怀旧、个性和反叛性格，男性的休闲服装、职业服装、个性服装；女性的紧身裤、小款型、喇叭型、五分裤、打底裤、乞丐裤等，爱美女青年还穿尖头长筒皮靴。如今，生活在多元文化的人们，对鞋的个性化追求越来越高，各种运动鞋、休闲鞋、品牌鞋走进平常生活，男女老少皆有穿着。袜子从前多是棉布做成，有单、夹、棉之分，70年代以后有尼龙袜。现在的袜子也多为纯棉、混纺、丝袜、线袜等。

饮食 过去，村民饮食干稀并重，每天吃两顿饭，早晨饭、晌午饭。农忙时以干的为主，农闲时以稀的为主。晚上一般不做饭，谁要饿了就吃点干粮，喝点中午剩下的稀饭或开水也就可以了。主食以煎饼、“糊涂”为主，兼以烧饼、馍馍、水饺和面条等。糊涂，就是用玉米面、高粱面或小米面或加豆子面熬制的粥。新中国成立前，村民主食为高粱、地瓜，兼食杂粮。高粱加以少量黑豆磨成糊子用鏊子烙煎饼，地瓜做稀饭。此外，农民还经常吃野菜小豆腐，或用瓜干面、高粱面、蔬菜掺在一起蒸窝窝作主食。遇到灾荒之年，农民则用杂粮面煎饼子，只能半年糠菜半年粮，小麦面粉则留着逢年过节、来客、老弱病人及小孩食用。富家则经常吃白面。20世纪50年代后期，村民大面积种植地瓜，地瓜和地瓜干成了主粮。1958年，吃食堂大锅饭，以混合面（小麦、地瓜或杂粮）煎饼、窝窝头为主食。1959年夏季，小麦歉收，粮食紧张，食堂以地瓜、胡萝卜为主食，并用玉米芯、地瓜秧、豆秸、花生秧等磨成粉面做饼，用来充饥，这种困难生活一直持续到1962年。80年代初，仍以地瓜、高粱、玉米为主食。1982年以来，村里实行了家庭联产生产责任制后，群众生活逐渐富裕了，每日两餐改为三餐，恢复了烙煎饼的传统，前期主食以烙“棒子”煎饼为主，后期以小麦面粉蒸馒头或烙麦子煎饼，兼食少许杂粮。如今，一般家庭都是吃饭讲营养，常年吃米面。年纪大的村民有时做做粗粮窝窝、挖挖野菜，来寻找过去的回忆。

住房　新中国成立前后，村里基本上都是土坯垒垛，以土打墙，盖成长10米、宽4米左右的3间低矮草房。60年代多为“马褂子屋”，即半草半瓦。70年代，瓦房逐渐普及，但仍为石墙、砖墙、半土墙的主体结构。80年代后，村民盖房由村里统一规划，盖成一排排宽敞、明亮、实用的砖瓦房。盖房由原来的找泥瓦匠帮忙到后来的包工，工钱五六百元。90年代后，农村由原来的四檐青屋、全瓦屋改建砖混平房（方便晒粮），还有不少村民盖起二层楼房。院落布局讲究坐北朝南，一般为长方形或正方形，四面围墙。过去，靠北面建3间主房，门东旁安放香台，堂屋西间窗前往南安置石磨，厕所多安排在东南角，西南角留有下水道，俗称“阳沟”。院子前墙当中建“过道屋”，门留在中间，叫“大门”。如果前后有四邻，也可留东西大门。房子堂屋大多数是3间，坐北朝南，3间分3个室，一明两暗，室与室之间有用墙隔开的，后来有用箔隔开的，也有用木板作隔山的。中间一间是明间作客厅，两暗室为卧室，东为主，供父母居住，西间供儿孙居住。也有的西间留外门，供儿孙结婚用，有的盖东西配房供儿孙结婚用。70年代以后，住房条件有了改善，儿孙结婚大多数是单家独院，3间正房，东间住人，西间放粮，明间摆设作客厅、餐厅。伙房也叫“锅屋”，大都根据宅式建1间，都是在大门北旁。因大多数是东式宅和西式宅，除了靠路的都是正阳宅。厕所占对大门的院子的另一角，门楼大多数是担挑式。过去，大多数农户盖不起大门，有的用树枝编“篱笆门”，有的是简易的“板子门”，只有少数人家用得起“双扇大门红牙子”，门上方建门楼子护门。个别户甚至连院墙都没有。60年代后，多数都有双扇大门，门上建有担挑门楼护门，并且下有“过门石”，门框下面有“门枕石”，中间有“腰卡”，上有“坎卡”“门槛石”压盖。门枕石、腰卡、坎卡都是固定门框的。腰卡不仅能固定门框，还能固定门板。

因腰卡一边有洞，一边有槽，可装较粗的木棍挡住门扇，俗称“腰棍”。90年代以后，按照小康房的标准，部分农户大门都是特宽“双扇大门”，而且大门垛子和门楼都用瓷墙砖镶贴，门楼用瓷瓦装饰，高大气派。

出行　60年代以前，人们出行全靠步行，小脚妇女不能步行，靠坐人力手推车。手推车是木制的独轮车，也有用畜力双轮大车的，双轮也是全木制的。70年代后，近程买卖出行用地排车、拖拉机，自行车比较少，人们出门多互相借用。80年代后，自行车比较普及，人们走亲访友、赶集上店大多骑自行车。90年代后，摩托车、机动三轮车比较时兴，不少人以此代步。汽车、小轿车陆续进入农家。特别是进入21世纪，县乡公路四通八达，客运班次增加，小轿车、环保电瓶车、新能源轿车陆续进入村民家，极大地方便了村民的出行。农用三轮车、面包车、拖拉机、货车一般用来搞运输。过去人们出行，一般要选择吉日。黑道日忌出行；每月的初五、十五、二十五不出远门，不在外住宿；初一、十五不走亲戚，不看病人，下午不走亲戚不看病人。俗话说：“往外走，三、六、九；要回家，二、五、八”。问路忌叫“大哥”，要叫“二哥”。

婚丧嫁娶

婚嫁　旧时，奚村男女青年结婚，一般要经过提亲、合年命、相家、见面、下通书（传启）、送彩礼、登记、请期、接亲（迎亲）等繁琐程序。在提亲过程中，要按照男女双方的属相和“五行”，合生辰八字。提亲之后，女方到男方家去

结婚场景　（摄于1995年4月）

看看。相完家之后，一般安排男女双方见见面。双方父母同意后，由村中懂行的有文化的人执笔“下柬子”、传大启。传过大启之后，两家就成了亲家关系，有了正式来往，包括有红白喜事，都得送信。下大启的当天，要由男方送给女方一定的聘礼，通常是女子的穿戴衣服、布料、首饰、化妆品等。一般平民百姓也就是红包袱一个或若干个。有钱人家送车、送房、红包礼金。男女双方登记后，男方近门族人到女方家中索要生辰八字，就是“要媳妇”“要日子”，也称“要八字”。随着时代的发展，如今按生辰看日子的越来越少。村里人也和城市一样，选择国际性节日或国家重大节日，如“三八节”“五一节”“五四青年节”、国庆节、元旦等，省却了许多忌讳。婚期前，男方还要做好结婚准备：拾掇新房、请执喜、请厨师、租花轿、请乐班、贴喜对联、套新被、上喜坟、铺喜床滚床等。女方主要是：备嫁妆、填箱、拾柜、化妆、穿富贵、倒穿鞋、哭嫁、上轿、送嫁等。接亲时，新郎要穿戴一新，吹吹打打到女方家接亲。70 年代破旧立新，村里青年结婚不再用轿，生产队用地排车、生产队的马车扎上红顶，新娘坐于内；另有一帮抬嫁妆的，不过是箱子、柜、桌椅之类。80 年代用地排车、拖拉机，90 年代后至今一律是小汽车拉人，客货车拉嫁妆。新媳妇进男方家经过“勒性子撒麸子”、烧喜纸等习俗后，开始拜天地，然后由众人簇拥进入洞房。入洞房后，还有撒帐、挑红子、喝同心面、亮柜、开脸滚鸡蛋、上拜等仪式，随后“坐大席”、喝喜酒。

生育 妇女生育叫“坐月子”。孕妇临产，民间称作“觉病了”。过去都是婆婆守着，安排人去叫接生婆来接生，也叫“拾孩子”。产妇生下婴儿，谁是第一个去产房的人，就是谁踩的生。婴儿出生 3—5 天，找一本家近族的男孩挎盛红鸡蛋、挂面的篮子去产妇娘家报平安信，叫做“报喜”。随后，娘家去慰问产妇、探视新生婴儿，也称“送粥米”“送米糖”。时间一般在产婴后 10 多天内，按照约定的时间，产妇的母亲、哥嫂、姐妹、至亲等一同前往。过去一般人家所带物品，只用一二个篼子，内装米、粉面、鸡蛋、红糖等。60 年代以后，随着村民生活水平的提高，送粥米的标准也逐渐提高，所送物品增加了小儿成衣、鞋帽、童车、玩具。90 年代以后，送粥米的档次就更高了，小儿成衣要四季俱全，外加床上用品、被褥毛毯，童车有摇篮车、大小自行车，还有各种电动玩具、婴儿孕妇营养品等，有时租一辆老大的货车装得满满的，而前去祝贺的妇女、小孩则专用面包车、小轿车送。在婴儿出生后的日子里，还要叫满月、铰头、百家衣、贺百天、种花、交红子、剁绊脚绳、抓生等习俗。

丧葬 奚村的丧葬仪式基本沿袭旧式传统，大体可分成葬前殡礼、葬时丧礼、葬后祭礼3个阶段。国家推行火化制度、提倡“厚养薄葬”以来，丧葬仪式趋于简化，殡葬奢侈之风稍刹，但基本仪式和礼制没有大的变化。正常死亡的老人，要尽量在咽气前，放在家中预先准备好的用秫秸做成的灵床上，在儿女亲属的守护下，在灵床上咽下最后一口气，俗称“咽气了”。人死后换穿的衣裳，谓之“穿送老衣服”，即“寿衣”。穿寿衣只穿单数，忌穿双数，忌穿皮衣，不能有纽扣。灵床前摆1张小凳子，上放1碗米饭，或1张烙饼，饭中直插一双筷子，称作“倒头饭”，摆放1盏用棉捻点燃的豆油灯，谓之“长命灯”。前面放1个烧火纸盆，火盆底部要按儿子数钻眼，称为“老盆”；用谷秸秆草百根或按死者岁数捆成1束，置于灵床前，名曰“影身草”，草上挂1条白纸糊成的褡裢（俗称钱褡子）和纸幡（俗称引魂幡）。在大门旁边砧石上方悬挂一叠火纸，俗称“纸谷墩”。父母双亡挂一刀火纸，并在纸两上角垂直裁开使其垂下，如果是单丧则挂半刀火纸，纸墩上一边剪开垂下，挂的方位，是男左女右。同时，在大门和所有房门上都要用裁好的白纸条贴上，门心、门竖都要贴。如果丧1人，则在每扇门上只贴1张竖纸条；如果父母双亡，则在每扇门心上交叉“X”型。随后，派人分头通知至亲，名曰“报丧”。在送倒头信的同时，另派人去找阴阳先生“择日子”。先将死者的性别、出生年月和亡故的时辰报上，让阴阳先生选择出殡安葬的日子，也称讣告，是举行正式殡仪的通知。择完吉日之后，就请人拟写报丧柬。死者入殓后，便由一位与丧主关系较为密切的人，领1名孝男（一般为大孝子）按家族商定的名单去逐家“叩请”。按所定时辰，事先定下的乐班、放炮人就会来到。三声铁炮，喇叭想起，是为“开门”。到村头土地庙为死者报庙“擢汤”，也叫“泼汤”。送盘缠时间是在殡葬仪式的头一天傍晚，为死者饯行、指路，烧纸钱、马、牛、轿等。吊唁是亲戚邻里对死者的悼念和对其家属的安慰。死者已出嫁的女儿，闻信后首先要前往哭悼，多数一路哭着来，又一路哭着回去。除陆续有外村亲友吊唁外，还有本村的街坊邻居闻讯后前来哭祭，而妇女则是三五成群，携带火纸一刀，如果死者配偶尚在，则带半刀纸前往哭祭。殡葬之日，凌晨放炮开门，孝男孝女全部集中在灵棚前，启门家奠。从早晨到中午，远近亲友凡接到“丧贴”

者相继前来祭礼、吊唁、哭祭。殡葬之日，凡来“行来往”的亲朋好友，均须招待，俗称“坐大席”。腰席开罢，起灵发引。灵柩抬到大街上，至摆设好的香案前停下，由大孝子 1 人祖道（给路神行礼）后，亲戚朋友依次路祭，随后发丧，直奔墓地。

生日寿诞

“过生日”的礼仪比较简单，做些好菜好饭，举家欢庆，或邀亲朋相聚，斟酒碰杯，祝贺生日快乐。过去，村里一般平民百姓没有过生日的习惯，即使有也不过生日当天做点好吃的，或喝顿面条，称为“喝寿面”。80 年代以后，随着国家计划生育政策的实施，子女数量减少，家庭对孩子倍加宠爱，每逢孩子生日，必定庆贺。过生日时，全家老少都到，并置办酒席庆贺。宴席上，在蛋糕上插上与孩子年龄相同数量的蜡烛，大家齐唱生日歌。孩子闭眼许完愿后，由孩子一口气吹灭所有的蜡烛，操刀切分蛋糕，在场的每人 1 块，大家共享快乐。

为老人祝寿，民间有“贺九不贺十”之俗，就是做寿不逢十，要提前 1 年做。提前祝寿，意谓留有余地，以裕后人。每逢老人“大寿”之日，子女总要为其举行祝寿活动。祝寿之日，至亲好友接踵而至。拜寿时，寿翁着新衣、坐中堂，男左女右，其子女、儿媳、孙子立两侧，在烛光高照、金碧辉煌的辉映下，笑容满面地依次接受子孙、亲友的祝贺和叩拜。之后，便在屋内或院中摆席酬客。民间有“六十六，须吃闺女一块肉”的习俗。过 66 岁关口，即由出嫁的女儿买一刀肉（约 0.5 千克左右），把肉切成 66 小块，红烧后，于寿前一天由女儿女婿送到娘家。寿辰之日，敬天 1 块，敬地 1 块，其余 64 块让父或母吃，据说可以解禳。此外，如果为父亲庆寿，闺女要送父亲 1 条红腰带以避邪；为母亲庆寿，则需送 1 件红布衫以消灾，这才能顺利过关。

生活禁忌

俗称忌讳。过去村内忌讳甚多，一部分带有迷信色彩，一部分脱去迷信，转为规范社会生活的习俗。

村民日常生活禁忌一览表

表

禁忌范围	禁忌内容
自然禁忌	住宅周围忌猫头鹰叫，怕祸事上头
	早晨出门忌讳听到乌鸦叫，带来晦气
建筑禁忌	新建或翻修旧住宅时，忌在太岁头上动土
	选宅基时能在庙前，不在庙后；能在庙左，不在庙右；忌占坟地和禁用庙坟物建房
	忌配房高出主房，忌西房高出东房
	建造居宅忌前高后低，讲究前不栽桑，后不插柳，门前不栽杨树，庭院内忌栽苦豆树（楝子树）
	大门忌直撞大路
时节禁忌	正月初一忌动针线、剪刀
	送家堂前忌在屋内泼水、扫地
	每月初一、十五不能探亲访友，出远门，忌阴历正月、九月迁屋
	初五、十四、二十三，太上老君不炼丹。逢此日，忌婚、丧、嫁、娶，动土建造
礼节禁忌	借药锅用完忌送，由东家用时自己来取
	忌下午探望病人，探视病人忌带梨
	忌对别人吐吐沫，否则被视为有敌意
	到别人家串门忌入“两房”，即生意人的“账房”和女人的绣房
	宴席间主人始终陪坐，忌提前离席
	同桌有人未吃完饭忌收拾碗筷
	隔窗不喊人，隔席不说话
	给客人倒酒、倒茶后，忌把壶嘴朝里，盛鱼放在桌上忌将鱼头朝里
	喝酒时倒满头盅酒忌马上就喝，先向地滴几滴再喝
	给长辈或客人端饭忌用 1 只手给，客人忌用 1 只手去接
	给客人倒酒要满，倒茶要浅，禁忌说喝 3 壶
	拜年忌朝人当面磕头
	待客炒菜要双数，禁忌“三样菜”待客，讲究好事成双

续表

禁忌范围	禁忌内容
礼节禁忌	喜庆以红为上色，忌白色
	婴儿取名用字忌与长辈同音
	晚辈给长辈祝寿，一经开寿忌中途停止，俗为“不做断头生日”
	忌衣服的扣子为双数（四六不成才）
	兄长忌同弟媳开玩笑
语言禁忌	为老年人准备寿物，忌说“割棺材”，应说做寿木、寿器，做寿衣
	对残疾人忌说“瞎子、聋子”等，应说“失明人”“失聪人”
	对长辈、师长不应直呼其名，应当称呼辈分或某师号等
	对老年人，忌说七十三、八十四两组数字
生活禁忌	忌用单筷扒饭吃，饭前忌敲碗、敲筷；吃饭时，忌从饭锅中间盛，应从边上开始；忌将筷子直接插入有饭的碗内
	忌用红笔给别人写信，否则认为绝交
	切忌刀放在盆及碗上
	吃饭时忌倒坐在门槛上
	忌用勺子反手给别人盛饭。出门日子忌七，回家日子忌八
	民间五月不拆被，九月不套被
	小孩禁吃鸡头、鸡爪子
婚姻禁忌	缝制婚用被褥或担当送女客和娶女客忌用丧偶妇女和再婚妇女
	结婚男女讲究大相要对，忌大相不合
	夫妻忌分吃 1 梨
	娶亲途中忌见水井、石桥，若遇到，宜用红纸盖或撒青龙贴
	娶亲途中若对面相遇娶亲者时，宜丢 1 手绢
	娶亲途中若遇到送丧队伍，应当向路中仍枚硬币，意为花钱免灾
丧事禁忌	人死后忌说“死”，老年人死后应说“老了”，青年人死后叫“不在了”；孝子忌穿孝衣进入他人家
	死人入棺、抬棺、下葬过程中，在场人员忌呼姓名。办完丧事之后，一百天内忌办婚事，一年内忌给亲友拜年，他人也忌向丧家拜年
	父母去世 3 年内忌贴红春联，忌用红纸写牌位，子女忌穿红着绿

续表

禁忌范围	禁忌内容
妇女禁忌	不娶亲姑的闺女为妻，姑肉不还家
	至亲之间婚配忌岔辈
	穿孝期间不娶不嫁，穿孝人不进婚家
	确定的喜日子不能更改
	逢八不娶嫁（腊八除外）
	孕妇不进喜家洞房
	妇女产后或流产后不出满月忌串门
	出嫁后的女儿忌在娘家过年、生孩子
	怀孕妇女忌参加别人婚礼
	初一是一年的开始，不在自家过不吉利
	立春比年还大，不忌穷娘家
	孕妇忌见死尸和穿孝的；看人家的婴儿时忌说吃得胖，说成吃得好；见有不认识的男人，忌喊大哥，应呼“二哥”

方言

本地方言属北方方言。同普通话相比，本地方言在语音方面与其差别较大。

1. 本地方言中，声母不发舌尖后音 zh、ch、sh。普通话中的舌尖前音与舌尖后音，在本地方言中多读作 z、c、s。如“枣”和“找”，“草”和“吵”，“嫂”和“少”，在本地方言中读音是一样的。

2. 本地方言中有唇齿音声母 [pf]、[pf‘]、[f]、[v]。在普通话中，声母为 zh、ch、sh、r 的四个舌尖后音，在本地方言中，合口呼时均读作 [pf]、[pf‘]、[f]、[v]。如朱 [pfu]、出 [pf‘u]、书 [fu]、入 [vu]。

3. 古音“精”组字母，在普通话合口呼韵母前读舌尖前音 z、c、s，而在本地方言中，则将合口呼改作撮口呼，将舌尖前音 z、c、s 改作舌面音 j、q、x。如：祖 [tɕy]、粗 [tɕ‘y]、苏 [ɕy]。

4. 本地方言同普通话一样分为四声，但阴平字较普通话多，去声字比普通话要少。这是因为古入声字在普通话中多读去声，而在本地方言中多读阴平所致。如：木、日、客、必、叶、妇，在普通话中均读去声，本地方言中却念成阴平了。

看书 [ʂu]—看书 [fu]　　开水 [ʂui]—开水 [fei]

说 [ʂuo] 话—说 [fə] 话　　下霜 [ʂu ɑ ŋ]—下霜 [faŋ]

味酸 [suan]—味酸 [ɕyã]　　蒜 [suan]—蒜 [ɕyã]

葱 [ʦʻuŋ]—葱 [ʨʻyŋ]　　叔叔 [ʂu]—叔叔 [fu]

毛笔 [pi]—毛笔 [pei]　　做作 [ʦuo][ʦuo] 业—做作 [ʨyə][ʨyə] 业

孙 [sun]—孙 [ɕyẽ]　　坐 [ʦuo]—坐 [ʨyə]

奚村地方方言与书面语对照表

表

类别	口语	书面语	口语	书面语
天文	不下了	雨停了	雾娄毛子雨	毛毛雨
	麻杆子雨	中雨	青木天	较凉的阴天
	半阴天	多云的天气	煞风	停止刮风
	泉风	旋风	棉花套子雪	鹅毛大雪
	冷子	冰雹	冻冻	冰
	贼星	流星	扫帚星	彗星
	太影	太阳	月姥娘	月亮
	天河	银河	滴答了	落雨点了
	上冻	结冰	勺子星	北斗星
	天不孬	晴天	盐粒子	雪珠
	合黑儿	天刚黑下来	原是	就是
地理	湖	泛指田野	坷垃头	土块
	林地	墓地	孬地	贫瘠地
	闲地	空地	洼塌	小块洼地
	河涯	河岸	曲鲁拐弯	道路曲折
	汪	大而浅的死水坑	擦泥	雨天走泥路
	当央	中间	前头	外面

续表

类别	口语	书面语	口语	书面语
时间	麦口	割麦季节	年时	去年
	那每每	过去	将才	刚才
	过年	明年	擦过年儿	年初
	年根儿来	年底	每年	往年
	五黄六月	阴历五六月间	十冬腊月	天最寒冷的月份
	今门儿	今天	明儿来	明天
	前儿来	前天	早清起	早晨
	傍黑晚	黄昏	下凉儿	下午四五点钟
	胧明儿	天放亮	眼世	现在
	多咱	什么时候	阳历年	元旦
	早午更	天刚发亮时	开春儿	年初
	侯黑	快黑	掌问	什么时候
农事	下湖	下地干活	扶芋头沟	培起土埂种地瓜
	锄杠	锄柄	麦余子	扬场带壳的麦粒
	秆草	谷子秸秆	上粪	施肥
	上地	耕地施肥	垛垛	堆麦穰
	耩地	播种	掐谷穗	切下成熟谷子
	扬场	借风将谷、糠分离	倒粪	发热的粪堆捣碎
[illegible]	棒子	玉米	秫秸	高粱秸
	秫秫挠子	脱去粒的高粱穗	落生	花生
	地蛋	马铃薯	洋柿子	西红柿
	婆婆丁	蒲公英	拉拉秧	茜草
	方瓜	南瓜	芋头	红薯
	照照葵	向日葵	四角莓	芸豆
	葱秧子	小葱苗	马荮菜	马齿苋
	猫眼棵	野菜，有白色黏汁，兔子爱吃	狗嘎子棵	枸杞

续表

类别	口语	书面语	口语	书面语
作物	猪耳朵棵	车前草	羊蹄子棵	野菜
动物	食牛	母牛	老犍	骟过的老公牛
	牙狗	公狗	獗猪	配种用公猪
	臊狐子	配种用公羊	羯子	骟过的羊
	儿马	公马	草驴	母驴
	叫驴	公驴	草鸡	母鸡
	鸣鸭	公鸭	狗黑子	黑熊
	小凤	麻雀	老鸹	乌鸦
	姐嘹	蝉	夜猫子	猫头鹰
	蛾螂蛛子	蜘蛛	蛇古绿子	蜥蜴
	蜓分	蜻蜓	蛤蟆蝌子	蝌蚪
	屋娄牛	蜗牛	蝎虎子	壁虎
	长虫	蛇	盐毛呼子	蝙蝠
	黄鼠狼子	黄鼬	蛐姑鹿子	蟋蟀
	蛐蜷	蚯蚓	千条腿	百足虫
	腻虫子	蚜虫	瞎碰子	金龟子
	花大姐	瓢虫	土鳖子	土元
	痣花鱼	鳜鱼	虼子	跳蚤
民居	影门墙	照壁	门嵌子	门槛
	地工	地基	礓礤石	台阶
	硷脚	墙基	茅子	厕所
	天井	院子	堂屋	正房
	锅屋	厨房		
用具	胰子	肥皂	炭拱子	块煤
	覆棚	顶棚	马杌子	坐凳
	盖体	被子	毛戈	硬币
	顶溜子	顶针	蒜臼子	捣蒜的石臼

续表

类别	口语	书面语	口语	书面语
用具	吸铁石	磁石	火鞭	鞭炮
	温乎水	温水	尺棒子	尺子
	碓窝子	捣米用的石臼	烟筒	烟囱
	借子	褯（jie）子，尿布	家什	家庭日常用品
	坐床子	面宽而矮的方凳	洋车子	自行车
	电棒子	手电筒	勾担	两头带钩的扁担
	瓯子	酒杯		
称谓	神嬷嬷子	巫婆	老嬷嬷	老年女性
	姥娘	外祖母	姑姑子	尼姑
	二婚头	再嫁的女人	蛮子	南方人
	侉子	北方人	戏子	演员
	小小子	小男孩	小闺女	小女孩
	大闺女	未婚女孩	小妮子	小女孩
	下三烂	品质低贱的人	结巴子	口吃的人
	病秧子	经常有病的人	大	父亲
	老爷	祖父	家里的	妻子
	当家的	背后称丈夫	外头的	丈夫
	老岳	背后称岳父	兄弟	弟弟
	老大伯	丈夫的哥哥	姑娘	姑母
	贵客	女婿	两乔	连襟
	娘们	妇女	半吊子	心眼不全的人
	孬种	品行不端的人	憨蛋	傻子
	锢漏锅的	修补锅碗的工匠	短路的	拦路的强盗
	二半吊子	说做不成熟的人	剃头的	理发师
	俩夹儿	扒手	愣头青	鲁莽的人
	立愣、意歪	行为做事不规矩的人	拧筋头、一根筋	特别固执的人

续表

类别	口语	书面语	口语	书面语
称谓	二流子	不务正业的人	幺爷蛋	捣蛋作恶的人
	圣人蛋	聪明过头的人	庄户刁	小气的人
	嚼舌根	胡乱说的人	七叶子	无根据胡说的人
	巴盆固喽锅	修补盆锅的匠人	玩把戏的	演杂技的
	败乎头	败家子	破鞋	乱搞两性关系的女人
	扒灰头	与儿媳相好的男人	捞渣	妇女生的最后孩子
身体	左不拉子	左手	生阵候	生病
	皮锤	拳头	鬓角子	鬓
	手指盖子	指甲	耳兜	耳朵
	鼻眼子	鼻孔	害耳底子	得中耳炎
	屙肚	腹泻	不出坦	因病不舒服
	后脑勺子	后脑	胳娄拜子	膝盖
	牙花子	牙龈	颌儿眼子	嗓子
	腮帮子	腮	眼眦毛	睫毛
	身子骨	身体	额娄盖子	前额
	脯肋子	胸脯	脑袋瓜	头
	胳膊弯子	肘	筋骨	背
饮食	揍饭	做饭	碾拧卷子	煎饼烘干卷起来
	面饽	做面粉的干面粉	酱豆子	黄豆做的辣豆
	面剂子	做面食的面块	碾拧	煎饼
	饭屋	厨房	糊头	稀饭
	下水	猪等动物的内脏	叨菜	夹菜
	荤油	猪油	细粉	粉条
	面头	含有酵母的面团	大菜	猪肉
	干饭	米饭	馍馍	馒头
医疗疾病	顶疤	结痂	罗锅	驼背

续表

类别	口语	书面语	口语	书面语
医疗疾病	噎食	食道癌	离心	吐酸水
	害眼	有红眼病	鸡宿眼	夜盲症
	压住食了	积食	冻着了	伤风
	看病	诊病	羊羔子疯	癫痫
	豁子	兔唇	着	传染
服饰	褂子	单上衣	围脖子	围巾
	挎包	衣兜	茅翁	苇衣编织的鞋
	裤茬子	裤头	席夹子	竹苇编成的草帽
	手捏子	手帕	排扣子	纽扣
红白事	红事	喜事	相媒	看对象
	有喜了	怀孕	坐月子	生孩子
	出门子	出嫁	下通书	订立婚约
	吃大席	参加宴会	白事	丧事
	发丧	出殡	老了	老人去世
	起坟	迁移坟墓	掐碗沿	走席的
	老执们	帮忙的人	烧纸	前去吊唁
	方子	棺材	咽气了	死了
生活	解手	上厕所	晒暖	晒太阳
	点炉子	生火	发癔症	呓语
	透实	做的好	有颜涩	有眼色
行为	拉魂腔	柳琴戏	恶影	讨厌
	侃凉腔	说讽刺话	横横	过秤
	现浅子	拍马屁	掠掠	跟别人胡拉扯
	扒豁子	让别人做不成事	闲拉呱	闲聊
	舔腚	拍马屁	溜沟子	奉承、巴结
	捣固	背地说话做事	加钢	插嘴说别人坏话
	剋	批评	咧熊	拉倒

续表

类别	口语	书面语	口语	书面语
行为	兴许	也许	正好儿	恰巧
	搀越	拖延时间	以挨	一定
	搁愣	搅动	步撵儿	步行
	眼巴眼望	盼望	打怵	胆怯
	疙躁	天气不正常	抱亏	感到委屈
	那每每	过去	马时	立刻、马上
	马立的	赶快	成心	故意
	没（mo）见了	丢失	藏毛吼	捉迷藏
	喳呼	大叫	格气	吵架
	唏堂	开玩笑	抬杠	无原则地争辩
	宣呼	松软有弹性	不管	不行
	讹人	欺侮人	约乎	邀请
	笼人	骗人	眼事人	小看人
	使钱	行贿	拉把	抚养
	胡喽半个	不完全	片儿汤	不办时事
	五股八叉	不正经	撂挑子	不想干了
	掉链子	办事跟不上	跌不滴	来不及
	胡撅	不按规矩办事	摇骚	卖弄
	小乖乖儿	骂小辈的话	合喊拉叫	又喊又叫
	皮儿插青	敷衍	论天说	经常说
	紧子说	没完没了地说	牟了好歹	没有分寸
	日囊	不大气	半熟	骂人的话
商业	赶集	去集市	该账	欠账
	拉账	欠账	饶点	多给一点
	扯布	买布	倒二把	倒把
动作	扬脸	抬头	擢	向远处泼
	摆乎	把玩	搦	两手用力挤压

续表

类别	口语	书面语	口语	书面语
动作	司挥	修理	掺乎	掺杂
颜色	煞白	非常白	焦黄	黄色
	虚绿	很绿	花花嗒嗒	颜色分布不均匀
	黢黑	很黑	黄不棱登	有些黄
	喷香	很香	振粗	很粗
	瞎腥	很腥	彤红	很红
性状	眼眶子大	看不起人	毛操	粗鲁
	装憨卖呆	装傻	恶喽拐带	气味不正
	傻儿瓜唧	不聪明	堤溜八挂	提（di）的东西多
	孬得哄	不好意思	乌不皂眼	不鲜艳
	杠甜	很甜	铁涩	很涩
	虚紫	很紫	酸不唧地	有点酸
	黑不溜秋	有些黑	丝粘	不干脆
	素净	清净、无牵挂	胡喽倒都	糊哩糊涂
	勤利	勤快	利亮	不拖泥带水
	板整	整齐	木	打扮的漂亮
	整状	不零碎	标	寒冷天穿的少
	出坦	舒服	刚净	整洁挺括
	出奇	奇怪	血苦	很苦
	瞎臭	很臭	砍空儿	撒谎
	掺哄	起哄掺杂	咋呼	大声喊叫
	墙旮旯	墙角	旮旯朗球	土地不好整理
	眼生	生疏	瞎腰	弯腰
	当央	中间	欢羔	羊交配
其他	不好尚地	不好好干	刹风了	风停了
	老远地	很远	妈妈	乳房
	呲毛	事做的不好	得计	得到好处

续表

类别	口语	书面语	口语	书面语
其他	冰砸万凉	很凉	碍事不喽脚	耽误事

民谣俗语

民谣

小豆茬咯咯崩，俺到姥娘家过一冬。姥姥疼俺，妗子瞅俺，妗子妗子你别瞅，楝子开花俺就走。骑着马，架着鹰，到家学给俺娘听，俺娘骂你养汉精。

小辣椒，十二层，哥哥穿绿俺穿红，俺从哥哥门口走，哥哥拉俺喝杯酒；俺不喝你的酒，俺不吸你的烟，俺牵着马儿就要走。大哥送到大门外，二哥送到上马台，三哥送到光明路，俺问妹妹哪日来，有俺爹娘来两趟，没俺爹娘再不来。

月姥娘，打镗镗，割了麦请姥娘，姥娘不吃这样的饭，刷了锅，炒鸡蛋，鸡蛋香，炒干姜；干姜苦，炒老虎；老虎一瞪眼，七个碟子八只碗。

新年到，新年到，闺女要花儿要炮，老头要顶新毡帽，老妈妈要双新鞋套，儿媳妇想要不敢要。

小白菜，黄又黄，七岁八岁没有娘，跟着爹爹还好过，就怕爹爹找晚娘。找的晚娘三十整，有个小孩叫毛领。毛领吃面俺吃糠，端起碗来泪汪汪。

辘轳把，三道弯，种菜爷爷浇菜园，尖尖月牙像灯盏，照见渠水流得欢。渠水欢，飞银连，片片菜畦都灌满。菠菜喝得香又甜，朝着爷爷把头点；冬瓜喝得肚子圆，望着月牙眉笑弯。蛙欢唱，风打扇，种菜爷爷浇菜园。星星跳进渠水边，青青的菜园明珠闪。

西红柿，姐妹多，脸儿红红像苹果，个个长得圆又胖，都把妈妈背压弯。我要把你摘下来，一筐一筐装上车，一送送到托儿所。

新衣服，新鞋袜，今天我去姥姥家。不拎鸡，不拎鸭，捧着我的布娃娃。小脸、小手洗干净，再在头上戴朵花。见了姥姥先问好，再说一句悄悄话："您送我的布娃娃，今天她可想您了。"

我家小院，像个花园，花儿真多，花儿鲜艳。窗前开金菊，门旁开牡丹。梅豆花儿爬竹杆，丝瓜花儿打秋千，牵牛花儿吃喇叭，葵花乐得笑圆脸……我像园中花一朵，爸爸妈妈最喜欢。

五八年，共产风，闹得工人乱哄哄。七级工，八级工，不如社员一沟葱。你回家，我不干，工厂停了一大半。

八点开会九点到，晚不了十点听报告。听着报告睡大觉，会议精神不知道。要问听的啥报告？还是原来那一套。

二十四节气歌：春雨早送粪，惊春耕地忙。清谷瓜豆点，夏满防旱园。芒夏忙收种，二暑除草急。秋处种秋菜，白秋收种毕。寒霜薯芋熟，冬雪白菜出。雪冬粪盖麦，二寒忙杀猪。

九九歌：一九二九不出手，三九四九凌上走，五九六九抬头看柳，七九河冻开，八九燕子来；九尽杨花开，农活一起来；七九六十三，路上行人把衣担；八九七十二，耕牛遍地是；九九八十一，家里送饭地里吃；九九再九九，麦子入了口。

过年谣：小孩小孩你别馋，过了腊八就是年。腊八粥儿喝几天，拉拉扯扯二十三。二十三，糖瓜儿黏；二十四，扫房子；二十五，糊窗户；二十六，炖炖肉；二十七，宰公鸡；二十八，把面发；二十九，蒸馒头；三十晚上熬一宿，大年初一扭一扭。

新人下轿：张家的闺女李家的郎，商量商量拜花堂。轿到大门口，马鞍子就在轿前放，火盆放在院当央。拿来大斗又拿秤，还拿三支箭来弓一张。一根红绳拿在手，把公鸡、母鸡全拴上。拿来一把栗子、枣，掀开轿帘递新娘。栗子、枣，栗子、枣，早早养儿图吉祥。

俚语

四大热：高粱地，鏊子窝，铁匠炉，钻秫棵。

四大硬：铁匠的锤，石匠的錾，老牛角，沙缸沿。

四大红：庙上的门，杀猪的盆，大闺女的胭脂，火烧云。

四大黑：烟子灰，老包黑，月黑头，打乌麦。

四大白：梨树开花照粉墙，孝子雪窝赶绵羊。

四大欢：风中旗，漏网鱼，蹿圈的猪，开了缰绳的大叫驴。

四大瘆：脚踩猫，老驴嚎，铲子戗锅，刷锯条。

四大滑：鲶鱼滑，鲶鱼滑，鳝鱼打腰捆西瓜。

四大小：跳蚤的爪，蚊子的心，金刚钻，绣花针。

四大嫩：薹下韭，花下藕，新娶的媳妇，黄瓜扭。

四大宝：日月星斗，五谷田苗，忠臣良将，子孝孙贤。

四大老：秋茄子，老方瓜，马莲棒子，韭菜花。

四大响：轰山的炮，火车叫，夏天的霹雷，轮胎爆。

四大喜：久旱逢甘雨，他乡遇故知，洞房花烛夜，金榜题名时。

四黑对：白油漆桌子靠粉墙，乌木筷子银质香，煞白的纸上写黑字，丈二白布进染缸。

黑对黑：老鸹落在猪身上，屎壳郎趴在碳堆上。

三大宝：庄户人，三大宝，丑妻薄地破棉袄。

三没味：打春的萝卜，立秋的瓜，死了媳妇走丈人家。

白对白：白马银枪罗士信，雪上加霜又一场。

白黑滑尖相对：三尺白绫飘雪窝，拿盘鏊子盖上锅，西瓜掉到油篓里，刺猬顶住栗子壳。

庄户主三大悬：赶车铡草带浇园（打水容易掉进井里）。

颠倒歌：东西路，南北走，出门遇见人咬狗；拿起狗头去砸砖，兔子撵狗一溜烟。吹铜鼓，打喇叭，门楼子拴在马底下，牵着耩子扛着牛，西南湖里耩芋头，一直耩了二亩半，收了五亩好绿豆。

常见格言

知难而进干是真，表里如一诚为本。

人无远虑，必有近忧。

勿以恶小而为之，勿以善小而不为。

先天下之忧而忧，后天下之乐而乐。

居家有二语：惟恕则情平，惟俭则用足。

历览前贤国与家，成由勤俭败由奢。

一寸光阴一寸金，寸金难买寸光阴。

读书之法，在于循序而渐进，熟读而精思。

人要学会宽容，宽容别人等于宽容自己。

静坐常思己过，闲谈莫论人非。

虚心使人进步，骄傲使人落后。

宝剑锋从磨砺出，梅花香自苦寒来。

良言一句三冬暖，恶语伤人六月寒。

良药苦口利于病，忠言逆耳益于行。

欲影正者端其表，欲下廉者先其身。

自满、自高、自大和轻信是人生的三大暗礁。

人家帮我，永记不忘；我帮人家，莫记心上。

其身正，不令而行；其身不正，虽令不行。

富贵不能淫，贫贱不能移，威武不能屈。

治村格言

新农村，抓规范，国家极力在倡建。

改村容，换新貌，创建生态文明村。

当村官，心要正，群众时刻记心中。

民与官，官与民，本是同村一家人。

村民意，民心向，多观多察细思量。

群众心，要放平，多听多问讲文明。

精神课，要多上，贯通农村新思想。

懂法规，讲礼尚，处事千万别莽撞。
村有规，民有约，按村规定遵守则。
父教子，要多想，戒骄禁纵莫逆猖。
子尊父，言语良，有事本着多商量。
婆待媳，亲闺女，事事善言多和气。
媳对婆，似亲娘，沟通思想要敬仿。
夫妻间，要互敬，恩恩爱爱过一生。
男不淫，女不娼，色字带刀在头上。
兄要忍，弟要敬，本是同父一母生。
家中事，互谦让，翻脸斗气丢肩膀。
儿女孝，正应当，百善孝字在首行。
何为孝，在思想，父母顺心比食强。
家业起，百业旺，一个和字金万两。
何为富，何为贫，关键要做知足人。
户与户，非一堂，保持距离互赞赏。
邻帮邻，胜亲人，传统美德不忘本。
街坊事，多体谅，少点指责心宽敞。
走街上，石碍路，弯腰搬之有何妨。
拆旧屋，建新房，符合规划莫占墙。
一指院，国家定，抢占再多一张床。
计生策，从良养，重男轻女太荒唐。
好女儿，胜男郎，冲茶端饭不嫌烦。
村财务，要公开，事大事小讲明白。
群众明，干部清，定事千万别专行。
干群情，要处好，群众的事无大小。
决事快，理讲明，解决根本事畅通。
搞发展，要看远，切实可行最关键。
抓经济，谋事端，致富路上莫等闲。
齐同心，共协力，构建和谐新奚村。

常见谚语

农事节气类

一年之计在于春，一日之计在于晨。

清明断冻，谷雨断霜。

春争日，夏争时，半天耽误一阵子。

谷雨前后，种瓜种豆。

蚕老一时，麦熟一晌。

麦子不怕草，就怕坷垃咬。

麦顶芒种秋顶秋，豆子顶到寒露收，过了霜降刨芋头。

芒种芒种，当种要种；过了芒种，不可强种。

白露早，寒露迟，秋分种麦正当时。

七月十五定旱涝，八月十五定收成。

有钱难买五月旱，六月连阴吃饱饭。

不怕重茬谷，就怕谷重茬。

棉花锄八遍，桃子结成串

干锄棉花湿锄麻，不干不湿锄芝麻。

立秋有雨万物收，处暑有雨减半收。

雹打一条线，霜打一大片。

立冬拔萝卜，下雪铲白菜。

头伏萝卜二伏芥，三伏里头种白菜。

九月不出葱，十月一场空。

五黄六月臭韭菜，七月七,八月嫩（指韭菜、大葱）七月核桃八月梨，九月柿子上满集。

桃三杏四梨五年，枣树当年就还钱，要吃核桃等八年。

气象类

东风不倒，别嫌雨小。

旱了东风不下雨，涝了西风不晴天。

八月十五云遮月，正月十五雪打灯。

水缸穿裙盐返潮，燕子低飞蛤蟆叫，大雨不久会来到。

云向南，雨涟涟；云向北，一阵黑；云向东，一阵风；云向西，披蓑衣。

日晕三更雨，月晕午时风。

早晨立秋秋凉爽，晌午立秋热死牛。

技艺类

木匠来，不愁柴。

铁匠一冒烟，赶木匠砍半天。

宁叫家宽，不叫屋宽。

三天不练手生，五天不唱口生，唱戏的曲不离口，练武的拳不离手。

卫生保健类

卫生好，病人少；饮食净，少生病。

药补不如食补，食补不如神补。

吃饭先喝汤，胜似医生开药方。

豆腐忌糖蜜，喝茶莫吃梨。

少吃一口，活到九十九；多吃一勺，半夜睡不着。

宁吃好桃一口，不吃烂杏一筐

常吃萝卜和葱姜，不劳医生开药方。

桃养人，杏害人，李子行里埋死人。

家庭伦理类

勤是生财道，和为化气丹。

好媳妇两头瞒，坏媳妇两头传。

有高有低是庄稼，有老有少是人家。

家有万贯，不如日进分文。

用心计较般般错，退步思量步步难。

夫妻恩爱金不换，妯娌团结家不散。

当家才知柴米贵，养儿才知父母恩。

七十不留宿，八十不留饭。

儿女自有儿女福，别给儿女做马牛。

好狗不咬鸡，好汉不打妻。

好儿子不如好媳妇，好闺女不如好女婿。

路遥知马力，日久见人心。

能生瞎儿，不生瞎命。

老凭恤心，少凭良心。

学习生活类

读书破万卷，下笔如有神。

书读百遍，其义自见。

书到用时方恨少，事非经过不知难。

无志之人常立志，有志之人立常志。

不受苦中苦，难得甜上甜。

勤俭节约类

吃不穷，喝不穷，计划不周就受穷。

十年河东转河西，别笑穷人穿破衣。

走满天下端着碗，光喜勤快不喜懒。

老天爷饿不死瞎眼的鹰。

能在囤尖上省一口，不在囤底慌一天。

丰收别忘歉年苦，饱时常想饿时饥。

掰亲处邻类

远亲不如近邻，近邻不如对门。

穷在闹市无人问，富在深山有远亲。

有理走遍天下，无理寸步难行。

人在人情在。

身正不怕影子斜。

人行好事，莫问前程。

人随王法草随风。

骡子马大了值钱，人大了不值钱。

白天不做亏心事，夜晚敲门心不惊。

在家不欺人，出外无人欺。

常用歇后语

高粱秆子做拐杖——靠不住

茶壶里煮饺子——肚里有货

瞎子拉二胡——没谱

又娶媳妇又过年——喜上加喜

鞭炮两头点——响（想）到一块了

迎风吃炒面——张不开嘴

墙头上长草——飞来的种

八仙桌子盖井——随方就圆

绱鞋不用锥子——针（真）好

骑着毛驴看唱本——走着瞧

泥菩萨过河——自身难保

大水冲倒龙王庙——一家人不认一家人

搭戏台卖螃蟹——买卖不大架子不小

狗拉耩子——没大架

腊月里的萝卜——冻（动）心了

擀面杖吹火——一窍不通

小葱拌豆腐——一青（清）二白

瞎子点灯——白费蜡

咸菜缸里腌碓头——一言（盐）难尽

高射炮打蚊子——大材小用

六个指头挠痒痒——多一道子

庙会

据文献记载，千山头庙会始于明代，距今已有八百年的历史。千山头庙会原为祭祀寺庙神佛而举行的集会，这是一年中人们集中进行求神拜佛、祈求神灵保佑的日子，也是外出聚会的时节。因此，本地民间有“赶庙会”“赶会”的习俗。古时的庙会从九月初五开始，到九月十五才结束，“九九”重阳达到最高潮，实际上正会期是九月十二，当地人称赶千山头会是赶九月十二会。每年的金秋九月，天高气爽，人们满怀丰收的喜悦，从方圆几百里的地方向千山头庙会现场汇聚。附近村庄上

千山头庙会 （摄于 1998 年）

的住户则从九月初就开始杀猪宰羊，邀请远方的亲友故旧前来赶会。赶会的男女摩肩接踵，把山门挤得水泄不通。纯朴的赶会农民忘不了提几升粮黍或者金钱施舍给庙里，虔诚的人们烧香许愿，祈求神灵保佑来年农业丰收，保佑全家平安健康；文人墨客则登高望远，采菊赋诗；城里的戏班子和各种民间艺人也趁时搭台献艺……远者千里，多时达万余人。如今，千山头庙会每年有两次（农历四月初五和九月十二）。千山头庙会的地点，遍及山下山坡，最密集的区域集中在千山头前与小南山之间东西狭长间的宽阔地带，以及小南山前的大片区域。庙会上，这些区域设有各种类别的农贸市场，摆放各类山货土特产、生产生活小商品、地方特色饮食、民间玩具、花木等，让前来赶会的人们目不暇接。特别是庙会上的小吃繁多，有小米粥、辣汤、豆沫、丸子汤、鸡糁、油条、馓子、麻花、拉面等。

千山头庙会历经几百年不衰，经过时代的变迁，其内容已有许多变化。如今的庙会已成为人们进行物资交流、休闲旅游、祈愿求福、祭拜奚仲、联络感情、洽谈生意的地域特色媒介平台，形成了祭神、游乐、贸易“三合一”。庙会的举办也使薛城区开发建设的奚公山风景区聚集了大量游客、香客，赚足了人气，推动了地区商贸物流经济的发展。

美食

菜煎饼 煎饼是奚村村民日常生活的主食，主要有小麦煎饼、玉米煎饼、高粱煎饼、“三粮”煎饼、花椒煎饼，其中菜煎饼更是村里特色之一。菜煎饼讲究馅子的品种质量和味道多样化。馅子四季皆备的豆腐馅、粉条蛋皮馅、韭菜馅、银银菜馅、萝卜馅、白菜馅等。制成的菜煎饼呈金黄色，外酥内软，馅心鲜嫩油亮，松、软、热、鲜、香，集多种味道和口感于一身，尤其受到年轻人的青睐。

菜煎饼

糁汤 分为鸡糁汤、牛糁汤，本地多为鸡汤加大麦仁熬制，用大锅慢火要煮 1 宿。鸡肉撕碎放到锅里，大麦仁下锅后只能煮透不能煮烂，糁米破腰成花，要筋道有嚼头，糁米、肉屑均匀，肉烂散成屑花，汤稠稀适宜，味鲜香醇浓。出锅后加上胡椒粉、葱姜等佐料，在天寒地冻的早晨喝上 1 碗，香、滑、辣味俱全，不仅充饥而且温暖身体。

粥 把小米、黄豆洗净后泡在水中 10 个小时，等小米、黄豆发胀时，用拐磨磨成糊浆，再用细箩筛去渣子。把箩筛过的浆过滤到大铁锅里用柴禾火慢慢熬、不停地搅拌，但总有靠锅底糊焦的一层，经 4~5 个小时的熬煮后粥变稠，出锅后盛入瓦缸（粥缸）内。顿时满屋米香，入口后有软、滑、甜的感觉，并稍有焦糊味，俗称糊巴粥。熬得最好的粥是喝一口一个窝，喝完碗上不沾粥渣。粥缸旁常摆着油条、馓子，炸的特别透，油条身上带泡又香又脆，每根的大小重量一致，卖时从来不用称。馓子，形如手掌，细如发丝，放上一两个月都不会变味变软。80 年代以后，村民张百殿、张恒林是奚村烧粥手艺最好的。

敞锅丸子汤 丸子汤加工简便，食用方便，口味辣酸，质感柔滑，喝能解馋，吃能管饱，花钱不多，老少皆宜。传统丸子汤的原料一般是选用萝卜、山药、土豆

敞锅丸子汤

等根茎类蔬菜，加绿豆和豇豆两种淀粉，外加鸡蛋、花椒面、生姜米、食盐、辣椒油、食醋、油和香菜末等。喝丸子汤夏天多放醋少放辣，醋可醒胃开胃，喝后凉爽；冬天要多放辣少放醋，辣可暖胃，喝后热乎。卖丸子汤的，一般要拉起一张布篷，在布篷下支 1 口大锅，锅旁放几张方桌。风箱拉得啪哒啪哒响，大锅里的汤就咕嘟咕嘟往上冒，一股股热气向四周散去，浸透着一种浓浓的辣香的味道。丸子在汤里滚来滚去，像栽跟头，引诱得过往行人口水直往外流，就是跟随大人赶集上店的小孩子，也不愿再挪动脚步，纠缠着大人掏钱。

辣子鸡 传统的辣仔鸡所选用的仔鸡，是村民家中饲养的小笨鸡。每年农历七月左右，当年孵化的雏鸡长至七八两重，尚未学会打鸣报晓时，正是吃辣仔鸡的好时节。炒好的辣仔鸡，肉块呈油润酱红色，酱香味浓，油包汁芡，鸡肉脱骨极嫩，辣椒鲜脆，辣味浓烈，辣香、酱香、肉香、鸡骨软脆，可带骨嚼吃，越嚼越香。

辣子鸡

扣碗 鲁菜的一种形式。它的特点是“吃啥不见啥”，就是“整鸡拆骨，整鱼剔刺”。制作时，将整块肉划成薄片，撒上调味粉腌制，裹上鸡蛋粉面在油锅里炸成酥肉；五花肉剁碎配上葱、蒜、姜成馅，酿进豆腐箱子；带皮五花猪肉煮熟、炒糖色、油炸、切片……土豆、山药等配菜分别改刀、下锅氽熟……处理好的食材分别码在碗里，再配上各类时令蔬菜，放进七八层高的笼节里大火蒸。开笼后，保留食物原汁原色、一碗一碗被扣入特制的紫砂汤碗里，撒上香菜，浇上一勺独家熬制的高汤和其它配料，色香味俱全的扣碗正式告成。扣碗闻着清香四溢，品在口中味道很鲜美。

扣碗

2015—2016 年度“为奚村张氏族务贡献优秀族人”。左起：张传銃、张传甲、张树仁、张庆国（张福联代）、张联龙、张福田、张远珍、张传银

齐鲁名村志
QI LU MING CUN ZHI

奚村志
XI CUN ZHI

人物

RENWU

奚村民风通达，人杰荟萃，然史籍旧志所录之人物，其籍贯多记于县而隐其乡里，使诸多乡贤及众多善行者，或因年代湮远谱籍难觅，或因寄籍客地源流莫追，凡此种种实乃憾事。欣逢盛世伟大时代，国家首倡记住乡愁、乡音、乡思，故整理遗漏之先贤，书当今之楷模。

本篇站在历史的角度，拓宽思维和视野，突破奚村地域的界限，寻访并收录了从奚村走出去的“奚村人”的历史足迹，目的是告诉后人了解家乡历史，感念先人创业之维艰，无论出外游子，抑或家乡故人，都要敬我故土，崇尚家乡文化，不忘根本，身体力行建设家乡。

人物传记

名人传

奚　仲

东夷薛国人，古薛始祖、造车鼻祖，任姓、仲姓、薛姓、奚姓先祖。佐大禹治水，因功封于薛，为夏王朝车正。《左传·定公元年》载：“薛之皇祖奚仲居薛，以为夏车正。”他“挠曲为轮，因直为辕”，创造了以马作为动力牵引的木车。《管子》赞曰“方圆曲直，皆中规矩钩绳，故机旋相得，用之牢利，成器坚固。”奚仲故后，葬于他生前造车地—古奚邑（今奚村之地）东北奚公山上。据《滕县志》记载：“当夏禹之时封为薛，为禹掌车服大夫。奚仲生吉光，吉光是始以木为车。以木为车盖仍缵车正旧职，故后人亦称奚仲造车。”奚仲因造车有功，被夏王禹封为“车服大夫”（亦称“车正”）。

奚仲发明了车，其贡献不亚于“四大发明”，奚仲是古薛国地面上出现最早的，也是最大的发明家、政治家，过世后被百姓奉为车神，后人在薛城区千山头修建了奚公祠常年祭拜，以求出行平安。“祭拜奚仲，平安出行”的民谚流传至今。

仲　虺

任姓，又叫莱朱，又名中垒，是奚仲的第十二世孙，是继奚仲之后又一位杰出的薛国国君，是商汤时期的著名大臣。他辅佐成汤灭夏，建立商王朝，成为一代名相。仲虺 24 岁继薛国国君之位，是一位极具才华与政治远见的人物。居薛期间，他改进生产工具，号召各个村落在低洼地带打井取水，发展农业。他还倡导人们饲养牲畜，大力发展畜牧业。他设立农官，教人民用庄稼的秸秆饲养牲畜，用牲畜的粪便作为肥料，来提高土地的肥力。仲虺还重视手工业的发展。当时，铜器制造业、手工艺品制造业、皮革、酿酒、养蚕、织帛等，都发展到一定的规模，薛国成为一个经济较为发达、实力较为强大的诸侯国。而此时的夏王朝，已是江河日下、众叛亲离。仲虺高瞻远瞩，欣然加入商汤灭夏的行列中，成就了一番伟业。他与伊尹并为商汤左、右相，辅佐商汤完成大业，曾作《仲虺之诰》，扬名天下：

汤归自夏，至于大坰，仲虺作诰。成汤放桀于南巢，惟有惭德。曰："予恐来世以台为口实。"仲虺乃作诰，曰：

呜呼！惟天生民有欲，无主乃乱，惟天生聪明时艾，有夏昏德，民坠涂炭，天乃锡王勇智，表正万邦，缵禹旧服。兹率厥典，奉若天命。夏王有罪，矫诬上天，以布命于下。帝用不臧，式商受命，用爽厥师。简贤附势，实繁有徒。肇我邦于有夏，若苗之有莠，若粟之有秕。小大战战，罔不惧于非辜。矧予之德，言足听闻。惟王不迩声色，不殖货利。德懋懋官，功懋懋赏。用人惟己，改过不吝。克宽克仁，彰信兆民。

乃葛伯仇饷，初征自葛，东征，西夷怨；南征，北狄怨，曰："奚独后予？"攸徂之民，室家相庆，曰："徯予后，后来其苏。"民之戴商，厥惟旧哉！佑贤辅德，显忠遂良，兼弱攻昧，取乱侮亡，推亡固存，邦乃其昌。德日新，万邦惟怀；志自满，九族乃离。王懋昭大德，建中于民，以义制事，以礼制心，垂裕后昆。予闻曰："能自得师者王，谓人莫己若者亡。好问则裕，自用则小。"

呜呼！慎厥终，惟其始。殖有礼，覆昏暴。钦崇天道，永保天命。

乡贤传

张　良（1320.4—1398.1）

字恭让，原籍山西平阳府洪洞县县郊，兄弟四人，行一，为奚村张氏家族一世

祖。明洪武二年（1369）春，官府征调晋民外迁，良祖携家眷由平阳府洪洞县经河南、过徐州，定居奚村。元末明初，时局战乱，奚村区域土地荒芜，居民十屋九空。良祖居此后，开荒辟地，择址建舍，男耕女织，繁衍生息。至明万历年间（1573—1620），奚村张氏族姓繁衍十一代、族丁百余人，部分族人因谋生外迁西托、凫山、王村等地。良祖育有三子：长子祥，次子汉，三子润。明洪武三十一年（1398）冬月，良祖仙逝，享年 78 岁，后世子孙共尊之为奚村张氏一世祖。其长子祥迁居西托里，其族后裔分布于西托、班山、茶棚、邹坞、东防备、小封楼、徐集、挪庄等地；次子汉，世居奚村，后裔外迁吴村、千山村、夏庄、张岭、西南庄、西谷山、肖村、打蒒、管河口、东凫山、南辛、两河岔、埠上、沛县杈营园、三座楼、微山纸坊、黄庄等地;三子润，迁居黎墟，其后裔迁金马、班井、楼沃、田楼、郗山等地。奚村良祖后裔人丁 8 万余人，繁衍三十余世。

张　胜（1421. 6—1506. 11）

字德重，奚村张氏四世祖，行四，生活在明宣德、正德年间。其父张原友，祖父张敬，曾祖父张汉，高祖张良。张胜兄弟四人：张勉、张英、张雄、张胜。张胜有四子：张惠、张怡、张宪、张奈，其中张奈迁山亭凫山。张胜一生为人谦恭，敦尚诗礼齿德，积德行善，且家境殷实，人丁兴旺，良田上千顷，誉为乡饮大宾，村民拥戴之。明弘治十年（1497），僧人如宽欲重修千山头车服寺，张胜献地出资，帮助僧人如宽建祠，历时 1 年重建车服寺。明正德元年（1506），张胜去世，享年 85 岁，今奚村所居张氏后人皆为其后裔。长孙张泰于明嘉靖八年（1529）为张胜树功德碑立于奚村祖茔（碑文见附录）。

张作椐（1730—1814）

为奚村“老七支”张铎之孙、尔泗次子。他为人忠厚，品行端正，好善积德，轻财重义。乾隆三十九年（1774），他自筹资金创修天齐庙（年久失修，现无存，遗址在今奚村与吴村界沟南沿）。该庙原占地 133.4 平方米，坐北朝南，石墙草屋 2 间，无院落。内有三圣堂 1 座，供奉刘、关、张，并设立义学教授学生。后因妻陶氏及其子先后病亡，作椐遂万念俱灰。乾隆四十五年（1780）在村北奚公山妙莲宫出家学道，遁入空门，道号云地。他四处化缘，后在飞凤山西麓建“福神祠”1座。

张光汉（1731.9—1811.3）

字倬章，号毅斋，一号定斋，清乾隆丁酉科（1777）举人，例授文林郎。他天资聪慧，文采渊雅，深究经文，通古博今，十六岁读孝经。乾隆庚午年（1750），随伯父张鲁斋在奚公山青华阁读私塾。首敦伦，次主穷理，次修身接物，次辞受出，与进士翰林院江西道监御史王东槐，同里何友韩友善，以道相规切。稍长，遍读濂洛关闽遗书，掇其要，为《日省集》。后因其曾在白云洞读书，且以《白云洞记》著世，人称其“白云先生”。

清乾隆三十四年（1769），张光汉历时3年在奚村投资建庭院1处，庭院布局为三进庄园式院落，有大门、二门、穿堂，2000余平方米。其中后宅古瓦房16间，草瓦房12间，建筑面积480余平方米。清乾隆三十四年（1769），由西仓村举家迁至奚村居住。其曾祖张应标，祖张元钦，父张踞，子三：长子明芬，次子明涵，三子明敬。五十余岁时，其母且八十，布簟敛枕，必亲为之。友人李景尼、司训德平卒，不能归，助归其丧，从学者一牖之于道。

修族谱、建宗祠，置家规，皆原本古礼，纬以时义，张光汉为同族兄张以存捐地62亩，用于家祠费用。他为人宽厚和易，而自治甚严，进止若持尺寸，严寒盛暑正衣冠端坐，手一编俨如也。得之于内，不求于外。他一生不羡官场，淡泊名利，孝于亲。年七十作记“余兢兢于临深，履薄死而后已。”其潜心力行，始终不怠。如是，清嘉庆辛未年（1811）卒，年八十。著有《周易原本钞》《春秋三传述》《禹贡山水考》《音修条约》《养正编》《朱子近思录》等书。先是滕邑县令义修滕志，推先生秉笔，以议不合而罢，成修志类略一卷。

张儒翘（1833.7—1920.10）

班山村人，“奚村张”第十九世，岁进士。清同治年间（1862—1874）院试（府试）中秀才。清光绪时期（1871—1908）县试中廪生，后几次去南京应试不中，遗憾终身。徐州府学政见其文笔流畅，论述精辟，见解独到，认为是个人才，点为拔贡，享俸银，入徐州学宫，配顶戴朝服，无官职，故人称贡生老爷。他参加过府试监考，在民国版《铜山县志·选举篇》中有其名，与张伯英等人同篇刊载。

张儒翘除参加徐州学府的活动外，主要是开馆授业，擅书画，以画扇面著称，花草鱼虫，栩栩如生，诗词文章，清雅脱俗。民国时期，适逢连年战乱，其书籍作品均遭火焚，现铜山县留武村尚存碑文遗迹，其楷书功力深厚，有拓片入族谱，供后人欣赏。

张佑先（1856.2—1941.8）

字启人，班山村人，"奚村张"第二十世，岁进士（岁贡生的雅称），张儒翘之次子，清光绪年中秀才。佑先公得其父亲教诲，文采极佳，精诗词，善书画，好交友，一生爱打抱不平，为弱者伸张正义，曾多次为班山、季山及周边村庄乡亲摆平官司。

佑先公晚年开塾馆，教书育人。民国时，其诗词书画作品家遭火灾、荡然无存。族人家中存其一副对联，但已残破不全，尚可见笔力不凡。据其孙张瑞泉（徐州市楹联协会理事）回忆，张佑先曾在回老家班山时赋诗《过琵琶山望家》："肩担行李过琵琶，步踏春风日末斜。翘首舒眉放眼望，花开锦绣是吾家"。

张象珍（1866—1964）

字聘卿，清同治五年（1866）出生于山亭区东凫山村，"奚村张"第十七世。他幼年入本村私塾，通读四书五经、诸子百家，学识不亚秀才，下学后从事教书。他对清末腐败极为不满，辞学外游结识了台儿庄的马□□，并拜他为家礼先生，属（行三帮）大字班，因而在社会上有一定威望，参加社会活动较为有利。辛亥革命前，张象珍参加峄县共和党自治会，担任会长。此时正值辛亥革命时期，他和峄县山阴村的武彰一起参加了峄县地区的同盟会，常与孙美珠、孙美瑶、栗凤宇等联络。民国七年（1918），栗桥村栗凤雨拉起土匪，抽去东凫山村杂牌枪8支与其有关。后张象珍随栗部去湖南投奔张敬尧，张收编了栗部。后张敬尧失败，他即去上海，以算卦谋生。后参加上海"家礼"（青红帮）组织，为青帮"大"字辈，以家礼关系在社会上收了不少徒弟。有据可查的有：刘生亭、邵士兰、马少熊、朱道南、杨虎城等。

1923年5月6日，孙美瑶制造了震惊中外的"临城劫车案"，幕后之人就有张象珍。孙美珠的儿子孙秉仁依靠他去上海求学。北伐时期，张象珍任山东同乡会理事长，北伐军任命他为江北招抚使。他旋即由上海去南京山东同乡会会馆（时有不少亲朋好友往来会馆吃住，托其找职业）赴任，后为孙美瑶临城大劫案和丁开法去孙部，均做了一定的内部工作。

张象珍拥护辛亥革命，参加同盟会后带头将辫子剪掉，并在推翻清朝后第一个的公历年，燃放鞭炮以示庆贺。村里人不解，他就宣讲辛亥革命的道理。“七七事变”后，他由南京返家隐居，曾去东庄寺当道人，也曾去高庄教过 1 年书。1939 年 11 月，潘振武在王湾村成立抗日民主政府时，他应邀参加了大会，并送贺匾 1 块，上书“众志成城”4 个大字。后因形势混乱，他去济南协助三子张子光办新华卷烟厂。1948 年 9 月济南解放后，烟厂停办，他遂返南京莫愁路开办麻袋厂，以经营麻袋为生。1964 年病逝于南京，葬于南京雨花台，享年 98 岁。

张宗汶（1885. 11—1950. 1）

字莱泉，祖籍西万，及至中年迁居奚村，清监生。他天资聪慧，文学深厚，性好诗文，尤擅书法。少小即入私塾拜儒师，熟读四书、五经、《资治通鉴》等古书典籍，满腹经纶，与廪贡生孙源卓、广西桂林专员刘平江视若莫逆。世人赞之曰：“居然浊世佳公子，不愧白云贤嗣孙。”

1924 年，宗汶因生计投奔奚村族人，寄居于奚村村东原本家张光汉的四合院，并在这里生活 10 余年。1935 年前后，受滕县八区埠岭（今常庄镇埠岭村）乡绅张景尧之邀，应聘为家学塾师，教师 5 人，学生 80 余人。抗日战争爆发后，张宗汶于 1940 年返回奚村，在四合大院后堂腾出地方教授学生，先后办了三期学生培训班。他教授的学生有张家彬、王传振、张联吉、张家才、张庆林、张建采、李东安等 20 余人，先后成为政府领导干部和社会有用之才。1950 年 1 月逝世。他的学生们感念其恩德，排律十六韵，以志不朽：

先师莱泉堪表彰，幼从先父诵文章；灵机过众平生性，智能超群非勉强。卜居奚公山下宅，栽移紫竹庵前桑；芒鞋鸠杖北宫院，继晷焚膏西万乡。唱玉联珠赛李杜，银钩铁画似钟王；烟云书法董玄宰，锦绣文章司马光。诗学奇才曹子建，画摹泼墨米襄阳；朝吟易礼百千遍，夕写龙蛇数百行。瓦房数间修野史，薄田廿亩忆粗粮；勤奋艰辛损宏业，家计凋零不小康。忧道安贫设绛帐，希前乐圣多滕阳；两番避乱满桃李，三次教书宅后堂。犹记杏坛讲孔孟，也曾立雪效四方；昔时笑貌今还记，往日音容仍未忘。年届七旬老益壮，发垂两鬓凝如霜；

惊闻噩耗雄心碎，泪洒薛河痛断肠。

张广运（1891—1960）

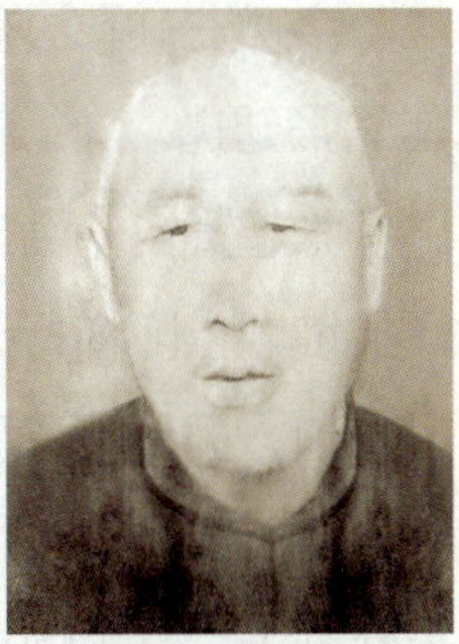

沙沟镇黎旭人，1891 年出生在中医世家，“奚村张”第二十二世，张氏一脉行医数辈。张广运幼年即跟随其父张士选行医。他悟性高、懂药理，成年后即能独立行医，在苏鲁豫皖家喻户晓，家中医书过千本，多次到外地行医救死扶伤，穷苦人家免收或少收医药费，大户人家看病收取高额费用后救济穷人。张广运思想开明，1945 年担任滕县农协代表时，积极执行中国共产党的土地政策，带头将家中数百亩良田分田到户。他膝下有三子：守义、守礼、守举，其中守义、守礼参军，参加了北撤南进的解放战争。新中国成立后，张守义担任浙江省委宣传部部长；张守礼担任微山县副县长。守举未曾参军，在家照顾家小。

张锡伟（1897.3—1978.11）

字郎斋，东凫山村人，“奚村张”第十九世。锡伟公生于富裕农家，系家中长子，其父蕴恒官职清赠奉政大夫；祖父象玑，清赠例贡生；曾祖父奉朝，官居清政大夫；高祖景载，官居清中宪大夫。锡伟公幼年入私塾通读《四书》《五经》，堪称一方饱学之士。后因土匪骚乱，家境困难，遂辍学就教，先后在枣庄、张岭及东凫山村从事教学工作近 30 年，所教学生达百人之多。他思想进步，摒弃旧习，教授内容更新适时，传授新文化着眼实际应用，古文则次之。

张锡伟秉性耿直，刚正不阿，经常与抗日人士往来，深获教益。1939 年秋，日军中队长野吕驻防东凫山一年有余，他的挚友郭明伦甘愿俯身在野吕膝下当维持会长。锡伟经常含沙射影咒骂汉奸可耻，并为此不与其往来。磨泉村汉奸高传安抓住八路军掉队战士两人送交郭明伦，并要求郭转交野吕之手。锡伟公闻讯，急赴郭处，晓之以大义，述之以利害，力劝不交。

张锡伟从事中医达 30 年之久。1952 年，他在河口村集资创办中药铺，为后来的区、乡卫生所及至创办区、乡卫生院奠定了基础。1954 年，经峄县卫生局中医研究所考试，他荣获“全县三等中医”称号。1950 年，他当选为白彦县爱国民主人士代表，并先后 3 次当选为峄县人民代表。1978 年因病辞世，享年 81 岁。

张起贤（1899.5—1924.8）

字徵三，峄之陈下社圣水乡张家岭村人（今邹坞镇张岭村），“奚村张”第二十世，其父张廷选。

张起贤自幼勤学，秉性温厚，遇事敢为。民国十三年（1924），天灾人祸，民不聊生。峄县境内土匪横行，村人四处逃荒保命。峄县保卫团第十三区区长宋干廷奉令办团联村防卫，委任张起贤担任圣水乡乡长。1924 年 8 月 7 日（农历七月初七），他率领民团出防至邹坞上庄，与土匪遭遇。他遇事沉着，带领民团据民宅平楼与马匪开枪对射，率众进击，奋不顾身，不幸弹穿右肋，没过几日，伤口感染恶化去世，时年 25 岁。

他的英勇事迹被峄县知事辛乃鼎向民国政府九上其事，邀恤典并题碑文“英烈照人”以褒之。邑人宋龙铭、褚思瀛撰写碑文、丹书，该碑现立于邹坞张岭村南。

张百凯（1901—1927.4）

奚村人，兄弟四人，行一。1927 年 4 月，时逢春旱，土匪横行，民不聊生。某日，土匪劫掠奚村，张百凯年少气盛，率领村民追赶土匪（时称“马子”），及至青邱（今大陶庄一带），与土匪打斗，不幸遇害，时年 26 岁。后村民将其安葬于奚村北。滕县政府念其大义，奉为“烈士”，抚恤其家。

1929 年 5 月，民国地方政府为其立碑，村民张百增为其撰写碑文。1943 年，其事迹收录至《续滕县志·义烈篇》，以褒扬其为民请命之功绩。

张传绪（1906—1983）

奚村人，原国民党党员。1924 年，因家境贫穷，外出南京谋生，在浦口谋到做警察的差事。1937 年 12 月 13 日南京沦陷后，随国民党机关撤到陪都四川重庆。抗战胜利后，返回南京担任警务巡查官，隶属于内政部警察总队。期间，家乡亲邻来南京投奔其谋生计，他利用自身工作条件和社会人脉，想尽办法安排到警察保卫系统干保卫，或筹资帮助做点生意维持生活。1948 年 11 月，淮海战役打响后，南京政府撤走台湾，他带领机关后勤人员及家属撤到湖南、广州、柳州、桂林。1949 年秋，全体人员在南宁被解放军截住投降。

1949年底，经人民政府教育改造后，张传绪携全家回到老家奚村生活。他因为特殊的政治身份，在此后的历次运动中均受到打击，1983年离世。他一生育有三子一女，长子联法于30年代迁滕县来村居住至今。

张传孔（1907.7.3—1986.11.3）

字景石，奚村人，自小随其父亲张百镇学习中医。1927年，他20岁即独自开门行医，精于妇科，后成为方圆百里闻名的中医师。1976年，从薛城区西仓公社西桥卫生院退休后回到奚村居住。1983年随家人迁到枣矿集团技工学校（邹坞镇）安度晚年。张传孔逝世后，家人遵从他的遗愿，与其妻徐学兰葬于奚村张姓祖坟地陶庄镇马公村北石凤山西北坡。

抗日战争爆发后，为躲避战乱，其父张百镇携其至滕县（今滕州市）辛集镇行医。辛集是八路军滕沛游击队的活动区，他随父亲为干部战士疗伤治病，并与队长朱恒超（1947年冬，回老家看望父母时，被国民党还乡团杀害）结下了深厚的友谊。抗日战争期间，他在辛集得知奚村张百荣（张传孝的父亲）的妻子因生下第二个男孩得了急性肾炎生命垂危时，徒步数十里路至奚村问诊救人。经1年多的精心治疗，病情痊愈。1943年，抗日战争胜利后，张传孔随父在临城北洪洼村开药店行医。时朱恒超队长找到他，希望在药店建立解放军秘密交通站，并把排长梁开泉安排到药店当伙计从事情报工作。1945年到1948年期间，张传孔利用药店合法身份，先后多次从国民党统治区购进解放区急需的药品和器材，为解放临城做出了贡献。1948年11月临城解放。他的药店从洪洼迁到临城一街取名“怀仁堂”。1954年开始社会主义教育运动，他响应国家号召把药店的固定资产无偿献给国家，并加入薛城县公私合营联合诊所，任诊所负责人。1958年“大跃进”时期，他被调到滕县岩马水库工地组建工地医务所，日夜为广大民工看病。在两年多的时间里，他吃住在工地，落下了严重的关节炎，受到了岩马水库工程指挥部的表彰。60年代，他被安排到西仓公社西桥卫生院工作。除了每天坐诊看病外，还先后为夏庄公社10余个村庄培训了20多名赤脚医生，村村建立了卫生室。

1962年，在奚村张姓族人的拥护支持下，他担负起续家谱的重任。他自筹资金，自带干粮和看病的药箱，跑遍了附近各省各地，对分散各地的奚村张姓族人进行走访登记。在奚村张百坦、张传树、张百才等族人的配合努力下，历经一年多时间，完成了家谱的续编工作。

张家让（1907. 10—1994. 1. 7）

吴村人，传元长子，属奚村“老七支”第二十二世。其祖父学俭，擅营生，一生积累，扶危济困。至家让时，家境尚殷实。家让及至壮年，恰逢天灾人祸盛行，他与弟家成守数亩薄地维持生计。1942 年的秋收季节，兄弟二人驾着牛车去村东南大洼地拉豆子，不料从村北小南山（奚公山）下来一伙土匪，凶神恶煞般地将二人绑走，并将两头牛牵走。土匪向二人索要钱财，不从，继而挨打，土匪将家让放回筹资赎人。为救回弟弟，张家让卖掉田亩换钱，不足的钱又向亲戚借了将家成救回。经此一劫，兄弟生活陷入困顿。

为维持生计，家让租种西石沟薛家土地。他性格直爽，干活能吃苦，做事有头脑，渐渐博得地主家人的喜欢。在打长工中，他慢慢学会了给牲口看病的一技之长。由于懂兽医，十里八乡的农户都让他给牲畜看病。解放后，政府即将开展土地改革运动，家让得信后立即劝说薛家地主将其部分土地交给吴村百姓耕种，后薛家地主划出 300 余亩土地交给吴村。60 年代后，家让专为生产队及枣庄园艺场的牲畜治病。1962 年他参与组织张氏族谱的编纂工作。

张百增（1909—1980. 12）

字焕彩，行四，奚村人。8 岁起即跟随张恒乾（其二大爷）读旧学。他从小热爱读书，好学上进，并练就了一手好书法。1946 年至 1949 年期间，他担任村里文书。每到临近春节，他就忙着为村民书写春联。他犹擅长美术画，画面山水人物、树木绿草、花鸟虫鱼等生动逼真、栩栩如生。他心灵手巧，多才多艺，还擅长雕刻、扎花、扎走马灯，逢年过节帮助乡邻扎制彩灯。

1952 年至 1956 年，他义务担任村学堂教员。当时教学条件差，没有教具，他克服困难，自画 12 幅生活实物图像，教学生们看图认字。1957 年，村里办冬学、夜校，扫除文盲培训班，他又担起冬学、夜校老师重任。每天晚上，男女老少几十口人前来上学，村里好多成年人从那时起得到识字机会。他不仅文化水平高，而且还是农业生产的庄户把式、建筑匠人。1962 年，奚村张氏续修族谱期间，他负责缮写校对工作，在族人中有较高的威望。

张西池（1914—1985. 5）

又名锡墀，“锡”字辈，1914 年出生于东凫山村，“奚村张”第十九世，其 6 子及裔孙均在滕州城区居住。

1928 至 1935 年，张西池在枣庄南马道完小求学；1939 年 8 月入伍，1943 年 10 月加入中国共产党。1939 年 12 月担任八路军第 115 师 686 团二大队宣传员。1940 年 3 月在峄县车辋战斗中负伤休养，同年 7 月伤愈后入抗大分校学习。1941 年 4 月担任第 115 师 686 团排长，同年 9 月调任峄县武工队队员。1942 年 1 月，组织 40 多人的武工队奇袭东凫山，歼灭伪军 30 多人。1943 年春，鲁南军区抽调连、排干部组成武工队来滕县开展对敌斗争，张西池任武工队四分队队长。其间，他带领武工队队员活跃在滕南和津浦铁路两侧，寻机打击日、伪、顽军和铲除汉奸、特务等敌对分子。两年多的时间里，他所带领的武工队，先后活捉了叛徒杨辉、日军宪兵特务高继钦，击毙敌特孙三爷，在滕县王开村消灭伪军洋车队，化妆潜入滕县南沙河火车站消灭了剿共班头目三岗太君。此外，在滕南炸毁日军运粮车，捣毁了设在城郊的顽军申宪武部与日军的联络办事处、于村“剿共班”，消灭顽军申宪武部一支武工队，为抗日战争胜利做出了贡献。1945 年 8 月，他调任鲁南军区特务团三营二连连长；同年 11 月，任山东野战军第十师二十八团作战教育参谋；11 月，调任作战科参谋。1947 年 11 月，调任渤海荣校干事，先后参加了孟良崮战役、济南战役；1952 年 4 月转业，三等乙级荣军，安置到南京市雨花台区民政系统任扫盲教员。1985 年病故，享年 71 岁。

《滕州党史人物》(第一集)、《滕州文史》《枣庄文史》等对其事迹和革命功绩均有记载。在滕州市鲁南抗日义勇军纪念馆中，陈列着张西池的照片和革命事迹，供后人瞻仰。

张冠伍（1914. 12—2000. 1. 17）

原名张立峰，1914 年 12 月 24 日出生于沙沟镇黎墟村，“奚村张”第二十世。

他自幼入私塾读书，六七岁时能熟背《百家姓》《三字经》，在滕八区有“神童”美誉。年幼就读临城三育小学（今北临城小学）。1931 年，他以优异的成绩考入山东省立曲阜师范学校。1934 年春，完成学业回到家乡茶棚小学担任教员、校长。

七七事变爆发后，他所在学校会同“曙光”“天主教堂”“滕文”等学校，号召进步教员、学生罢课，到滕县县城举行抗日游行示威活动，后任茶棚抗日小学校长。1937 年 10 月，经董尧卿介绍，参加鲁南民众抗日自卫军，任直属营一连连长，同年加入中国共产党。1938 年 6 月，在他的指挥下夜袭邹坞站日军轧道车，打死日军 5 人，缴获手炮 1 门，新式轻机枪 1 挺，步枪 4 枝及其他战利品一宗。1939 年 9 月，他所在的部队编入八路军 115 师鲁南支队，转战滕东、峄北、白彦、费县、抱犊崮、文峰山一带。1940 年 7 月，他任《鲁南时报》责任编辑；同年 10 月，他担任鲁南区党委书记、鲁南军区政委赵镈的秘书，并负责抗日宣传工作。1943 年 7 月，他任鲁南人民抗日义勇队第二情报站站长。淮海战役结束后，回到鲁南军区机关担任军属管理委员会生产委员（党委班子成员）。

淮海战役结束，张冠伍随中国人民解放军第二野战军西南服务团奔赴四川，担任副团长。入川后，他历任川东剿匪工委副主任兼巴县（今重庆市巴南区）县委书记，江津地委常委兼工业交通部部长，离休后享受省部级待遇。2000 年 1 月 17 日在重庆市辞世，享年 86 岁。中共重庆市委在《重庆日报》一版刊发其生平，对其一生所做的革命贡献给予高度评价。

张传伦（1920.3—1948.10）

字振武，奚村人，国民党党员。1920 年，他出生在奚村书香门第家庭，行三。自幼受其父张百锡的教育影响，乐善好施、乐于助人。5 岁时入村私塾学习，每天上午读完书，下午去奚公山放羊。由于年少聪颖，很受山上车服祠的方丈和众僧人的喜欢。8 岁时，随僧人练功习武，并练就一副好嗓音，年长时常在村西河边练唱，1936 年迎娶巨山岳姓为妻，生有二女。

1937 年，日本侵华战争爆发后，他不顾家庭阻拦，毅然参加驻扎在临城东西托的国民革命军。师长看他身体结实，练就一身好功夫，且有文才，就留在其身边当警卫员。1938 年 3 月下旬，日军侵占滕县、枣庄、临城，陶庄（称“小窑”）亦被日军占领。为刺探日军情报，他乔装改扮混进陶庄，以为日军教授武艺为名，担任日军驻陶庄大本营教练官。期间，他以教练官的身份，多方探听日军的行动计划，想方设法将活动信息和活动规律告知驻防国民党军，阻止日军开展扫荡。一天夜晚，他诱杀 5 个日军后，返回兴仁国民党军队驻地，将日军驻防情况详细向师部汇报，国民党军队突袭日军营地，给予日军以很大杀伤，国民政府授予他“战斗英雄”称号。1948 年 10 月，在托里一次战斗中阵亡，时年 28 岁。

张百才（1920. 3—2014. 11. 2）

奚村人，自幼在村私塾读书，学习四书五经等旧学，深受孝悌忠信、礼义廉耻等孔孟思想影响。由于家庭贫困，未及成年即谋生计，饱尝旧社会苦难生活的艰辛。成年后，适逢社会动乱年代。他因识文被举荐国民党滕县政府部门做事，后因对国民党当局不满，毅然返回家乡，从事劳作。新中国成立后，他担任过副村长，积极参与村土地改革。

他一生喜好典籍，熟知古今历史。新中国成立后，他发挥自身文化特长，组织开展村民文化活动，长期为村父老乡亲、近族远支书写春联，操办族务，乐此不疲。他一生倾心族人事业，积极参与族务活动，一生为“族”辛苦为“谱”忙。他先后参加了 1962 年、1993 年奚村张氏家谱续修工作，推动了家族文化事业的历史传承。针对祖茔无祭祀场所的遗憾，他发动各宗支族人捐款捐物兴建张氏宗祠，使张氏后世子孙有了供奉祖先、祭拜祖宗之处，实现了族人多年的夙愿。

他一生勤于劳作，年逾古稀耕作不辍。他治家有方，家风严谨，家规严格，家族团结和睦、子孝孙贤，从未有违法乱纪之人。鼓励教育子孙辈多读书、读好书，家庭成员大多受到良好教育。与薛氏共同抚育 6 个儿子成家立业，全家老少子 6、孙子孙女 18，50 余口人。他甘于平凡，与世无争，独善其身，四世同堂，享受了人间的天伦之乐。2014 年 11 月 9 日，他走完人生历程，享年 94 岁。

张　勇（1921. 8—1992. 9. 18）

1921 年 8 月出生，茶棚村人，“奚村张”第二十三世。1929 年至 1939 年在家读书做工。1939 年 6 月投身革命，1940 年 1 月加入中国共产党。抗日战争及解放战争期间，先后在峄县县委、八路军第 115 师战士剧社及鲁迅艺术大队抗大一分校工作学习，后历任鲁南军区运河大队指导员、华东野战军三纵七师三十一团副股长、豫皖苏三军分区教导大队商丘大队副政委、四野二十一兵团二一六师十三团政治部副科长等职务，记军功一次，多次受到上级嘉奖。

中华人民共和国成立后，张勇积极投身到社会主义建设中来。1952 年 6 月至 1956 年 6 月在中南工程局任科长、副处长；1956 年至 1957 年 11 月在中南联合企业公司任书记、经理（期间，在国家建工部商业干校及天津大学学习）；1962 年 3 月至 1970 年 2 月在株洲玻璃厂任党委书记兼厂长；1970 年 2 月至 1972 年 9 月在湖南省陶瓷工业公司任党委书记兼经理；1980 年 2 月至 1985 年 4 月任湖南省建材局局长党组成员、顾问，1985 年 4 月离职休养。1992 年逝世，享年 71 岁。

张传金（1922.5—2008.6）

1922 年出生于滕县八区（今沙沟镇）茶棚村，家中行三，祖籍奚村。1938 年冬，经地方党组织引导，他走上了抗日革命的道路，成为苏鲁人民抗日义勇总队的一名队员。1939 年 9 月，苏鲁人民抗日义勇总队改编为八路军第 115 师苏鲁支队，张传金编入苏鲁支队 685 团一营一连一排一班。

在抗战的艰苦岁月里，他怀揣国恨家仇，与日伪顽匪英勇战斗，跟随队伍活跃在峄县、滕县、费县、平邑等地，端据点、打增援，搅得鬼子、伪军终日惶惶。1940 年 8 月中秋之夜，他随部队在滕县北两下店三孔桥处与鬼子遭遇时交火受伤，被送至白彦山里养伤。因战时险恶环境和养伤恶劣条件，部队派人通知其家人接回茶棚老家养伤，直至日本投降。解放后，他因抗日有功，地方政府颁发甲等一级伤残证，享受国家补贴。

茶棚村成立农会组织后，他参与打土豪、分田地运动，替群众说公道话，当上了大队记工员。他工作积极认真，为公家做事秋毫不犯；他心灵手巧，精于建筑砖雕技术；他克勤克俭，挑起全家生活重担；他尊老爱幼，家中人口众多，子女七人，家庭氛围团结和睦，在村邻和族人中拥有很高的威望。2008 年 6 月逝世，享年 87 岁。

高学银（1925.10—2016.1.9）

1925 年 10 月出生，1971 年 1 月加入中国共产党，先后为村工作 30 余年。1964 年 3 月，奚村成立贫下中农协会（简称贫协），高学银当选奚村大队贫下中农协会主席；1966 年 2 月，出席枣庄市贫下中农代表大会。1968 年，担任大队革委常委、贫下中农委员会主任；1969 年 5 月，担任村整党建党领导小组副组长；1970 年 3 月，为奚村革委会成员之一；1974 年 9 月，高学银出席山东省农村养猪现场观摩会大会，并作典型发言；1975 年 3 月，兼任村调解组主任；1978 年 10 月，担任西仓公社贫协委员。1979 年 11 月撤销贫协后，他不再担任村里工作。

高学银出身贫农，工作积极上进。“大跃进”期间，他参与研制土陶筒式炼钢炉。他擅长烧制土陶技术，1952—1955 年，先后组织数十人赴沛县高头、老鸹庄、李集和定陶县康洼、陶布等地学习交流。40—80 年代，他一直从事土陶业的烧制，是远近有名的匠人。他育有二子四女，一生勤俭，为人低调，服务村邻，劳作不辍。他晚年与病魔斗争 10 余年，2016 年 1 月逝世，享年 91 岁。

张联会（1926.10—2008.3）

字泽普，号松涛，1926 年 10 月 13 日（农历九月初七）出生于奚村，高级教师。1927 年大旱，随其父张传稳逃荒至南岗子（南临城）生活。1933 年，入私塾学习；1938 年 3 月回奚村种地；1940 年 8 月至 1944 年 8 月入北临城三育小学学习；1947 年初入临城私立中正中学学习；1948 年秋随国民政府迁至岱南临中（常州市崔桥镇）学习。1949 年 5 月，在解放军护送下集体回到徐州，不久考入军政干校（未入学）；1949 年 5 月到南临城小学任教；8 月参加峄城台枣专署师训班；10 月 2 日结业分配到临城县十区夏镇大庙完小任总务主任兼教四年级的语文、五年级的数学、四至六年级的美术、体育等课程。此外，还利用课余时间到大南庄、闸口、文昌街、北田集等处与其他老师一起办起民校识字班，帮群众扫盲识字学文化。1950 年麦假后调到临城县七区尤楼完小任总务主任，兼教五年级数学和全校的体育、音乐、美术课。同年秋假后调六区大官庄中心校任校长兼教课；1951 年 2 月调一区西万中心校任中心校长（兼教课），1951 年麦假后调七区尤楼完小任中心校长兼教课。1953 年秋入山东师范学院生物专修科学习二年，1955 年毕业分配到菏泽专区曹县师范任教。1957 年秋，调曹县六中任教研组长兼教生物课；1972 年麦假后调枣庄市第八中学任教研组长兼教生物课；1981 年 4 月加入中国共产党；1986 年 8 月 16 日离休。2008 年 3 月逝世，享年 83 岁，生前著有近 3 万字《家史》留世。

1951 年被评为临城县二级模范教师；1959 年、1960 年先进科技工作者、校勤工俭学先进工作者；1974 年、1985 年先进工作者；多次被评为区先进工会工作者、省市工会先进工作者；1983 年荣获中华全国总工会“优秀工会积极分子”奖章，多次被市、区评为学生科研活动先进优秀辅导教师；1974 至 1985 年多次被评为老干部工作先进个人；1989 年、1993 年被评为区、校优秀共产党员；1986 年离休后多次被评为老干部工作积极分子。

张裕厚（1928.5—2005.9）

字茂德，祖籍微山县西万六村，1955 年 3 月定居奚村。他自幼家境贫寒，三岁丧父，与双目失明的母亲讨饭度日，受尽旧社会的苦难折磨。

1938 年，日军侵占枣庄后，他担任村儿童团团长。1946 年 6 月，他参军入伍解放军第 21 军 63 师，先后参加莱芜战役、泰蒙战役、孟良崮战役、南麻、临朐战役、淮海战役、渡江战役、解放舟山群岛等 20 余次战役。1952 年 3 月，他入朝作战，先后参加黑山阻击战、五圣山反击战、飞虎山战役、上甘岭战役等。1955 年 4 月，他响应国家号召，退伍还乡安家落户奚村，参加社会主义建设。1961 年，他放弃薛城运输公司工作回村参加农村建设，担任民兵连长，后担任大队政治辅导员，1970 年出席枣庄市“三代会”。1973 年至 1974 年，他担任奚村党支部书记，带领村民兴修水利，过纲要创高产粮亩产 350 千克。在此期间，他被市委、市政府调任沙沟、金河公社农业学大寨工作队副队长，后根据工作需要，他担任村副书记和民兵连长。

张裕厚在 10 余年的军旅生涯中，先后荣立一等功 2 次，二等功 2 次，三等功 7 次，团物质奖 1 次，连嘉奖 1 次，授功勋章、中朝友好和金日成纪念章 10 余枚。

农业集体化年代，他先后出席了枣庄市农业学大寨先进集体和先进个人积极分子代表大会和薛城区党建积极分子大会，为奚村农业大发展做出了积极贡献。2005 年 9 月逝世，享年 77 岁。

张联成（1930. 2—2003. 3）

西谷山人，1930 年 2 月出生，“奚村张”第二十二世。1978 年国家修建谷山水库，联成祖父百善携部分家人主动迁居兴仁村，至今 50 余载。1993 年，心系“齐家”的他，多次步行奚村，与族长百才世祖议商家谱事宜，经纵横联络，促成当年续族谱大事，可谓家族功臣。他热心家庭事务，谷山、兴仁虽相距一段里程，但家族之事他事必躬亲。他家教严格，时常教育 4 个儿子与人为善，恪亲养邻，为他人尽义务，不求回报，在平凡中积德行善，做“前人栽树，后人乘凉”的功德事。在他的影响下，兴仁、西谷山、曲柏、匡腰等各村族人精诚团结，互信互助，形成独特的宗亲文化魅力。2003 年 3 月逝世，享年 73 岁。

张传伟（1930. 6—2007. 9）

字纯正，奚村人，中共党员，原江苏徐州饭店总经理。他幼时在奚村私塾读书，少年时外出乞讨为生。1944 年春，他沿街乞讨到徐州，跟从一家店铺老板打工，后在徐州火车站附近的同方圆饭店做店员。新中国成立后，徐州市政府成立了工商业、手工业联合社，张传伟以饭店经营负责人的身份，积极响应政府号召，带头加入工商联合社。由于经营有方，多次受到徐州市政府和商业局的表彰，并摘得江苏省工商界群英大会“一等奖”。1958 年春，徐州饭店建成使用，张传伟任总经理。1964 年，他被评为徐州市劳动模范，荣立“二等功”；1966 年被选为徐州市第三届人民代表大会代表，并担任徐州饭店党总支书记。1967 年，“文化大革命”开始，他被扣上官僚主义、宗派主义（因 1962 年参与续修奚村张氏家谱）和修正主义代理人的帽子，受到不公平的批斗、迫害，后下放贾汪大李庄煤矿劳动进行改造。

1976年，"文化大革命"结束，组织上给予其平反，他重返徐州饭店主持工作。工作46年来，他一心扑在饭店经营管理上，创造了徐州饭店历史上的辉煌业绩。徐州市商管局为弘扬其事迹，曾编辑出版《张传伟——苦乐人生》一书。1990年6月，张传伟退休。2007年9月逝世，享年78岁。

张恒茂（1930.7—1973.9）

奚村人，曾任奚村第一任党支部书记。1953年1月参加中国人民解放军0220部队，同年2月任634团3营10连副班长，1953年7月担任该团一支队三分队班长、炮长，后加入中国人民志愿军赴朝参战。1956年受团通令嘉奖1次，同年3月加入中国共产党。1957年4月，复员回村参加社会主义建设。

他回村以后，牢记党的宗旨和作风，把对党的热爱化作建设社会主义的动力。1958年至1966年8月，他在担任奚村党支部书记期间，带领群众打井挖渠，修路建桥，发展生产。他生前子女多、家庭负担重，但是他视党的事业为根本，舍小家、顾大家，一心一意扑在奚村的农业发展上，打开了奚村农业发展的新局面，粮食生产大幅度增长，农村经济连年实现新跨越，成为薛城区农业发展的一面旗帜，为奚村以后的农业发展奠定了坚实基础。"文化大革命"开始后，他和其他村干部"靠边站"，受到了不公正对待。1970年3月，担任村党组织负责人；1971年1月，重任村支部书记。1972年，根据工作需要，党组织安排他到西仓公社担任"一打三反"（清除反革命，反贪污、反盗窃、反投机倒把）政治运动行动组组长。1973年2月，因工作积劳成疾，离开人世，时年43岁。

张恒岭（1930.9—1994.1）

奚村人，中共党员。1957年10月始，先后担任奚村生产小队长、生产大队长、革委会主任、党支部书记。1971年1月入党，1974年至1984年11月担任村党支部书记。他在奚村担任生产队领导职务的70年代至80年代初期，是奚村经济发展，特别是农业发展最快、历史成就最辉煌的时期。十余年里，他带领社员群众忠实贯彻执行党的政策，全心致力于发展集体经济上，创造出了诸多"奚村样板""奚村模式”，成为当时公社、区乃至省市农业经济发展的典型。“多打粮、多交粮、交好粮”也是奚村支持国家建设的重要标志，全村的粮食生产稳居上游，每年都超交爱国粮，为国家的经济建设做出了贡献。

1975 年 1 月，奚村大队被山东省委、省政府授予“全省农业学大寨先进生产队”。在他的带领下，全村先后获国家级个人荣誉 1 个，省级荣誉 5 个，市级荣誉 20 余个，区级以下 50 多个。张恒岭个人被评为“全省劳动模范”，多次当选市区党代表、人大代表，1978 年 7 月被薛城区委授予“模范共产党员”称号。1979 年 12 月，以地市人大代表身份光荣出席山东省第五届人民代表大会。1994 年 1 月逝世，时年 64 岁。

张运灵（1932—2017）

字运怡，薛城区沙沟镇黎墟村人，“奚村张”第二十二世。其父张士清生前为铜匠，善制作铜器皿等生活用品，其母曹文兰为贤内助。运灵幼时随父母在徐州就读于徐州临安小学（今临安石镜小学），中学就读于徐州昕昕中学。1947 年 3 月，徐州解放前夕，张运灵随南下人群离开徐州，临走时父母亲赠送其银元与金戒指各 1 枚。到达南京后，与流亡学生加入国民党海军，受训搭上“中”字号军舰服役。1949 年 1 月，他抵达台湾之后，接受高中、大学教育，先后服务于高雄市三民区立志高中、高雄市左营区海青中学以及澎湖县马公市马公国中，历任数学教师、马公国中首任总务代理校长，多次荣获“优良教师”称号，1997 年退休。生前与妻育有二子一女，其中两人获博士学位，一人获硕士学位。长子张珩为国际关系研究员，次女张玥为地产会计经理，次男张和为牛津大学教授，长媳与次媳均在教育界服务。

张传润（1934.3—2009.10）

奚村人，中共党员。1964 年，毕业于山东大学政治系。60 年代，先后担任滕县组织部干事，滕县团委书记等职务。70 年代，先后担任薛城区党校校长、薛城区供销社主任，薛城区农业局局长等职务。期间，他响应党的号召下派到

薛城区南石公社石沟营大队驻点，带领干部和社员一起参加生产劳动，村容村貌得到很大改变，受到区委、区政府领导的好评和全体村民的拥护。

80年代，因工作需要，他调至枣庄市民政局工作，担任枣庄市民政局福利厂厂长。工作中，他结合企业实际，着力抓好企业生产管理，仅用两年的时间，使一个濒临倒闭的企业起死回生。1990年，担任齐村区周村公社党委书记，后调到枣庄市矿产资源管理局工作，担任矿产科科长并兼任田屯矿矿长。之后，担任枣庄市检察院驻枣庄市矿产资源管理局检察室主任。2009年逝世，享年75岁。

张家允（1937.3—2002.1）

西托前村人，1937年3月出生，“奚村张”第二十二世。在薛城区煤矿工作。他一生为人和善，性格直爽，乐于助人，积极参与家族事务，为1993年张氏家族续谱的主要成员之一。他酷爱写作和软硬笔书法，曾在枣庄市书法展中获得优秀作品证书。1995年退休后，他老有所乐，前后用6年多的时间编写了字谜诗歌4000余首结集成册。2002年1月6日逝世,时年65岁。

张家兆（1941.6—2011.9）

西托前村人，1941年6月出生，“奚村张”第二十二世，为张氏长支长房。1962年初中毕业后回村务农。1982年在村担任生产队长，1985年4月担任托前村第一届村民委员会主任，1999年退休。工作中，他一心为公、不计私利，团结同志、和睦邻里，为村里做了大量的工作。生活中，他受父亲张传清的言传身教，热心家族事业，参与族务活动，无论是家族续谱、立碑，还是捐资、走访，他都亲力亲为，努力为之。在枣庄高新区龟山祖林外迁中，他和族人协调配合，不辞辛苦，不计报酬，奔前跑后，确保了该项族务工作的稳妥扎实顺利进行。2011年9月12日逝世，享年70岁。

张联峰（1945. 5. 13—2011）

1945 年出生，奚村人，大学专科学历。他自幼勤奋好学、吃苦耐劳。成年后，从普通建筑工人做起，通过努力获得国家承认的大专学历及建筑工程师资格证书。历任西仓公社建筑队队长，西仓公社建筑公司经理，市中区第三建筑公司经理，市中区第二建筑公司副总经理，恒久集团副总经理。在他的主持下，先后承建了市环保局办公楼、枣庄三江大厦、枣庄华联商厦、枣庄花园商场、枣庄人民商场等市、区重点建设工程项目，其中市环保局办公楼获得国家建设部“金屋奖”殊荣。他热心家乡建设，80 年代初，义务帮助老家奚村进行村庄整体规划建设。2011 年逝世，时年 66 岁。

革命英烈传

张家桂（1900—1946. 12）

1900 年出生于西托里。1945 年担任临城第六联防队大队长。任职期间，他亲眼目睹敌人的残暴，非常痛恨日本侵略军给村民造成的伤害。经常置自身安危于不顾，与八路军联系，想方设法传递情报、运送物资，发动群众开展支前活动，日伪对他恨之入骨。

1945年3月12日，他冒死送公款到八路军办事处。在回家途中，被伪军密探告密，被捕入狱。在狱中，他用血肉之躯与敌人抗争，虽遭受严刑拷打，但他宁死不屈。1946 年农历腊月初十，被敌活埋于临城西丁桥，壮烈牺牲，时年 46 岁。1983 年秋，民政部、薛城区人民政府追认他为革命烈士。

张家铎（1901. 5—1947. 2）

1901 年 5 月生于滕县八区沙沟乡茶棚村（今沙沟镇茶棚村）一户富裕农户家庭。少时，他读过私塾、上过学堂，青年时接受过旧民主主义思想。1938 年 3 月，张家铎任茶棚村党支部书记。他为人正直、豪爽，具有爱国心、正义感。

抗日战争爆发后，他卖掉家中百亩田产，全力支援沙沟爱国人士王保恩组建抗日第八大队。他积极宣传抗日，先后动员弟弟张家瑶、侄子张庆师，叔兄弟张家由、张家栋组织抗日游击队，并与沙沟王保恩的游击队协调配合作战。根据形势需要，中共苏鲁豫皖边区特委路西交通站站长秦明道安排他在本村建立抗日情报站，山东、华中各级领导干部路经茶棚活动、住宿等都十分安全。1946 年 10 月，国民党军队占领鲁南地区，地主、恶霸、还乡团在微山湖地区反攻倒算，抢回土改时农民分得的土地。是时天大旱，湖田丰收。湖田本是无主之田，恶霸、豪绅抢占湖田、剥削农民，张家铎作为湖总委委员之一，带领群众反对还乡团及湖霸霸占湖田，被还乡团杀害，壮烈牺牲，时年 48 岁。

张家美（1916—1948）

1916 年出生于滕县临山乡西托里村（今薛城巨山街道西托村）。1943 年参加抗日，曾任区武工队队长。1944 年，他担任八路军八师二十四团一营二连连长，在王庙战斗中打死伪营长，荣立三等功，被评为战斗模范。1945 年加入中国共产党，调任区武工队长兼第六联防大队队长，曾在北临城逮捕伪警备队员 2 人。1946 年，北撤到黄河北镇华党校学习；1947 年返回临城参加武工队。他作战勇敢，日伪军闻风丧胆。一次，在邹坞镇陈郝执行任务时，被伪县大队包围，他手提机枪带领武工队浴血奋战，突破重围。1948 年，在“小窑”（今陶庄镇东）执行任务时，被国民党特务杀害，光荣牺牲，时年 32 岁。

张　英（1922. 2—1946. 8）

沙沟镇茶棚村人，“奚村张”第二十三世。1922 年 2 月生于富裕家庭，其父为革命烈士张家铎。他自幼读书习字，高小毕业时正值抗日战争爆发。年仅 16 岁的张英受到共产党人革命思想的影响，于 1938 年 1 月参加了董尧卿领导的鲁南人民抗日武装。1940 年加入中国共产党，1942 年 3 月参加山东抗日军政大学一分校第四期学习。1943 年 5 月毕业后，随董尧卿到鲁南做统战工作时，奉命留在鲁南独立支队。不久，被任命为二大队（鲁南铁道大队）长枪队指导员。该部于 1944 年 10 月改编为鲁南二军分区二营时，他仍任连指导员。1945 年 8 月鲁南八师组建后，张英所在部队编入该师二十四团。1946 年 8 月，时任鲁南八师二十四团营长的张英，在苏北涟水战斗中牺牲，时年 24 岁。

人物简介

张家勤

西托前村人，1926 年 2 月出生，现年 92 岁，“奚村张”第二十二世。其兄张家美为革命烈士。张家勤自小在私塾学习，受到良好的家风家训教育。他为人正直，公道正派，热心家族事业，积极参加各项族务活动，特别是参加了奚村张氏 1962 年、1993 年张氏族谱的续修工作。在续修族谱工作中，他外出寻访族人，家访族户，摸清了本支族人的基本情况。1995 年，枣庄市政府征用西托老林用地。他顾全大局，不辞辛苦，不计报酬，会同村干部做好各支各户族家的思想工作，并带领族人将张氏数百坟茔全部迁出。妥善安葬到新的墓址。多年来，他始终关注、关心本族的发展，通过组织本族人员，利用各种方式加强同迁外族人的联系，其工作得到了本族上下族人的认可和尊重，在族中树立了很高的威望。

张家宝

字国珍，笔名欣乐，1930 年出生于班山村，“奚村张”第二十二世。幼年家境贫寒，少年时又处社会动乱（日伪时期），13 岁才开始入学，18 岁高小毕业，在徐州当过学徒，在家种过地，参加过土改，任村文书。1951 年参加教育工作，1991 年退休，现为国家、省、市、县老年书画协会会员。

他喜爱书法，后专攻砖雕，经过不断钻研，技艺日趋成熟，作品在各种比赛活动中屡屡获奖。1992 年 8 月在铜山县税务局举办的“税收带来祖国美”书法、摄影比赛中，其砖雕作品《依法纳税光荣》《发展经济振兴财政》获书法二等奖，并获得证书和奖金。1993 年 10 月在新疆特克斯举办的“八卦杯”国际书法大赛中，砖雕作品被特克斯陈列馆收藏。作品《祖国前进》《再展宏图》两方印，充分利用雕材的自然形状，设计出图文并茂的双面印效果；为纪念邓小平100周年而创作的一幅斗方作品，展示了印在画中的作用；在为纪念中国共产党建党九十周年而创作的作品，在印中雕刻了以毛泽东为首的七位开国元勋的头像，此作品形象逼真，表现了印和像的完美组合，达到较高艺术水准。

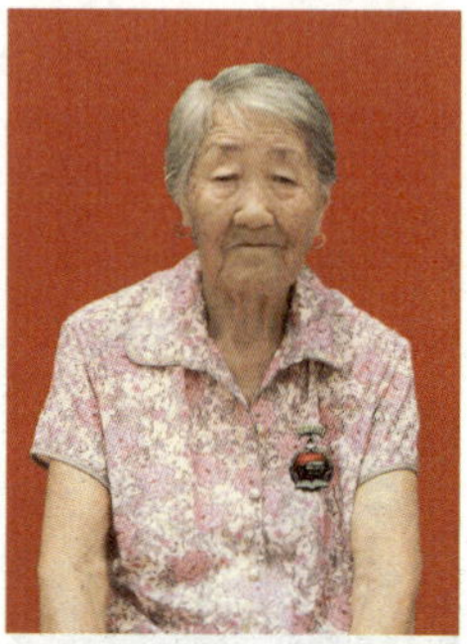

赵克兰

女，1932年2月出生，1971年1月加入中国共产党。1959至1971年担任生产队长兼任妇女主任；1971年1月担任西仓革委会常委、委员；1975年至1983年5月担任生产大队长；1984年至1994年担任村妇联主任；1994年至1996年担任村党支部副书记。

她在村40余年的工作中，对党忠诚，同班子成员一道，坚决执行党在农村的各项方针政策，特别在70—80年代初，她带领奚村妇女积极参加农业生产劳动，为奚村农业发展做出了贡献。1980年村妇联被省妇联授予“三八”红旗集体。她是原西仓公社、夏庄乡历届人大代表，是薛城区第三届、第四届、第五届人大代表；多次被公社（乡）党委评为“优秀共产党员”。1979年2月，参加薛城区群英大会；1980年1月，当选西仓公社第二次妇女代表大会副主任；1983年10月被山东省妇联授予“山东省三八红旗手”称号。1996年6月退休。

张联龙

出生于1933年，奚村人。1953年6月分配到上海邮电局从事押运工作。1954年加入共青团；1955年加入中国共产党，任上海市邮政局第一次团代会团委候补委员；1959年担任科团支部书记、党支部干事；1963年担任党支部副书记、副政治教导员（科级干部主持工作）；“文化大革命”中遭当权派批斗；1969年调到管理局组织组（组织部）工作。1976年底，调清查“四人帮”残渣余孽办公室工作；1977年初调入大屯煤电公司工作，任公司组织部老干部科长（政工师），1993年退休。工作期间，曾多次被评为“五好工人”“优秀共产党员”称号。

他研习书法，笔耕不辍，先后在上海邮电局三乐老年大学、海南老年大学学习，得到过书法大家任政的现场指导，现为海南省书画研究院会员，中国老年书画家协会会员，枣庄市书协会员，被北京宝延轩书画院聘为院士，北京墨都书画院高级理事，江苏省唐伯虎书画研究院副院长、南京长江书画家协会名誉主席。作品入展海南省海口市 4 次，获各地书画院特等奖 4 次，金奖、一等奖 163 次，其他奖项 47 次，被授予“老年艺术杰出楷模”“中华德艺双馨书画名家”等称号。

他热心公益事业，先后为陕西省三源县儿童村、玉树地震灾区、贫困疾病儿童家庭等捐款捐物。退休后，他不忘家乡发展，情系家乡教育，带头弘扬乡土文化，赞助 3000 元建成奚邑张氏文化研究会网站，并为《奚村志》编纂提供 7000 元资金支持。他先后捐书 1000 余册，建成奚村文化书屋。2016 年，为弘扬奚村孝悌文化，出资 5 万元建孝文化广场 1 处，并建“忆母亭”1 座。

张联绪

1933 年 10 月出生于薛城，祖籍奚村，中共党员，退休教师。1941 年 9 月至 1947 年 7 月就读于临城三育小学；1947 年 9 月至 1948 年 7 月就读于滕县八区临城私立中正中学（今常庄埠岭）；1948 年 7 月至 1949 年 5 月，随国民政府流亡到常州岱南中学学习；1949 年 5 月随解放大军返回家乡后从事教育工作。1949 年 12 月至 1952 年 10 月滕县鲍沟区磨庄小学任校负责人；1952 年 10 月至 1960 年 2 月滕县鲍沟区闵楼小学担任校长（期间，1955 年加入中国共产主义青年团）；1952 年，光荣出席滕县人民代表大会；1960 年 2 月至 1969 年 4 月滕县鲍沟区杨村担任校长；期间，被评为滕县工会先进工作者；1969 年 4 月至 1970 年 2 月薛城区奚村小学任教；1970 年 2 月至 1971 年 2 月薛城区安上小学担任校长；1971 年 2 月至 1982 年 2 月薛城区西仓重点小学担任校长；1982 年 2 月至 1983 年 4 月薛城区河北庄小学担任校长（期间，1980 年 9 月加入中国共产党）；1983 年 8 月调入区直实验小学工作，期间参与薛城区志、薛城组织史编纂，主持筹建区实验小学一期工程。先后 10 余次被市、区评为“优秀人民教师”“先进工作者”称号。1993 年退休。

张家坤

1937 年 12 月 8 日出生于兴仁西托后村，祖籍奚村，现年 80 岁，原任四里石小

学校长。少时先后就读东托、北临城小学；在微山一中、滕县二中就读初中；1962 年就读于滕县一中（高中），同年 9 月加入教师行列。1997 年退休，职称为小学高级教师。

他在 35 年的教学工作中，兢兢业业、扎实工作、善于创新，管理经验丰富。他先后在沙沟、兴仁、四里石等小学任教，并在教员、校务主任、校长、教研员等不同岗位上做出诸多业绩，多次被教育主管部门表彰。后期，他在枣庄师专教过两年现代汉语课程。他一生酷爱文学、生物学，特别在诗词歌赋方面学有所长，著有《张家坤诗词文选》一辑。工作生活之余，他还潜心研究动物蝈蝈的繁殖技术，并在山东省级农业杂志上发表《冬蝈蝈的培殖技术》一文。

张庆文

1938 年 5 月出生，奚村张“老七支”，吴村人，中共党员，原薛城区检察院干部。1949 年入奚村学堂读书，后在河北庄读初小、庵上村读高小，1956 年考入枣庄三中。1962 年完成初中、高中学习后，受当时国家经济环境的影响，张庆文返回吴村老家务农，并先后在村担任民兵连长、团支部书记、治保主任、记工员等。1964 年国家实行大学学习推荐制，经枣庄市委宣传部推荐考试，张庆文考入北京政法学院（今中国政法大学）政法专业，担任班级团支部书记，1965 年加入中国共产党。1968 年大学毕业后，分配山东军区后勤部下属的东都制药厂工作。1970 年调入枣庄市第十一中学（地址在山亭西集）教学，并担任校委会班子成员；1972 年调齐村区教育组工作，负责全区教育人事政工、档案等工作；1977 年担任教育局副局长。1978 年 4 月任齐村区渴口人民公社副书记，同年 9 月担任齐村区体委主任；1979 年调入枣庄市检察院工作。1982 年，为方便照顾家庭调入薛城区检察院工作，先后担任法纪科、渎侦局主任（正科级）。工作 30 多年来，他参与办理了薛城一系列涉及经济犯罪、职务犯罪的大案、要案，为国家挽回了重大损失，多次被省市区检察部门和市、区党委政府进行荣誉表彰。2000 年 8 月退休。

张联奎

1939年10月出生，奚村人，中共党员，高级讲师。1945年抗日战争胜利后，随父张传孔从滕县张汪镇辛集迁至洪洼。1949年至1954年，就读北临城三育小学；1954年至1957年，于西仓（滕县二中）中学读初中（八中）；1957年至1960年，就读曲阜一中（高中）；1960年至1965年夏，考入南京林业大学机械系学习，毕业后因学习优秀、表现出色，留校任教，后加入中国共产党。

1975年夏，因父母年迈多病、子女幼小，经组织批准，从南京林业大学调回枣庄矿务局技工学校工作。先后担任技校教务科科长，书记，副校长，枣局职工大学教务主任，副书记，对两校的教学工作和建设工作做出了贡献。1996年底，因筹建新矿区运煤铁路线，调到付村矿筹建处任副主任，1999年底退休。工作期间，他业务精湛、默默奉献，为人师表、教书育人。1981年8月7日，他获得国务院科学技术干部局颁发的工程师资格证（鲁能工00508号）；1989年9月10日，任山东煤炭工业管理局高评会高级讲师（编号0405334号）；1989年9月10日，被枣庄矿务局聘为高级讲师（教授级)；1995年10月，获山东省教育委员会“教学工作三十余年”荣誉证书（编号9505478）。

张远芬

1939年12月出生于薛城茶棚，“奚村张”第二十三世，原徐州教育学院院长（正厅级）、教授，大学文化，中共党员，中国《金瓶梅》研究学会副会长。

其祖父张保传，一生读书；父家坡，行四，周营行商。张远芬于新中国成立前夕入周营小学读书；1952年小学毕业，考入徐州市第三中学；1958年高中毕业，考入徐州师范学院中文系。1960年夏，徐州师范学院毕业，分配至江苏省运河师范学校（邳州）执教。1963年，他撰写的《清明时节》话剧本，荣获江苏省话剧本“第一名”。“文化大革命”期间，因创作发表作品受到批斗、接受教育。

中共十一届三中全会后，他全身心地投入到文学研究领域，潜心研究明清小说和中国现代文学。他怀着对故乡的热爱之情，首先从研究枣庄作家入手，发表了对贺敬之和延安时期的诗人田兵（兰陵人）诗作的评论。在研究《金瓶梅》作品中，发表了一系列关于《金瓶梅》作者考证的论文。1984 年，结集出版了研究专著《金瓶梅新证》，提出了《金瓶梅》作者兰陵笑笑生就是明代峄县人贾三近的观点。迄今为止，数十年来，张远芬的“贾三近”说，始终是古典文学研究领域争鸣的热点之一。继《金瓶梅新证》出版后，与他人合编《金瓶梅词典》一部，全书 58 万字，是《金瓶梅》的第一部专用词典。他还致力于中国酒文化的研究，出版了 128 万字的《中国酒典》，填补了中国酒文化空白。1983 年，张远芬调入徐州教育学院，历任中文系主任、副院长、院长。社会兼职有江苏省明清小说学会理事，中国《金瓶梅》研究学会副会长。他先后出版专著 5 部，发表学术论文 70 余篇，凡 200 余万字。由于他为人刚正不阿，工作勤奋认真，学术成绩显著，先后被授予“徐州市劳动模范”“江苏省劳动模范”“全国五一劳动奖章获得者”“全国先进工作者”等荣誉称号。

张家余

1940 年生，薛城区沙沟镇茶棚村人。他兄弟三人，家中行三，现四个儿子雷、震、中原、安等均已成家立业。他高小文化，头脑灵活，喜欢读史，犹善专研家族文化。他是改革开放后茶棚村屈指可数的万元户之一。早年出关外谋生二十多年，在东北长白山、兴安岭一带采参挖菇。1972 年返回老家茶棚，从事种植花草和养蜂。现有蜂箱三十余箱，年产花蜜三千余斤。张家余读书明理，通晓大义，家庭观念强，热爱家族事业，热心家族事务，在族中有较高的威望。

张联柱

1943 年 3 月出生，奚村人，兄弟四人，行二。他自幼聪慧，忠厚老实。1950 年，7 岁时即入千山下庵上（今安上村）学堂念书。受当时政治环境的影响，不几年弃学回家随父务农，跟随父亲传俊、伯父传信、四叔传仁，以及村里的其他匠人帮助

村民修缮房屋（土坯草屋）。1980 年前后，奚村掀起建房热，村队成立建筑队，他成为建筑队为数不多的技术工匠。1982 年家庭联产责任到户后，他自发组织一支建筑队为村民和周边村服务。由于他做事认真、干活勤快、讲求质量，四邻八乡的群众都找他建房垒墙。他工作中善于动脑，在施工中自制的大拐尺、木靠尺等工具，使用起来简单方便，很受建筑工人欢迎。他为人厚道，体恤家庭，其妻患重病多年，不离不弃，耐心照顾，毫无怨言，受到邻里的交口称赞。

关传杰

1943 年 6 月出生，中共党员，奚村人，原山亭区政协副主席。1959 年高小毕业，任奚村大队会计、团支部书记。在此期间，兼任西仓公社奚村工作点会计网长。1964 年被评为枣庄市青年社会主义建设积极分子。1965 年 8 月被选调到齐村区付庄公社参加农村社会主义教育运动（“四清”运动）。1966 年运动结束后，留在付庄公社工作，先后任公社团委书记、秘书、党委委员、副书记、管委会主任。1978 年 8 月至 1981 年 4 月，任西集公社党委副书记（期间，1980 年当选为中共齐村区委委员）；1981 年 4 月至 1986 年 8 月，任齐村区（山亭区）经济委员会副主任、党委副书记；1986 年 8 月至 1998 年 4 月，任山亭区交通局长、党委书记（期间，1994 年当选为中共山亭区委委员）；1998 年 1 月至 2003 年 1 月，任山亭区政协副主席。2003 年 12 月退休，现住奚村。

工作期间，他先后多次被省、市、区党委、政府评为“先进工作者”“廉洁标兵”“劳动模范”“山东省扶贫开发先进工作者”。

张传华

1945 年出生于东皃山村，“奚村张”第二十一世，其父张福启。他 8 岁入学，1959 年就读于枣庄市第五中学；1962 年就读于枣庄第三中学，1965 年毕业回乡劳动，后任本村民办教师；1978 年经过考试由民办教师转为公办教师。同年考入

枣庄师专（现枣庄学院）中文系；1980年毕业后被分配到枣庄二十四中工作，先后任语文教师、教研组长、教导主任，先后被评为区级、市级先进教师；1982年任校长并兼任两届山亭区人大常委会委员。1987年获“全国教育系统劳动模范”称号；同年参加成人高考，到山东省教育学院教育管理系学习；1989年毕业获本科学历，调枣庄十八中任校长，后调到山亭区委宣传部工作。1992年调入山亭区委党校任副校长，讲授逻辑学、心理学、管理学和世界经济等课程，其间被评为市级先进工作者，获高级职称。

张传成

1945年2月出生于奚村，兄弟六人，行二。1967年，他担任奚村大队第一生产队副队长，负责村副业经济对外联络工作。1980年9月调西仓公社多种经营办公室工作，1987年7月担任夏庄乡物资供应站站长。夏庄乡物资供应站更名为夏庄乡农业服务公司后，他继续担任夏庄乡（今陶庄镇）农业服务公司经理。1995年9月退休。

二十七年的工作中，他一直从事农资流通工作，是当地有名的经济“能人”。六七十年代，正值农村大集体经济时期，他在从事村生产物资采购、副业产品外销中，通过各种渠道、想方设法引进生产队急需的物资，确保了生产队各种生产资料的正常供应。同时，他积极开拓外埠市场，加大农副产品、砖瓦等建筑材料外销力度，努力增加队里副业收入。改革开放以后，他带头走发家致富之路，引进了奚村第一辆毛驴地排车、村第一辆个体营运拖拉机，从事河沙、砖瓦沙料运输，先后带动10余户村民从事物资运输，改写了奚村单纯种植粮食的历史，成就了奚村运输业发展的今天。他还摸索发展庭院种（养）殖，尝试饲养长毛兔、池鱼、肉鸽、蘑菇等，并无偿向村民传授技术，后奚村一度成为地方发展养殖长毛兔的专业村。在乡农业服务公司工作期间，他示范推广粮食新品种、种植新技术，让村民学会科学种田，粮食生产连年丰收，至90年代粮食生产达到“吨粮田”。他乐善好施，体恤相邻，不论谁家有困难总是热情相助，在村中有较高的威望。

张树仁

1947年出生，班山村人，“奚村张”第二十四世。1953年读小学，1963年初中毕业后，回家务农。1965年任大队林场会计，1968年担任生产队记工员、农民夜校教员；1976年任大队副业会计；1980年任采石场会计；1984年任班山水泥厂会计，1985年任厂长；1991年始任大队统计员、工业会计、生产队会计、通讯报道员，1998年退休。

张树仁担任通讯报道员期间，有多篇通讯报道被县广播站、《铜山报》《淮海论坛》《徐州日报》采用。《季山惨案纪实》《农民张作周舍命救乡亲》等历史纪实文章被《都市晨报》刊载，并被收入《徐州抗战纪实》一书。2009年参与整理茅村非物质文化遗产工作，与文化站岳喜明站长、张文贤同志合作整理、撰写了《内华土陶烧制技艺》《季山古庙会》等，被列入县级文物保护项目；《半面月照满乾坤》《十二月思夫》等十几篇民间传说、故事，被选入江苏省非物质文化遗产普查《铜山县资料汇编》。他历经十余年整理出700余个姓氏的渊源、郡望，3000多个姓氏堂号、典故1000余条，铜山电视台《百姓生活》栏目作了专题报道。

关传允

1951年9月出生，奚村人，中共党员。他8岁上学，1964年高小毕业，同年考入初中班学习，后因家中生活困难无法继续学习，于1965年3月辍学回家务农挣工分。1971年在奚村小学做临时代课教师，因表现突出被聘为民办教师。1975年9月调到奚村生产大队任大队会计，1976年兼任团支部书记、副大队长。1978年至1980年，先后被授予“山东省青年标兵”“全国新长征突击手”等荣誉称号，被推选为共青团枣庄市委委员。

1987年11月，关传允任夏庄乡经管站会计辅导员；1988年3月兼任农村工作点（管区）总支书记；1989年9月，入枣庄市农业技术学校（中专）学习；1991年毕业后分配到夏庄乡政府仍兼任农村工作点总支书记；1993年3月任夏庄乡党委委员；1993年7月担任千山水泥厂厂长、党支部书记；1996年12月任夏庄乡副乡长、党委委员；2001年乡镇合并后任陶庄镇人大副主任。2011年9月退休，现定居薛城。

他是薛城区第三届、第四届人大常委会委员。

张传顺

1952年出生，奚村人，小学高级教师。1966年就读于西仓公社庵上小学；1968年毕业于枣庄市第十二中学。1970年2月，在奚村小学任教，1996年转为公办教师。他从事教育40多年来，先后担任小学教师、校教导主任、奚仲小学业务校长。1992年9月，被枣庄市人事局、市教育局评为“优秀教师”，先后有4篇论文评为省级“三等奖”。2012年3月退休，并获山东省教育委员会“山东省从事教育事业三十年优秀人民教师”荣誉证书。

张庆标

1953年2月出生，1975年参加工作，担任山家林煤矿工区党支部书记、区长，1983年9月加入中国共产党。1994年从山家林煤矿调留庄煤矿工作，历任矿总务科科长，调度室副主任、食堂管理员，矿工会副主席，2007年5月退休。工作期间，先后荣获先进个人、优秀共产党员等荣誉称号。

其父张联壁，原山家林矿工人，中共党员，2010年3月去世。其有子女5人：张庆凤、张庆銮、张庆标，张庆芝、张庆霞、张庆良。张庆凤嫁薛城，张庆銮嫁新疆，张庆芝嫁大南庄，张庆霞嫁本村。张庆标，子三（永超、永帅、永强），长子永超女一、子一（张译文、张宸赫）；次子永帅，女二、男一（女，张珍珍、张露丹；子，张宸瑞），三子永强，子张宸铭。其弟张庆良，原山家林矿煤矿皮带工区洗煤厂销售科科长，2010年退休。其有一女一子（女，张莉晗，嫁薛城；男，张凯，生女张梓茉、张梓萱）。

张庆平

1954年11月3日出生于薛城，张联会次子，祖籍奚村，中共党员，枣庄市公路局公路管理局原副总工程师。1978年8月毕业于山东省交通学院（原交通部济南交通专科学校），后分配至枣庄市公路管理局工作。1985年7月加入中国共产党，

1985 年 3 月任市中区公路局局长；1989 年 2 月至 1990 年 3 月入上海同济大学进修学习。1990 年 3 月任市公路管理局工程监理处处长。2000 年度被枣庄市委、市政府荣记“三等功”；2001 年晋升为高级工程师（副教授级）；2001—2004 年被省公路管理局任命为枣庄市公路新（改）建工程总监理工程师；2004 年 3 月任枣庄市公路管理局副总工程师，分管公路改建工程。2014 年 10 月在枣庄市公路管理局退休。

张庆平工作之余，酷爱文史学习和书法艺术，现为枣庄市书法家协会会员。1999 年获山东省交通行业第五届美展书法二等奖；2002 年获全市交通系统书画艺术展一等奖；2003 年获山东省交通行业第六届书画艺术展书法二等奖；2005 年获全市公路系统反腐倡廉书画大赛一等奖；2006 年其作品入选枣庄市纪委全市反腐倡廉书画艺术大赛。

张传存

1956 年 12 月生，陶庄镇河北庄村人，“奚村张”第二十一世。1973 年，时年 17 岁的张传存，因有高小文化学历，并有随先生学医的经历，被西仓公社河北庄大队（今陶庄镇河北庄村）推荐到薛城区人民医院学习医务培训，结业后回到村里成为村里一名赤脚医生。80 年代末期，队改村后，河北庄村卫生室正式成立。作为一名最基层的卫生人员，在 44 年来的乡村行医生涯中，他以悬壶济世、治病救人的仁者之心，始终坚持基层临床一线，为群众求诊问药，服务百姓，特别在防治防控农村传染病以及 2003 年“非典”、2005 年禽流感、手足口疾病，开展爱国卫生运动等工作中尽心竭力，付出了心血和汗水。他医疗业务精湛，尤其在治疗儿童咳喘疾病中成效明显、声名远扬，前来治病的人络绎不绝。

张传存在日常问诊中不分贵贱、一视同仁，为病人所想，力所能及地对经济困难的村民减、缓医药费，甚至对极端困难的群众免收费用。多年来，他和他的卫生室获得了无数的荣誉和群众的赞誉。他本人连年被市区镇卫生系统评为先进个人、优秀乡村医生，2014 年被枣庄市卫计委授予“十佳乡医”称号。

张运超

1957年5月出生于沙沟镇班井村。行一，“奚村张”第二十二世。1974年6月，他初中毕业后回村担任班井生产队团支部书记，1975年3月调入沙沟公社工作。1976年12月参军入伍，先后担任班长、副排长、排长，后担任代理后勤仓库主任、技师。他工作勤勤恳恳，遵守部队纪律，严格规程操作，在部队工作十余年中，先后荣立“三等功”2次，连续5次受直属团嘉奖。1987年1月，他转业回地方，被组织安排至薛城区交通局工作。2001年6月，他离岗后成立薛城区文博广告有限公司，专门从事商业广告、文印业务。在多年的从商中，他善于经营、真诚服务，在全区商业服务中独树一帜，得到社会的广泛认可，业务越来越好，公司利润连年增加，职工人数达到20余人。

他和妻子王霞为人善良、待人以诚，且富有同情心、正义感，多年来，热心参加社会送温暖活动。每年都捐资助学、救助贫困，无论谁家有困难，都愿伸手相助，特别在对家族事务中，从不计较个人得失，积极参与各项活动，在族中和社会上有很高的威望。

张全志

1957年出生于奚村，大学本科学历，中共党员，原薛城区机构编制委员会办公室副主任（享受正科级待遇）。

1966年至1971年，就读于庵上村小学；1971至1973年，就读于奚村小学初中班；1973年，经奚村大队推荐与选拔相结合，考入枣庄市第二十中学读高中；1975年毕业回村务农。同年，大队选拔到村卫生室任乡村医生，后兼任大队团支部书记、治保委员。1977年考入山东省中医药学校。1979年至1985年，先后在区人民医院临城分院、区药品监督检验所、区卫生局工作，1987年晋升中药师。1991年调入薛城区人事局任工资福利股股长。1993年在国家人事部举办的培训班学习。1998年任薛城区考核委员会办公室主任。2002年任薛城区机构编制委员会办公室副主任（副科级）。2007年内退。

张全志曾多次受到上级党委、政府表彰。1987 年被薛城区委、区政府授予“老干部工作先进个人”；1989 年被评为“全区卫生工作先进个人”；1994 年被中共枣庄市委、市政府嘉奖；1997 年被薛城区委、区政府记“三等功”。

张传友

1956 年 10 月 22 日生，阴平镇人，“奚村张”第二十一世，现为枣庄市兴华玩具有限公司董事长。1974 年高中毕业，阴平镇毛笔工艺厂工作；1977 年阴平镇圆刷厂从事管理工作；1988 年阴平镇鹏华玩具厂工作，历任业务员、经营厂长；1990 年山亭区长毛绒玩具厂厂长；1993 年，成立家庭联合体股份制企业枣庄市兴华玩具厂；1995 年枣庄市兴华玩具厂正式更名为枣庄市兴华玩具有限公司，张传友任命为公司董事长至今。2008 年，与其子张超在薛城经济开发区成立枣庄市高发玩具有限公司。枣庄兴华玩具有限公司曾连续多年被枣庄市工商局评为“重合同守信用单位”、优秀民营企业，多年来是地方的出口纳税大户。张传友、张超父子除按时足额上交税金外，还积极参与各项公益事业，先后三十余次为抗洪救灾、地震灾区、助学帮困、家乡基建、家族事业等捐资出力，受到社会的好评和尊重。他是峄城区十届政委常委。

张联俊

女，1957 年出生于薛城，祖籍奚村，中共党员，现任枣庄市质量技术监督局副局长（副县级）。1975 年 7 月，毕业于枣庄市第八中学。1975 年 9 月，她响应“知识青年上山下乡”的号召，到兴仁人民公社，任知识青年工作队副队长。1975 年 12 月，分配到临城供销社工作。1986—1991 年，先后在薛城区气象局、薛城区民政局从事机关会计业务。1991 年 10 月，任薛城区信访局信访助理员（副科级）；1995 年 2 月，任薛城区计划生育委员会协会秘书长；1998 年，任薛城区技术监督局副局长；2001 年调任台儿庄区技术监督局局长（正科级）；2004 年调任枣庄市质量技术监督局纪检书记；2007 年交流至临沂市质量技术监督局任局纪检书记；2008 年调回枣庄市质量技术监督局任副局长（副县级）。

由于她工作表现出色，多次受到上级党委政府、业务主管部门的表彰。获得的荣誉主要有：1994 年市级先进工作者；1994 年山东省信访工作先进工作者；2003 年被山东省政府、省质监局授予“二等功”；2005 年被枣庄市委、市政府授予“三等功”。工作期间，她还热心关爱社会弱势群体，参加“代理妈妈”、扶危济困等公益活动，尽绵薄之力资助失学儿童、孤寡老人和困难大学生。

张联珍

1958 年 10 月生，奚村人，现住薛城。1976 年 8 月参加工作，1980 年 5 月加入中国共产党，1976 年临城养猪厂下乡知青；1978 年 2 月 83148 部队服役；1981 年 1 月兴仁公社武装干事；1983 年 1 月兴仁公社武装部副部长；1984 年 2 月夏庄乡副乡长；1989 年 3 月夏庄乡政府乡长、副书记；（同年参加山东省委党校党政管理班学习）；1993 年 5 月夏庄乡党委书记；1998 年 3 月区计生委主任、党组书记；2001 年 3 月区科委主任、党组书记；2002 年 3 月区科技局局长、党组书记。

张百华

1959 年 2 月生，奚村人，现住薛城。1976 年 8 月参加工作，1992 年 6 月加入中国共产党，1976 年 8 月下乡知青；1978 年 2 月部队服役；1981 年 1 月薛城焦化厂秘书；1984 年 12 月区司法局工作；1989 年 7 月区检察院工作，历任助理检察员、检察员；（同年参加枣庄市委党政大专班学习）；1995 年 7 月区检察院反贪局副科级干部；1998 年 12 月区检察院反贪局预防科科长；2001 年 7 月区检察院副科级检察员；2006 年 12 月区检察院正科级检察员；2007 年 8 月区检察院党组成员、正科级检察员。

张庆丰

祖籍奚村，1959 年 12 月出生于薛城，中共党员。他自幼受过良好教育，1975

年9月至1977年6月就读于枣庄八中高中部。1977年12月在江苏沛县大屯煤电公司参加工作；1978年5月工改兵转为中国人民解放军基建工程兵；1979年12月就地复员在大屯煤电公司工作。1980年10月调入薛城区物资局金属机电公司工作；1983年5月调到薛城区人民法院工作；1986年10月调入薛城区人民政府办公室从事信访工作；1989年10月加入中国共产党。1989—1991年在枣庄电大行政管理专业大专班学习，1993—1995年参加中央党校函授班经济管理专业本科班学习。1991年11月担任区政府办公室秘书（副科级）；1994年11月任命为区政府办公室副主任；1998年12月任命为区政府办公室副主任兼法制办主任（正科级）；2006年4月任命为区总工会主席、党组书记；2012年离岗。

1989年被山东省信访局授予"信访工作先进个人"称号；1991年7月被枣庄市委、市政府授予"1990年度信访工作先进个人"；2002年4月被枣庄市委、市政府"嘉奖"；1996年1月荣立区委、区政府"三等功"；2008年5月被枣庄市总工会授予"枣庄市'五一'劳动奖章"；2011年荣获山东省"富民兴鲁"劳动奖章。

张联宝

1960年6月出生，奚村人，中共党员。1978年11月参军入伍，在广州军区第55军164师491团一营炮兵一连服役，先后两次荣立"三等功"。1979年2月17日至3月7日参加对越自卫还击战。他和战友们发扬大无畏的革命精神，先后收复451阵地、巴卫山阵地和谅山阵地。战斗结束后，张联宝由于战场操炮出色，实现了军事目标精准打击战略意图，战后他被广州军区荣记"三等功"。随后，部队返回后方驻地休整。在部队军事训练比武中，他不居功自傲，严以自律，吃苦耐劳，苦练杀敌本领，努力提高军事技能，各项军事训练成绩优异，再次被上级荣记"三等功"。

1984年1月，张联宝服役期满，从部队光荣复员回乡，后被组织安排到枣庄市薛城焦化厂（今潍焦集团薛城公司）工作。工作多年来，他始终以党员的标准要求自己，牢记革命军人本色，积极参加社会主义现代化建设，默默地工作在生产车间岗位30余年。由于他任劳任怨、勤劳苦干，工作出色、成绩突出，先后多次被公司评为“先进生产者”和“劳动标兵”。2014年1月退休。

张百杰

1960年10月出生，奚村人，中共党员，枣庄高新区地税分局原副局长（副科级）。1975年9月就读于枣庄八中，1977年8月到原金河乡前洛房村插队，1979年6月至1981年6月返城后安排到薛城区物资局工作，任局财务出纳。1981年6月至1988年5月任薛城区物资服务公司主管会计。1988年5月至1993年12月任薛城区经济技术协作办公室财务科长（期间，1988年9月至1991年11月在山东电大大专班学习财务）。1993年12月至1995年9月任薛城区经济技术协作总公司财务科长。1995年9月至2009年4月先后任薛城区地税局稽查分局科员、周营税务所所长、邹坞分局副局长、南石税务所所长、高新区分局兴城征收办公室主任。2009年4月任高新区地税分局副局长。2012年12月内退。1998—2000年，他先后三次考核为“优秀”档次，被枣庄市地税局给予嘉奖；2011年7月被枣庄市地税局党组授予“优秀共产党员”称号；2003年至2010年被枣庄高新区党委、管委给予嘉奖；2004年、2008年、2011年连续3年被枣庄高新区党委授予“优秀共产党员”称号。

张永辉

1961年2月生，沙沟镇茶棚村人，1979年7月高中毕业于枣庄市第十九中学。1985年入党，1986—2011年担任茶棚村党支部书记。在职期间，曾先后多次被评为市区镇“优秀共产党员”“先进工作者”“枣庄市十佳优秀司法协理员”等荣誉称号。他热爱家族文化，热心家族事务，积极参与家族活动。他擅长书法技艺，主攻行草、隶书等，作品受书法爱好者的喜爱。

张远珍

1962年9月24日生，薛城区沙沟镇茶棚村人，奚村张第二十三世。1971年

1 月至 1978 年 8 月在沙沟镇茶棚联中读书，1978 年 9 月至 10 月在枣庄第八中学读书，1978 年 IO 月至 1980 年 8 月在鲁南煤炭技工学校读书。1980 年 8 月分配到枣庄矿务局柴里煤矿机电科工作，先后担任机电科设备部、配件部、车间主任、支部书记、修理厂厂长等职；1982 年 4 月获枣庄矿务局技术比武外线电工“第四名”，多次荣获矿先进生产工作者；1999 年 8 月至 2002 年 7 月参加山东省委党校枣庄分校机电函授班进修；2001 年 3 月调任柴里煤矿制修公司任副经理，2001 年 8 月任柴里煤矿物资供应科长；2003 年 3 月任上海罗德康普螺杆压缩机有限公司经理；2004 年 8 月调任山东贝斯特机械设备有限公司经理；2008 年 8 月兼并山东鲁王电气有限公司和枣庄经贸公司薛城分公司；2O11 年 3 月兼任山东凌顿环境智能设备有限公司经理。先后被枣矿集团授于“非煤创业标兵”“劳动模范”“首批感动柴煤人物”，并当选薛城区第八届政协委员，荣获枣庄市“五一”劳动奖章。2017 年 9 月退休。

张百奎

1962 年 9 月出生，中共党员，大学学历，1980 年 12 月参加工作。1980 年 12 月至 1983 年 05 月任薛城区兴仁信用社出纳员；1983 年 05 月至 1986 年 08 月任薛城区沙沟信用社出纳员；1986 年 08 月至 1991 年 02 月任薛城区陶庄信用社内勤主任；1991 年 02 月至 1998 年 09 月任薛城区陶庄信用社内勤主任（主持工作）；1998 年 09 月至 2000 年 02 月任薛城区陶庄信用社理事长、主任；2000 年 02 月至 2004 年 09 月任薛城区农村信用社联合社副主任；2004 年 09 月至 2004 年 11 月任薛城区农村信用社联合社副主任（主持工作）；2004 年 11 月至 2005 年 09 月任台儿庄区农村信用联社理事长、党委书记、主任；2005 年 09 月至 2012 年 11 月任台儿庄区农村信用联社理事长、党委书记；2012 年 11 月至 2014 年 09 月任台儿庄区农村商业银行董事长、党委书记；2014 年 09 月至今任枣庄农商银行副行长、党委委员。

张传涛

1963 年 3 月出生于西皃山村，“奚村张”第二十一世。1989 年毕业于山亭区委党校。1990 年至 1995 年任山亭区西皃山村党支部书记；1995 年至今，任皃城镇供电站技术员。

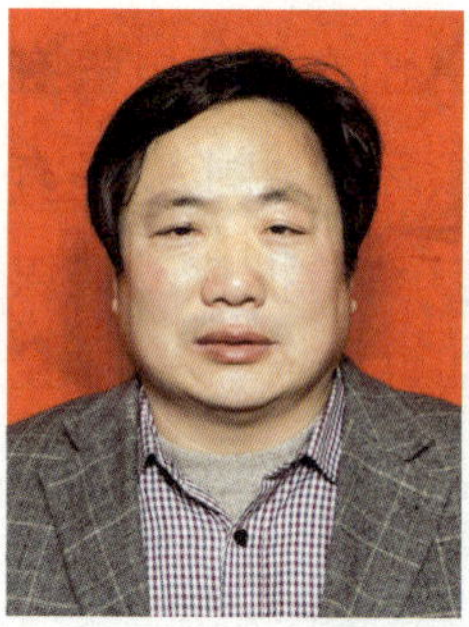

张慎芹

1964 年 11 月 18 日生，薛城区沙沟镇茶棚袁沟村人。1985 年起即从事建筑业，承建了多处区内外建筑工程。其父张茂璞，育有二子三女；张慎芹与张洪岩育有三子两女。张慎芹积德行善，待人热情，热衷家族事务，参与家族活动，多次为家族事业慷慨解囊。

张华清

1963 年出生，奚村人，中共党员，现任南京晓庄学院教授、南京晓庄学院干训中心干训科科长。

他毕业于曲阜师范大学汉语言文学专业（后在曲阜师范大学教育管理专业硕士研究生班学习）。走上工作岗位后，他先后在滕州市第五中学、枣庄市第十五中学任教，后任枣庄市第十五中学副校长。因工作成绩突出，被评为山东省中学语文特级教师、山东省首批“齐鲁名师”，享受山东省政府津贴。系山东省教学先进个人，山东省中学语文优秀教师，枣庄市有突出贡献的中青年专家，国家级骨干教师，全国优秀实验教师，全国优秀教育园丁；山东省中学语文教学研究专业委员会理事，国家级教研员；山东省教育厅特聘全省中小学教师新课程远程研修项目课程团队专家、山东省初中语文跟进式指导专家团队成员。2008 年由山东省教育厅派往美国康州访问交流。多次执教省市及全国级公开课、观摩课。在省内外作经验介绍、学术讲座近百场。

在教学上，张华清创设了“双翼式”作文教学法和“主体感悟式”阅读教学法，效果明显，深得学生喜爱。他先后承担并主持了国家级、省级科研课题多项，并结题，先后在核心期刊及国家级报刊发表教学论文近百篇，获国家级、省级论文一、二等奖多项，参编语文教学参考书，计 60 余万字。个人出版：《比分数更重要》《给人生奠基》《教育情思》等著作 3 部。

张庆功

1964 年 12 月出生于薛城，祖籍奚村，大学本科学历，中共党员，气象工程师，现任枣庄市气象局党组成员、纪检组长（副县级）。1984 年 7 月，毕业于山东省气象学校气象专业；1990 年 6 月毕业于中央党校函授学院经济管理专业；1996 年 12 月毕业于山东省委党校经济管理专业；2002 年 12 月毕业于中国政法大学成人教育学院法律专业；2007 年 1 月毕业于南京信息工程大学大气科学专业并获得理学学士学位。

1984 年 7 月参加工作，先后在台儿庄区气象局、薛城区气象局工作。1990 年 12 月，任薛城区气象局副局长主持工作（副科级）；1992 年 4 月，任薛城区气象局局长（正科级）；2001 年 10 月，任枣庄市气象局党组成员、局长助理兼办公室主任（正科级）；2003 年 10 月，任枣庄市气象局党组成员、纪检组长（副县级）。1996 年、1997 年，连续两年被山东省气象局表彰为“全省气象服务先进个人”；2010 年受省气象局嘉奖；2002 年市直机关作风建设年活动“机关工作先进个人”；2006 年 6 月，获全省气象部门“声讯杯”廉政文化作品竞赛二等奖；2008 年 12 月，获全省气象部门“气象影视杯”廉政文化作品竞赛一等奖；2009 年元月，获全省气象部门纪念改革开放三十周年书画展书法作品二等奖。

张　勇

1964 年 12 月 21 日出生于沛县小封楼，“奚村张”第二十三世，现定居江苏省南京市。张勇自幼跟随爷爷及族兄习武强身，酷爱武术。1984 年 9 月考入徐州师范学院（现江苏师范大学）武术专业，获教育学学士学位；1990 年 9 月至 1993 年 6 月，

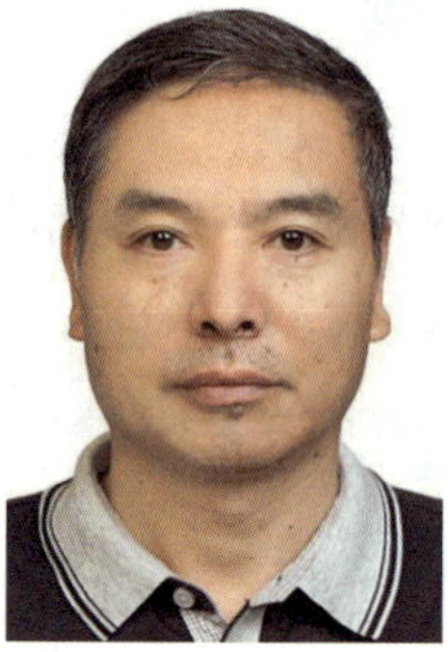

在上海体育学院武术系读研究生。此后在南京航空航天大学体育部从事武术教学与训练工作。

张勇从教工作多年来，教学方法得当，科研颇有建树，编写了《大学体育》《大学体育实践课教材》等著作中的武术套路、武术散打、女子防身术、康复保健等文章，并先后在院校学术刊物发表多篇论文并多次担任江苏省武术散打比赛及全国武术散打比赛裁判。现为南京航空航天大学副教授，中国武术协会会员，江苏省武术散打委员会副主任，中国武术六段散打国家级裁判员。

张百平

1965 年 12 月出生，枣庄高新区匡山腰人，“奚村张”第二十世。其曾祖张宜梅，文化功底深厚，参与 1943 年、1962 年家族续谱，为家族事业贡献很大。祖文珍，兄弟 6 人，为长。父恒凯，2008 年去世。兄百乾子传栋、传桢，传栋毕业于胜利油田学院，生子程博；弟百超，2013 年去世，有子传钊。

1984 年 9 月，张百平考入山东省济宁供销学校，1986 年分配薛城区供销社工作。1995 年考入薛城区地方税务局工作，2003 年调枣庄市高新区地税局工作。他性格耿直，为人公道，热心族务，在族中有较高威望。工作之余，擅长书法、攻行草，略有建树。

张国庆

1966 年 1 月出生，奚村人，大学学历，中共党员，现任枣庄市市中区供销合作联社党委委员、理事会副主任。

1985 年 6 月，张国庆毕业于枣庄师范学校普师专业，后学习进修取得枣庄师专汉语言文学专业专科学历和曲阜师范大学本科学历。1985 年 7 月参加工作以来，历任枣庄市市中区黄庄中学教师，枣庄市供销社、枣庄市棉麻公司科员，枣庄市市中区供销社秘书科员、合作指导科副科长、经济发展科科长，党委委员、理事会副主任。期间兼任市中区农民专业合作社联合社理事长，枣庄市三江大厦总经理。曾参与《市中区志》《市中年鉴》编纂。先后26次荣获省、市供销系统先进个人、市中区区级先进工作者称号。

张华翔

1967年出生，奚村人，中共党员，现为枣庄市市中区人民医院神经外科主任医师（正教授级）。1989年7月，毕业于济宁医学院临床医学系，同年分配到枣庄矿业集团中心医院外科工作。1992年从事神经外科，医疗技术过硬，勇于吃苦，热爱集体，关心病人，团结同志。在重型颅脑损伤、高血压脑出血的救治方面有较高造诣，在颅内及脊髓肿瘤、脑积水、先天性颅内病变有丰富临床经验。撰写优秀专业论文近20篇，先后在中国临床神经外科杂志、临床神经外科杂志、中国微侵袭神经外科杂志、山东医药、华北煤炭医学院学报等杂志发表。完成科研9项，分别获得山东煤炭工业管理局、枣庄市科技进步一、二、三等获奖，主编论著4部，发明专利2项。

因其个人出色表现，张华翔先后被推荐为枣庄市医学会神经外科专业委员会委员和副主任委员，多次被评为系统先进工作者及优秀共产党员。2011年被枣庄市卫生局评为"两好一满意活动质量明星"。2006年至今，被聘为济宁医学院、山东省煤炭卫生学校外科学兼职副教授；2011年5月，被聘组建枣庄市市中区人民医院神经外科，每年收治患者上千例，为市中区神经外科的发展做出贡献。2014年、2015年，被市中区区委、区政府授予"劳动模范"称号；2015年被市中区委、区政府评为"首届十佳医师"。

张福亮

1969年7月出生于皃城镇东皃山村，"奚村张"第二十世，现任东皃山卫生院院长，中医主治医师。主要从事基层卫生院行政管理和中医、针灸业务。1986年8月至1989年6月在山东省中医药学校针灸专业学习；1989年7月至2001年3月东皃山乡卫生院工作，1999年任该院副院长；2004年4月至2008年3月先后担任

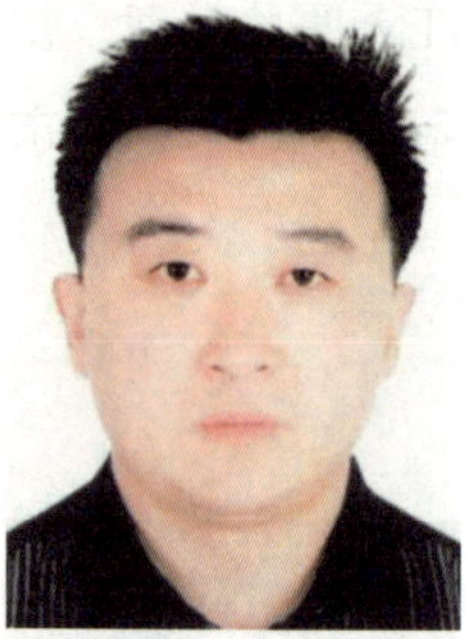

西集中心卫生院业务副院长、凫城镇卫生院业务副院长；2008年4月至今任凫城镇卫生院院长。

张福亮热爱医学事业，致力于继承和发扬祖国传统医学，潜心钻研中医业务，不断提高业务技能和医术水平。2007年8月至2008年6月，他参加山东省“1127”工程乡镇卫生院中医临床骨干培训学习班；2012年5月至2012年11月参加山东省全科医师岗位培训，获山东省全科医师证书。参加工作20多年来，先后获得各级政府及上级卫生系统表彰奖项30余个。2010年获枣庄市中医药工作先进个人，荣记“三等功”。2014年被山东省卫计委、人社厅、省中医药管理局联合授予“山东省基层名中医”称号。

张　珑

1969年12月出生于西托前村，“奚村张”第二十五世，现任枣庄市厚德建筑安装工程有限公司董事长、总经理。2013年4月，他注册资金4600万元成立了枣庄市厚德建筑安装工程有限公司。先后承建了昂立集团来泉山庄二期工程、薛城天泰商务楼、徐沃棚改工程、“居泰苑”工程、润峰集团职工住宅楼、中兴世纪城安居工程、微山县刘庄社区建设工程，其中多项工程创省市优良工程，取得了良好的经济效益和社会效益。

在做好自身事业的同时，他热心于家族文化的继承发展，渴望家族事业的繁荣兴盛。2011年以来，他先后参与组织了滕阳奚村张氏家族连续四届新年年会。2015年，被推选为奚邑张氏文化研究会会长。

张英姿

女，1970年10月出生，枣庄高新区兴城街道办事处西南庄人，祖籍奚村。1986年6月参加工作，1998年6月入党，山东省委党校硕士研究生（经济管理）毕业。1986年6月在薛城区南石镇参加工作；1993—2003年历任南石镇组织人事办主任、政工室主任、劳动服务站站长、工会副主席、妇联主席等职；（其间，1994—1997年在枣庄农校脱产学习（农学专业）；2003年10月任兴城街道办事处副主任（副镇

长)，2006年6月任高新区兴仁街道办事处任副主任，(其间：山东省委党校硕士研究生在职研究生经济管理毕业)；2010年6月至2012年4月任枣庄高新区妇女联合会主席，2012年4月至2017年3月任枣庄高新区政工部常务副部长兼高新区妇女联合会主席职务,2017年3月至今任高新区党委巡察办主任、高新区纪委委员。

2010年至2014年，先后被评为山东省城乡妇女岗位建功先进工作者、山东省妇女工作先进个人、枣庄市良种补帖先进个人、枣庄市妇女儿童工作先进个人、枣庄市平安家庭创建工作先进个人。曾记省级“三等功”一次，省十二届妇代会代表，枣庄市八届党代会党代表，薛城区九届、十届、十一届人大代表，薛城区十一届政协委员。

张庆顺

1971年1月10日出生，枣庄高新区兴城街道办事处西南庄村人，“奚村张”第二十三世。中学毕业后即在山东聚兴建筑工程有限公司工作,后成立枣庄庆顺建筑设备租赁有限公司,自任董事长。他致富不忘家族，为人低调，热心家族事务，积极参与家族活动，2015年4月带头出资会同家族成员将其启文祖碑修立，2017年出资赞助《奚村志》出版发行，在家族中拥有较高的威望。

张庆东

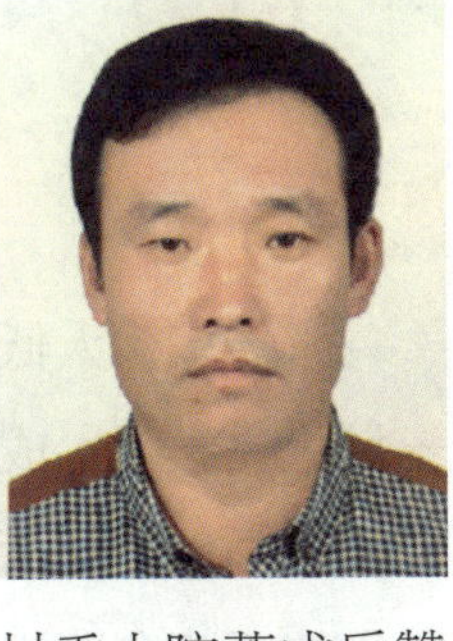

1971年6月出生，奚村人，中共党员。1995年，组织成立建筑钢筋工施工队伍。从最初的十几人干起，带动农民工就业和创收，人数最多时达到170余人。他先后承接了枣庄市中级人民法院、枣庄市公路局、枣庄市档案局、枣庄西站站前棚改、枣曹线洛房桥等钢筋支架工程，其工程多次被评为优良工程，受到项目部一致好评，成就了自己的施工品牌。他致富不忘乡亲，自己垫资4万元硬化了900余平方米的奚村村内路面；村委大院落成后赞助捐款 2000 元；汶川地震时全家捐款 3000 元。他孝敬父母，主动挑起全家生活重任。他善待邻里，热心族务活动，把别人的难事当做自己的事去做，在村中拥有较高的威信。

张联东

1972 年 7 月出生，奚村人，现任薛城区老干部局副局长。1988 年 9 月就读于枣庄市第八中学，1991 年 9 月就读于枣庄师范专科学校（现枣庄学院），1994 年 10 月分配至薛城区水泥总厂工作，先后担任生产科调度员、生料车间主任；1996 年 5 月薛城区选拔“跨世纪青年干部”调周营镇政府任党委秘书，党政办主任；2003 年 6 月至 2013 年 2 月先后任薛城经济开发区管委会办公室主任、工会主席；2013 年 2 月任薛城区农业综合开发办公室副主任；2017 年 8 月任薛城区委老干部局副局长。

20 多年来，张联东多次受到区、镇党委、政府的表彰，先后在各级报刊杂志发表文章 120 余篇，撰写了上千篇有价值的党务政务信息、调研报告。2015 年 10 月，开办了致力奚仲文化、宗族文化研究的奚邑张氏文化门户网站，2017 年主持编撰了薛城区首部地方名村志——《奚村志》，入选齐鲁名镇名村志文化工程。

张传华

1972 年 12 月出生，西集镇南河岔村人，中共党员，奚村张氏第二十一世。1992 年 9 月考入枣庄学院物理教育专业学习。1994 年 9 月，安排至枣庄市第二十四中工作，2001 年 9 月调入枣庄市第十一中学，2004 年加入中国共产党。20 多年来，先后担任校政教主任、教导主任，至今仍在教学一线从事教学工作。

张传华为人低调，真诚待人，勤勉做事，忠于事业，教书育人，培养了一批又一批优秀学生，成为同行中的佼佼者。他积极参与学校教学改革，先后编写教学辅导用书 20 多本，取得三级心理咨询师资格。先后被评为枣庄市骨干教师、枣庄市教学能手、全国优秀教师。

张庆征

1973年1月出生，奚村人，大专学历。1997年7月毕业于山东省临沂商业学校经营管理专业，1999年5月分配到枣庄市果品盐业总公司工作。2000年9月至2003年7月在职学习山东省委党校经济管理专业。2000年1月公司改制成立枣庄市盐务局，2008年10月归山东省盐务局直属管理（山东省盐业集团枣庄分公司）至今。先后在薛城区、台儿庄区、滕州市负责盐政管理和监督管理工作，多次荣获全市盐业系统先进工作者：2012年度获得全省盐政管理工作先进个人，2013年度获得山东省公安厅、山东省盐务局打击涉盐犯罪工作先进个人。

张传强

1975年生，枣庄高新区兴仁街道匡山腰村人，奚村张第二十一世，中共党员，1995—1997年就读于中国科技经营管理大学国际贸易专业。2016年至今任枣庄市工商联执委。

2006年5月，他自筹资金成立民营企业枣庄晟宇涂业有限公司，担任公司董事长职务。随后在枣庄市高新区兴仁街道东谷山工业园建设生产基地。主要生产制造汽车、摩托车等车涂丙烯酸氨基面漆、丙烯酸聚氨酯面漆、ABS、PP专用漆、玻璃钢专用漆（SMC）、水性工业漆及其配套的中涂、底漆、固化剂、稀释等高档工业涂料。公司先后荣获枣庄市委、市政府“发展民营经济功勋企业”、枣庄市“争创名牌先进单位”、枣庄市“守合同重信用企业”、枣庄市“诚信企业”、枣庄市经贸委认定“市级企业技术中心”。

张夫伟

1976年4月生，滕州市张汪镇徐集村人，奚村张第二十三世。1995年9月至1997年9月枣庄市乡镇企业中专财务专业学习；1997年9月至2002年9月枣庄塑料二厂业务经理；2002年10月至2009年6月枣庄市山亭区华康医药有限公司业务经理；2009 年 7 月至 2013 年 11 月沈阳双金华食品有限公司总经理；2013 年 12 月至今枣庄市农夫食品有限公司法人代表、总经理；2016 年至今担任枣庄市经济学会副会长。工作之余，他推崇家族文化，身体力行家族文化发展，热心参与族务活动，为奚邑张氏文化发展做出一定贡献。

张　伟

1977 年 7 月生，枣庄市薛城区沙沟镇黎旭村人，出生于张立凤中医世家，张广运曾孙。1998 年毕业于济南医学院中医科，大专学历。曾在济南附属医院工作，2001 下海经商，现任山东省学敏生物科技有限公司执行总裁，多家公司教育部总监。其父张后杰，患再生障碍性贫血三十余年，2015 年底病情恶化，转化为白血病。张伟放下手中工作，不辞劳苦担当家庭重担，尽心竭力照顾家庭，四处为父亲寻医问药，先后为其父花费三十多万元。2017 年其父逝世。张伟有孝老孝德之心，热心家族事务，为家族活动不遗余力，受到家族及亲朋好友的称赞。

张海成

奚村人，1978 年出生，薛城区天喜出租车公司爱心车队队员。2008 年 4 月从事出租行业至今。他在工作中，牢记服务承诺，自觉维护“爱心车队”的荣誉和形象，积极参与公司组织的奉献爱心活动。张海成和他的爱车已成为公司为民服务的流动旗帜。2015 年 12 月 11 日，张海成冒着危险救出公路上一陌生车辆司机和乘客，最大限度地保护了群众的生命财产。2016 年 2 月，薛城区委、区政府授予“薛城区见义勇为积极分子”，枣庄市综治委、市见义勇为基金会授予“枣庄市见义勇为积极分子”。2017 年 2 月，被山东省委宣传部授予“山东好人”称号。

张　超

茶棚村人，1981 年 8 月出生，“奚村张”第二十五世。祖父张庆和，父母张茂科、

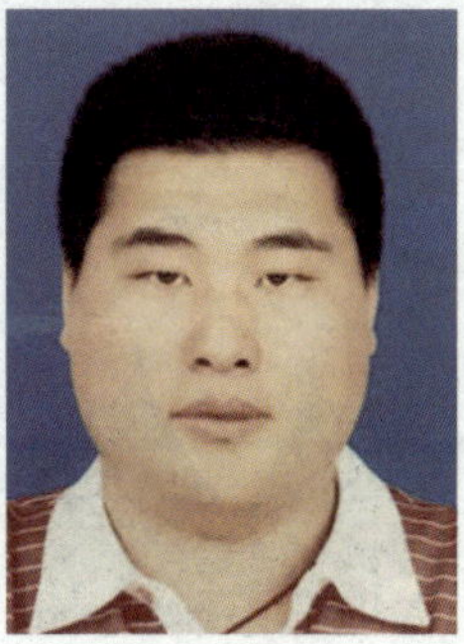

种衍英，全家8口人。其妻王媛媛，山东理工大学毕业，现工作在薛城区统计局，下有一女张睿恬。

2001年9月，张超入西北政法学院本科法学专业学习，2005年进入山东昂立集团，先后任子公司经理、总经理一职，负责开发建设的江苏省新沂市市府花苑小区、百合家园小区等工程均被评为“安居优良工程”。多年来，张超积极参与社会公益事业，在新沂市工作期间，先后资助6位贫困大学生。逢年过节，他自带米、面、粮、油走访慰问贫困户和孤寡老人。他的奋斗目标和人生信条是：开发产业，创造财富；奉献社会，救助贫困；厚德载物，从善如流，为家庭、为族群铸立道德丰碑，彰显张氏风采。

张　凯

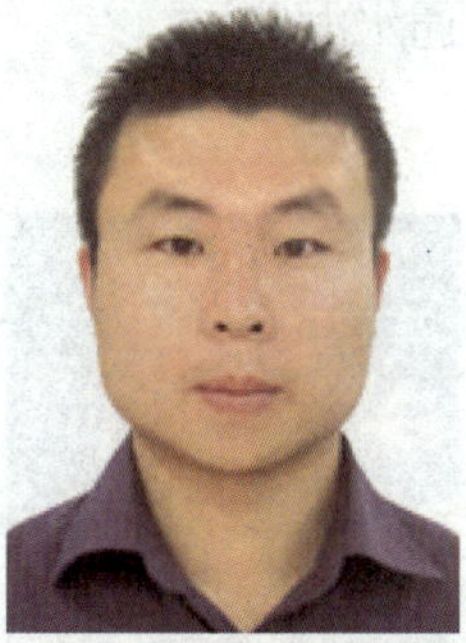

1982年出生于奚村。2000年毕业于枣庄八中，同年考入山东师范大学汉语言文学本科，2004年考入山东师范大学汉语言文字学研究生，2013年进入复旦大学古籍所攻读汉语史博士。2007年参加工作，就职于枣庄学院文学院，大学副教授。

他从事教学以来，潜心研究学问，著述、成绩颇丰，曾被评为枣庄学院优秀共产党员。现已出版《枣庄方言志》《枣庄方言语音研究》《枣庄方言与地域文化》等学术著作3部，公开发表学术论文30余篇。主持完成教育部、教育厅课题各1项，其他级别科研课题3项。教学方面，曾获得山东省高校微课教学比赛“一等奖”、山东省高校青年教师教学比赛“二等奖”各1次，以及枣庄学院优秀教学成果奖“一等奖”、青年教师教学奖“一等奖”、说课比赛“一等奖”等各1次；教学质量奖若干次。其科研成果曾获得山东省社科成果奖“三等奖”及枣庄市社科成果奖“优秀奖”各1次。

张永成

“奚村张”第二十四世，1982年12月出生，巨山街道西托前村人，南昌陆军学院本科毕业。2000年12月，他应征入伍至南京军区江西省军区，2001年1月部队

安排其从事军车驾驶，2006 年 6 月加入中国共产党。他在担任驾驶兵种期间，历任汽车连副班长、班长，江西省军区司令部小车队代理队长。由于政治素质过硬，工作管理规范，自我要求严格，驾驶业务熟练，没有发生一起安全事故，先后荣任一级士官、二级士官，两次被评为军机关“优秀士兵”、三次荣获“优秀士官”称号、荣记“三等功”一次。

2007 年 12 月，他退伍转业至枣庄市城管局工作，先后担任渣土办副主任、主任。2009 年 5 月，他被组织先后安排到枣庄市人大、政协办公室工作。2017 年 5 月，他响应党组织号召，挂职担任枣庄高新区石菜村第一书记。他从改善村容环境、扶贫助困、发展经济、服务群众入手，先后组织投资 150 余万元实施了村户电改工程、道路硬化工程，架设线杆 51 杆，配电设备 2 台套；硬化道路 9000 余米、2 万余平方米，建成 2 处 600 余平方米的群众健身广场，实现户户通水泥路。

张　伟

1986 年 6 月出生于奚村，硕士研究生毕业。2002 年 9 月至 2005 年 7 月就读于枣庄市第八中学；2005 年 9 月至 2009 年 7 月就读于山东科技大学测绘学院地理信息系统本科专业。2009 年度获得山东科技大学“学生科技拔尖人才”称号；参加“Supermap 杯全国高校 GIS 大赛 · C/S 系统设计 6D 组”获全国二等奖；参加“SuperMap 杯第六届全国高校 GIS 大赛固定题目组”获全国三等奖；参加“2008ESRI 中国大学生 GIS 软件开发竞赛空间建模组”获全国二等奖；2012 年度获得“北京市优秀毕业生”荣誉称号；获“一种定量估算年土壤风蚀量的方法及装置”国家发明专利。

2012 年 7 月，张伟参加工作，担任国家海洋信息中心海洋经济处党支部宣传委员，发表论文十余篇，软件著作权证书多项，参与编写《美国海洋与海岸带经济报告 2014》专著。2014 年 12 月被评为助理研究员。2015 年 3 月至 2015 年 12 月借调到第一次全国海洋经济调查领导小组办公室担任系统组组长；2016 年 3 月至今，作为第一次全国海洋经济调查专家库专家，负责北海、东海、南海辖区省级海洋厅局调查机构人员和师资人员的培训工作。

张联坤

东凫山人，张传厚之子，“奚村张”第二十二世。1986 年 6 月出生，2003 年 9 月入吉林大学金融本科学习，2007 年 9 月保送山东大学攻读金融学硕士研究生。2010 年 6 月毕业后，先后就职于兴业银行济南分行、北京银行济南分行，2015 年至今在平安银行上海分行负责对公业务。

齐鲁名村志
QI LU MING CUN ZHI

奚村志
XI CUN ZHI

大事记

DASHIJI

新石器时代

据1980年，枣庄市文物部门对奚村进行文物普查，发现奚村西北50米处、老薛河支流东畔，在南北长150米、东西长100米，约15000平方米的范围内，有大汶口文化遗址（新石器时代）300平方米。先后出土了部分夹砂陶片、陶鬶、石器、人骨、兽骨、蚌片，另有随葬的磨光红陶器皿。

夏

夏禹时 黄帝后裔奚仲以车服大夫封于薛，为薛之始祖、造车鼻祖。奚邑（今奚村及周边）为奚仲故里。奚仲葬于奚公山，建有车服祠，供后人祀祭。

商周时期

商周建村 奚村东原有天齐庙，庙中碑文载："滕县东南六十里有商汤王左相仲虺之故乡"。仲虺为奚仲第十二世孙。奚仲迁邳后，奚邑人烟渐稀，城邑规模逐渐缩小，至商周渐湮为村落，是枣庄地区形成最早的村落之一。

据1996年7月奚村小学（今奚仲小学）新校址地基施工时，发现春秋时期窑址1处，古墓葬20余座，包括商、周延续至汉各时期墓葬，出土鬲、壶、罐、簋、骨簪等一宗。西周时期墓葬3座，其中夫妻合葬墓1座。据周边考古证明，村周边及奚公山有多处汉墓群。

春秋时期

鲁桓公十七年（前695）

《春秋·桓公十七年》："十有七年，夏，五月丙午，及齐师战于奚。"《左传·桓公十七年》："夏，及齐师战于奚，疆事也。"即周庄王二年（桓公十七年）夏季，齐国和鲁国因边境之争在奚邑（鲁之边疆城邑，亦称"郎"，今奚村一带）发生武力冲突。

明　代

明洪武二年（1369）

春，晋民张良（字恭让），携家眷由山西平阳府洪洞县经河南、徐州，入山东南，卜居滕县礼教乡奚村。

明洪武九年（1376）

明洪武皇帝第十子鲁王朱檀亲临奚公山，看见过往薛河的百姓不方便，遂拨官银，修建鲁封桥（今鲁桥），围庙田，封界碑。

明成化十三年（1477）

春，沂州、郯城、滕、费、峄等县同日地震，村人皆惊慌，无大损。

明弘治十年（1497）

奚村乡民张胜（字德重），积德行善，家业兴旺，谓之“乡饮大宾”。僧人如宽重建车服祠，张胜将其所主的奚公山车服祠旧址之地捐出，并携族众1年建成。

明正德十一年（1516）

大饥，人相食，村民外出逃难。

明嘉靖八年（1529）

张胜功德碑落成。碑文由其长孙张泰撰写，共计290字，褒扬张胜于明孝宗（年号弘治）十年重修奚公山车服祠的事迹。

明嘉靖十八年（1539）

蝗虫，室庐床榻皆满，害稼尤甚，村民苦不堪言。

明嘉靖四十五年（1566）

扩挖老薛河支流，过奚村流入南明河（今蟠龙河南支）。

明万历二十六年（1598）

张氏首立谱碑。奚村张敢（邑庠生）、张则变（临城驿官）、张则动、张则形组织完谱，勒石谱碑记载（阴刻11代）人丁百余人。今谱碑无存。

明万历四十五年（1617）

中秋节，江苏沛县名道长张敬慈云游至奚公山（千山头），并寄居玉皇阁。1621—1627年募化巨资，建南宫和中宫，有宫殿40余间。

清　代

清康熙七年（1668）

7月25日（农历六月十七）戌时（19~21时）地震。莒县、郯城间发生8.5级特大地震，坏庐舍，人死亡，波及奚村。此为历史记载中东部最强的一次地震。

清康熙十一年（1672）

滕县令任玑定保甲法，以八卦“乾、坎、艮、震、巽、离、坤、兑”名，按“西北、正北、东北、正东、东南、正南、西南、正西”八方，统领全县七十二保，奚村属离九保。

清康熙二十七年（1688）

改保为社，奚村属离九社。

清雍正五年（1727）

10 月，滕县知事加五级记录三次马，滕县左堂吴，滕县监捕厅李共同，于夏奚仲墓前立保护奚仲的碑石一通，并颁禁樵令。

清乾隆十四年（1749）

玄真观五世道祖张太经于千山北麓兴建北宫。

清乾隆十九年（1754）

12 月，奚村张氏十三世祖张尔润（张铎七子中的长子，称为“老七支”）去世，时年 90 岁。“文化大革命”初期，其墓被毁，出土墓志铭 1 块，现镶砌于张氏祠堂。

清乾隆三十四年（1769）

西万张氏十世张光汉由西仓村迁奚村，历时 3 年建庄园式四合院 1 处，占地 8 亩，建筑面积 480 余平方米。张光汉曾受滕县府之邀编修《滕县志》。

清乾隆三十九年（1774）

奚村乡民张作椐（张尔泗次子）创修天齐庙，内设“三圣祠”。今遗址在奚村东南与吴村交界地带。

清乾隆四十二年（1777）

奚村乡民张光汉考中举人。是年为丁酉年，故称丁酉科举人。

清嘉庆十八年（1813）

滕县令唐晟将八卦“乾、坎、艮、震、巽、离、坤、兑”，改为“仁、义、礼、智、孝、弟、忠、信”，统 72 社，奚村属弟九社。

清道光十九年（1839）

滕县境内严禁鸦片烟，村内烟绝。

清咸丰七年（1857）

奚村张宜平、匡山腰张作志率族众伐祖茔林木作资，第二次续谱、修碑。顺沿旧谱碑底，重刻谱碑两通。邑庠生张恒信（字尚贤）作序。该谱碑存立于奚村张氏宗祠，碑文记载于族谱。

清光绪二年（1876）

岁大旱，大饥，村民多外出乞讨。

清光绪二十九年（1903）

村民开始使用铜元用于商品交易。

清宣统三年（1911）

津浦铁路通火车，村民听到火车鸣笛声。

夏，大水，禾苗尽毁。

中华民国

民国元年（1912）

1 月 1 日，中华民国成立。自该日起改用阳历，官府劝村民（男丁）剪掉长发。

民国二年（1913）

9 月，县府开始检验地契，验后称“红约”，纳税名“税契”。

是年，地丁银改两征元，每一元银币折合银两七钱一分五厘；本地区由 13 亩 3 分收银一两改为一百钱 1 亩。

民国七年（1918）

改社为区，全县为 72 个区、1652 个村，奚村属弟九区。

春，大旱，三月不雨，瘟疫流行，匪患横行，地痞流氓、散兵游勇、土匪等行劫乡里，民不聊生。

民国八年（1919）

“抵制日货，提倡国货，节约救国，互相监督”。乡民多以穿粗布衣、点豆油灯，以火镰、火石取火抵制日货。

是年，启征牲畜交易税、屠宰税、公益税。

民国九年（1920）

村民初见洋烟（纸烟）。

发生麻疹，奚村出现儿童死亡。

民国十年（1921）

夏，蝗灾。灾后连阴两月余，涝灾严重。

民国十二年（1923）

高粱生蚜虫，后又生花盖虫，减产一半。

民国十三年（1924）

政府明令妇女放足，严禁少女缠足，村民响应。

民国十五年（1926）

山里土匪（俗称马子）出山，村民张百朗解救家中人质时为土匪所害，后被滕县府彰为“义烈”。

民国十六年（1927）

春，奚村村民张百凯率乡民击贼（马子）至青邱（今大陶庄一带），与贼决斗遇害，时年26岁。其英雄事迹收录《续滕县志·义烈篇》。1929年5月，村民张百增为其撰写碑文。

民国十七年（1928）

4月，原老北宫道匪首朱成顺带领土匪先后两次洗劫吴村，居住在吴家村的奚村张氏族人张传第、张传荣、张家俊、张家宽等人战死，后收录《续滕县志·义烈篇》，并立碑纪念。其一碑文：“乱世难为民，惨祸一时寒薛水；孤村敢御匪，烈魂千古捍家乡”。

秋，蝗灾，庄稼绝产，有村民外讨。

民国二十四年（1935）

10月20日中午，地震，同时发出如沉雷般隆隆响声。

12月2日晚8点40分，地震，有隆隆声，房屋震动。

民国二十五年（1936）

春，县府办乡农学校，令乡民训练，乡、镇公所雇员充役。奚村村民自备伙食、枪支到羊庄会馆集训。

秋，蝗灾，秋季作物绝产。

民国二十六年（1937）

8月1日，地震，家具晃动。次日下午，复震如前。

民国二十七年（1938）

3月9日至18日，村民听闻西北滕县方向激烈枪炮声不绝，昼夜有国民党川军过境。日本侵略军侵入乡境，妇女和子女脸上抹灰，到村西河沟、枯井底等四处躲藏。日本侵略军与国民党部队33师驻皇殿部队发生战斗，随后炸毁西仓桥(北二孔)，并与千山头国民党部队作战，国民党部队阵亡4人。

3月26日，日军水练营借口张桥村东打枪与村民有关，把该村的张联诺（祖籍奚村）等7人当场打死。

民国三十二年（1943）

2月，奚村张氏启动第三次续修张氏族谱。

秋，铁道游击队员张恒喜（祖籍奚村）等人在埠岭被日军抓住，杀害在铁路西纪念塔旁。

民国三十四年（1945）

8月15日，日军宣布无条件投降，村民欢庆八年抗战胜利。

12月，奚村解放。

民国三十五年（1946）

春，八路军工作队进驻奚村，成立农救会、妇救会、姊妹团、儿童团等群众组织，开展减租减息运动。张传诗任第一届农救会会长。

6月，村民张裕厚参加解放军，1948年10月在江苏邳县后张楼，经马安章、马联振介绍入党，为奚村籍最早的共产党员。

民国三十六年（1947）

1月，临城县召开农民代表大会。村民代表回村庆祝土地还家胜利。

春，大饥，物价一日三次飞涨。国民党还乡团控制滕县六区，推行保甲制，改奚村为保，张百锡任保长。

7月至1948年底，国民党统治时期，临城地区改设3个区、3个督察区、1个示范镇。临城区辖轩辕、奚仲、温泉、临城、夏镇、柏山、山河、滕阳、微山8个乡1个镇，皇殿乡与温泉乡合并为温泉乡，奚村属临城区温泉乡。

民国三十七年（1948）

春，大饥，村民缺粮。

11月，奚村第二次解放，废保甲制，建立奚村人民政权。

11月7日，临城县全境解放，淮海战役开始。孙延敏、张传申等10余民兵响应六区号召，出担架、木轮车运送伤员、物资，支援淮海战役。

民国三十八年（1949）

3月，临城县第六区（柴胡店区）划为10个乡，即柴胡店乡、刘村乡、石楼乡、沙河乡、龙山乡、鲁桥乡、夏庄乡、皇殿乡、西仓乡、掌大乡，奚村属鲁桥乡。

7月，淮海战役结束，村支前民兵凯旋归来。

10月1日，中华人民共和国成立，改用公元纪年。

中华人民共和国

1950年

春，开展镇压反革命运动。

11月19日，土地改革运动开始，上级工作组到村宣传《土地法大纲》，奚村农协会组织开展土地改革运动，对村内460余亩土地全部进行丈量。关文斌、张子建分任会长、副会长，张传世、张百才参与土地分配工作。全村开始丈量土地，全面进行人口登记，为土地改革做准备。是月，王成玉转业到奚村参加土改。

是月，开展抗美援朝运动，村民张传俊第一个赴朝参战。

12月，中央财政部发行人民胜利折实公债，群众踊跃认购。

冬，天气严寒，连续数日 −19℃ ~−20℃，土地冻裂。

1951年

5月1日，《中华人民共和国婚姻法》颁布，村民开始建立新型婚姻关系。

9月，土地改革结束。西石沟地主薛玉香、刘村地主刘继祥及匡头王家在奚村的土地，以及村里富农部分土地分给村贫下中农耕种。

1952年

1月，村民开展反贪污、反浪费、反官僚主义的“三反”运动。

春，开展反对美帝国主义发动的“细菌战”运动，村里成立防疫小组，开展了“除四害（麻雀、老鼠、苍蝇、蚊子）讲卫生”运动，群众普遍接种“四联疫苗”。

4月，蝗灾。

是月，鲁桥乡在奚村成立。办公地址设在村民张建庚老宅院前堂。周永年任乡长，张士田任副乡长，田传其任秘书。

5月，奚村办农村信用社，地址在原张建庚后堂院，张恒泰、田厚喜、刘圣谦等3人任职员。

6 月，雹灾，村粮食作物受损。

7 月，村“地、富、反、坏”四类分子戴帽，由群众监督其劳动改造。

是月，村民响应上级号召，自发组织“互助组”。

冬，村查田定产，评定地级，核实常年产量，奚村土地划分为一、二两个级差。

是冬，大办冬学，发动青壮年文盲参加文化学习，扫除文盲，推广祁建华“速成识字法”经验，张百增任冬学教师。

1953 年

4 月 10—12 日，遭受寒潮袭击，最低气温降至零下 -2℃~-6℃，村小麦因冻成灾，造成大幅度减产。

8 月下旬至 10 月下旬，无雨，干旱严重，村民开展灭蝗运动。

10 月，村试办初级农业生产合作社，邵世昌担任社长。

冬，地震，房屋摇。

1954 年

1 月，贯彻执行粮食统购统销政策，实行按人定量供应；农村留足基本口粮 180 千克，余者卖给国家，不足者由国家统销补齐。

春，大雪伤麦，苗多冻死，小麦减产。

3 月，中央财政部开始发放国家经济建设公债，村民踊跃认购，人均 0.67 元。

9 月，国家对棉花、棉布、棉织品开始实行计划供应，按人发放票证，凭票购买。

1955 年

3 月 1 日，中国人民银行发行新人民币，开展新币兑换旧币，新人民币 1 元兑旧币 1 万元。

10 月，对私营工商业进行社会主义改造。村民张传孔响应国家号召，把位于临城一街的“怀仁堂”药店固定资产无偿献给国家，加入薛城县公私合营联合诊所，并担任诊所负责人。

是年，王传明、侯化堂抗美援朝后转业至奚村，住村东四合院；周永信复员安排至村中府门居住。

1956 年

1 月，全国开展地名普查，奚村被认定为西周时期村落。

6 月，中国共产党奚村支部委员会成立，邵士昌担任第一届村支部书记，张裕厚、王玉成担任支部委员。

9月4日，降暴雨，河水暴涨，洼地积水，农作物受灾。

同月26日，鲁桥乡、西仓乡、皇殿乡合并为西仓乡，人口13784人，奚村属西仓乡。

10月，奚村和吴村两个初级农业生产合作社合并，试办高级农业生产合作社，取消土地分红，实行按人劳比例分配。邵世昌任高级社社长，刘念瑞任副社长。

1957年

1月23日，寒冷异常，气温降到−24.5℃。

2月，村民张百卿、朱殿元、侯宗德、张传刚、张传杰等响应省政府号召，参加“山东省青年志愿者赴黑龙江垦荒团”。

7月2日—23日，连续6次降暴雨，山洪暴发，百年一遇；7月23日至10月9日，无雨，旱情严重。

秋，修筑蟠龙河大堤，开挖治理十字河，村民多参加。

11月19日，大雪伴雷声，雪深尺余。

冬，开展整风反右运动。

1958年

2月，临城区由8个乡合并为5个乡，夏庄乡并为西仓乡，夏庄乡的匡山头划归兴仁乡。

7月，张恒茂担任村党支部书记。

是月，开展“大跃进”运动。

8月，开展大炼钢铁运动，发动群众献废铁、献锅，大刮平调、共产风，强调“土法上马、大炼钢铁”，3个月后停办。是月，大搞工具改革，提倡滚珠轴承化、推广胶轮、双铧犁，改造耩子。

10月，号召放“卫星”，提出“人有多大胆，地有多大产”的口号，刮起浮夸、瞎指挥、平调、命令、共产“五风”。

是月，奚村社员参加木石露天煤矿开挖工程。

是月，人民公社化，西仓乡改为临城友谊人民公社。

秋，薛城区在兴仁公社农机站组织全民钢铁大会战，抽调各村能工巧匠参加。村民高学银、张百楼、张传永、高学义等参加研制土陶筒式炼钢炉。

冬，生产队办集体食堂，吃饭不要钱，一日三餐到食堂去领，粮草由生产队供应。

后因浪费严重，不适应实际，于1959年春停办。

1959年

春，实行公社化后，取消社员自留地，分配上出现“大锅饭”，推行“一大二公”，瞎指挥、浮夸风、“共产风”盛行，粮食产量下降，村民缺乏营养，出现浮肿病。

6月15日，高温达38℃。

同月29日至7月5日，连续降雨达493毫米，涝灾严重。

1960年

7月，张传运考入山东大学政治系、张联奎考入南京林业大学机械系，成为解放后村里的第一批大学生。

8月，村成立卫生室，孙思军、张庆凤担任卫生员。

9月，发生蝗灾，村开展生产救灾运动，大搞瓜菜代（食品）安排社员生活。

冬，历时3个月在村东南场地打井2眼，俗称“双眼井”。

1961年

8月8日，临城大公社划为临城、沙沟、兴仁、西仓、金河、常庄等6个小公社，西仓公社驻地在前西仓，奚村属西仓公社。

秋，实行棉布限量定购政策，每人每年发布票1.1米。

1962年

2月，学习贯彻《农村工作条例六十条》，进一步确定三级所有，队为基础（生产小队），基本核算单位是生产队，全大队设2个生产小队，农业生产开始好转。

3月，奚村张氏家族进行第四次续修族谱。

4月，政府开始对煤油、火柴、肥皂、煤炭、纸烟、食盐、食糖等实行定量供应。

1963年

3月20日至4月17日，生产队深入开展社会主义教育运动，组织社员吃忆苦饭，开展忆苦思甜活动。

是月，村西北砖厂建成。新建砖窑2座，每窑烧砖3万块，年产100余万块。

6—8月中旬，村域先旱后淹，风冰雹、草荒加虫害；7月至8月，阴雨连绵，暴雨成灾，仅40余天时间，降雨量达到760毫米。

夏，奚村开始自办教学班，第一任教师杜月芬。

10月，国家颁布计划生育政策，提倡一对夫妇一对孩，大队积极宣传落实。

冬，开展“农业学大寨”运动。

1964 年

3 月，村建立贫下中农协会，实行一切权利归贫协。高学银任贫协主任，张恒玉任副主任。

5 月，西仓公社党委迁至村民张建庚宅院办公。金际成任书记，杨建武任社长，王宝志任副社长，沙金任秘书，王安宏任武装干事，张华任妇联主任。

是月，张裕福院内安装干电池广播大喇叭。

6 月 12 日晚，暴风，拔树倒屋。

12 月下旬，农村清账目、清仓库、清钱财、清工分的“四清”运动拉开序幕，至 1965 年 3 月结束。

1965 年

1 月中旬，开展社会主义教育活动，也叫“面上四清”（清政治、清经济、清组织、清思想）运动。村干部人人“放包袱”，查经济账，落实退赔计划，俗称“洗手、洗澡”。至 1966 年 5 月，面上“四清”运动结束。

5 月，大旱。至 7 月初，连续 60 多日没有下雨。

8 月，发动群众学习老三篇：《愚公移山》《为人民服务》《纪念白求恩》。

是月，村始建奚村小学，赵锡印任校长。

秋，开展“农业学大寨”运动。学习推广日照县和滕县东郭公社韩庄大队“五改造、六统一”的经验，大搞土杂肥。

冬，掀起农田水利建设高潮。村东南菜园地、砖瓦窑地、西南河岸地、坝北地全部整平，填沟造田 90 余亩。

村设立供销社代购代销店，张家喜、张联岭任“双代员”。

1966 年

春，全村干部群众和学校师生开展“向党的好干部焦裕禄同志学习”的活动。

3 月 8 日，河北省邢台地区发生 6.8 级地震，波及境内，村有震感，大队干部 24 小时轮流值班。

是月，奚村小学校长赵锡印采写的新闻报道——《铁保管金仓库共产党员王成玉》刊在《枣庄通讯》（第一版）及枣庄广播电台栏目播出。

是月下旬，“文化大革命”开始。村小学首先成立“红卫兵”组织，开展破“四旧”、立“四新”，停课闹革命，外出串联。

12 月，奚村大队成立“文化大革命”领导小组，张联庚担任八一革命组织代表、村革委会主任。

冬，大搞畦田化、良种化。

1967 年

2 月，在上海“二月风暴”影响下，奚村到外求学的“红卫兵”回村内夺权，村委会瘫痪。原村干部张恒茂、张恒岭等当作“走资派”被揪斗游街，大队干部一律靠边站。

1968 年

4 月，村集体开始小范围生产用电。

5 月，掀起农业学大寨高潮。

8 月，大队建立贫下中农管理学校委员会（简称“贫代会”），派贫下中农代表进驻学校，进行全面管理。张恒玉、李培兰、张全喜等任贫下中农代表。

1969 年

春，组织民工参加南四湖工程建设。

4 月，中共九大召开，群众自发组织游行庆祝。自中共九大召开，凡是毛泽东主席发表的重要指示，大队都必须及时组织社员游行庆祝，名曰“最高指示不过夜”，一直持续到 1976 年 10 月。

5 月，开展“三忠于”和“四个首先”活动。社员每人 1 本《毛主席语录》。分组每天 3 次报念《毛主席语录》内容。

是月，村革委会领导小组成立。革委主任张恒岭任组长，贫代会主任高学银任副组长，赵克兰、张联云、关传友、张恒茂、张联印、张传成、张联成等任革委委员。

11 月，奚村小学开始复课闹革命，设戴帽中学 2 个班。

1970 年

3 月，原村大队书记张恒茂被西仓公社党的核心领导小组任命为奚村党的负责人。张恒岭担任革委会主任，张联庚、赵克兰、高学银、张百随、张恒课、张传孝等为革委会成员。

11 月，村生产大队队长张恒岭带领社员 100 余人参加开挖潘庄引湖电灌站引渠工程，使用轮车 50 辆，历时 1 个月完成任务，被西仓公社评为“先进生产队”。

12 月，全大队群众以“愚公移山”的精神，开展以整地治水夺高产为重点的“农业学大寨”运动。

1971 年

1 月，村民张恒岭、赵克兰、高学银、关传友、张联印等五人加入中国共产党。

8 月 9 日，日降雨量 262.2 毫米。

同月 17 日，西仓公社妇女联合会成立，村民朱启娥任常委。

夏，肝炎、疟疾流行。

公社选调青年团员高兴武、朱启娥参加外村清理阶级队伍工作。

是年，赵克兰担任西仓公社党委委员兼奚村支部委员。

1972 年

6 月，薛城区文化局制作奚村村民学大寨经验幻灯专题片在全区放映。

9 月，薛城区奖励奚村大队“泰山 -12”拖拉机 1 台，村第一任拖拉机手张传平、张联芳。

1973 年

1 月，农村实行合作医疗，奚村大队建起合作医疗，农村卫生保健员改称赤脚医生。

7 月，全市积肥造肥经验现场会在奚村召开。

1974 年

1 月，丧葬制度改革，开始推行火化，村民平整坟头划丰产方。

是月，村民 50 余人参加韩庄运河扩挖工程，吃住在工地。从正月到麦收前完工回队，被西仓公社评为年度“先进生产队”。

是月，开展“批林批孔、评法批儒”运动。每天村干部带领社员学习，人人发言，学习与工分挂钩。

3 月，张传平调西仓公社拖拉机站，张百福接任拖拉机手。

4 月 10 日晚 7 时，奚村遭受冰雹袭击，大者如鸡卵。西仓公社西桥、斩庄等村房屋倒塌，牲畜大量死亡。大队组织 20 余人赴西桥参加重建。

是月 15 日晚 6 时，奚村遭受龙卷风袭击，天降冰雹，时间持续 1 个多小时。全村房屋刮坏 30 余间，树木刮倒 200 余棵，梨花全被砸落，基本绝产；小麦大面积倒伏，减产 3 成。

7 月，奚村大队接收第一批 5 名知青到村落户。至 1977 年，先后共接收 203 部队、245 部队的干部子女以及初高中毕业的学生 25 名（三批）到奚村知青点插队落户。

9 月，高学银出席山东省农村养猪现场观摩会大会，并作典型发言。

是年，人口计划增长指标正式列入国民经济计划。大队由赤脚医生和妇代会负责计划生育具体工作。

1975 年

1 月，山东省农业学大寨先进单位表彰大会在烟台召开。奚村被省委、省政府授予“全省农业学大寨先进生产队”。村党支部书记张裕厚出席会议并领取奖牌。

3 月，203 部队帮助奚村知青点盖瓦房 8 间，其中宿舍 6 间、伙房 2 间，张传金担任炊事员。

是月，薛城区农业局聘请徐云志任奚村小麦技术员，指导小麦生产管理，亩增 75 千克，总产达到 20 万千克。

4 月 29 日至 5 月 4 日，张百随在济南珍珠泉宾馆出席山东省第二次贫下中农代表大会。

6 月，奚村获得农业丰收。因全区旱灾，奚村一次超交公粮 8 万千克小麦爱国粮。

是月，薛城区奖励奚村大队 1 台“泰山 –25”拖拉机。

7 月，开展无产阶级专政理论学习运动，掀起“限制资产阶段法权，铲除资本主义土壤，批判资本主义”高潮，大割“资本主义尾巴”，不许社员从事副业生产，不准做小买卖。

是月，村支部副书记赵克兰兼任西仓公社中点总支委员；村支部委员张杰任中点总支副书记。

11 月，张裕厚被枣庄市政府抽调到市农业学大寨工作队任工作队副队长，先后派驻沙沟公社、金河公社指导农业生产。

冬，村大队自搞大寨田，实行社员劳动工分挂牌。

1976 年

1 月 8 日，周恩来逝世，干部群众开展吊唁活动。

是月，张联芳调西仓公社拖拉机站。高兴荣驾驶“泰山 –25”拖拉机至 1982 年 3 月，张传军驾驶“泰山 –12”拖拉机至 1982 年 3 月。

4 月，华东六省一市爱国卫生运动检查团现场查看奚村环境卫生、防疫除“四害”

情况。

是月2日，薛城区农业局派奚村社员张联科、孙思军赴江西省宜丰县黄岗山农场担任培育多穗高粱技术员，后于1977年1月返回。

4月，赵克兰当选西仓公社革命委员会委员。

5月7日，张恒法任村大队治保副主任，张联尧、张杰、张全志任治保委员；高兴武任民兵连长，张全喜、王水凌任民兵副连长；张传俊担任贫协副主任，张裕宽、李华为贫协委员；王海丽担任妇代会副主任。

是月，奚村知青张杰出席山东省上山下乡知识青年大会，被授予“先进知青”称号。

7月28日，唐山发生7.8级大地震，波及西仓。公社要求不准在室内过夜，社员家家户户在室外搭防震棚。

9月9日，毛泽东主席逝世，大队设灵堂举行吊唁和追悼活动。西仓公社在奚村南社场召开万人追悼大会。

11月9日，奚村大队妇代会在《枣庄通讯》发表“打烂四人帮，妇女心欢畅”的署名文章。

冬，拉练部队一炮兵营驻扎奚村，在村南场、西河岸构筑炮车阵地掩体。官兵在村内窑屋居住3天，帮群众打水扫地，放映电影，搞军民联欢。

1977年

2月，薛城区第二次农业学大寨会议召开。奚村受到市、区两级政府表彰。

夏秋，干旱，河道干涸，村开展“打井找水”会战。先后在村果园、园南、东园、王坑、庞林等处打井10余眼，修建管渠3000余米。

8月，村购买泰山-50拖拉机1台，由张百顺、张联柱驾驶。

1978年

4月，张恒岭、赵克兰、张联庚被推选为薛城区第五届人民代表大会代表。

5月，撤销公社贫下中农协会及大队贫下中农协会，进驻小学的贫下中农代表全部撤离学校。

6月，奚村25名下乡知青全部返城、参军、上学或工作，从此结束插队生活。

是月2—3日，薛城区委在奚村召开麦收“一条龙”现场会。组织9台拖拉机、18台机具上阵进行机收、机运、机脱一条龙作业。

7 月，奚村党支部被薛城区授予“先进党支部”称号；村党支部书记张恒岭被授予“模范共产党员”称号。

12 月，奚村村西南与前湾村之间修建拦河大坝 1 座。该坝设计呈梯形，拦蓄能力 15 万余立方米。

1979 年

2 月，张联宝参加对越自卫反击战，荣立“三等功”。

11 月，村撤销贫下中农协会。

12 月，张恒岭作为省人大代表出席山东省第五届人民代表大会。

是月，奚村团支部书记关传允被共青团中央命名为“全国新长征突击手”称号。

1980 年

1 月，奚村大队妇女在发展农业生产中成绩显著，被省妇联命名为“三八”红旗集体。

是月，西仓公社召开第二次妇女代表大会，选举奚村妇女主任赵克兰为公社妇委副主任。

4 月，关传允、张恒岭当选薛城区人大代表。其中关传允当选为区人大常委会委员。

是年，枣庄市文物普查发现奚村村西、大明河（老薛河）东河畔，约有 15000 平方米的大汶口文化遗址，出土了部分石器、夹砂陶器、兽骨、人骨等。

1981 年

春，村党支部结合实际，冲破“左”的思想束缚，在原生产队基础上，推行“联产到组、联产到劳”责任制。

3 月，大队组织开展“五讲”（讲文明、讲礼貌、讲卫生、讲秩序、讲道德）“四美”（心灵美、环境美、语言美、行为美）“三热爱”（热爱祖国、热爱社会主义、热爱中国共产党）活动。

8 月 20 日，因薛城造糖厂生产需要，薛城区政府部门与奚村大队签订甜菜种植合同书。合同委托村种植甜菜 15 亩，年交售 22750 千克。

是年，大队社员第一次认购国库券。

1982 年

3 月，开展以“五讲”“四美”为内容的“文明礼貌月”活动。对评出的星级文明户在其大门挂牌表扬。

是月，开展村庄地名普查登记。

6 月，奚村大队购进有史以来第 1 台 24 英寸“金星”彩电。

1983 年

2 月 12 日，村民观看中央电视台第一届春节联欢晚会。

5 月，奚村大队将知青点改作幸福院，首批 8 位老年人入院集中供养。

10 月，赵克兰被山东省妇联授予“三八红旗手”。

秋，奚村召开全村干部、群众代表会议，研究集体土地分田承包到户。标准是，村民每人口粮地 0.7 亩，余下按劳动力分配。

11 月 7 日，凌晨 5 时 9 分，在菏泽东明交界处发生 5.9 级地震，奚村有震感。

1984 年

1 月 1 日，中共中央 1 号文件提出了土地承包期延长到 15 年。

9 月，夏庄乡中心小学在奚村小学挂牌。共有 7 个班，280 人，教师员工 14 人。

11 月，生产大队改为村委，撤销生产大队管理委员会名称，建立村民委员会。经村党支部及第一届村民委员会选举，高兴武任支部书记，张传锁任主任，关传允任会计，赵克兰任妇女主任，委员张传明、朱启厚。

1985 年

春，取消实施 32 年的粮食统购，粮食统购改为合同订购。奚村按承包土地亩数，以通知单的形式发放到户，以户为单位去粮所交“公粮”。

4 月，村集体投资 2.8 万元，在千山头狮子山前新建石灰窑 1 座，高度 12 米，周长 8 米，日产量 24 立方米。

9 月 10 日，全国第一个教师节。村主要负责人与奚村小学教职员工共庆教师节。

1986 年

5 月，农村宅基地清理发证，每户交宅基地勘测费 24 元。

10 月 3 日，日全食，半小时后复原。

1987 年

5 月，村党支部及第二届村民委员会换届选举。张传锁任书记，张传明任主任，张联付任会计，赵克兰任妇女主任。

9 月 23 日 9 时 55 分，发生日环食，时间持续 3 小时。

1988 年

2 月 1 日，村内年满 18 周岁的公民开始办理第一代居民身份证，11 月开始领取居民身份证。

10 月，村集体全年向国家征缴粮食 6 万千克，人均 85 千克。

1989 年

6 月，奚村入伍战士张联静、张联永执行北京“6.4 事件”戒严任务。因表现出色，张联永荣立“三等功”。

1990 年

2 月，奚村被枣庄市精神文明委员会授予“文明单位”，这是奚村连续 5 年获此殊荣。

5 月 6 日凌晨，出现一场罕见的黄泥雨，室外花木、家什、房瓦上洒满黄泥斑点。

1991 年

5 月 25 日，暴雨并伴有大风，降雨量 73.0 毫米。夜间风速较大，3 小时降雨 44.7 毫米，小麦倒伏严重，减产严重。

是月，村党支部及第三届村民委员会换届选举。张传锁任书记，张传明任主任，张联付任会计，赵克兰任妇女主任。

11 月，村民张联印被评为“全省农技渔业系统先进工作者”。

1992 年

4 月 22 日凌晨 1 点 40 分，夏庄、陶庄、邹坞降冰雹，持续时间 8 分钟。冰雹如核桃大小，造成小麦减产绝产，瓜果损失严重。

6 月，奚村村民张传成家中安装程控电话机，成为奚村第 1 个安装程控电话的家庭。

12 月，张氏家族进行第 5 次续修族谱。至 1994 年，新谱印刷和张氏宗祠相继完成，直接参与续谱人员 100 余人。

1993 年

3 月，《山东省农民负担管理条例》出台实施，村民领到薛城区下发的《农民负担手册》，人均负担控制在上年人均纯收入的 5% 以内。

5 月，村党支部及第四届村民委员会换届选举。张传明任书记兼村主任，张联付任会计，赵克兰任妇联主任。

8 月 5 日，天降暴雨，降雨量达到 187 毫米，河水倒灌，农田积水齐腰深，河坝损坏。

11 月 5 日，根据中共中央 11 号文件《关于当前农业和农村经济发展的若干政策措施》确定，土地承包 15 年到期后再延长到 30 年。

1994 年

5 月，村班子调整。赵克兰任支部副书记（主持），张传梅任村主任，张联付任村会计，高联凤任村妇联主任。

12 月，按照国家政策规定，奚村小学民办教师张传顺转为公办教师，成为我村享受国家政策待遇的最后一位民办教师。

1995 年

4 月，村“两委”开展向孔繁森、王廷江学习活动，提高干部的公仆意识，更好地为村民服务、发展经济。

6 月 29 日，下午 3 时 3 分，奚村遭受冰雹袭击，降雹约 10 分钟，最大直径 10 厘米，夏季作物受灾严重。

1996 年

4 月，村党支部及第五届村民委员会换届选举。张百强任书记，张传允任主任，张联付任会计，高联凤任妇女主任。

6 月，夏庄乡（今属陶庄镇）奚村小学新校（六联小学、奚仲小学）开建。村新老住户、居外乡贤纷纷捐款助学。

1997 年

7 月，奚村六联小学建成使用。主要招收奚村、吴村、河北庄、田湾、千山、安上等 6 个村的学生。1~6 年级 20 个教学班，入校学生 860 余名，教师 30 余名，设幼儿园班 2 个。

8 月，奚山古墓（奚仲墓、冉求墓）被枣庄市人民政府公布为第二批市级重点文物保护单位。

1998 年

10 月，中共十五届三中全会决定将农民的土地承包期再延长 30 年。第二轮土地延包工作在全村全面展开，对村民耕地、宅基地进行确权办证。全村 680 亩地，签订土地确权证 201 户。

1999 年

5 月，村党支部及第六届村民委员会换届选举。张百强任书记，张传允任主任，张联付任文书，高联凤任妇女主任。

10 月，奚村遗址（村西大汶口文化遗址、村东西周文化遗址）被薛城区人民政府公布为第一批区级文物保护单位。

2000 年

春，奚村支部组织党员开展“三个代表”重要思想教育活动及查比活动，争创“五好”支部。

2 月，降水偏少，旱情严重。至 6 月 25 日无有效降水，小麦减产 4 成。

2001 年

2 月，村实行税费改革。主要内容是：“三取消”（取消乡镇统筹，农村教育集资等专门面向农民征收的行政事业性收费和政府性基金、集资；取消屠宰税，逐步取消统一规定的劳动积累工和义务工），“两调整”（调整农业税政策，调整农业特产税）“一改革”（改革村提留征收使用办法）。同时，实行向种粮农民补贴每亩 14 元的小麦种植补贴政策。

2003 年

春夏之交，国内发生非典型性肺炎疫情，全村众志成城抗击“非典”。村“两委”高度重视，一把手负总责，张贴“防非”标语，宣讲“防非”常识，村干部 24 小时轮流值班，组织人员给各户喷打消毒液，在各路口设卡，专人把守，阻止外来人员和车辆进村，在外回家的本村村民隔离观察 15 天，按时量体温。至 6 月上旬，抗击“非典”取得初步胜利。

4 月，村支部组织党员、干部开展“保持共产党员先进性教育活动。”

5 月，村进行第八届村民委员会换届选举。高连凤任书记，张传庚任主任，张联付任文书，孙景荣任妇女主任。

是年，奚村被列为新型农村合作医疗试点村。

2004 年

夏，土地承包户第一次领取国家发放的粮食直补款 14 元 / 亩。

2005 年

12 月 29 日，第十届全国人大常委会第 19 次会议经表决决定，《中华人民共和国农业税条例》自 2006 年 1 月 1 日起废止。至此，延续了 2600 年的“皇粮国税”走进了历史。

2006 年

春，全村推行新型农村合作医疗，每人交 10 元，当年参合率 56%。

5 月，村党支部及第八届村民委员会换届选举。孙景荣任村书记，高峰任主任，张联付任文书，石玉凤任妇女主任。

8 月，奚公山奚仲造车遗址获批为“省级重点文物保护单位”。

2007 年

8 月 16—17 日，连续两天降雨量累计 216 毫米。

是年，国家开始对农户母猪饲养给予补贴，每头母猪给予 50 元的补助款。

2008 年

春，国家对农户母猪饲养补助款由 2007 年的每头 50 元增加到 100 元。

4 月 25 日，首届中国奚仲文化研讨会在北京召开。会上，中国先秦史学会、中国文化产业促进会、中国汽车工程学会、中国汽车工业协会联合为薛城颁发了“造车鼻祖奚仲故里”的匾牌。

10 月，因京沪高速铁路修建，安置千山村拆迁户。上级政府从奚村耕地中以亩均 30750 元的补偿价格，征拨土地 18 亩用于拆迁户安置房建设。

2010 年

5 月，村党支部和第十届村民委员会换届选举结束。张传锁任支部书记，高峰任村民委员会主任，张联付任村文书，石玉凤任妇联主任兼计生专职主任。

11 月 1 日零时，开始进行第六次人口普查。经核查汇总，全村 210 户、820 人，其中男 425 人，女 395 人。

2011 年

4 月，全村养老保险参保人员 201 人。

7 月，全村 60 岁以上的老人每月领取政府养老金 55 元。

2012 年

8 月，居外奚村乡贤张联龙为奚村农家书屋捐献图书 800 余册，后薛城区教育局退休干部张联绪继捐 100 余册书籍，薛城区农业开发办干部张联东协调新书 200 册。

2014 年

3 月，奚村开始换补土地确权证。至 2015 年 12 月，全部完成 210 户换补证工作。

5 月，村进行党支部和第十一届村民委员会换届选举。选举产生了新的党支部和村委会班子：书记孙景荣，主任高峰，文书张联付，妇女计生主任石玉凤。

9月，奚村村委会文化大院建成使用。办公楼为砖混结构，主体二层、局部三层，建筑面积712平方米，总投资35万元。

2015年

2月24日，奚邑张氏文化研究会成立。

6月，奚村启动“美丽乡村”建设，累计投资230余万元。

11月23日，大雪，雪厚20厘米，柳树枝折断甚多。

12月27日，《奚村志》编纂委员会成立，正式启动村志编修工作。

2016年

1月1日，新的《山东省人口与计划生育条例》施行。提倡生二胎，生二孩产假158天，标志着计划生育二胎全面放开。

3月，全村开展地名普查登记和农户指纹、DNA采集。

8月28日，7位知青时隔40年后首返第二故乡奚村看望乡亲。

12月24日，奚村孝文化广场及“忆母亭”建成。由居外乡贤张联龙所建，位于奚村村西，占地面积400平方米，总投资5万余元。“忆母亭”为石质六边形结构，直径4.5米。

12月28日，村民张海成被山东省委宣传部授予“山东好人”称号。

2017年

7月5日，暴雨，降雨量达到126.5毫米，部分地块内涝，居室进水，未造成大的损失。

8月，村实施村民家庭旱厕改造工程。区、镇无偿提供资金投入，首批为村里135户村民进行了旱厕改造，改善了村民卫生环境。

齐鲁名村志

QI LU MING CUN ZHI

奚村志

XI CUN ZHI

附录

FULU

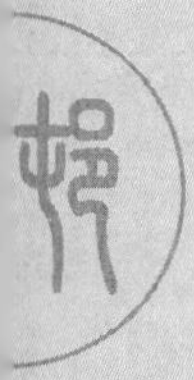

新闻史料

“世界第一”马车出谁手？4000多年前夏朝奚仲

新华社北京专电（记者卢刚）谁发明了世界上的第一辆马车？4月25日，在首届中国奚仲文化研讨会暨第二届中国汽车文化论坛上揭开了谜团：经国内史学界研究证实，4000多年前的夏“车正”奚仲发明了马车。

奚仲，是奚姓、任性、薛姓的祖先，也是薛国的祖先。奚仲因造车有功，被夏王禹封为“车服大夫”（亦称“车正”），过世后被百姓奉为车神。经考证，中国先秦史学会、中国文化产业促进会、中国汽车工程学会、中国汽车工业协会一致认定：夏“车正”奚仲是“造车鼻祖”，奚仲的故里，就在山东省枣庄市薛城区的奚村，古称奚邑。

我国夏商周断代工程首席科学家李学勤介绍说，关于“奚仲造车”，史学记载较多，《左传》《荀子》《说文解字》《通志·氏族》及《纲鉴易知录》等均有记载。他认为，虽然一直有轩辕氏造车的说法，但根据记载，奚仲所造的“车”应该是具有一定技术标准，具有重大创新的马车。他又指出，车的发明和完善未必是奚仲一人所能为，然而千百年来，人们一直尊奚仲为“造车鼻祖”，4000多年前的“奚仲造车”，也成为中华文明曾领先世界的标志之一。马车的发明，是中国科技史上的一大创举，它不但解决了落后的交通问题，而且还促进了道路设施的发展，扩大了商贸运输和文化交流活动。

《新华每日电讯》 2008年4月29日

感念奚村——枣庄第一村

李 鏊

早年读史得知：“奚邑在奚山下，薛之下邑也。”即黄帝后裔奚仲以车服大夫封于薛，为薛之始祖、造车鼻祖。奚邑为奚仲故里，奚仲葬于奚公山，上有车服祠供后人祭祀。奚公山上奚仲墓、奚仲纪念馆焕然一新，已成为古薛奚村标志性的旅游胜地，鲁南大地上一道美丽的风景。由奚邑形成得名的奚村村落，它的悠久、文明乃至文化灿烂，当为枣庄地区之最（虽然它的北邻北辛文化早于它数千年，但却没有留下具体姓氏的遗迹），故而称为枣庄第一村，格外引人瞩目。

2015 年初，当我受聘于薛城区政府史志办公室，有幸得识区农业综合开发办公室副主任张联东同志，并得知他大学毕业后先后在国有企业、乡镇、开发区、区政府部门等不同行业岗位工作，工作面广、经验丰富。进而得知他博览群书，尤喜乡土文史、谱牒文化，擅长网络文化、笔墨文字，对地方人文历史知识皆烂熟于心。不久，他告知我，有意编写一部全面介绍奚村古今史事的《奚村志》，因他的出生地即为奚村，最熟悉他的故乡，他要借这部志书讴歌故乡的厚重、深邃、影响悠远的人文历史。其时，全国、省、市、县（区）镇村志工程业已启动，此时编写《奚村志》正逢其时。很快，联东即编出了《奚村志》的写作提纲，并列出了详细的框架纲目。我浏览一过，已预感到这是一部详尽的、内容丰富的地方史料，不久将要问世矣。

2016 年 11 月 20 日，全省地方志工作会议在淄博市原山大厦召开，我和联东有幸与会。其间，潍坊市临朐县史志专家刘建国所作的中国名镇志《冶源镇志》的经验介绍，给了我们很多启发。即编写一部镇村志精品，靠的是群策群力、上下联动，统筹兼顾、突出重点，独具特色、打磨精准。2017 年春节甫过，联东便将一部厚重的《奚村志》初稿送到了我的案头，这给了我不小的震撼，也令我惊叹和敬佩。打开《奚村志》稿，犹如温暖的春风扑面而来：志书装帧精美，图文并茂，纲目体栏目，分类恰当，文体鲜明，文风朴实，50 余万字、200 余幅图照，结构鲜明，洞穿长河，体量宏大，详尽展示了奚村厚重的历史人文、风物人情、自然环境，“名”与“特”资源尽现其中，读之如甘饴入口，嚼之有味，可谓是古薛奚村四千年历史的百科全书。这部纵贯古今、详今略古、内容充实、体例完备的村志问世，存史意义深远，价值无法估量。我相信，凡是阅过此书的人，都会把《奚村志》作为研究奚村历史文化的第一部好书。用联东同志自己的话说：“用非凡的毅力和耐心，去完成奚村多少代人梦想完成而未完成的修志工程，情动于中而发于村外。烜烜一卷，非以文辞溢美；洋洋万言，尽是道德文章。夙愿初成，虽留遗珠之憾，然有存史之功。”信不谬矣。

作者系枣庄市市中区委党史研究室原主任、枣庄市国学研究会副会长

薛城区首部村志——《奚村志》编纂工作全面启动

记者姜爱民　通讯员张生　时宏扬

2 月 1 日，笔者从枣庄市薛城区史志办了解到，为扎实推进乡村记忆工程，该区首部村志——《奚村志》编纂工作全面启动。

据专家考证，该区陶庄镇奚村为造车鼻祖奚仲故里。为大力弘扬奚仲文化，留下一份充满乡土气息的珍贵史料和文化财富，该区启动了《奚村志》村志编修工作。立足全方位记录奚村发展的沧桑历程，该区抽调修志人才 10 余人参与《奚村志》编纂工作。据了解，《奚村志》共设 10 个篇目、50 余万字、上百幅图片，涵盖商周至 2017 年数千年历史，全篇设大事记、地理、经济、人口、村建、村政、奚仲文化、村庄文化、教育、医疗卫生、民俗民情、宗族谱系、人物等篇章，计划利用 1—2 年的时间完成编纂评审出版。

《枣庄日报》 2016 年 2 月 5 日

打烂“四人帮”妇女心欢畅

西仓公社奚村大队妇代会

我们奚村大队的妇女，怀着无比兴奋的心情，热烈庆祝华国锋同志任中共中央主席、中央军委主席；热烈欢呼以华国锋主席为首的党中央，继承毛主席的遗志，代表全党全军全国各族人民的根本利益和共同心愿，一举粉碎了王洪文、张春桥、江青、姚文元反党集团篡党夺权阴谋。打倒了祸国殃民的“四人帮”，为党除了奸，为国除了害，为民平了愤，真是大快人心，大得人心。这是毛主席关于无产阶级专政下继续革命伟大理论的一次伟大实践，是无产阶级文化大革命的伟大胜利，是毛泽东思想的伟大胜利。

伟大领袖毛主席谆谆教导我们：“要搞马克思主义，不要搞修正主义；要团结，不要分裂；要光明正大，不要搞阴谋诡计。”这是毛主席对我党几十年来两条路线斗争经验的高度概括和总结，是区别真假马克思主义的试金石。王、张、江、姚“四人帮”反党集团罪恶滔天，恶贯满盈。他们自称是毛主席的“学生”“战友”，实际上是背叛马列主义、毛泽东思想，篡改毛主席指示的罪魁祸首；他们标榜自己是什么“正确路线的代表”，实际上是一伙“借革命以营私”的资产阶级阴谋家、野心家；他们口头上大喊“限制资产阶级法权”，实际在拼命扩大资产阶级法权；他们冠冕堂皇的以所谓“理论家”自居，实际是地地道道的“拉大旗作为虎皮”，包着自己、吓唬别人的政治骗子，他们就是党内资产阶级的典型代表，是不肯改悔的正在走的走资派。如果他们的篡党夺权阴谋得逞，我们的党就要变修，国就要变色，千百万劳动人民就要遭殃，旧社会的悲剧就要重演，我们劳动人民坚决不答应！

我们永远不会忘记旧社会奚村大队妇女深受地主阶级残酷剥削和压迫的悲惨情景。解放前，我们大队的妇女，有 7 人先后惨死在地主阶级的魔爪之下，有 32 人拖儿带女逃荒要饭。那时，妇女们没有人身自由，整天挨打受骂，生活在社会的最底层，过着非人的生活，是伟大领袖毛主席把我们从人间地狱里解救出来，使我们翻了身，做了国家主人。我们在毛主席关于“时代不同了，男女都一样。男同志能办到的事情，女同志也能办得到”的伟大教导鼓舞下，在阶级斗争中打头阵，在生产斗争中挑重担，真正顶起了“半边天”。如今，我们大队妇女中有 3 人光荣地加入了中国共产党，有 6 名村民走上服务管理岗位。我们奚村妇代会先后 14 次出席了省、市、区妇联代表会议，被评为“山东省妇女工作先进单位”。抚今追昔，我们深深感到：毛主席的恩情比天高、比海深，毛主席的革命路线是俺们妇女的生命线、幸福线。

我们决心最紧密地团结在以华国锋主席为首的党中央周围，认真学习马列著作和毛主席著作，彻底批判和清算“四人帮”的滔天罪行，在“三大”革命斗争中继续发挥“半边天”的作用，以抓革命促生产的实际行动，保卫以华主席为首的党中央。

《枣庄通讯》 1976 年 11 月 9 日

解元及第，四子登科，农民张联尧的四个子女考上大中专学校①

通讯员　田家润　张联瑞

1986 年 9 月，喜讯传到了薛城区夏庄乡奚村村民张联尧家中。一张大红的入学

① 张联尧的六个孩子先后考入大学，走上各自的工作岗位，被誉为新时代的“六子登科”。

通知书送到这位普通农民的手里，他的二女儿张庆霞被枣庄师范学校录取了！原来，老张家已有 4 个孩子先后考取了大中专学校，人们都说张联尧家出了 4 名“状元”。

张联尧夫妇共有 6 个孩子，他们深知教育好子女是父母的天职。孩子们在小学、中学读书时，不论家务活有多忙，从未耽误他们的一节课。麦收时节，尽管麦子熟朽了头，也不影响孩子们的学习。老张说得好：“孩子上学，就像做生意一样，卖啥就吆喝吗！我们多吃点累又有什么？误了孩子们的前途是大事呀！”就这样，他从未让孩子无故缺课、请假。每逢孩子有不求进步的念头时，夫妻俩就动之以情、晓之以理，亲切地交待孩子们：“咱们祖上几辈都没有进过学校的门，还是你们有福，有上学的机会，不好好念书，能对得起谁呢！”从此，兄妹几人就和书本交上了朋友。

目前，兄妹 4 人分别在山东人民警察学校、枣庄师专、枣庄师范等学校紧张地学习，为将来报效国家时刻准备着。

《枣庄日报》 1987 年 1 月 9 日

张光汉与《白云洞记》

崔祥震

《白云洞记》为清代乾隆年间滕县奚村人张光汉所作，选入清道光二十六年版《滕县志·艺文志卷八〈儒林〉》中。张光汉，字卓章，清乾隆丁酉科（1777）举人，例授文林郎。乾隆庚午（1750）年，张光汉 19 岁时跟随其伯父张鲁齐在千山头青华阁读私塾。此处环境优美，有白云洞，有楼阁，云卷云舒，泉水叮咚。读书之余，张光汉常攀阁后“憩崖”，与朋友畅谈饮酌，抚琴赋辞。观存景，看烟霭，赏残月，听天籁。随着年长，张光汉离开此地后，很少光顾此处。虽然其家离此不远。数十年来，来此不过 3 次而已。楼阁颓弃，墙圮洞掩。回忆往事，岁月沧桑，人生茫茫，物是人非。作者的真实感受到“苍颜白发，俨与相映矣。岁月几何，少壮已非，青山回首，入梦徒频”，只是“白云志不忘也”。遂感慨人生苦短，世事无常，遂作忆文《白云洞记》。后因其曾在白云洞读书，且以《白云洞记》著世，人称其“白云先生”。他一生著述甚多。著有《周易原本钞》《春秋三传述》《禹贡山水考》《音修条约》《养正编》《朱子近思录》等书。

忆当年插队岁月　话乡村美好明天
薛城老知青重回第二故乡

（记者杨军　孙明春　通讯员　张联东）

20世纪70年代，枣庄市薛城区陶庄镇（原西仓公社、夏庄乡）有个奚村知青点，先后曾有25个薛城245部队、203部队的干部子女下乡的知青，他们响应党的“知识青年到农村去，接收贫下中农再教育的”号召，插队落户，接受锻炼。

时光如梭，一晃40多年过去了，当年他们十六七岁，如今都已年过半百，两鬓白发。随着时光的流逝，他们越发回忆和留恋那段艰苦的岁月，油然生起返乡看望村民，重温当年历史的“思乡感恩之旅”。忆当年，他们有的当民兵，有的当团干部，有的当记分员，有的当教师，有的开拖拉机，有的看果园……追忆生产生活的经历，找寻青春的足迹，在此感受乡亲们的深请厚谊，共圆思乡、思亲、思情之梦。

返乡知青41年后再聚首

八月桂花香，喜迎故人来。8月28日，曾在奚村插队的7名知青和两位知青带队干部，在历经41年后，又满怀对奚村父老乡亲的深情厚谊重返第二故乡。在奚村的庄头，村委主任高峰早已带领乡亲们等候迎接。当知青们从车上下来时，顿时想起了噼里啪啦地鞭炮声。当年的村会计、民兵连长、农业技术员等老乡们都急切地上前辨认，有的还能一一地叫出知青们的名字来。他们亲切握手，相互拥抱，知青们感动地泪水直流。

在大队部，桌上摆满了水果，知青和乡亲们聚在一起，欢声笑语，畅所欲言，共叙友谊。当年奚村知青组长、年近60岁的孙同融回忆当年下乡奚村，与村民们一同“战天斗地，大干社会主义”的情景时，感慨地说：“在插队的几年里，我们与乡亲们结下了深厚的感情，度过了生活关和劳动关，不平凡的经历，为我们以后走上工作岗位的进步与成长奠定了良好的基础，使我们终生受益，永远铭记。”知青带队干部军医高海堂、助理员李英贵他们当年都是年轻的现役军人，忆起当年与知青们同吃同住同劳动的情景更是感慨万千：“那时他们还是一群孩子，他们的父辈都是军人，从小长在军营。来到乡下，他们思想先进，乐观向上，勇于吃苦，自觉地接受再教育，不断地锻炼成长，是一个团结友爱的集体，赢得了社员群众的爱戴和称赞。”山亭区退休老干部、家住奚村的关传杰语重心长地说：“你们为奚村付出了艰辛和汗水，村民们都牢记在心，是永远不会忘记的。”

重温激情岁月

在那个火红的年代，正是奚村大干社会主义、农业大发展的历史时期。农业生产基础好、氛围浓，多打粮食、备战备荒为人民齐上阵，形势高涨，热火朝天。当年的奚村是全区农业学大寨的一面旗帜。同时，也正是该村缺少劳动力的时期，知青的到来，给村里增添了力量，注入了新鲜活力。在战天斗地的年月里，他们和社员一起挖河修渠清淤泥，打井浇地培田埂，拉耧播种掰玉米，耕地耙地撒化肥，看管果园打农药，巡逻放哨搞训练，拉排车交公粮，样样农活再苦再累也要抢着干。奚村的每一块土地都有他们辛勤劳作的身影，奚村农业的发展，洒下了他们无私的汗水，为奚村争得了诸多荣誉，也为奚村带来了新的思想、新的观念、新的生产生活方式，特别在新机械的使用、科学种田、良种培育、医疗卫生、文化教育等方面，都为今天奚村的发展奠定了基础。在奚村的发展史和功劳簿上，“知青”这个字眼

知青回家合影（摄于2015年8月）

抹上了厚实浓重、光彩夺目的一笔。

返乡“探亲”感受新变化

俗话说：“美不美，家乡水；亲不亲，故乡人”。知青们受到了全村乡亲们的热烈欢迎。老乡们纷纷走出家门，在门口路旁、在田间地头不断打着招呼，嘘寒问暖，打听那些没能来村知青的消息。80 岁的孙宝娥老人拉着女知青李华的手久久不肯放开，慈祥温暖：“当年你们把俺家当成自己的家一样，你们走后我很‘闪的慌’，时常地念叨，今天见到你们很高兴，走，跟我回家去，过天再走！”一句话感动的几位知青眼圈通红……

知青们走访了几位乡亲和当年的老房东，上门看望了村老干部赵克兰和村民张传金，并给两位老人送去了慰问品。85 岁的赵克兰见到知青眼含泪水，她说：“你们下乡那会儿，整天价长在俺家里，啃煎饼，吃咸菜，喝芋头汤，俺真把你们当成自己的儿女一样对待。”张传金老人已 88 岁了，但身板结实硬朗。他还能记得，当年在知青点给知青每天做饭的往事。他看着知青们不停地点着头说：“你们都长大了，有出息了！”

看望乡亲们后，知青们又沿着村子转了一大圈。从村西的小道到村北老砖窑；再沿老薛河支流河坝到奚仲文化广场。虽然，原来的老村景已荡然无存、面目全非，既熟悉又陌生，心情既激动又伤感，然而，一种亲切向往、怀旧之恋、浓浓乡情依然在心中澎湃和激荡，再也按捺不住，努力去找寻曾经生活和战斗过的地方、下乡插队留下的身影。知青女组长张露萍，手指着一片开阔的庄稼地激动地说：“战友们，这里的每一块畦田都有我们洒下的辛勤汗水，都留下了我们青春的足迹。”

忆当年插队岁月，话乡村美好明天。重温那段激情燃烧的岁月，再看 40 多年奚村可喜变化，这不仅是他们作为“知青”对这片土地的真情眷恋，而且也是他们作为成就者对第二故乡的感恩之旅。通过这次活动，加深了知青之间、知青与村民之间的感情和友谊，搭起了桥梁和纽带，同时也给知青朋友们为奚村的发展出谋划策、做出贡献，创造了有利条件，想必通过大家的共同努力，奚村建设得会更加美好。

《枣庄晚报》2016 年 9 月 8 日　记者孙明春、杨军系《枣庄日报》社高级记者

奚氏宗族寻根记

奚道贤　奚志强

奚姓是中国历史上记载的第一个姓。

奚姓源自母系社会时期妊奚氏(又传为黄帝后裔任奚氏)。这一古老姓氏,在《百家姓》一书中排第45位,但现在全国仅28万多人,排228位。因历代迁徙,源远流长,奚姓后人散布全国及世界各地。

2017年2月,来自全国各地的奚氏宗亲代表150余人,召开"中华奚氏家族宗亲联谊会全国理事大会"。"农历二月二,龙抬头",在薛城区陶庄镇奚公山的奚仲纪念馆前,举行了隆重的全国奚氏后人祈祭始祖奚仲仪式。根据各地现有的奚氏宗谱记载,奚氏后人都以夏朝车正薛侯奚仲为得姓始祖,至今已延续四千余年,是华夏最古老的姓氏之一脉。2016年6月,中华奚氏宗亲联谊会注册成立。会长奚绪强和奚志强、奚浩兴等人全国走访,把最近10年寻访到的山东、江苏、浙江、上海、安徽、江西、贵州、重庆、广西、辽宁等奚姓人口大省(市)的宗亲联络组织起来。各省市先后成立了分会,广泛开展联谊活动,探讨交流家谱世系。奚氏家族四千年来的迁徙、延续的支脉踪迹,在寻访中渐渐破解开来。

2017年4月20日到24日,奚姓后人再聚浙江天台山,举办奚姓家谱编修培训班,20多个市县的63位奚姓家人,代表山东、江苏、上海、安徽、江西、湖北、河北、山西、贵州、广东、广西、甘肃等奚氏支脉。拿出各地珍藏老谱,相互比对交流,寻找祖先迁徙踪迹,理出了基本的传承脉络,提出了全国奚氏合谱的可能性。国有史,地有志,族有谱,共同记载的史料,反映了华夏儿女几千年来与国家同命运、共兴衰、迎盛世的真实过程。

奚仲姓氏探源

山东枣庄市奚仲文化研究会编纂出版的《奚仲姓氏探源》,介绍了奚姓的来源。在春秋薛国墓葬出土的铜器薛侯盘铭文中,证明薛国妊姓,出自六七千年前的母系东夷太皞伏羲时期。发源地在今薛城区驻地北6千米的古奚邑。这个地名现仍存在。母系妊奚氏后裔到了黄帝时代,归入黄帝任姓氏族。奚是妊奚氏族的本姓,是我国史前古老的姓氏之一。《世本·大夫谱》《山海经》等记载“奚，夏车正奚仲之后，其后裔随称奚氏。”在薛城奚邑，有奚仲墓、奚仲造车等遗迹，还有五六千年前的东夷大汶口文化，更早地层下是7000多年前的北辛古人类文化。此外，奚仲后裔还有薛、嵇、邳、仲、臣、祖、舒、徐、挚、禺、遇、采、儋、谢、章、佟、终等多个姓氏。薛姓，是妊奚氏的主要分支姓氏。《左传、定公元年》记载，薛之皇神奚仲居薛，即薛尊奚仲为始祖。史籍记载，仲虺是奚仲十二世孙。为商左相，作商诰，为商汤灭夏立国的宣言布告。仲姓历史名人为孔子弟子仲由，姓仲名由字子路。与奚仲、仲虺之后的奚容蒧（子皙），同为孔夫子七十二弟子之列。

考古奚仲《尚书·甘誓》中，夏启在誓师词中有了最早关于战车的记载。《左传·定公元年》记载，公元前509年晋国公召集各诸侯大夫，准备给王都成周建城。薛国宰相说：“薛之皇祖奚仲，居薛以为夏车正。奚仲迁于邳，仲虺居薛，以为汤左相"。即：奚仲是夏朝管车的职官，在夏王朝，由一个诸侯管车，说明车是何等重要。奚仲把轩辕时期的车规范起来。薛城古称薛国，历夏商周三代，立国1700多年。奚仲，是薛国的始祖，是中国古代伟大的发明家，是奚姓、任姓、薛姓的祖先。大禹继承舜帝王位后，将造车功臣奚仲封为车正，掌管车服，并将薛地加赏给奚仲作领地，在今枣庄市薛城区陶庄镇千山头下建立了奚邑。奚仲死后，葬于山上。此山得名奚公山。奚氏后人世代守护，20世纪90年代仍可见明代墓址及墓碑。1993年冬，山东省考古所确认了西周和春秋时期薛国都城遗址，城垣周长10.5千米，城墙残垣高地面4~7米，底部宽20~30米，有大小城门10处，城外有薛河水围城一周为护城河。

跨十省奚氏寻宗亲

2016年6月，中华奚氏宗亲联谊会注册成立后，会长奚绪强和奚志强、奚浩兴等人于金秋十月全国走访，把最近10年寻访到的山东、江苏、浙江、上海、安徽、江西、贵州、重庆、广西、辽宁等奚姓人口大省（市）的宗亲联络起来。并通过宗亲寻访、宗谱考证，进一步揭开奚氏宗族迁徙、延续的谜团。

寻亲第一站：江西景德镇

10月7日下午，由杭州出发的奚绪强、奚志强和奚浩兴寻亲一行人到达江西景德镇。奚才茂、奚红喜等数位族人在高速出口迎候。十七时许，奚华超、奚威峰亦从台州驱车千里赶来。本地的族人、长者十余人参加会面。主宾入座后，立即展开交谈。浮梁奚村一支，文革中家谱被毁。两代人二十多年寻访无果，数百同村人士虽按字序辈，却不能上联祖宗，甚急甚苦之情，溢于言表。现有线索：一是从祠堂对联得知，系黟山一脉；二是知晏六公迁至浮梁北乡；三是推算繁洐二十代，其中有字辈十代。8 日上午赶往徽饶古道边的鹅湖镇奚村察看。群山环绕之中，百余幢明清古屋遂层排列在向阳山坡，梯田古树山泉翠竹环绕。可称世外桃源，风水之居。1 千米外有条新公路，通往一山之隔的瑶里古村，当地正筹划奚村与新公路的连接。村里最好的房屋是祠堂。三间三进，堂前有旗杆旧座，入室门槛高有尺半，堂内础石精美，立柱胸径尺许之粗，屋高室明，显示出清朝旧规时曾有过的辉煌。意外的收获是：在两侧牌位供架上竟取下 4 块木雕神位牌。吹去浮尘，只见楷书字体规整，周边花纹细致，涂金字金黄灿亮。其中一块是：先祖盛秋府君老大人神位。盛字辈是排序中第六位，现在世有距二代的 90 多岁长者，也有江字最小辈六代之后。可以肯定的是，这一支在 200 年前后曾出过非贵即富人物。如果盛秋是长房之子，外出考得功名，应记在浮梁县志或黟县旧谱中，有待文字资料考证。盛秋及直系后人是否归居故里，尚不可知，他的侄孙已至八世。可以肯定他是清嘉庆道光年间人。立牌位是四代之后，才用先祖之称，这人距今也有百年历史。至于族中有 90 多岁孙辈健在，也是十服左右远房。直系则已有六代人间隔。同来的奚华超、奚浩兴和奚志强均建议：众人都帮助外联黟县族谱，内部则需本支着手建档立册登记。两项工作齐头力推，加快浮梁奚村的建谱工作。

寻亲第二站：江西南康

9 日晨寻亲一行人离开瑞金，又行车 160 公里到南康。与迎候的族人奚日标会面后，直接去南康百家姓和谐城。在一片向阳坡地前，一百零八间姓氏分祠由低往高分成三排，中间是皇宫式大殿。通层细观，第一层大殿是炎黄二帝的后世及姓氏，图系一目了然。第二层大殿供奉伏羲、炎、黄、尧、舜五帝。最高层大殿供奉盘古，相传是开天辟地之神，两边则是后羿射日和女娲补天的神话图像。把远古以来的华夏古文明，用这样方式展示出来，显示出当地对中华文化的重视。百家姓和谐城自 2014 年建成后，各姓氏族人都分别举办纪念活动，吸引了海内外华人的关注。南康奚氏宗祠中，供奉得姓始祖奚仲镀金铜像，上方正中高挂谯国堂匾额。两侧墙上镌刻奚氏起源，始祖介绍，先贤，南康奚氏族史和训喻家规字辈等。据南康奚氏会长奚学文介绍，南康奚氏一支，隋唐年间由河南迁来，是当地落户很早的住户，有先有奚人后有城的记录。只可惜宗谱在文革动乱中被毁了，虽苦寻数载，尚无音讯。所幸这一支自明代以来，一直按字序排辈，已有二十多代。最长字辈与最小字辈有7代同存。当晚9时半，寻亲一行人从赣州黄金机场飞往重庆，作继续寻访之旅。

寻亲第三站：重庆

来到重庆，又是族人团聚，看老谱，叙族史。年近八旬的重庆奚氏宗亲联谊会会长奚惟阁，将潼南奚氏、全国奚氏的族谱研究、族人交流作为毕生追求目标。早在20年前，他从工作岗位退休时就完成了重庆奚氏的修谱续谱工作，倡议发起了全国联谊会，并已将全部资料整理付印，文集即将出版。此次探访时，老人家刚出医院，躺在家中床上，仍对修家谱、全国联谊事业高度关注，提出建议。

11日一早，潼南族人奚林将寻亲一行人从重庆接到潼南。奚林拿出光绪版蓬溪奚氏宗谱、潼南县志等史料，为广西、东北两地奚姓迁徙寻根找到了出处。一解多年寻根之迷。因历史变迁，重庆一支史料之中尚有失却，有待从安徽谱等其它文献

公祭车祖奚仲

补充填缺。到重庆，自然少不了美食，从小面到火锅，从酒店自助早餐到正国安排的江鱼宴，主人殷情款待，客人酒酣淋漓。真正血浓于水，情自在酒。

寻亲第四站：贵州福泉

一行人坐上十一点发昆明的列车，开始第四站——贵州福泉的寻访。车轮滚滚向南，巴山蜀水渐行渐远。

福泉位于黔南州，古称平越。自古有夜郎国等少数民族聚集。明洪武年间，从江阴征战屯守而来的一支奚家军，在此地扎根六百年。为古城军事、经济、文化和城建作出了历史贡献。他们虽离乡背井，出征数千里。但即便是交通和通讯闭塞的明朝，也不忘祖宗，不辱使命。一边戎守苗疆屯田护国，一边和故乡续谱往来。岁月悠悠，人间沧桑，这支奚氏思乡之情历久弥坚。于 1947 年与江阴两地合谱，在上海印成卅册北渚奚氏宗谱。在大山深处的奚家老宅，相聚的族人见到了这部老谱。亲人相见，一见如故。不分老幼，执手诉念。屋中围坐火炉，大锅闷煮土鸭，自制酸水豆腐。

寻亲第五站：山东巨野

12 月 8 日，寻亲族人奚绪强、奚志强来到山东巨野，与等待已久的当地族长奚军华、副会长奚文军、70 多岁的老族人奚宽德等人会面，一同前往奚阁村祠堂。由 3 间面南主屋和东西两侧各 3 间厢房组成的祠堂，约建于二、三百年前。院里院外存放着 10 来块形制很大的墓碑，上面铭文记载着官职人名等信息。一行人同向奚仲及各先祖三鞠躬，礼毕鸣炮。大家参观墙上张挂的世系总图，分支图等，对奚宽德等老一辈的努力由衷敬佩。对这一支自明洪武间从青州迁来，再向外地扩散，传承有序，联络紧密都表示无限敬意。这里的奚阁村，聚集着 5000 多族人。从祠堂中一位明七世祖的墓碑可看到，这是位候选千卫，名耿，字照徽。原居青州，明初迁鉅洎。鉅即巨野，洎为到达。这一支奚氏族人，就是奚仲因造车任夏朝车正，封薛国，历经夏、商、西周、春秋战国，自秦汉而来，已有 4000 年历史的原住民，是历代迁徙而发散全国、直至世界各地的奚姓族人的根脉。目前全国各地流传下来的的几本奚氏族谱，都记载青州、兖州、薛城、下邳（即古薛国区域）是奚仲后代 4000 年以来的居住地。上海、江阴一支是北宋南渡而迁往南方的。离开青、兖，告别故土，已有 1000 年之久。

寻亲第六站：山东滕州

12 月 11 日是在山东滕州访古寻祖之日。滕州是古薛国、古滕国的国都城所在之地。寻亲一行人先往距滕州市十多千米郊外，察看了同为春秋战国时期因毛遂自荐而记入成语的毛遂墓，因广留食客而有许多成语的孟尝君纪念馆。又依次参观了已有 3000 年历史的古薛国城墙，察看了春秋时期贵族墓葬群，今人所造的奚仲纪念碑。距上述之地有十多千米之外的滕国故城墙、滕文公纪念馆。最后一站参观了滕州博物馆。这里陈列着文物考古挖掘出的上万件古代珍品中一部分，按时间序列展出。最早的是距今上万年的石器文明，属人类初时的原始文明，代表物有石斧，石针，石碾等。其后是 7300 年之久的北辛文化，代表物品是出土陶器，经放射仪测得年份。之后是 6300 年的大汶口文化，夏、商、周则以青铜器如鼎盉剑簇矛为代表。特别看重的是车辆上的铜件，共有几十个品种，突出了奚仲造车的实物陈列展示。

此次奚氏宗亲寻访活动，经过了新的二万五千里路程，覆盖了近 10 万奚姓人群，对奚氏宗族探源寻踪又向前推进了一大步。

作者奚志强，系江苏省盐城市退休干部、中华奚氏文化研究会副会长；奚道贤，《齐鲁晚报》高级记者，中华奚氏文化研究会理事

中华薛氏与车祖奚仲源流考

薛照岸

根据全国第六次人口普查数据，薛姓在全国汉族姓氏排列榜上列第 48 位，人口约 672 万（不包括港、澳、台及海外侨胞），占全国人口总数的百分之 0.42% 左右。薛姓始祖源于何方何族？据《山海经》记载，可追溯到 6000 多年前的伏羲时代。东方的母系（伏羲、女娲氏）和西方的父系（炎帝、黄帝族）融合联姻，其中姬姓、任姓等都是黄帝族与东夷族联姻形成的血缘分支。自史前黄帝始，历经唐尧、虞、舜，夏禹至商代是任姓薛国的极盛时期。禹称帝后，将天下版图分为九州：冀、兖、青、徐、杨、荆、豫、梁、雍，并刻铜鼎藏各宫中。《路史·后五纪》载："黄帝妃嫫母生禹阳、禹阳生禺号、禺号生徭梁、徭梁生番禺、番禺生奚仲，奚仲为黄帝六世孙"。《世本·薛氏家》曰："薛氏先祖出自任姓。侯爵，黄帝之苗裔，奚仲封为薛侯"。《世本.姓氏篇》及《左传·疏云》（隐公十一年）载："薛、谢、章、舒、吕、祝、终、泉、毕、过，言此十国，皆任姓也。"《姓纂》载："黄帝二十五子，十二人以德得姓，

一为任氏，六代至奚仲，封薛”。《世本·世家》记载："薛，任姓，侯爵，黄帝之苗裔，奚仲封为薛侯。"《山海经》曰："奚仲当夏禹之时封于薛，为禹掌车服大夫"。《左传·定公元年》：薛宰（奚仲十二世孙）曰："奚仲，薛之皇祖，居薛，以为夏车正，奚仲迁于邳，仲虺居薛，以为汤左相"。薛姓出自黄帝的任姓，黄帝共有二十五子，分别得十二个姓，其中有一子名禺阳，因被封在任（今山东济宁市）而得任姓。任姓传到十二世孙奚仲，奚仲在夏禹时任车正，为车的创造者，居住在薛，称为薛侯。其后人祖已的七世孙曰成，举国迁于挚，改号为挚国。商末时，周伯季历娶挚国女大任为妻，生子姬昌，就是后来的周文王。到武王克商，复封为薛侯。春秋时，齐桓公称霸诸侯，惟有薛侯不从，被黜为伯爵。春秋后期，薛公子登在楚国做官，薛人迁往下邳（今江苏邳州），楚怀王赐沛地为其食邑。薛国历夏、商、周三代，凡六十四世，战国时亡国，为齐所灭。其后子孙以国为氏，称薛姓。他们尊奚仲为薛姓的得姓始祖。薛国范围很广，南到徐淮；东到东海；西到沛泽；峄县、滕县、薛城、临城是中部；西北到任城（今山东济宁）；北到泰岱。

奚仲的第一个受封地为薛国奚邑，奚公山（又曰千山头）西南三华里处有一古老村庄叫奚村，古称奚邑。奚邑即是夏代薛君奚仲的政治治所，也就是《通志》记载的“古奚都”。奚邑的位置，中国历史地图所标注在奚村和后湾村之间的 5 万多

2017 年全球薛氏祭祖大典部分薛氏族人合影（最右为薛照岸）

平方米的土地上。在这片土地上出土了很多陶器，残片，如鼎腿、鬲、豆盘、石斧、骨针、捻珠等。在后湾南的河西出现了四个灰土坑，坑直径达三米，还有房屋的基石和大门的遗址。奚邑北有奚公山。山海经》载："奚仲当夏禹之时封于薛，为禹掌车服大夫"。《元和郡县图志》卷九云："奚公山在滕县东南六十六里，奚仲造车与此。"夏奚仲为工师佐司空大禹治水，其功《史记·帝纪》载："路行乘车，水行乘舟，泥行乘撬。开九洲、通九道、陂九泽、渡九山、以决九洲、以致成水土，功辅成五服至于五千里，州二十，师外薄四海。"《二十四史通神演义·夏志传》曰："薛国都城南二十五里有奚公山、奚仲冢"。据传说奚仲生日在农历三月三，又曰三月二十九（待考），祭日农历九月十二。自古每年农历三月三和九月十二当地百里内外人们到寺中敬香的络绎不绝。

综上所述：山东是薛氏的发源地，苏北和皖北是薛氏最早的迁居或定居地，山西河东是薛氏的发祥地。

薛兆岸，1948年生，枣庄市薛城人，山东古薛国薛氏文化研究会会长

回忆文章

苦难的人生

张恒茂

我叫张恒茂，我的祖祖辈辈都是农民。在万恶吃人的旧社会里，我们全家老小过着牛马不如的悲惨生活。从老辈开始就没有一寸土地，就靠要百家饭、为地主干活挣吃的为生。挨打受气、忍饥挨饿；未穿过棉衣，未有一床被子，连间草房都没有，住在别人的锅屋里，一年四季没有穿过鞋子。

家里没有吃的，我的爷爷张宜喜带着我三叔张文风去村西北官桥地要饭。能要点好的和稀汤，爷爷不舍得喝都给我叔喝。有一次，爷爷和两个叔出去要饭，三天仅要了个"辣疙瘩"（当地农村腌制的球茎苤蓝），饿的爷爷和两个叔叔（文选、文风）哭着回家。可是回家还是没有吃的，只好向左邻右舍借了一点地瓜秧轧碎用锅煮吃。

这样下去还是没法生活，爷爷只好把我三叔文风送到天府阁当道士，过了有半月就被赶出了庙门。为了生计，爷爷又把我三叔送到吴村富农谢成恩家中割草放牛。秋天，谢成恩叫我三叔文风去浇园，那时我三叔仅仅12岁，不注意连人带牛掉到井里，没有人发现，在井里待了半天才捞上来，被井水冻得落下了长远病根，后来就被富农赶出门外。

为了过活，我祖母领着三叔文风到柴胡店地主家要饭。刚走到门口冷不防被地主的狗从背后窜上来一口咬住左膀，把衣服扯烂、膀子咬破，流血不止。我祖母张王氏就用棉花掩上忍着痛继续去要饭，要到天黑才回家。来家后祖母就哭着说："饿死也不去要饭啦。"可是仍然没有吃的，迫不得已，爷爷和奶奶只好领着我的姑姑到天府阁庙里去做饭两年多，以后又到级索给地主当奶妈子、看孩子，给地主刷锅做饭、端吃端喝。等地主吃完饭后，剩下的菜底子待地主同意后才能端走到锅屋里去吃，饭是吃的糠煎饼和小孩剩下的饭头。有一天，奶奶因未看好小孩，地主气得连打带骂地说："你指什么吃的！吃我的穿我的，连个小孩都看不好，赶快给我滚走。"这时我的祖母只好哭着回家。回家后还是没有吃的，又把我两个姑姑（一个14岁，一个13岁）嫁出门，那时我两个姑父都30多岁了。后来，我爷爷、奶奶仍给地主干活。

这时，我的父亲张文甲和我的母亲渐氏带着我大哥逃荒要饭，住在临城北洪洼。到了夏天，给地主打短工维持生活，以后又到池村要饭半年。因要不着吃的，又带着大哥和未满两个月的二哥逃到安徽蚌埠，每天在大马路上要饭，但仍要不着吃的。在万分困难、实在没有办法的情况下，只好把我的两个月的二哥卖给了蚌埠当地的资本家邢老五。当时卖了10块现大洋，寄6元回家，剩下的4元维持临时生活。没用一个月，吃光花净仍没有吃的，不得不去要饭。这时我的父亲和母亲、大哥三口人只能捡拾街上的烂白菜帮充饥，饿的面黄肌瘦。我大哥饿的有病无钱医治，结果连饿带病死在蚌埠，连领席都没有就埋在荒郊野外。这时，我的母亲到邢老五家当奶妈子，看小孩，刷锅洗碗，扫地铺床叠被、倒马桶，给邢家人端吃端喝、吃剩饭渣、剩菜底子，有时铺床扫地晚了一点，邢家人张口就骂。我的父亲帮人家拉车，连个生活都顾不上。就这样过了三年。

为了生活，我的父亲终日奔波，连饿带冻生了重病。我的母亲非常着急难过，哭着和父亲一道爬车回家。回家后还是没有饭吃，又租刘村大地主刘继祥的地，年年欠债无法还，只得给地主出工抵债，后又吃地主的“工夫粮”欠债更多。不久，父亲连饿带冻又生重病死去。父亲死后母亲种地主的地，生活更加困难，直到 1948 年解放后获得彻底翻身。

张恒茂，奚村党支部原支部书记。本文选自作者在 1964 年西仓公社干部大会上的发言

难忘回奚村务农的日子

张联会

1926 年 10 月 13 日（农历九月初七），我出生在奚村一户普通农户家庭。我的祖父张百洪，父亲张传稳。1927 年，奚村大旱，土地干裂，庄稼种不上，庄稼人靠地生活无法维持。与其等死，不如出去谋生路。经过全家商议，暂时离开祖辈操持的家园，到临城寻活路。于是，祖母、父亲、母亲挑着我领着两个姐姐一家六口人逃荒到南岗子（南临城）。祖母靠卖粮赚钱糊口，父亲先后在粮行出力、抗包，后贩鲜鱼到枣庄卖，我和姐姐去拣煤渣。到 1936 年，我们全家已有八口人（祖母、父母、姐、三妹、四妹、二弟和我）、10 亩地。1938 年 3 月，日本鬼子的飞机，一天好几次来轰炸临城，一拉警报就往坡野地里跑。有一次我没跑开，日本飞机来了好几架，从天空直向下冲，直对停在铁路上的火车头进行扫射，子弹落下的地方离我趴的坑很近，带着火苗钻到地里去了。为了躲避日本人的残害，我和祖母、大姐回到老家奚村过活，从此，我开始了一段在老家奚村务农的时光。

当时，我只是个十二三岁的孩子，对种地的活什么都不懂。我抱着虚心向老农学习的态度，不懂就问，不会就学，不会锄地我用抓钩搂土，用手拔草；栽地瓜不会，就去看人家怎么栽的，我就怎么栽。有句老古语说：“庄稼活，不用学，人家咋着就咋着。”就这样，我逐渐学会了一般的农活，如锄地、割谷子、割麦、刨地瓜、挖地窖、贮地瓜等，但摇耧撒种耕耙地没学会。还有一句农谚说的实在，我完成的不错，那就是：“种地不要问，全凭工夫粪”。我在农闲时每天三出勤，背着粪叉子和几个要好的同龄人到野外去拾粪，每次拾满粪叉子才回家。在拾粪的当空也掏地老鼠玩，一个老鼠窝里能掏出很多的粮食带回家去喂鸡，掏出的老鼠就让它们坐飞机，可好玩了。具体做法是：把一个粪扒子把朝上，杆子楔入地中一段，直上直下

的站着，第二个粪扒子横放在站着的扒头上放平，把老鼠放在横着的粪扒杆端，用第三个粪扒子扬起扒头端下力砸，横着的扒头端就可把老鼠崩向天空，取名“坐飞机”。这样老鼠连肠子都崩出来了。老鼠吃粮食，与人争食，就得这样惩治它。

由于拾的粪多，再加上积的土杂肥上到地里，庄稼长的很旺。我每天都在地里锄地拔草。谷子长高了，我光着身子在谷地里拔草，结果秋收时谷子亩产300多千克，地瓜亩产2000多千克，获得大丰收。种地时，我还学了一样本事，就是在冬季拉大笆。即把大的竹笆用扁担绳子捆在一起，在收罢庄稼的土地上扛着扁担的一头，用笆钩子插到绳和扁担的扣里放到肩膀前面，拉着笆子朝前走。有些柴草沿着笆缝上升到笆顶满啦，用笆钩向上钩钩，最后用笆钩把柴草卸下来放在笆拖内最后卸时一笆拖就能捆一捆，两笆拖就可捆一大捆，用扁担一头挑着大笆和笆一头挑着柴禾。回到家里，烧锅太好了。这样，锅内有收的粮食和地瓜，锅下有搂的柴火和庄稼秸秆。冬天烤着火盆，盆内烤着地瓜，烧着花生，生活美极了。此时，还学了一样不好的嗜好，才十三岁就缝了烟包子买了烟袋，吸起旱烟来。直到1940年第二次上私塾听说吸烟没好处，我才把烟包子烟袋丢掉，从那不再吸烟。1939—1940年，奚村闹土匪，架票要钱杀人，整日提心吊胆睡不好觉，于是我和祖母又回到临城。

节选自《张联会回忆录》 作者系枣庄八中原工会主席、高级教师

火烧朱二憨子

张庆新 张永健 张永立 口述 张联东 整理

朱二憨子，诨号，原名朱成顺，千山头老北宫道人，民国时期，他勾结土匪（马子），打家劫舍，祸害一方，洗劫掠杀村民，后被滕县官府联合地方民团将其击杀。

20世纪20年代中后期，鲁南地区土匪横行，他们小者数百徒，中者千余数，大者万余众。其中孙美瑶、张鸣九、刘黑七等实力尤为强大，部属强盛时多达数万，农民称之为“马子”。对平民百姓来说，匪事之灾大大猛于战事之祸。土匪为祸地方的手段多种多样。绑票，即架票勒赎，是土匪索取钱财最常用的手段之一。如果土匪绑架到一户富家女子，就叫做“请观音”；如果绑架到了一个有钱的男人，就称之为“拉肥猪”；如果绑架到财主家的小孩，就叫“抱童子”。土匪抢架勒赎，后来

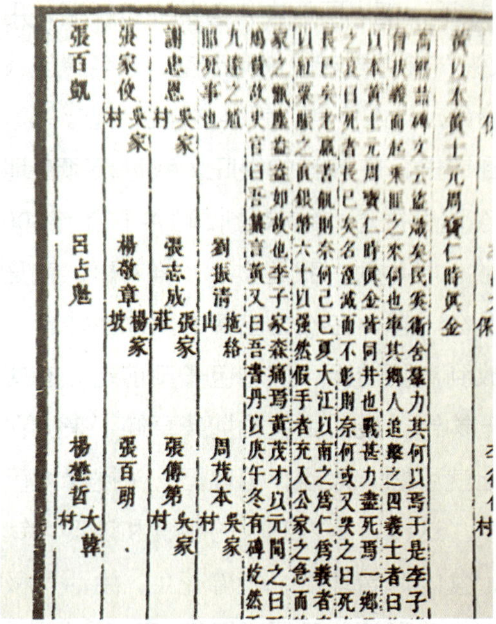

黄以木黄士元周寶仁時與金
高照諸碑文云盜熾矣民矣衛舍奮力其何以焉于是李子
曾扶義而起乘匪之來何也率其鄉人追擊之四義士者曰
以木黄士元周寶仁時與金皆同井也戰甚力盡死焉一鄉
之哀曰死者長已矣名湮滅而不彰則奈何或又哭之曰死
長已矣老羸者飢則奈何己巳夏大江以南之爲仁爲義者
以紅粟賑之貞銀幣六十以强然假手者充入公家之急而
家之甑塵盎盎如故也李子家森痛焉黄茂才以元聞之日
嶋賴故吏官曰吾膳言黄又曰吾書丹以庚午冬有碑屹然
九達之殖耶死事也　劉振清 掩格山　周茂本 吳家村
謝忠恩 吳家村　張志成 張家莊　張傳第 吳家村
張家佼 吳家村　楊敬章 楊家坡　張百朋
張百凱　呂占魁　楊懋哲 大韓村

《滕县志·义烈篇》

发展到四处抢掠、逢人即架时，要价就降为三百元、百余元、十元即可，甚至无钱时可用百个鸡蛋赎要。到张宗昌主政山东之后，导致匪患遍地。

本文故事发生在民国时期。1928 年，滕县东南一带连年旱情严重，特别是奚村、吴家村等附近村庄颗粒无收，加之闹蝗灾，老百姓生活极为困难，有的举家外出逃荒。当时，奚公山北边有一座道观，系由三座规模宏伟、建筑别致的庙堂组合而成，俗称“老北宫”（即南宫龙泉观、中宫玉真观、北宫玄真观），有道人逾百。在众多道人中有一个道人朱成顺，外号“朱二憨子”。此人入道前不务正业，自小就打家劫舍，性格凶狠，无恶不作，为混碗饭吃进入道行。他看到四周土匪横行，认为发挥自己“特长”的时刻到来，但碍于自己势力单薄、人少众寡，无力起事。于是，他先拉拢来自北临城的道人秦三入伙后，与山里的土匪“马子”勾结，以道观为掩护，专干抢大户、拉绑票、劫财劫色的勾当，弄得当地百姓鸡犬不宁、怨声载道，老百姓恨之入骨。村里富有的大户不得不组织村民建围墙、买枪支，成立“联庄会”民团抵御土匪袭扰。当时，吴村的地主大户张学俭任吴家村村长，他从做烧制陶罐起家，后经营大车运输煤炭生意，经年积累，家境富裕，有良田四百多亩。对于这一切，在北面山上的朱二憨子早已垂涎三尺，但碍于吴家村守卫防范强，手头有枪，不敢贸然前去抢劫。1928 年春夏之交的一天，朱成顺自带人马计划到西仓桥抢劫，途经吴家村时，张学俭的大儿（传朴）媳张李氏误以为是土匪来抢村，惊慌之余拿出鸭枪从炮楼向外射击，当时打伤多人，土匪惊慌而逃，跑到夏庄村拆下村民一户门板将人抬走，从此吴家村与朱成顺土匪结下仇恨。并放下狠话：“三天后血洗吴家村。”面对此种情状，村长张学俭看到问题严重，集合村民组织抵抗，筑砌防护墙，村口加派人手，决意与土匪一战。三天后的上午，朱成顺带领土匪气势汹汹地向吴家村杀来，张学俭组织族人、亲眷用土枪、刀具与之抵抗。

经此一战，吴家村寡不敌众，遭到土匪洗劫，村民张传第、张传荣、张家俊、张家宽、谢忠恩、周茂本等人当场遇害，张家斌妻子张刘氏母子二人在村巷口被杀，吴家村被土匪劫掠一空，损失惨重。1929 年 4 月清明，为纪念村民抵抗土匪血洗吴家村一案，让吴村后人永记这一惨痛历史，村人勒石碑立于村口告知后人，以示纪念。滕县官府下文书彰诸人名烈，后载入《续滕县志·义烈篇》史册。至 70 年代，吴村（紧邻奚村）西路边，还存在一碑刻有："乱世难为民，惨祸一时寒薛水；孤村敢御匪，烈魂千古捍家乡"的碑文，可惜该碑在上世纪 70 年代被破坏，这是后话。

埋葬死难村人之后，村长张学俭同众人商议到官府告状，请求官府清剿土匪朱成顺。于是，由张学俭、张学古二人出资，张家斌赶赴济南告状，济南官府责成滕县地方政府联合地方民团进行围剿。1930 年 9 月，韩复榘担任山东省政府主席，把鲁南匪患清剿作为任内重要施政内容，鲁南各地土匪如丧家之犬，朱成顺等土匪也惶惶不可终日。在滕县地方民团和吴家村联庄会的共同打击下，将匪首朱成顺追至奚公山西庵上（今安上）村西北玉皇阁里，将其团团围住。朱成顺挟持其妻女拒不投降，民团用秫秸点燃熏烤，其妻女被其杀害，朱成顺被烧死，秦三也在山腰被杀死，两人心脏均被村人掏出食用。

品味生活

张联龙

我叫张联龙，今年 85 岁，老家在奚村，1933 年出生在老临城一个普通的工人家庭。1953 年 6 月参加工作，先后在上海市邮政局、沛县大屯煤电公司工作，1993 年光荣退休。几十年来，我工作上认认真真，生活上追求平淡，做人上宽厚待人。回首人生 80 余年，我的处世原则和生活态度是：人不能只为自己活着，只为自己活着是个耻辱。别人比我好没什么，别人有困难，我就应该帮。

我从旧社会走过来，懂得什么叫苦难？什么叫死亡？什么是幸福？我庆幸能活到今天，所以我从小心地善良，对老、弱、病、残等需要帮忙的困难者，只要有条件或碰上了，能帮的我就帮。记得小时候遇到雷雨，我就帮别人家的老年人抢收家什。我母亲说：你这个小孩"憨"不"憨"，不抢收自家的东西，倒先抢收别人的东西。有要饭的到我家门口，我给拿点干粮、盛点汤、带点菜，碗筷不够我给拿，脸脏了倒点水洗洗。要饭的非常感动，说："这家人真好，不当我是要饭的，还把我当客人"。陕西三源县儿童村、玉树地震、宁波六横岛资福禅寺乐助、海口市大悲阁乐助、扶贫济困等不胜枚举。我在邹坞敬老院住过，这里曾住着 30 多位老年人，老人们在院子里休息时没有板凳，大多坐在石头上，为了他们的健康和方便，我买了 40 个马扎免费送给他们。我住徐州老年公寓时，主动为老人们搞好义务服务，帮着干、帮着买，在公寓里是有名的老雷锋、活雷锋。我的老家在奚村，我希望奚村更好。我认为，村子要好，首先要有文化气息。俗话说："勤能补拙，书可治愚"。于是，我把多年搜集存阅和新购买的上千册书籍捐给奚村，建成奚村农家书屋，方便村民阅读。奚邑张氏文化研究会成立之初，听说活动经费紧张，我资助 3000 元建成奚邑张氏网站。我是一名老党员，退休不是退党，我始终牢记毛主席的教导，活到老、学到老，做好事不停，做一个永不褪色的共产党员。

人最宝贵的是生命，最重要的是健康。生命在于运动，活动活动，要想活、就得动。我小时候很穷，身体也不好，工作后经常有病，特别是腰痛。我 50 多岁的时候一次查体，拍片医生给我说："我拍了一辈子片子，没见过您这么严重的骨质增生，左右弯曲，前后错位……"于是，我坚持做医疗保健操、气功的形神桩、足部反射区、刮痧。我 50 岁时，弯腰手只能到膝盖，现在能按到地。再说眼睛，我不到 50 岁带着老花镜看书，一会就一片黑，分不清。我坚持转眼球，现在虽有白内障，但看书看报都不戴眼镜。健身名言说的好，生命在于运动，活动活动，要想活、就得动。就身体来说，运动可以代替药物，世上的任何药物都替代不了运动的良好作用。我就相信这个话，我就这样做，我现在 85 岁，已近 10 年没进过医院的大门了，也没有头痛脑热的小毛病，这就是运动起的作用。运动可以代替药物，但世上的任何药物都替代不了运动的作用。

人要有健康的爱好，有了爱好才能静下心来，追求健康心理，达到安者自安的境界。我小时候读过私塾，也写过毛笔字，小学时也写，但写的不好。1953 年工作后在上海常听邮局书法家任政的书法课，退休前也曾听过欧阳中石的书法课，但都没有坚持写。1993 年退休后有时间了，我就坚持写。写的好与不好不重要，重要的是能够在研写中静下心来，陶冶情操、愉悦身心。书房就是我每天坚守的天地，在这里我参悟着书中真谛，倾听着文人的心声；在书法的天地里，我仔细欣赏着"大家"的真迹，醉心于其中的境界，感悟着生活的酸甜苦辣，安抚着我内心的一泓平水。

作者系江苏省沛县大屯煤电公司

村里来了“高军医”

——忆高海堂在奚村知青点带队二三事

关传允　张联东

“高军医来了。”2015 年的一天，这条信息几乎瞬间传遍了奚村的大街小巷。“稍微偏瘦的高个子，略有皱纹白皙的脸，刚毅有神的慈眉善目”。站在我面前的高海堂军医，除了岁月在脸上留有些许沧桑外，其他的与 40 年前没有太大的变化。这次久违的相见，把我带回到高军医来奚村知青点带队的点滴回忆。

初识高军医

1975 年的盛夏，在全国知识青年上山下乡的运动中，驻军 203 部队干部高海堂作为知青点领队来到奚村插队，接受贫下中农再教育。印象中的高海堂，当时也就是 23 岁上下的样子，瘦瘦的个子，笔挺的身材，略显稚嫩的脸，说起话来带着外地（胶东潍坊）口音，言行中能感受到军人特有的干练，这是我对他的第一印象。当时我在队里担任会计，高海堂兼职村委员，他住的地方临时安排在村大队部里间。大队办公室的条件差，也没有像样的办公桌椅和住宿条件，但他没有一点怨言，搬进去后把屋子拾掇的干干净净，被子叠的棱角分明，桌子上除了书本外，绝对没有杂物。当时他的主要工作，一是带好知青队伍、对知青进行培养教育；二是参与生产队的管理和生产任务落实。高海堂对自己要求非常严格，工作起来非常认真，他每天例行与知青们交待安排工作后，主动和生产队长商议队务之事。在一年多的时间里，他手不释闲、工作满满：帮助生产队抓生产，组织知青学习教育，走村串户了解民情，为群众查病治病，办夜校帮助社员脱盲，这都是他工作的全部。他平时言语不多，但是工作非常积极，对生产队安排的事情件件抓好落实。他善于团结同志，对群众非常热情，给社员们留下了非常深刻的印象，他的工作也得到了全队党员干部的认可和赞扬。由于他是部队的医生，大家不再喊他的名字，都亲切地称呼他“高军医”。

做“知青”的贴心人

知青们大多在城市长大，没有在农村的环境下生活，更没有干过农活。高海

41 年后，高军医回村看望村民（摄于 2015 年 8 月）

堂作为带队，自然成为他们的唯一依靠。把好知青“劳动关、思想关、想家关”，尽快适应农村的生活环境，是稳定队伍、真正接受锻炼的当务之急。

下乡接受再教育，第一课就是阶级斗争忆苦思甜教育，提高阶级觉悟。知青们初到农村、新来乍到。在高军医的带队下，大家访贫问苦，吃忆苦饭，批斗“地、富、反、坏、右”，认清敌我，晚上围坐在油灯下学习毛主席关于知识青年上山下乡的一系列重要指示。每当从收音机听到最高指示传来，人人顾不上休息，分秒必争记录下来，认认真真地学习、讨论。如果说，生活上的困难还可以用年轻人的一腔热忱和健壮的体魄来克服的话，思想上的失落，是一时难以弥补的。青年们刚来那阵子，他们热情高、干劲大。可是，没过几天，那股子热情劲就慢慢凉了下来。有的说：“干完一天活，手上磨了泡，扁担压肿了肩，腰酸腿疼真受不了。”有的不说不讲，存有“熬两年，盼两年，晒黑皮肤回家转”的思想。这时候，回家探亲、办事的人也越来越多了。在他们思想最不稳定的时候，也是最需要领队的时候。为此，高军医有针对性地做好知青们的思想教育工作，经常和他们交心谈心，共同读书看报，谈形势，谈想法，谈感受，共同学习，共同提高，把握思想脉搏。白天忙，他就利用晚上和青年们开会、学习，或一起乘凉、聊天、讲故事。在他的鼓励和帮助下，知青们思想稳定了，他们积极参加社会主义劳动，自觉接受农村再教育。1976 年，奚村知青点被市、区两级政府评为“先进知青点”，多名同志抽调参加市、区组织的“工业学大庆，农业学大寨”工作队，其中张杰同志还光荣地参加了山东省上山下乡知识青年会议。

知青们要上的第二课就是参加社会主义生产劳动，做一名合格的棒劳力。农村最苦最累的工作当属“三夏”“三秋”。俗话说“三麦不如一秋长，三秋不如一麦忙”。“三夏”时节，天气非常炎热，收、割、运全靠体力，麦收任务十分繁重，一个大忙都是成个月。作为知青，他们第一次抡起了锄头种地除草，第一次操起镰刀收割庄稼。白天打麦个，晚上场上脱粒，从早上 4 点头不抬，腰不直地干到晚上 11 点，有时干到凌晨，一干就是成个月，每天的衣服就像在水里捞出的一样；“三秋”抢种时间紧，当时没有机械全靠人力，知青们和社员们天天一块拉耩子种麦，晚上加班往地里运肥。“手磨破，脚蹬烂，一锨挖下去二尺半”。种好庄稼，平整土地，兴修水利，知青们经受了艰苦的劳动锻炼，闯过了一个又一个劳动关，个个练就了一副过硬身板，成了生产队的“棒劳力”。高军医以身作则，同知青们一起同吃同住同劳动。就这样，经过言传身教和知识青年们的勤学苦练，知青们基本上都学会了锄地、割庄稼、打场、打农药、剪枝等各种农活，并掌握了一定的农业科学技术。1975 年初冬，奚村接到开挖国家输油管道的紧迫任务。当时，天气渐冷，夜里下霜。高军医主动请缨参战，带领知青早出晚归，每天上阵挖土方。几天下来，人人手上、脚上磨起血泡，浑身上下像掉架一样，但他们坚定战胜困难的信心，圆满完成了开挖输油管道任务。

稳定、解决好知青的恋家情绪，鼓励他们扑下身子以村为家干好工作。离开了父母，离开了城市的生活，知青们也曾为想家而哭过。为了能使他们安下心来，高军医和其他带队干部一道，想方设法解决他们的后顾之忧。开始，他们不会管理生活，大队就选派了一个思想好、觉悟高的老贫农张传金帮助他们做饭。在伙食上，高军医每天都关注厨房做的饭菜，尽可能地调整花样把饭菜做的可口，让他们吃好吃饱。1976 年的春节，是知青到奚村大队的第一个春节。除夕这一天，部队领导给知青送来了慰问品，带来了知青家长对子女的春节祝福。除夕之夜，高军医和知青们包饺子、吃年夜饭，叙旧话长，享受着过年的喜悦。当时，我和大队的同志陪同张恒岭书记到知青点看望大家，知青们激动齐声高喊“书记过年好！”“乡亲们过年好！”初一大早，高军医带领 20 多名知青们去乡亲们家拜年，社员们高兴地说：“这些年轻人一起来拜年，真懂事！”

为丰富知青们和社员的业余文体生活，他通过协调关系帮助队里建起了篮球场，经常组织生产队球赛活动。他还在部队找来钢管子绑在树上，做成简易单杠，让他们锻炼身体。当时农村文化生活比较枯燥，一个月才放一场电影，高军医经常向部队领导申请，多次为队里放电影，并组织文艺演出。在生活上，小伙们比不上女青年会打理自己，高军医主动帮助他们整理内务，经常把汗水湿透的衣服、袜子洗好晾干。知青们很受感动，工作上、生活上处处以他为榜样，受到了教育，砺练了意志，增强了本领，对他们自身的发展受益匪浅。

满心想着群众的事

高军医作为一名知青带队干部，按理说，他只要做好本职工作就行了，但他在奚村的近一年的时间里，始终以一个共产党员的标准严格要求自己，在一方小小的天地，尽可能地发挥自己的光和热。

他自从住队后，有空就走村串户。无论大人、小孩，还是老年人，同他们聊聊天、拉家常，嘘寒问暖，和社员们亲如一家，谈当前大好形势，谈社会主义制度优越性，谈家庭生活，群众有什么话也向他敞开心扉，一见面就拉着手说个不停。当时，队里人文化普遍较低，男女青年上学的很少。高军医就主动提出办夜校，并亲手制作简易教具，手把手教大家认字学文化，讲解时事新闻，讲授党在农村的方针政策，既当辅导员又当宣传员。近一年多的时间里就有两个多月的农闲时间办夜校，参加学习的人数达到几百人次。后来，有不少脱盲的社员因为学习改变了自己的人生命运，有的参军，有的上学，还有的走上了领导的岗位。

70 年代，生产队里没有专业的医生，群众就医条件非常差。工作之余，他就用自己学到的医术为群众治病。社员齐永兰患风湿性心脏病多年，由于家庭孩子多，还要顾及生活，从没有到过医院进行正规治疗。他就经常为她针灸理疗，联系大医院为她治疗，最大限度地减轻病人痛苦。一天晚上，她的病情发作，呼吸急促，病情十分危重，必须马上去医院抢救。天又冷又黑，高军医和其家人拉着地排车在黑夜中直奔区人民医院。经过彻夜抢救，病人转危为安。一整夜，没有吃饭，没有睡觉。第二天上午，高军医拖着疲惫不堪的身体回到知青点。队会计张联印平时身体很好，但有一天突然肚子疼，高军医给他做了全身检查，受当时就医条件的限制，初步诊断症状为阑尾炎的可能性较大，建议他赶快到大医院检查，后经确诊后很快做了阑尾切除手术。社员刘宗英经常头晕，高军医就为他扎针、按摩，减轻痛苦。当时农村医疗条件差，谁家的小孩头疼脑热就找高军医治疗。他随身备有一个小药箱，无论早晚有求于他，都从不嫌麻烦。近一年多的时间里，高军医为全村老人小孩看病不计其数，赢得了社员的好评。

高海堂军医和他带的知青团队，做了数不清的好事。他们曾为奚村的发展留下了青春，付出了汗水，做出了贡献。他们像一团火，温暖着社员们的心；他们像一粒种子，在奚村的土地上生根发芽；他们的留下“知青”精神，村民们将永远不会忘记。如今，高海堂军医已从工作岗位退下来赋闲在家、颐养天年，我们由衷地祝愿他和他的家人们身体健康，永远健康。

关传允，陶庄镇人大工作室原副主任；张联东，薛城区老干部局副局长

追忆奚村的土陶业

张全喜　张传允

奚村，曾素有“花盆粥缸之乡”的美誉。提起奚村的土陶烧制业可谓历史悠久。1980 年，枣庄市文物部门在奚村村西考古发现大汶口文化遗址，出土了部分夹砂红陶片、蚌片、磨光黑土陶器皿及人类骨骼。1996 年 6 月，奚仲小学在村东开挖教学楼地基时，发现春秋时期窑址一处，出土鬲、壶、罐、碗、簋等随葬品一宗。1974 年秋，在村西北老砖瓦窑区域，村民驾驶拖拉机耕地时，耕出不明时代土陶窑址 3 处，散落大量罐盆、缸、陶片、蚌片。据此考古发现、专家推断，早在五六千年前的大汶口文化时期，就有人类居住并从事土陶业的早期生产。

制陶业流传几千年，制作手工工艺繁杂，花样繁多、劳力笨重，是奚村村民的一项传统工艺项目，也是村民养家糊口的重要经济来源。特别是遇到战争、灾荒、饥饿年份，工匠师傅们昼夜不停地加班生产，把制售土陶制品作为解决家庭温饱、谋求生活来源的重要手段。因此，奚村一向有烧制陶罐的传统，参与烧制陶器的人数众多。60 年代，村里的窑匠众多，其中窑主有：张建庚、张恒怀、张百臣、张传鼎、张恒全等；匠人有：张百平、高学银、谢尚修、张百宗、张百义、高学义、关文德、张百楼、张传存、曹化正、司庆友、张传永、张传贵、张百山、胡述祥、张文月、张恒体、张恒镉、关传芝、李德成、谢情恩、谢付恩、胡继先、张传营、张传海、张传锁、张联济、张联成等。1927 年，关传芝、张传贵迁至江苏铜山县沈长村，从事制陶业。

土陶制坯工艺

制作土陶制品的工匠称为窑匠，按照工艺不同分为内匠和外匠，牵头负责管理

的称为窑主。窑屋是制作土陶品的最基本的作坊，要求比较高，必须有 5 间作坊和 3 间凉屋（即仓库），作坊是低矮的厚土草屋，60 厘米厚的土制老墙，屋门小而无窗，屋内场地低于屋外 0.5 米，冬暖夏凉。在窑屋内侧一角位置，挖一直径 1.2 米、深 0.8 米的土坑，用石头砌圆形土坑，坑中心立木桩，上面用硬杂木做一直径 1 米左右的轮子，也叫雷子，中心底部与轮子中心点安上铁匠师傅铸打的“雷公、雷母”，外加雷锥和雷墩，形成了木转轮的全部。

制作黑土陶品的主要原料是具有一定粘度的砾土。这种土粘性大，可塑性强，烧结度好，主要分布在村东、村北田地里。做胎由匠人、蹬轮工、踩泥工和外场工共同完成，主要在木轮上捏制，用脚蹬转。比如，制作一口直径 1.5 米左右的大典缸，工匠们需要连接两三次泥条才能完成缸坯。缸底部要小于木轮子，每次上轮接缸，4 人同时下手慢慢搬动，再慢慢转动木轮子，坯内应放上雷镦保持稳定性。待制作成功后，用绳辫子拉抬底部移动。成品坯待凉到六成干，外场工用平板和木锤反复敲打，整体打成 x 型、n 型和 m 型花纹，使其接口吻合，不能存在半点缝隙，而且美观漂亮。如果是“三伏”天，天不亮就要把一件件半成品坯搬出来晾晒，10 点多钟再重新搬进屋内晾干，以防龟裂。必要时，要用苇箔席等搭棚遮阴。到了冬天，屋内温度保持在 10℃以上，必须用麦糠、豆毛昼夜不停地专人值班进行恒温。

外场工是整个工序中的美容师，打磨、刮平、修沿、压花、捏鼻、上釉。张百宗、李德成、曹化正均是外场工中的佼佼者。对于花缸、花盆、洗脸盆等家用器具，工匠们在周边划写(用钢针作笔)“百花齐放”“百鸟朝凤”“喜鹊闹梅”“清明上河图”等图纹；有的写上李白、

陶二鼻罐

杜甫、毛泽东的诗词，以及孔子论语“三字经”等字样；要是洗脸盆，则还要在上面画上“年年有余”“双鱼戏水”“鲤鱼跳龙门”“姜太公钓鱼”等图案。

每年腊月之际，恰是工匠们最繁忙的时候。村里的张百增、张百宗、张传椝、张联安等前来帮忙，捏得捏，划得划，画的画，刻的刻，他们集思广益创作自己的作品，忙得不亦乐乎。捏制的供奉神佛祖宗用的直径40厘米的大香炉，两边挂炉耳，正面划上二龙戏珠、八仙人物，个个眉目传神；精明的雌雄狮子栩栩如生，三层作沿的蜡烛台，上供用的泥碗、泥坛、土碟子一应俱全，狮子头、虎子头的门香牌供不应求。他们捏制的儿童玩具、泥塑兵俑、胖娃娃抱鲤鱼、西游记人物、八仙人物、十二生肖属相、八大金刚、二十四孝人物等惟妙惟肖，生动传神。

土陶的烧制工艺

烧制是制作成品土陶的关键环节，技术含量高。烧制土陶首先要券1座窑，面积约五六十平方米，邀请专业师傅对窑门、窑道、烟道、拱体、拱洞等结构进行设计，确保布局合理。窑四周全部用土坯垒砌，下半部为圆形，土厚1米左右，外边用石头垒围，中间用土夯实。上部是锥体，预留天窗。每窑装成品四五十层数，规律是：底层装大件，上层装小件，先罐后缸，先大后小，先下后上。烧窑均用柴草和煤炭，由踩泥工、外场工轮班烧火，匠人全盘监督指导，把握火候，先低温排潮气，再逐步大火高温，如窑内透明、鲜红，有火砟下掉，再降温度。烧制这一窑，全程需50个小时，之后应立即封闭窑门，堵好天窗和烟道，不能进一丝凉风，慢慢降温，否则会出现火炸。3天后开始出窑点数，顺序同装窑相反，循序渐进。

出窑后的成品数，分类摆放在窑前的场地上，严格质量鉴定，分一等品、二等品和次品。缸、盆、罐各排成“一”字形，每件打分定数。大典缸、四斗缸、大八盆、粥缸按件计算，其他日用品按数计算。内部规定：一个数的产品等于十分数，一分数等于十厘数。如，大缸、大经盆、面缸、花缸，每件为一分数，二缸、大盆、大罐为7厘数，二盆、二罐、大花盆、洗脸盆为5厘数，三盆、三罐、中型花盆、中脸盆三个为一分数；四盆、氨水罐、烟罐五个为一分数。这些产品数加起来，就是这次全窑出品的总数。窑匠们的报酬也同样按分计算。如果有窑主参加，按五股分成。匠人是高级工，所得报酬13成，其他四股一股按平均10成分，这样共53成。然后将产品数和等级排列5趟，五股按1、2、3、4、5抓阄分得，各自自行出售。

窑膛内的成品运出后，窑膛也就成了好地方。冬天窑内温度达 40℃以上，冬闲的老年人、中年人和孩子们中间，如有感冒、腰腿疼、颈椎病、关节炎、肩周炎的，机不可失地去窑内治病发汗，也有打麻将、抹纸牌，没事的聊天、拉呱，说长道短，张传芝的“拉大呱”水平高，三言两语逗得人哈哈大笑，吸引了众多的中年人和孩子们。爱好戏曲的高学义拉起板胡，不时唱段豫剧《朝阳沟》《抬花轿》等曲子活跃气氛，引来了阵阵掌声和欢呼声。

土陶制品的种类及销售

奚村烧制的陶制品以家庭用为主，制作的土陶器品种繁多，上至缸盆瓦罐，下至酒盅碗碟，有上百种之多。

缸类：大典缸、四斗缸、斗缸、大号缸、二号缸、三号缸、大中小花缸、粥缸、面缸、水缸、豆芽缸、合缸；

盆类：大八盆、大经盆、大盆、二盆、三盆、四盆、窑盆、大中小洗脸盆、大中小洗脚盆、大中小花盆、大中小滑盆、合盆子（气死猫）。

罐类：四鼻大罐、二鼻罐、大鼻子罐、二罐、三罐、烟罐、瓦罐、狗头罐、大中小药罐、氨水罐、药壶、茶罐、茶壶。

祭祀类：香炉子、蜡烛台、泥俑、泥马泥人、灯台、灯罐、饭碗、饭罐、鱼缸、鱼盆、灯碗、老盆。

建筑类：哈巴狗子张嘴兽、水流子、水管子、线坠子。

药用类：罐子、药坛子、药壶。

土陶制品的销售都是由本村村民承担的。村民张文吉、张百春、张传济、张联地都是常销户，张恒齐、张百俊、张百殿、张恒波、张百山、张文山、张传洪、张传诗、张裕福、张传允、关文平、张裕光、张传伟、张恒怀、刘圣奎、张恒林、张恒玉、张传才、张传胜、张联奇、张传启、张裕宽、张联斗都是助销户。全村 70% 的户都是用 3 米长的扁担，挑着 75 千克左右的罐盆家什，鸡叫就起床赶路，每走 5 千多米路就休息 1 次，天亮前必须赶到目的地赶集串户，老远就能听到吱吱嘎嘎的家什声和叫卖声。新中国成立后，有条件的户用红木独轮车到枣庄、微山、滕县、韩庄、利国、周营、欢城、张汪、鲍沟、官桥、木石、沙沟、邹坞等地售卖。附近集市一年到头都有产品。到了年关，为了多挣钱，更是忙活。他们起五更，睡半夜，赶大集，奔庙会，在利国、周营等可以用小麦、玉米、大豆、地瓜干、鸡蛋兑换。实在卖不完的货，就放低价格转给当地小商贩，或寄存在旅店里。不管是亲戚、朋友、同时、同事或战友，只要在奚村聚会、送节礼返回时没有往回带的，就拿出几套罐子盆作为特产回应。大典缸、大八盆、粥缸、豆芽缸、花缸，卫生部门用的各种药罐、药壶，建筑部门用的哈巴狗子张嘴兽、线坠子等都要提前预约定购、按需生产，春节期间前来订货的络绎不绝。特别是花盆、花缸、粥缸，因做工精、样式新、质量好，倍受江苏丰县、沛县客商的青睐。沙沟客商孙晋善说："我每年多次来订货，再好的缸不能淘豆芽，唯独土陶缸不可，泥捏的花盆、花缸接地气，沙沟人灯舞用的罐子就是你们捏的，在我们那里，奚村的家什最畅销，我得多订货。"金河乡种楼村是粉条专业村，来订大典缸、大经盆，头年约定，第二年才见货。周边百儿八十里，说你往薛城北奚村，可能一时想不到，一说罐子盆生产地都异口同声说"千山脚下——奚村。"正所谓：

奚仲故里源流长，车祖文化誉四方；
制陶工艺蕴智慧，世代相继创新篇。
弘扬烧陶古文化，传承非遗责任艰；
留住乡愁不忘本，共建奚村好明天。

作者：张传鋭，奚村原村委主任；张全喜，原夏庄乡退休干部

踏春奚公山

侯　铭

有诗曰:"初阅车服祠,云峦楚楚长。……禅客谈言切,骚人觅句忙。踪迹依稀在,文章太古亡。"诗中所提及的车服祠，坐落在奚公山上，是后人祭奠、瞻仰造车鼻祖奚仲的场所。语云：山不在高，有仙则名。奚公山虽然是座小山，但因为车祖的名声而引得古今的人们慕名前来凭吊，在"楚楚长"的"云峦"之上建造了许多佛道的宫庙。一去千载，时光荏苒。今朝怀着崇敬的心情有幸一游名山，来祭奠车祖。

春光明媚，熏风和煦。宜人的景致陶冶着一行文学朋友们的心情，文学和凭吊联系在一起，便萌生了文化怀古的韵味，便会引发人们的无限感慨，激起人们的诸多遐思。况且这儿曾经是历史上有名的古薛国的所在地——车祖的故里。车祖的在

天之灵应当欣慰，后人没有忘记他。走近奚公山，只见雄伟的雕塑高耸入云，一座顶天立地的石柱擎起旭日般的车轮造型，显得蔚为壮观。山门巨柱并列着，青瓦琼壁岿然而立，彰显着自古及今，洋溢着汉风唐韵的深沉与魅力。壁画浮雕昭然其上，述说着奚公的传奇故事与卓绝贡献。

拾阶而上，奚公祠就在尽头。石阶在脚下铺陈，一直延伸到高处，云雾缭绕中仿佛我们在走进历史，走进遥远的夏朝，意欲一睹崇敬的车祖；每迈进一步，便有一份惴惴不安的心。终于到了山顶，车祖祠赫然眼前。祠庙作为祭奠先人的场所，我想对于其中陈列的什么物品而言，其意义远没有怀念先人的情感价值大。步入奚公祠，庄严、肃穆的奚公雕像，穿越时空的各类战车，用小篆书写的描述等等，无不使人思绪蹁跹，心神驰骋。脑海中浮现出一幕幕起伏峥嵘的场景。想到奚公在这青山之上苦思冥想、辛勤劳作钻研造车；想到孔子带领众多子弟乘车周游列国；想到硝烟四起的战国疆场，千乘之国的将士们驾车征战的情形……林林总总，眼前的车载着我的思绪飘然于洪荒，又回归现实。我怀着钦仰之心，望着眼前神采矍铄，目光坚毅的车祖的雕像，这就是《左传》和《墨子》等典籍中提及的奚公？这就是发明马车，推动社会发展的车祖？此时感生的是疑问，而此时更多的是冲溢其中的无限自豪感——作为车祖故里一员的欣慰。

千山头，顾名思义，乃为千山之首也。故而举首鹄望，只见千山连绵，逶迤起伏，旭日之下，苍翠如海。更像一条巨龙欲将腾飞，我想到羲和，加之奚公所造之车，一幅神话的图卷又在脑海中展开。奚公山素有“九洞十三泉，七十二座庙”之称，站在山巅望青云出岫，看雾岚起于峡谷，此地实为一处绝妙的所在。怪不得从唐朝以来便有得道的真人在此修行，而文人墨客们更是寻幽访古于此，流连忘返。明代大书法家董其昌在此留下歌颂奚公山的诗句；曾任过湖南道台的胡世明，千里跋涉，隐居于此出家为道……，而奚山的历史意义，更如济南的华不注山一般，留存史册，《左传》载：“夏五月丙午及齐师战于奚。”奚乃为奚山，可想而知“山不在高，有仙则名”的更一层深意了吧？

若说祠庙是对伟人、贤圣的瞻仰与缅怀的所在的话，墓冢则更使人产生凭吊之念。奚公墓在绣球山巅，毗邻千山头。相邻安息的还有孔子的高徒冉求，至于为何相距千年的两位贤者，去世后共同安葬于此，不得而知？后辈对前人的崇敬？为桑梓情？还是因了此地为钟灵毓秀之所在？……“夏车正奚仲墓”前，苍松翠柏，显得肃穆庄严，一阵沉默皆在缅怀，无限深情尽出崇慕。

山风袭袖，花香拂面。看天南沃野传衮，群山屏列。云雾飘渺中，蟠龙河迤逦奔赴微山湖，这古老的水和奚山一起载着鲁南这块古老土地的文化，沿着运河流向华夏，传承者“江北水乡，运河古城”的文明。悠远、深邃。伫立山巅，映入眼帘的还有星罗棋布的楼房，纵横四方的康衢，而后恍然醒来——“我在古今徘徊？”。这儿是车祖故里，车祖的精神在这儿灿烂辉煌，车祖的光辉在这儿璀璨夺目。中国数次各类车赛皆在此地举行，正展示了华夏儿女们对车祖的深深缅怀与无限敬仰。耳畔划过一声响，哦，是高铁线上列车呼啸而过。时过境迁，现代化的交通工具已运营到九州大地，奚公发明的马车已几乎湮没于历史，但谁又能否认他的功绩？谁能又忘记历史的传承与发展呢？

俯视山下，春色愈浓，奚公山前一片勃勃生机。

作者系枣庄市市中区齐村镇文化站长

茅翁鞋

张联义

在我儿时的记忆中冬天着实寒冷，刺骨的西北风溜溜地刮，鹅毛大雪铺天盖地地下，地上的积雪常常没膝深，屋檐经常挂着长长的琉璃棍儿，大坑水、河水结成厚厚的冰，水面像用钢铁浇铸得一般结实无缝。偶遇天气变暖，屋檐滴滴答答像下雨，院子里、路上，无处不湿滑泥泞。

每到这时上学，我就穿上茅翁鞋，既不会弄湿又保暖。鞋，圆头圆口，鞋梆子处处都露着芦苇花毛缨子，毛绒绒的，俨然一个小毛瓮，给人暖融融的感觉。茅翁鞋的学名叫芦苇鞋，是用芦苇樱子和麻绳坯子手工编制的一种草棉鞋，芦苇在我们老家村西老薛河支流、村东蟠龙河河边随处可见。在这些浅水里，每年都会生长出高高的芦苇。秋末冬初是芦苇收割的季节，芦苇花是编芦苇鞋的最佳原料，它廉价、柔软、有韧性，且伴有淡淡的清香味。芦苇鞋有两种：一种是鞋底也是草编的，不怕下雨、稀泥；另一种鞋底是木板做的，将木板刻成人脚大小形状，在两头各钉上一个高度 10 到 15 厘米左右的木块，绑在茅翁下面做底，就更不怕泥和水了。但走起路来，会发出“嘎达嘎达”的声响，未见其人先闻其声，因此称之为“茅翁嘎达”。在 70 年代以前，茅翁是我们当地农村冬天的保暖鞋，鞋里装上芦花或麦穰，连袜子都不用穿，很暖和。过去老百姓很穷，没钱买布做鞋，只好就地取材，自己动手，创造了不花钱的越冬草棉鞋，为无数代人寒冷时送温暖。时过境迁。如今各种款式的保暖鞋取代了茅翁鞋，茅翁鞋渐渐淡出了人们的生活，成了古董和记忆中的美丽风景。

作者系薛城区市场监管局局长

煤油灯的记忆

张全志

说起煤油灯，它是20世纪的特殊产物，现在离我们的生活已经很久远了，如今的人们只有在博物馆、民俗馆之类的地方，或从反映那个时代的影视剧中见到。现在虽然已经退出历史舞台，但对于我们这代人，及至于我们的父辈、祖辈来说，那如萤的煤油灯，依然跳跃在乡村那漆黑的夜晚，陪伴着上代人过了一段艰难的岁月，那如豆般的光亮，始终长明在记忆里，鲜活明亮。

历史的记忆永远难以抹去。小时候，村里还没有用电，家家点着简易的煤油灯。这种自制的简易煤油灯很是好做，先是在一瓶口大小的圆铁皮上钻一小眼儿，小眼儿里插一薄铁皮卷成的细铁筒儿，几股线一搓，从铁筒儿里穿过，上面只留出一小截儿灯芯，继而往玻璃瓶里一戳，一盏煤油灯就做成了。小油灯点亮时，橘红色的火焰一荡一荡地亮着，把屋里的人影映照在墙壁上，晃晃悠悠，变幻莫测。小油灯时而爆出一个透红的灯花，嵌在火苗里，美丽得叫人心动。

那个年代，像蜡烛这样的照明用品，在今天来说，已经不是生活必需品的年代，也只能是在逢年过节的时候用上一回。当然，那时也有高档一点的煤油灯，除了玻璃瓶的底座外，还有一个鼓肚形的透明灯罩，并且可以方便地调节灯火的大小，这种煤油灯不但增强了防风性和在一定程度上增加了亮度，而且也卫生了许多，不至于在灯下坐不了多大一会，就把人的两个鼻孔熏的像烟囱一样。但那时一般人家不用罩子灯，因为它费油，一斤煤油点不了多少天。我上小学的时候，教室都是土墙草屋，学生课桌都是土坯撑着水泥板，教室里没有电灯，即使白天，室内也是十分暗淡。学生们制作了简易的煤油灯，找一个小墨水瓶或其它小玻璃瓶用铁皮卷成的小圆筒，然后用棉花或绵纸以及布条搓成细灯芯儿，从小筒中穿过，上端露出少许，下端留出长长的一段用来吸油，最后倒上煤油，一个煤油灯就做成了。待煤油顺着灯芯慢慢洇上来，用火点，灯芯就跳出了火苗，还散发着淡淡的煤油味……正是这种自制的简易煤油灯，成为我小学时代最温馨的记忆。

一盏小小的油灯里，有我们生命的一段历史。童年煤油灯的荧煌短焰，那赤黄柔和的辉光，依然闪烁在心头。如今，随着人民生活水平的不断提高，煤油灯这种古老的照明器具也退出了历史舞台。无论时代如何变迁，它永远是我心中最初的、无法忘怀的一束光。

作者系薛城区人事局编办原副主任

我的父亲“康良田”

张庆海　张庆荣等　口述　张联东　整理

“康良田”,是我父亲解放前曾用过的名字。为什么要用“康良田”这个名字呢?说起这事，父亲还有一段令人终生难忘的心酸往事。

我父亲的本名叫张联喜，1924 年 7 月 11 日出生在山东省第一行政督察区滕县弟九区皇殿乡奚村（今山东省枣庄市薛城区陶庄镇奚村）。他在家行二，上有一个哥哥张家祥，下有一个弟弟张联璞，还有两个妹妹，一个叫张联玉（后嫁微山县前八里屯，2015 年 10 月去世），一个叫张云英（后嫁徐州市卧牛山新和煤矿，2014 年 8 月去世）。男孩的名字都是家中教书有文化的叔叔张传谨给起的，辈分是“祥”“喜”“璞”字，就是希望他们将来能给家庭和自己带来吉祥、财富和好运气。坐落在鲁南奚公山脚下的奚村，这里传说是夏朝造车鼻祖奚仲的故里，名扬四海。但是在旧社会，这里显然是一个并不起眼的平原小村庄。奚村处于南北大官道，20 世纪二三十年代，军阀连年混战，“马子”（土匪）横行，加之天灾连连，仅有的一点土地颗粒无收。爷爷张传䜣身体有病，不能做重体力活。眼看着不少乡邻携家带口到“南岗子”（今薛城）一带谋生，爷爷一家七口无计可施，顿时陷入生活的窘境。1938 年 3 月 11 日，日军攻陷滕县城，随之南下临城。国民党军第 33 师驻皇殿部队的一支阻击部队奉命在千山头一带阻击日军，由于军力不足、军心涣散，战死四人后迅速向徐州方向撤退。国民党军队路经奚村时，急需后勤挑伕人员。爷爷家中贫困，又有年幼的弟弟妹妹，便通过村保长将我刚成年的大伯张家祥“卖壮丁”跟随部队撤走。这一走就是几十年，这是后话。1939 年，日军侵占下的奚村村民生活更加困苦。为了全家能活命，奶奶决定外出逃荒要饭。第二天，我的爷爷奶奶带着 10 多岁的父亲和三叔脚量步向南走，沿路从韩庄到利国、徐州，最后走来到安徽北部的宿县。当时的宿县比之山东南部条件更差，爷爷实在没办法，不得不狠心把父亲“卖”给宿县后程村一户康姓人家抚养，父亲随康姓，改名“康良田”。

日军占领下的宿县，人民生活在水深火热之中。在康姓家中，生活依旧艰难。1942 年，为了谋生，父亲康良田独自一人离家外出，开始了又一段长达 5 年之久的流浪乞讨之路。他衣衫褴褛，手持黑粗砂碗碟，走东家、串西家，讨些稀粥、剩菜剩饭，有时三两天也要不到一点东西。走路困了，随便找个秫秸垛、麦穰垛、破庙堂、土墙跟一躺，凑乎着一夜就过去了。没有鞋穿，光脚走大路，到了寒冷的冬季，经常性地冻成老烂疮腿。父亲在世的时候常说：“没有鞋穿，长期光脚走路磨出个“铁脚板”。到了寒冬腊月，脚底板像铁板，走在山坡或荒草地，又尖又刺的东西都扎不进脚，把脚往地上来回一搓，刺就掉了，根本就不知道疼。”五年多的乞讨流浪岁月，父亲受尽了富人资本家的侮辱、谩骂，甚至挨打，尝尽了酸甜苦辣，阅尽了世态炎凉。几年中，他走过江浙一带的南京、上海、杭州、苏州、金华等城市和乡村。1947 年，他历尽千辛万苦乞讨来到河南省新乡市新乡县小冀镇。小冀镇是一座具有千年历史文化的古镇、大镇，也是新乡县政府所在地。这里人口众多，市场繁华，成年后的父亲有了劳动能力，在此地不再以讨饭为生，而是在一个资本家设在镇上的澡堂里做勤杂工，小冀镇上从此多了一个叫康良田的外乡人。1948 年 11 月，新乡市人民政府在小冀镇成立。1949 年 5 月 5 日，中国人民解放军 47 军和 70 军和平解放新乡，作为战略要地的小冀随之解放，重新回到人民的手中。解放后的小冀由此焕发新的生机，受压迫的人们从此站起来当家做主人。我的父亲也和其他人们一样心情无比激动，满怀百倍热情建设新中国。在澡堂干的时间里，父亲特别吃苦，做事非常勤快,很得老板喜欢。1950 年春，小冀镇开展了土地改革运动和“三反”“五反”运动。父亲作为外来人员，民主政府对其身份的真实性进行审查，并专程到奚村进行核实情况，全面了解掌握了他的身世。随后，新乡县民主政府在新乡县礼堂召开贫下中农忆苦思甜大会，县政府领导对参加会议的父亲说：“康良田，旧社会人吃人、人压迫人，穷人没活路卖儿卖女。如今解放了，你也是穷苦人家翻身，从今天起，你不要再叫康良田了，还是叫张联喜吧！”就这样父亲“康良田”又变回了张联喜。

1954年，成立后的小冀集镇民主政府开始实行公私合营，全镇走合作化道路，镇上的澡堂收归小冀镇供销社集体管理，父亲随之成为一名澡堂职工。有了稳定的工作，父亲抽空回到了宿县后程村养母家，经人介绍与后来的母亲李思云结婚，并在小冀生儿育女，过起了平淡幸福的新生活。至于我大伯，他也是颠沛流离，最后随国民党军来到云南昆明，后在昆明机场从事后勤餐饮业。昆明解放后，他在军区后勤部食堂工作，后在昆明市饮食公司担任门市经理工作，直至退休。“文化大革命”时期，他曾带着四子回到奚村探亲，并到新乡和父亲见面。我的父亲张联喜晚年幸福，也曾先后多次回山东奚村老家省亲、看望奶奶和三叔。1984年，父亲在小冀镇供销系统领导岗位上退休。赋闲在家的父亲从此过着每天“一口酒、一颗烟、一杯茶”的幸福生活。2000年2月8日，父亲走完人生路程，享年76岁。

父亲在解放前的人生充满坎坷、生活凄惨，但在解放后当家作主、生活幸福，真是新旧社会两重天。如今，我们兄弟姊妹八人均已成家立业，全家人口50余人，大多已三世同堂。在这里，我们想通过《奚村志》这部书，把我父亲和我大伯坎坷的一生告诉我们的子孙和世人：不要忘记前辈曾经走过的辛酸路，不忘历史留下的种种苦难，好好珍惜今天来之不易的新生活。希望一切的困苦和磨难远离我们的生活，中华民族的屈辱历史不再重演。今天我们走在幸福生活的大道上，在习近平总书记的带领下，在新的时代建设我们秀美的新家园。

寻祖纪事

张善文

我的家乡在沛县小封楼。说起我祖迁居之事，当数族伯广盈。族伯广盈系我支族长房，同辈人中年龄最长，早年家境尚好，念过私塾，熟读诗书，大字写的也好，同龄人中属识文知墨之人。记得小时候春节写春联，他常常口中念念有词，曰：“要想福字好，就要田字小”。长大上学后，老师教写大字，才体会到这句话的意思。父亲年龄在同辈人中仅小于族伯广盈，读过高小，做过村干部，也算是同龄人中有文化的人。他们在世时，德高望重，家族的事多是他们兄弟两人商议处理。

寻祖一事始终是族伯广盈和父亲的重要心结。族伯广盈在世时常到我家与父亲谈及此事，说到先祖昌如何在发洪水时从湖东托里划着小船迁居湖西安居，印象最深，至今虽已过了近半个世纪，仍记忆犹新。族伯广盈将先祖迁居的经历写成文稿留存，还与父亲一同编排了我支族人班辈，可惜几经传阅，不知现已散落何处。早些年，我支族人生活较为贫困，加之交通不便，面对茫茫湖东，无力寻我先祖。

20 世纪 90 年代初期，家境稍好。适逢友人文建在薛城服役（师级退役），我便同他谈及寻祖一事，请他帮助找寻薛城一带是否有托里的村庄。在家向父亲说起此事，父亲甚是兴奋，又将寻祖一事列入了日程。父亲兄弟 4 人，他为长兄，三叔广堂性直口快，心地善良，热心助人，家族的事由族伯广盈和父亲商议后，多是由他跑腿去办，深得俩兄长欢心。

三叔广堂接寻祖重托后，多次自费前往薛城。有时为省点路费，不辞辛苦骑自行车奔波两地。在薛城期间，吃住均在友人文建所部，友人文建也鼎力相助，陪同三叔广堂寻找托里老家。此时方知薛城有东西前、后托里等村庄，均有众多我族人居住，经多方查询终与族伯家勤、家兆取得了联系，受到了热情款待，至此，寻得先祖踪迹，知我托里老家族人始由奚村迁出而居。

1993 年春节后，老家托里族伯家勤、家兆来三叔广堂家，俩族伯与父亲、三叔广堂、族叔广新畅叙亲情，像久别的亲人般相聚，我从他们的眼睛里可以看出寻找先祖的宿愿得以实现的那种激动神情，同族后人终得相见的喜悦之情，历历在目，难以忘怀。族伯家勤、家兆此行主要是看望族人，采访续谱。“我族老幼闻之，无不欢喜万分”（摘自《滕阳奚村张氏族谱》第五页），可见此情。我支族遂委派三叔广堂、族叔广新负责续谱之事，终将我迁居此处的族人载入族谱。

作者系江苏沛县人社局退休干部

父亲的抗战

张家平

在全国上下开展纪念抗战胜利 70 周年之际，我父亲的一段抗战经历时刻萦绕在我的脑海中。怀着对英雄父亲深深的思念，我情不自禁地拿起手中的笔，让父亲的这段历史在我的笔下流淌。我的父亲张传金，生于 1922 年，卒于 2008 年。1938

年冬，时年16岁的父亲，为了抗击日本侵略者，自愿参加了苏鲁人民抗日义勇总队（1939年9月改编为八路军一一五师苏鲁支队）。父亲在世的时候经常给我讲述他参加抗战的经历和战斗故事。如今，父亲已离开我们7年了，他为我们后人留下了宝贵的精神财富。今天，我把父亲曾参加抗日的故事记录下来，献给抗战胜利70周年。

送枪入伍

小的时候就听父亲说过，我们张家的一世祖张良于明洪武年间迁居奚村（今属陶庄镇）。自十三世尔序祖从托前村迁居老峄县茶棚村，至今已二十五世。1938年冬天的一个下午，一个平平常常的日子，后来却影响了我父亲的一生。那一天，奶奶家里来了一位远房亲戚（当时父亲年纪尚小，记不起他的名字）。吃过晚饭后，奶奶让我父亲送送这位远房亲戚去村后的董庄村。董庄村位于茶棚村的北面，中间隔着一块地，直线距离很近。茶棚村北有一条东西向的泄洪沟，深10余米，宽100余米，是茶棚村与董庄村相隔的天然屏障。夏天汛期时，从北面马山上下来的洪水，沿泄洪沟直奔微山湖。因为是冬天，沟里没有积水。当父亲带领这位亲戚从村里往北沿小路走到沟底的时候，这位亲戚递给父亲一个包裹，对父亲小声说："你在这里等会，我去解个手，这个包裹拿好，千万别丢了！"一个时辰过去了，天已经很黑了，可是亲戚还是不来，父亲犯起了嘀咕，心想:他上哪去了呢？冬天的天黑的早，山风阴冷，父亲无奈地揣着包裹回到家。这个时候，家里闹翻了天，因为父亲没回家，爷爷和奶奶在家里急的不得了，正在昏暗的油灯下等着呢。见父亲回来，奶奶着急的上前问道：你怎么才回来呀？父亲便把等亲戚的事说了一遍。听完父亲的一番话，奶奶便让父亲打开包裹看看里面是什么。等打开一看，奶奶和爷爷便害起怕来：里面竟然是一把黑漆漆的匣子枪，下面还有一纸条，上写着："把包裹送到黄风口张庄"字样。奶奶一夜未眠，天亮后叫醒父亲，让他把东西送到那亲戚家去，并絮絮叨叨地嘱咐一番。父亲便怀揣着包裹直奔离村10多华里的黄风口张庄村。

张庄是一个山庄，坐落在在黄风口的南面，北靠大山，山路崎岖。父亲刚到村口，便被两个人截住问道："干什么的？"父亲说是走亲戚的。那两个人不容分说上前搜身。怀里的包裹被搜出来，那两个人把父亲带到一个院子里，这时那位远房亲戚却从堂屋里出来招呼父亲，这才解了围。大家走进堂屋落座后，那位亲戚说："我们是八路，是打日本鬼子的，抗日你干不干，昨天在你家不方便说，让你送枪一是练练你的胆量，二是让你过来参加我们的抗日队伍。"父亲当时年轻气盛，虽然一时听不明白这些大道理，但耳闻目睹周边村日本鬼子烧、杀、抢、掠的恶行，从心里憎恨日本鬼子，于是决然参加八路加入抗日的队伍。

抗日烽火

父亲在家有两个哥哥，当时年龄小，又没有什么文化，对部队情况缺乏了解。入伍以后，当时的番号是教导旅，父亲先是参加新兵训练，主要是练习步伐、队列队形，尔后是射击训练。在山沟里集训，队伍缺少枪支，条件很差，训练就用木棒当枪，用绳绑一块石头，练跪式、立式射击。战争非常时期，集训不久父亲便编到了当时的685团一营一连一排一班，连长李明是山西人，指导员是王乐泉。王乐泉是本地人，说话温和可亲，长相也酷似我的伯父，两人相处甚好。在与日伪抗争的日子里，部队生活非常艰苦，长途行军如同家常便饭。不久，部队沿枣庄北部山区开进抱犊崮根据地，与日本鬼子开展游击战。在那艰苦的日子了，我的父亲和他的队伍不是端据点就是打增援，枣庄、费县、平邑、滕县各地的鬼子惶惶不可终日。

1940年8月中秋夜，685团从山里跨津浦铁路去菏泽换冬装等补充军需，在滕县北两下店三孔桥处与鬼子相遇，打了个遭遇战。当时正值黑夜，父亲所在的一营负责掩护，二营、三营分别从铁路三孔桥下及铁路上通过。日本鬼子发现后，从铁路南北向我军冲锋过来，部队被拦腰冲断。当时，我军装备配备较差，战士多是"单打一"长枪，而日本火力强大，轻重机枪扫射，铁路西的我军边打边冲，直奔菏泽方向。而撤到铁路东的我军少数战士，便同一营形成掩护阵势，吸引日军的火力，同日本鬼子展开殊死战斗，以保证西去部队完成补充军需任务。战斗中父亲右腿被鬼子的一颗子弹射中，血流如注，但他咬牙坚持战斗。当最后一颗子弹推上膛后，却立脚不稳栽到壕沟里。一营掩护部队交替东撤，然而父亲却躺在沟底不能动弹，手里抱着长枪，疼痛得满身是汗，心想若是鬼子来了，最后一发子弹也要送他们回东洋老家。枪声逐渐稀疏，西边听不到枪声，过了一会，听到有马蹄声闻近。父亲定睛一看，是他熟悉的小白马，那是连指导员王乐泉的坐骑，父亲便轻声喊指导员，指导员下马道：“小张，怎么还不撤？”父亲说：“我挂花了”。指导员二话没说，把我父亲抱上马，一起撤向山里。来到一个叫“磨圈”的村子，指导员把父亲安排给后方部队疗养，又去前线了。半年后，部队通知家人父亲所在的地方，家人随后到磨圈村用小八仙桌当担架把父亲接回家里。因为父亲抗日有功，后接受乡公所抚恤，直到去世前仍然享受国家补贴，当时部队为父亲颁发《甲等一级伤残证》，其落款有鲁南军区司令员张光中名字，这个伤残证却是父亲一生的骄傲。后来，因与部队失去联系等原因，父亲再也没有回到队伍中去。

战后重逢

岁月峥嵘，时光飞逝，一晃多少年过去了。在经历解放战争、中华人民共和国成立、土地改革、文化大革命、改革开放后，父亲和母亲生养我们兄弟姐妹7人都已长大成家立业。父亲闲暇之余，念念不忘曾经在烽火连天的抗战时期的老领导、老战友。1986年春，四处打听战友的父亲听说指导员王乐泉在南方城市工作。于是便带着我不辞辛苦地南下上海，想方设法找到了指导员王乐泉。当时的王指导员已年届花甲，戎马一生也从上海铁路局纪委书记的位置上退下来颐养天年。那天，在黄渡路17号王乐泉的住宅里，两位曾经战斗过、生离死别近50年的战友拥抱在了一起，久久不愿分开。在团聚的日子里，他们共同追忆过去点点滴滴，共叙那些难忘的时光，感慨时代的变迁，庆幸能够生活在新中国。2008年6月，父亲阖然离世，享年86岁。当时，我特意为父亲书写

张传金夫妇与孙辈们合影（摄于20世纪90年代）

了一副挽联：“三八抗日灭寇拯救鲁南百姓，零八忠魂依旧恸悲邻里乡亲”。而今父亲已离我们远去，但留给我们的是一笔宝贵的精神财富，它将不断地激励着我们家人，努力建设美好家园，为实现中国梦而奋斗！

作者系枣矿集团付村煤矿退休干部

西托前“奚村张”始迁祖张祥与西托前村

张庆真

明朝永乐年间，奚村张氏始祖张良之长子张祥迁到滕县东南 80 里拖犁（今巨山街道西托前村）定居，逝世后葬于村西河畔。祥祖后裔传至十世后，因祖茔穴地狭窄，遂改卜于东山（即龟山，位于新城枣庄市政府大楼东 500 米处）之阳。1995 年，因国家建设用地需要而迁坟，将祖茔迁到西托前村南翠柏林立的南山之巅。其后 600 余年的时光中，后裔因谋生陆续分迁，外迁至东防备、徐集、小封楼、西托后、茶棚、西邹坞、班山、徐沃、沛县、淮南、淮北等以及全国各地。

西托前村位于薛城临山北麓，明初建村，明时称拖犁，形象地名，因村境内自然沟多而得名。明万历十三年版《滕县志》有载：“拖犁（今托里）为滕县东南八十里较大村庄。”随着时代的变迁，人们逐渐将“拖犁”谐音为“托里”。托里原系东托和西托的总称谓，西托又分为西托前和西托后村。西托前村现有土地 2000 余亩，人口 2200 余人，姓氏 17 个。村南有长青山一座，村后有沙河环绕。村域地下水资源丰富，村

西托前村（锦泰花园 B 区）在地图上的位置（2017 年 10 月制作）

内有古泉数眼，泉水清澈如注。村中原有寺庙一座，名曰:“三官庙”。据说修建于宋朝，解放前后因僧人还乡，加之年久失修和人为破坏，现在该庙已消失。村中心尚存明修建的砖石结构两层古楼一座（无资料证实该古楼建于何时，何人所建）。古楼结构合理，坚固美观，建筑面积约200平方米，解放前几经易主，现已破败不堪，仅存主体结构。

改革开放以来，随着薛城城市化建设进程的加快，位于城郊的西托前村融入到枣庄市城市规划中，村中土地不断被征用城市建设，村域面积日益缩小。在村域内有枣庄高新区民营经济园，有驻薛部队，有学校枣庄市第八中学、枣庄市第二十九中学），居民小区有怡苑小区、京福花苑、状元府、左岸豪庭、清华园等。京台（G3）高速、京沪高速铁路穿境而过，金沙江路、黄河路、茂源路、德仁路、祁连山路相继在村境内全部修通，原来的托里已被城市建设所取代。2009年，西托前村被市委、市政府列为枣庄市首批城中村改造搬迁的6个村庄之一。原村庄西迁500米，新址位于黄河中路北侧京台高速公路和京福高速公路之间，东靠祁连山路，西邻德仁路，新址命名为锦泰花苑B区。截至2017年，村民全部入住小区。现在的西托前村环境优美，道路宽阔，基础设施配套完善，生活安居乐业，大家和谐共处，村民一跃“变”为新时代的社会主义新市民。

作者系枣庄市薛城区巨山街道办事处西托前村原党支部书记

张氏谱文化研究

修谱历程

明万历二十六年（1598），奚村邑庠生张敢（八世）会同本族张则动、张则形、张则变共同刻谱碑一通，张氏族丁约有百人，分布于奚村、青丘、托里、南辛、王村、凫山、马头、东邵等地。清道光壬辰年（1832），适逢张绮川在奚村学馆教书，眼见谱碑断裂，碑碣缺失，非常心痛，将石碑刷洗一新，研究其谱文字，述家族源长，打算再立新碑，可惜不久病逝，事竟未成。

清咸丰七年（1857 年），奚村张宜平约匡山腰村张作志再议立谱碑一事，伐匡山腰祖茔之木作价刻立谱碑二通，将托里一世祥祖支、奚村二世汉祖支人丁全部刻其上，并由奚村邑庠生张恒信（字尚贤）撰写碑文。1943 年，奚村、托里、茶棚等族人发起续谱，张宜梅、张振乾、张家让、张家俊、张百锡、张家相、张信传、张锡珪等族人开写世系，正式将西托长支、奚村二支进行合谱，刊印族谱。

1962 年，张宜环、张恒茂等族人牵头，成立续谱组织。这次续谱，黎墟三支润祖后人张长斌、张立基、张立功、张立泰等将黎墟三支润祖入谱，实现了近 600 年奚村张氏家族的完谱。1992 年，奚村张百才、张传栋、张联成发起续修之事，所录族丁数万余人。1994 年，在祖茔之地新建张氏祠堂一座，供后人祭祀之用。

截至 2017 年，张良后人已在奚村生活了 648 年，奚村张氏人丁达到 8 万余众，现已传至三十余世。广泛分布于枣庄内外，远播于徐沛铜邳，不少支分遍及全国各地。聚居较大的村有近百个，主要为：奚村、托前、吴村、张岭、西南庄、夏庄、千山、东凫山、太平庄、两河杈、茶棚、邹坞、东防备、小封楼、鹿湾、杈营园、三座楼、黎墟、纸坊、黄庄、班山、宋寺、打蓆、肖村、西谷山、西托后、徐窝、东杨庄、埠上等上百个村及族支。派字：……　来宜文恒　百传联庆　永慎耀宗　凤毓启化　斯奇云宏　秉昌德志　华光显明　富延祥瑞　彩馨兴隆　忠宪修真　安绪泽临　……

修族谱序

族谱序 1

尝谓祖功宗德不可一日忘也，纲常伦纪不可一日坏也。我想我祖至今世代相沿二百余载，相传十有二代族人，户丁约有百余矣，若不刻石以纪其名第，恐日远日疏。一宗而联姻者或有之矣，子孙而僭祖讳者或有之矣。若此，纲常何在？伦计何在？吾人尝痛惜于此也！

是以敢等约我族为纲常计、为伦纪计，立其石以纪其原，使我子孙虽千世百世，下有所明鉴，而知宗也。若托里社，若青邱，若奚村，居址虽远同一源流也；南幸辛社，若王村，二虽不一处，系一宗支也。联姻则坏纪，重名则乱常，为子孙其遵守而勿失乎！予以领命敢以。

奚村·张敢·明万历二十六年（1598）

族谱序 2

滕阳张氏宗派远矣。粤自明初，始祖良由洪洞县迁居来滕，历年五百余岁，绵延二十余世。其间，自奚居外者，若托里、青邱、王村、南辛之地，东邵、凫山、马头之区，居虽散者，四方支派一也。至于匡山腰、夏庄新迁，未几班班可考，其余外居外县者，或邳州、或铜山、或沛县、滕，游人往来其间，谈及家世，吾张氏多系出奚。呜呼！非吾始祖之德，克昌厥后曷能臻此！

明万历间二百余载，先族人敢等恐代远年淹，子孙误犯祖讳联姻，致乱宗祧。故碑阴刻十一代之名，以昭示来兹。及国朝道光壬辰又二百余年矣，碑断碣缺。叔曾祖绮川，受馆于奚，目击心伤。于是洗石刷碑，远稽近考，欲继述事，惜也！有志未逮而卒。去岁冬，族人宜平等约同匡山族长作志公，商于族众。曰："林有枯树二株，可为踵事之资，货之得置京钱三十五千续谱碑。"二工告竣，嘱余，余辞："愚且拙，难为文"。然族尊、族众推之再三，敢不竭鄙诚也！云尔。（该谱文刻于谱碑、族谱，谱碑现立于奚村张氏宗祠。）

奚村 · 张恒信 · 清咸丰七年（1857）

族谱序 3

癸未冬，我族修谱议程委其责于锡。锡自揣非其人也，辞弗。获受命以来，夙夜祗慎，惟不负何是惧。爰传集名族族牒，取其差字明白，一目了然者为式。谨按宋欧阳氏依史表诗谱作图，最称明显而限以五世施之，于蕃宗巨族其世远，其人庶取其源流可考也。今吾族修谱参定使正珥笔纂修者，全赖族侄维宗、传道、传志，族孙智远等。未逾两月，甫得稿成。乃节孝传文宸章故得附载将鋟梓矣，有感焉！

礼曰："先祖有善而弗知不明也，知而弗传不仁也"，此言纪先德也。苏氏老泉曰："观吾之谱者，孝悌之心油然而生矣"。此言启后人也。吾宗昌、吾后者是可法可传者也，有忝祖武玷孙谋者，是可惩可戒者也；见可法可传者生继述心，见可惩可戒者生干蛊心，能继述则箴铭在是矣，能干蛊则药石在是矣。谁谓纪先德非即所以启后人哉！且吾族至今非旧规矣，尊长也而语言弗逊壎篪也；而傲慢不恭，甚至以言语之细，成雀鼠之嫌，兢锥刀之微伤，天伦之好，其可痛孰甚，揆厥所由一，皆罔念水木顿忘葛葵之所致也，苟对是谱而惕然省焉，相争者转而相让，即疏者易而相亲，长幼尊卑蔼然一体之维系也，则兹谱，之修可以延忠厚，之传可以培亲睦，之绪所补非浅鲜哉，厚望于无穷者也！继继绳绳，我张氏族谱常新勿替也夫。

奚村·张百锡·1943年

族谱序4

奚村在滕治南六十余里地，自葬奚仲遂呼为奚村。明初迁晋民于山东，张氏被迁，遂居此村。二世祥公迁西托里村，数传而后分居于九凤山之南茶棚村。家门日益兴盛，资产累巨万，读书列胶庠者代不乏人，张氏遂为滕南巨室。

然彼时有财有人而未尝纂修家乘，前人忽于此事也。盖其时宗支未繁，聚族而居，春秋祭墓、伏腊会、食门户虽分，犹如一家。祖宗之世次，昭穆之服属皆能记忆，指数无须谱牒，以为稽考也。迄于今，支派愈繁，去先世愈远，族谱之修诚不可缓矣！

但近年以来，世乱据列，人民日在恐慌危险之中，自救不暇，何暇计及族谱？况阖族之资财物力较之昔日盛时远不相逮，创修族谱岂不难哉？而张氏族众独视此事为当务之急，不惮其难，毅然为之，岂非报本追远、敦宗睦族之意，有不自已者也，可谓明于大义，厚于根本者矣。夫纂修族谱原属美事，而张氏此举尤令人感叹而嘉与之矣，门祚之兴未有艾也！

陶官·褚子临·1944年

族谱序5

奚村位于滕阳六十华里，昔夏禹奚仲商汤仲虺之故处，计其年三千余矣。北有青山，南有龙河；东有煤矿，西有薛水。仰观玉皇顶之古庙，伏察元都观之仙桥，青山有苍松翠柏，奚墓有奇花异草，则可谓参观之胜地也。

明洪武二载，鲁国被海水淹没迁民来此。始祖良公协（携）祖母由平阳府洪洞县乘着二马硬轮车被迁来此，驾驶到奚冉山阳，车载着一只洁白的肥羊牧放在这个山岗。斯时寥寥无举，炊弗火，驶抵洪家洼村获借了洪翟二家的烧火度过充食。扭转车身，面视该村土地肥沃，面积宽俱，情况发生根本的变化，充满了喜笑的态容，备尝了艰辛痛苦，安心居此，劳动生产任劳任怨，终其事而慎于言，与朋友共蔽之而无憾，不怨天不尤人，自谋生计，驱赶着肥壮的双马躬耕田亩。在生产发展的基础上，大大提高了生产觉悟和文化水平，逐步得到了巨大的收益。斯时，达到家道小康，本村建立了文武学校，持家有道，教子有方，示后世重修了车服寺之古庙，培养了子孙。子孙后世考取了数名职位，伟大的实际皆赖始祖的教育和创造。

二世祖祥祖、汉祖、润祖。祥祖迁往托里，润祖迁黎墟，汉祖留我本支，系下二十四世班班可考，若奚村、吴村、青邱、夏庄、凫山、马头、匡山腰、王村、托里、茶棚、邳州、铜山等绵延二十余世，虽散之四方，同一宗支也。万历年续谱未竣，咸丰年又整顿谱牒，时当颠沛流离之际，终于未达到很好的完成任务。到了现刻的壬寅年，通知我族的各乡欢欣鼓舞着云聚一堂，开族众大会形容了满面荣光。出席人员：宜环祖、宜梅祖，建斗祖，文选祖，恒茂祖，恒领祖、恒泰祖，密云叔、传清兄，传孔兄作了有步骤的计划；主事领导发表修谱有意义的谈话;百增叔、百才叔，传斌兄、传建弟、传信弟继其事，余亦在场。大家一致认为，是安上全下、慎终追远、敦宗睦族正义的大事，同时采取了有效的措施，一致拥护决心修谱合卷的方针，大家呼了口号。我们抱百折不回的精神，以此事为当务之急，努力再努力要达到合卷的目的。根据上级的指示，达到男女平等、人人一致，抱人多力量大的精神，要完成谱事巨大光荣的任务。族示众，余为文自愧才疏学浅，难以胜这个责任，族众再三嘱笔，于是竭尽愚忱拿不揣简陋的思想，遂援笔就序写了几句古时圣人谈出一句话：木有本，水有源，安上全下的概状发挥了一点意见。我张氏族姓繁衍恐日久淹没昭穆失序，或一姓而联姻者有之，子孙犯祖讳者有之，若此，纲常何在？伦计何在？特序谱勒石以启后世，将来虽千百年岂不明鉴吗！故特陈列着梗概大略写了这几句。

奚村·张传树·1962年

族谱序6

盖闻子姓之万派千支，实出于一本。本固，枝如水之有源，源远者流自长；本固者，枝自茂，此必然之理也。常读眉山苏氏谱，引而撮其意曰族人者，亲尽不相识，则途人也。虽同宗共族，九族以外视如路人，皆因无谱之害可胜道哉！且我父少文公创修草谱后，年近八十四岁，拄杖指背而责曰：如光前裕后瓜瓞长绵，承志重修致使敬宗收族之义，以慰先人在天之灵乎噫！

我张氏自奚村迁居梨墟，碑云家居由来久矣。其中创修草谱珍藏如慎庶可保存，视如草芥，抛弃难寻，况屡受兵灾之伤流离播迁于他方，不知几何，其势又甚，涣散沦淹涣者终可聚集。迄今生齿日繁，人丁日盛，亲者渐疏，疏者渐远，如不重修有失统之大畏也。今春适逢立恩兄丧事议酌，族人提及佳节祭祖修茔，闻我邑修谱之众，我族何不为之，族叔长斌，族兄立恩、立功及族孙运吉、运修，族曾孙守义等皆踊跃欢欣，阖族既共商乐举，适才任职今作筹备大会，定期三月一日设柜办理草纂。峄县坡西届期人款皆至，会曰：我族势孤力弱，资才两难，不能存有畏惧所阻，立志尽力。屈指月余，草稿成就，不期两月，誊写清册付梓工成告竣，皆族人等之努力也。若夫，以后再重梓大修特修不为鸿宗大族，余之厚望也。

黎墟 · 张立泰 · 1962 年

族谱跋 7

国有史，民有谱。人纵居天涯海角仍要追籍寻宗，上称下呼，实为国民之常情。

我之良祖，自皇明洪武二年，由山西平阳府洪洞县迁至滕县（今滕州市）东南千山脚下奚村定居，历经 625 年。其间虽有族人对族谱修续，但因沧桑之变，人丁繁多、贫穷所迫等，致使部分族人离乡背井外出谋生。1962 年修续至今又 32 载，其间出生之辈均未入谱。如再不续修，虽系一宗一族之后裔，终视陌路之人，或联姻犯正，岂不耻笑于后人，故修续族谱势在必行。

修谱此非易事。追溯 1962 年，传孔叔率二十余人徒步采访，自带干粮，晓行夜宿；拣薪为火，瓜干充饥，成就修谱之事。然文革起，突招灭顶之灾——人人牵连挨整、伤及无辜。今值国家改革开放之时，兴仁族人联成倡议续谱，各村宗支不谋而合，决议续谱之事。奚村百才、吴村家彩兄、兴仁联成等族人共襄义举，联珍、庆文、联斗等出资、出力，于 1992 年农历腊月初四日，正式启动续谱之事，并在奚村设立谱馆，成立 54 人的族委会。百才任总理，下设采访、编辑、监修、书写、校对、后勤等六个组。

历经两年之久，大功促成，遂印制谱本。随后在奚村良祖灵冢原址新建祠堂一座，周建林墙，内植翠柏苍松，立碑记之，以凭吊先祖流芳百世，光耀我府。又将 1962 年更改班辈排列于后为后人之循。哀归佥族之人，拥护政府，奉公守法，忠孝兼备，奖优、谴耻、拯弱、济贫，振族威，维护族性。我不学无术，然又推辞不得，随沐手修删纂成此跋入扉记之。

西托后 · 张家坤 · 1994 年

碑文

（奚公山禁樵）告示碑

滕县正堂加五级纪录三次马为恳恩给示禁约樵牧以卫先灵事：据儒童、刘养义、张尔汉、田志滨、刘治世、张作经、刘学景、张作模、杜维新、刘明世、刘济世、甄廷锐、刘辅世、刘定世、田志传、刘运德、蔡云化、马尚忠、刘克俊、刘学义、甄维栓、甄维篆、刘学孟、苗世则、张贤、马超、渠鲁、张琰等呈，前呈称昔者比干忠贞，周武勒封其墓，展季圣和，秦军远避厥垄，是仁人君子明贤之遗迹，而好德者未有不乐为之表扬卫护也。今滕之青山头，古奚公山也，公讳仲，为禹车正，食采于滕，治滕有功，受锡车服，及卒，葬于西山之巅。我滕先民感恩不忘，立祠东谷，名车服祠，至今古碑犹在，墓址昭然。前知峄县陈，来署滕事者，见奚山遗迹，观大堂，题明碑，知公为滕始大夫。因念切修理未及而去，仅立碑祠基，曰古车服祠而已。其墓左又有冉求墓，胥载滕志均可考也，昔乎数千年来，无好义君子为之立碑墓头，使过者一望而知二贤墓也，诚大憾事矣。童等，今读书诗山妙莲宫内，诵习之余，登眺其侧，见二墓萧然，因植松柏等树百余株，以荫先灵，以壮观瞻。时恐附近居民不共爱惜，或纵食毁伤，或携斤斩伐，虽费心力树难护成矣。叩乞本县文宗老爷，追维二贤之德，俯念童情，出示晓谕，使嗣后樵牧者，不得近墓践毁。着妙莲宫道人不时巡护，则树护成而墓有卫，是天台之恩不惟遍乎滕民，而且施及先贤矣。果准所恳，原勒贞珉以志不朽。上禀等情据此照得。昔者在望，宁无兴起之恩，第莅任来，公务鹿鹿，未及瞻拜墓下，然心窃向往之矣。今生等共相封植，以观实护，心我宜合，示禁为此，示谕近山居民人等知悉。嗣后如有不法之徒，樵牧攀啮坏树株者，系童仆究其家主，苟妇女罪坐本夫，妙莲宫道人协同保领，扭禀以凭，重责枷示，并罚修墓祭祀，妥佑先灵矣，决不宽贷，各宜凛遵。须至告示者，佑仰知悉。

大清雍正五年六月十八日示

张尔润墓志铭

公姓张氏，讳尔润，字濡林。自公始祖讳良，卜居滕阳之奚公村，至公十三世矣。

公高祖讳则变，曾祖讳第，祖讳应龙，父讳铎。世积忠厚，閭里咸推长者。公性严重、寡言笑，笃□□□仪范，端肃识者，己钦为老成器壮，负经济识量宏，系有任恤□职授主簿，以笃志奉养，终身不仕，事亲以孝。待诸弟以友，昆仲七人，公其长也。敕友相济，俾咸有成立，虽中年□□坎坷，而德性有恒，修勤之志盘错弥增焉。配殷孺人，先公逝。公于乾隆十九年十二月告终，享年九十。盖公之生平，皆晚素所亲眷，今归穸有期，故洒泪挥毫而志其天，概其仪型犹觉宛在也。

公子三人，长作兰，次作桧，次作楷。长支孙五人，长燧，次炘，次炤，次燃，次焬；二支孙一人，炜；三支孙二人，长任，邑庠生；次介，邑庠生。曾孙七人：燧子来朝、来仪、来藩；炘子来聘；燃子来同；任子来培；介子来均。元孙一人，来朝子怀。支流繁茂，皆是徵公德之厚云。铭曰："惟公先世，卜居奚村，代有隐德，忠厚独存。公绍前业以裕后昆，积厚流光绵绵益繁。奚山峨峨，薛水湲湲于焉，卜居勿替子孙"。

邑贡生眷晚生张瑞顿首拜撰

乾隆叁拾贰年复月穀旦

义烈碑

里中有百凯者，恒裕公之长子。其年少，其人丈夫也。丁卯年之春，率众击贼追至青邱与贼决战遇害，计其年二十六岁焉。

嗟呼！此天之未欲平贼也短折夫！斯人志不屈于人下，蒙大难以身义气，气壮山河，杀身成仁，豪迈贯乾坤，从来捐躯殉义杀身成仁者不乏烈士，兹抗衡古今吾侪同辈邻里心不甘其沦湮没，聊以陈其梗概叙大略云。

作者张百增系奚村村民

张胜功德碑

"朝廷恩典，县侯给冠，带亲问劳，仍然乡饮大宾荐之，酷嗜异端者能起人敬重之？若是乎，公意以为吝而不果，非善也；能敬能远，无害也。古人所以营殿绘像，亦此意也。且古今一道、后先一理，宁不体古人之心以为心哉！故慨然以地献，而以资助焉。

噫！斯之建，非公不能成其始，非孙不能成其终，非如宽创基于前，则诸僧无以守成於后，斯石之勒亦非蛊惑人之心志，炫耀人之耳目，不没祖宗之善孝义，彰著人所难能于载之。下能心张公之心者，因其已成之势，稍加修补之功用，力少而成功多，丰功伟绩又不在张公之下矣。子直述本末纪岁日，以应其请至。若溯佛之源流，论佛之显晦，敬之远之，福祸何如，非我儒所敢掇言，姑阙此以俟知者。”

长孙张泰勒石　明嘉靖八年（1529）岁次乙丑仲秋吉立

张养性碑记①

奚山之阳，祖地奚村，得姓受氏。祖宗之开创维一，瓞衍派分，子孙之流传渐繁，存本木水源之思，固宜殚收族之至情，逮分支迁荣之会，尤宜令谱牒之较著念。

先祖祥托里肇基，佳城久立于西河之畔。及我祖莹穴地窄牛眠，改卜于东山之阳，迄今叶吉更历三世，以故敲石敬敷弁言，上以继祖宗之世系，下以开子孙之姒续，启后承先，允非细故用勒珏珉昭兹来许。

张珩碑记

字楚白，生于西托里，行一，养性之孙、志富之长子，奚村张氏十四世。珩为人朴忠，尚义气，有容德。时大饥，邻有绳缚瓦瓮来卖者。公颔之。家人曰：“此破缸也”。公目禁之，与粮数斗而去。谓家人曰：“我其不知彼之谓，此计窘碎复墙头，未始无用也。有无赖子登门诟詈，公佯不知，饮之酒而归之。其行事类如此，其自知为盛德之事，而欲为好人哉！盖惇厚温良，其天性矣。夫世人重钱财，虽亲兄弟亦交及于锱铢，而其忿戾时邢又有睚眦之必报者。闻公之风，得无少愧乎。

公寿七十有六，子二人、孙五人，其塚孙大猷者，吾同案友也，恬淡冲和，亦有祖风，曾孙十六人，现列胶痒者数人。吾知其后人昌炽，正未有艾也。

河南卫辉县县令杜垌撰

张百铸碑记

百铸字镕卿，清赠乡饮大宾，奚村张恒习长子，其弟百锡。百铸生性明敏，识见过人，对事能深谋远虑，见义勇为；敦宗睦邻，入孝出悌，持家有道，教子有方。

---

① 张养性，奚村张氏西托分支第十二世，子志富、志平，志平支迁东防备；养性碑今立于西托前南山上。

其父去世后，以礼厚葬之，遵遗命弃读归于田亩，育弟持家，送学教读，艰辛备尝，供为子职。及弟弱冠，祈能自理，公事母至孝皆先意承志，深得堂上欢心，斯时肥地数顷而家道成也。

民国己巳年（1929），母突染寒疾服药弥效，公衣不解带，食不充肠，晨昏弗懈，朝夕奉脂。未几，公母登仙界也。百铸娶妻朱氏，大官庄朱化南之季妹，于甲子年（1924）仙逝，百铸亦于辛卯年（1951）77 岁去逝。他生子一、女五，继配陈氏，生子五，兄弟六人：长曰传树，次曰传清，三曰传洪，四曰传泽，五曰传渭，六曰传瀛。传树配任氏，生子五、女三：长子联才，次子联彬，三子联松，四子联云，五子联琴。传树因科选废除，终未得志，受童蒙于梓里，其兄弟五人皆事耕读。

表侄李永吉 · 1962 年 5 月

张学俭碑记

风俗之不古若也，由人心之浇漓于此。欲求忠厚诚慤之，人于通都大邑中实难德其选，而僻壤穷乡一二，父老其任恤睦姻，犹前民之矩矱，则廉卿张公其人乎！

公讳学俭，廉卿其字，有丈夫。子四，公其仲也，生三岁，丧母氏，依伯母吴鞠育之。及长，事继母与伯母，皆各得其欢心。吴知其必有成也，欲立以为嗣。公曰："弟不先兄也久矣，吾兄后，伯父宜也，亦礼也，议遂定顾家本小康。丁卯岁发，匪乱滕，遂中落。迨光绪甲午，公相继以寿终，公营丧葬悉尽礼。斯时遗产仅十八亩耳，而债顾倍之。公乃躬率弟侄，勤俭务农，日从事于东皋南亩间无宁期，农隙则辇煤矿于曲兖间售之。不数年，置地四百余亩。厥后，家日裕，每年终，必周视村中贫乏者，公给之。有戚姓者至其家，见四壁萧然。语之曰："余有余粟，去取以卒岁"。戚曰："吾侪受其赐多矣，实无颜再受耳。卒之其赒恤族人戚亲率类此。公之急人之急，不惮舍己，从人其赋，性长厚为然也，貌亦古朴，须发皓白，庞眉之毫长可蔽目，佥曰此寿眉也。公亦喜时手拈之，以自娱。

余尝至公家，至则置酒宴谈作，竟日欢。公不善饮，亦掀髯顾进一杯。曾孙之罗酒浆效走者，皆肃然无惰。容则，公之持家为何如也，乃曾几何时，于民国戊寅十一月八日卒，寿八十四岁。嗟乎！公往矣！公之行谊，固在人耳目间，而未尝往也，余走笔为之叙且勒诸石以风焉。

清郡廪生候选训导愚表叔田承锡沐手敬撰

滕阳奚村张氏西南庄宗支碑记

按：2015年春夏之交，兴城西南庄张氏宗亲携族众将其第十四世张启文祖茔新迁，并新立谱碑一统。受该支族人之委托，奚村族裔孙张联东撰刻碑文以记之。

明洪武二年，张氏始迁祖良由山西平阳府徙居滕之南奚村。五世英祖，明永乐年间迁居青邱(现陶庄一带)。清乾隆年间，十四世祖启文再迁西南庄。公元1962年，重修滕阳张氏族谱，我长支宗亲追根溯源，重归奚村张氏宗派。念我张氏一族，倚列祖之德佑，托列宗之福荫，枝繁叶茂，才俊辈出。间以战乱运动浩劫，仅存启文祖碑，然却隐于世。每念于此，族人愧心有加，实有负祖宗懿德！

今逢和谐盛世，有我族人福田、福安、福利、福忠、联喜、联科、庆顺、张勇等追思报本、孝悌宗亲，携族众将十四世祖启文公碑重立天地间，勒石纪刻族众其名，实为上报祖宗之德，效光族之风；下启后昆之志，尚和谐之气。望今世及后世子孙秉承祖德，勿忘根本；忠信修身，仁义齐家；父慈子孝，兄友弟恭；勤于耕读，爱国护家。惟我泱泱西南张氏生生不息，万世其昌。是为记。

奚村　张联东

公元二〇一五年岁次乙未季春月中浣穀旦

祭文

祭琢公文

按:2016年4月1日，徐州班山族人为其一世祖张琢（奚村张第十四世）立碑。奚邑张氏文化研究会一行60余人前往，共庆族宗琢公碑修立。

维公元二〇一六年四月一日，岁在丙申。清和景明、杨柳依依；祥光凝瑞、吉气绕梁，奚邑张氏文化研究会及鲁苏宗亲代表满怀崇敬之情恭临班山祖茔，共庆我族宗琢公碑修成告竣。谨以香帛、牲醴、庶馐之仪，肃立于琢公墓前，铺案焚香，敬献酒觞，顶礼膜拜，肃穆祭曰：

参天之树，必有其根；怀山之水，必有其源。恭维远祖，帝胄之邦，祖肇弧矢，特授姓张，从此衍派，遍布四方。我祖恭让，源藉山西，洪武二年，平阳迁薛。奚山不老，薛水长流。二世祖祥，托里继传，纲常伦纪，枝茂叶繁。英年琢公，班山开基，乾隆创业，备尝艰辛。公有四男，耕读田桑;勤俭治家，兴建宗房。

班山、季山，洪里、苏庄，皆我血脉，兰桂腾芳。岁月悠悠，天地玄黄，张氏老宅，见证沧桑。

今有宗贤，追念祖德，复兴祖业，薪火相传；举族响应，孝感动天。班山嵯峨，佳城永固；碑铭凛立，炉鼎燃香。荫庇钟毓，阳享俾昌；乡梓得益，祖德流芳。祖宗安坐，福祉衍绵；考妣安祥，俎豆馨香。盛世筑梦，政学军厂，遵纪守法，和邻友朋。忠诚于国，孝悌于家，功业不朽，世为表彰。佑启我族，光前裕后；书丹锦绣，再谱华章。祭典已成，伏维尚飨。

奚村　张联东

岁次丙申年辛卯月癸丑日

祭同窗联英文

薛照岐[①]

唯，丙申孟春，汲府婚宴，宾朋满堂，联东主陪，吾等捧场。杯前酒后，一见如故，热叙家常。念及联英，方知族姐。闻言离世，黯然神伤。特作祭文，以寄哀思。

忆及联英，悠悠吾心；五八同窗，音容难忘。

青春年少，求学报国；三载苦读，朝夕研商。

脂粉不施，朴素端庄；青春俊美，秉性温良。

聪慧敏捷，尊师敬长；勤奋好强，须眉不让。

待人接物，落落大方；口若悬河，雅号“外長”。

成绩优良，八中名扬；前程似锦，栋材有望。

惜不逢时，“五类”遭殃；政考不第，孙山无望。

家庭所累，婚嫁受谤；郁郁无依，远嫁北疆。

白山黑水，地老天荒；日月如梭，历尽沧桑。

四十载后，时绝伦常；驾返遥池，才女失芳。

琼楼月缺，星汉无光；黄泉风冷，魂归故乡。

唯吾知汝，迟诉衷肠；三牲没备，祭文一章。

呜呼！哀哉！

---

① 薛照岐，枣矿集团柴里煤矿原矿长。

捐资人员名录

1994年捐资建设张氏宗祠人员荣誉名录

表　　　　　　　　　　　　　　　　单位：元

姓名	所在村	金额	姓名	所在村	金额
张传友	阴平	1000	张百顺	东夹埠	100
张百海	台湾	400	张联湘	奚村	100
张传成	奚村	400	张恒玉	奚村	100
张联成	兴仁	300	张恒文	薛城	100
张家坤	西托后	300	张恒琪	奚村	100
张联科	奚村	300	张恒民	匡腰	100
集　体	柴胡店	300	张百鼎	匡腰	100
张传润	奚村	300	张汉闻	官口	100
张联喜	西南庄	200	张传元	奚村	100
张庆增	贾汪	200	张传存	河北庄	100
张家彩	吴村	200	张振立	马公村	100
张传成	千山	200	张　斌	奚村	100
张百顺	太平庄	150	张庆纪	吴村	100
张百才	奚村	100	张联磊	奚村	50
张传济	奚村	100	张百纲	邹坞	50
张文清	匡腰	100	张恒法	奚村	50
张文苓	匡腰	100	张成信	南辛	50
张恒太	奚村	100	张成华	南辛	50
张宜成	东夹埠	100	张庆东	奚村	50
张家魁	东仓	100	张传海	周庄	50
张成铨	南辛	50	共计：￥10250		

1996 年捐资建设奚仲小学人员荣誉名录

表　　单位：元

姓名	金额	姓名	金额	姓名	金额
关传允	20000	张庆岭	500	张庆珍	300
关传杰	10000	张庆坦	500	张百顺	300
张联珍	5000	张百奎	500	张联广	200
张传润	1000	张联海	500	张庆元	200
张百义	1000	张传梅	500	张传庚	200
张联印	1000	张全喜	500	张传锁	200
关传友	1000	张全志	500	张联瑞	100
关继标	1000	张庆丰	500	张联刚	100
张百宏	1000	张百铎	500	张庆良	100
张百强	500	张庆锦	500	张传祥	100
张传允	500	张百信	500	张百勇	100
张联付	500	张　斌	500	张　永	100
张庆敏	500	张百石	500	张百仁（薛城）	100
张传成	500	张百华	300	共计捐款：伍万叁仟贰佰元正（￥53200）	
高联凤	500	张百柱	300		

2014 年村民捐资建设村办公楼荣誉名录

表　　单位：元

姓名	金额	姓名	金额	姓名	金额
张百奎	5000	关传杰	500	张百石	500
张庆东	2000	关传友	500	张联庆（大）	500
张百成(薛城)	1000	关传允	500	张联东	500
张联俊	1000	关传新	500	张庆珍	500
张庆锦	600	关继标	500	张庆伟	500
张联义	500	关继伟	500	张庆宝	500

续表

姓名	金额	姓名	金额	姓名	金额
张百杰	500	关继国	500	张联进	500
张百伟	500	关继良	500	共计捐款：壹万玖仟陆佰元正（￥19600）	
张百良（薛城）	500	张联海	500		

2014 年、2017 年张氏家族春节联谊会赞助人员名单

表　　　　单位：元

年度	姓名	金额	现居住（村）	年度	姓名	金额	现居住地（村）
2014 年	张　珑	2000	西托前	2017 年	张慎勤	3000	茶棚村
2014 年	张　君	2000	西托前	2017 年	张　华	2000	茶棚村
2014 年	张庆伟	2000	西托前	2017 年	张家平	2000	茶棚村
2014 年	张远明	1000	西托前	2017 年	张联富	2000	茶棚村
2014 年	张　皓	1000	西托前	2017 年	张远珍	2000	茶棚村
2014 年	张庆溪	1000	西托前	2017 年	张联科	2000	茶棚村
2014 年	张庆安	1000	西托前	2017 年	张永辉	1000	茶棚村
2014 年	张国栋	1000	西托前	2017 年	张家雨	1000	茶棚村
2017 年	张永新	1000	茶棚村	2017 年	张　杰	1000	茶棚村

2015 年奚邑张氏文化研究会成立捐资人员荣誉名录

表　　　　单位：元

姓名	所在村	金额	单位
张　珑	西托前	10000	枣庄厚德建筑公司董事长、文化研究会长
张传甲	夏庄村	5000	山东汶上劳务公司经理、文化研究会理事
张庆国	兴仁村	5000	奚邑张氏文化研究会常务理事
张传银	东凫山	5000	奚邑张氏文化研究会常务理事
张传銧	奚　村	5000	奚邑张氏文化研究会常务理事
张传存	河北庄	3000	奚邑张氏文化研究会常务理事

续表

姓名	所在村	金额	单位
张庆元	西托前	3000	枣庄厚德建筑公司、文化研究会理事
张　奎	西托前	3000	枣庄厚德建筑公司、文化研究会理事
张　杰	西托前	3000	枣庄厚德建筑公司、文化研究会理事
张百宏	奚　村	1000	奚邑张氏文化研究会副会长
张传军	太平庄	1000	滕州尚宏商贸公司、研究会常务理事
张传强	匡腰村	1000	枣庄盛宇涂业公司董事长、研究会理事
张　琪	河北庄	1000	枣庄盛泉商贸公司、研究会理事
张远芬	茶棚村	1000	徐州教育学院原院长、研究会顾问
张庆海	徐窝村	1000	奚邑张氏文化研究会理事
张庆柱	徐窝村	1000	奚邑张氏文化研究会理事
张庆东	奚　村	1000	枣庄长城建筑公司、张氏文化研究会理事
张慎勤	茶棚村	1000	奚邑张氏文化研究会理事
张福彦	横山口	1000	奚邑张氏文化研究会理事
张福贵	横山口	1000	奚邑张氏文化研究会理事
张联绪	奚　村	500	薛城教育系统退休教师
张联彬	洪洼村	500	奚邑张氏文化研究会理事
张运超	班井村	500	奚邑张氏文化研究会理事
张庆峰	奚　村	500	奚邑张氏文化研究会理事
张传友	阴平村	500	枣庄兴华玩具董事长、研究会副会长

2017 年《奚村志》印刷发行捐资赞助人员荣誉名录

表　　　　单位：元

序号	姓名	现住地	金额	序号	姓名	现住地	金额
1	张人午	重庆（西托前）	20000	2	张国栋	薛城（西托前）	10000
3	张庆顺	薛城（西南庄）	10000	4	张联龙	薛城（奚村）	10000
5	张庆刚	深圳（奚村）	6000	6	张庆东	薛城（奚村）	5000

续表

序号	姓名	现住地	金额	序号	姓名	现住地	金额
7	张运超	薛城（班井）	5000	8	张　琪	薛城（河北庄）	5000
9	张传强	薛城（匡山腰）	5000	10	张传甲	薛城（夏庄）	5000
11	张慎芹	薛城（茶棚）	5000	12	张传存	河北庄	5000
13	张　军	薛城（黎旭）	5000	14	张百奎	薛城（奚村）	3000
15	张联俊	薛城（奚村）	3000	16	张英姿	薛城（西南庄）	3000
17	张夫伟	薛城（徐集）	3000	18	西托前	集体	3000
19	张传成	奚村	2000	20	张福亮	东凫山	2000
21	张传华	东凫山	2000	22	张福文	西凫山	2000
23	张传厚	东凫山	2000	24	张传涛	东凫山	2000
25	张永成	薛城（西托前）	2000	26	张　珑	薛城（西托前）	2000
27	张联绪	薛城（奚村）	2000	28	张　超	薛城（茶棚）	2000
29	张　浩	薛城（西托前）	2000	30	赵克兰	奚村	1000
31	张全志	薛城（奚村）	1000	32	张　勇	南京（小封楼）	1000
33	张庆征	薛城（奚村）	1000	34	张家平	薛城（茶棚）	1000
35	张联刚	奚村	1000	36	张百平	薛城（匡山腰）	1000
37	张家龙	奚村	1000	38	张联庆	滕州（奚村）	1000
39	张百峰	山亭（两河岔）	1000	40	张传华	山亭（两河岔）	1000
41	张传顺	奚村	1000	42	张海亮	奚村	1000
43	关传杰	枣庄（奚村）	1000	44	关传允	薛城（奚村）	1000
45	张华清	薛城（奚村）	1000	46	张华翔	薛城（奚村）	1000
47	张百义	千山村	1000	48	张传生	千山村	1000
49	张远珍	薛城（茶棚）	1000	50	张国庆	枣庄（奚村）	1000
51	张庆平	枣庄（奚村）	1000	52	张远芬	徐州（茶棚）	1000
53	张　伟	薛城（黎旭）	1000	54	张　凯	枣庄（奚村）	1000
55	张庆国	薛城（兴仁村）	1000	56	张庆标	薛城（奚村）	1000
57	张庆柱	薛城（徐沃）	1000	58	张庆彬	薛城（徐沃）	1000

续表

序号	姓名	现住地	金额	序号	姓名	现住地	金额
59	张　伟	天津（奚村）	1000	60	张联运	薛城（西托后）	1000
61	张永辉	沙沟镇茶棚	1000	62	张联东	薛城（奚村）	1000
63	张百杰	薛城（奚村）	1000	64	张德成	山亭(凫城东山前村)	1000
65	关传友	薛城（奚村）	600	66	张全喜	奚村	500
67	张家全	西邹坞	500	68	张庆亮	西邹坞	500
69	张传明	西邹坞	500	70	张传坤	薛城（西邹坞）	500
71	张家富	西邹坞	500	72	张传军	西邹坞	500
73	张联龙	张岭	500	74	张玉彩	山亭中水门	500
75	张百成	官庄	500	76	张百宝	官庄	500
77	张永健	吴村	500	78	张永立	吴村	500
79	张贵西	柴胡店	500	80	张贵奇	柴胡店	500
81	张传忠	柴胡店	500	82	张福彦	薛城（西横山口）	500
83	张福贵	（西横山口）	500	84	张庆祥	薛城（洪洼）	500
85	高　峰	奚村	500	86	张联付	奚村	500
87	张联强	奚村（传志四子）	500	88	张庆亮	奚村	500
89	张传允	奚村	500	90	张联勇	奚村	500
91	张联庆	薛城（奚村）	500	92	张联亮	薛城（奚村）	500
93	张百强	奚村	500	94	张运杰	黎旭	500
93	张联法	奚村	500	94	张家顺	西邹坞	500
93	张传义	薛城（打席）	500	94	张永久	滕州徐集	500
93	张永翔	薛城（西曲柏）	500	94	张　宝	薛城（西谷山）	500
93	张　成	四季菁华(西谷山)	500	94	张联明	薛城（奚村）	500
93	张联政	薛城（奚村））	500	94	张家贺	薛城（奚村）	500
95	张传云	奚村	500	96	张庆明	西邹坞	500
97	张　楠	奚村	500	98	张永芝	薛城（西曲柏）	500
99	张　晶	滕州（太平庄）	500	100	张百利	薛城（奚村）	500

续表

序号	姓名	现住地	金额	序号	姓名	现住地	金额
101	张百升	薛城（奚村）	500	102	张继国	市中区（陈湖）	500
103	张家文	西邹坞	500	104	张联科	薛城（茶棚）	500
105	张庆虎	西邹坞	500	106	朱启利	奚村	500
107	张绪银	滕州南辛	500	108	张传玉	滕州沙岗村	500
109	张百顺	奚村	500	110	张德臣	山亭葡萄山	500

注：按捐资额、捐资先后排序，入志仅限捐资500元以上者。

主要参考文献

《滕阳奚村张氏族谱》· 1962 年版、1994 年版

薛城区档案馆 · 馆藏资料

枣庄市档案馆 · 馆藏资料

枣庄市博物馆 · 馆藏资料及文物

滕州市博物馆 · 馆藏资料及文物

济宁市博物馆 · 馆藏资料及文物

《滕县志》· 明万历十三年（1585）版

《滕县志》· 清康熙五十六年（1717）版

《滕县志》· 清道光二十六年（1846）版

《滕县乡土志》· 高熙喆著：清光绪三十三年（1907）版

《滕县续志稿》· 生克中著 · 清宣统三年（1911）

《薛城区志》· 1996 年 5 月版

《山东风物大全》· 1990 年 6 月版

《枣庄方言志》（张凯著）· 2011 年版

《枣庄市人口志》（1597—1985）· 1986 年版

《枣庄市教育志》· 1988 年 9 月版

《枣庄运河文化》· 2006 年 4 月版

《滕县地名资料汇编》· 1983 年 9 月版

《柴胡店镇志》· 1989 年版

《张汪镇志》· 2011 年版

《滕阳皇殿孙氏族谱》· 2014 年版

《滕阳西万张氏族谱》· 1992 年版

《奚仲文化丛书》· 2010 年版

跋

2015年12月，奚村“两委”向陶庄镇政府请示编纂《奚村志》。此后一年半的时间，《奚村志》编纂完成，并有幸参评齐鲁名村志文化工程，即将付诸印刷。在如此短的时间内，奚村能组织编纂完成如此高质量的村级志书，实在难能可贵，我们为村班子及编委成员重视文化建设，克服困难、饱蘸真情书写家乡历史所做的贡献甚感欣慰，并预祝《奚村志》早日面世、以襄世人。

《奚村志》具有深厚的文化底蕴。奚村自商周建村，至今两千多年历史，为枣庄地区建村较早者之一。奚村是奚仲历史文化的发源地，人杰地灵，文蕴深厚。距今5000多年前，这里就有人类活动的足迹，留下了古老的大汶口文化遗址。4000余年前的夏禹时代，奚村之地为夏禹时古奚邑，夏奚仲在此发明了世界上第一辆木制马车，被世界公认为造车鼻祖。奚村各姓氏和睦共处，团结协作，重视文化建设，共同创造着生态文明的幸福新农村。

《奚村志》具有鲜明的时代特色。奚村人继往开来，在中华人民共和国成立之后，将优良传统化作建设新生活的无尽力量，在薛城大地的建设史上留下光辉的足迹。从20世纪六七十年代直到今天，奚村始终创造并书写着农业发展的光辉历史，奚村人一路辉煌走在时代前列。农田水利、整地改土、副业发展、科技推广、村庄建设等等，都洒下了奚村人的辛勤汗水。改革开放之初，奚村人敢为人先，因地制宜，拓宽思路，发展壮大集体经济。在市场经济的大潮中，奚村人富而思进，再创辉煌，把传统型农村逐步建成现代化村居，发展路子越走越宽，各项事业蒸蒸日上，居民生活年年提高，终于在21世纪初，率先步入小康村行列，成为薛城区新农村建设示范村。

《奚村志》推动奚村人砥砺前行。奚村志书承载着奚村丰富的历史，记录着今人美好的生活，昭示着奚村灿烂的未来。编修村志即是奉献给居民的一份适时精神大餐，让千年情愫有了永恒的寄托。当前，陶庄镇正围绕“建设中心城区卫星城，打造生态宜居新陶庄”的奋斗目标，以陶庄镇“四镇”（中国历史文化名镇、中国特色小镇、山东省产业转型示范镇、中国特色辣子鸡小镇）同创为平台抓手，全面加快陶庄经济社会转型振兴步伐。以奚仲文化为核心的奚公山开发、老薛河支流水系建设、奚仲故里建设、生态文明旅游等规划建设正在全面实施。希望奚村“两委”能借助此次村志的编修，激励更多的居外乡贤和社会各界人士，关注、支持家乡的经济建设和社会发展，并按照十九大报告中提出的“实施乡村振兴战略”，结合奚村的历史文化、农业资源、生态资源等优势，审时度势，抢抓机遇，创新思路，大力弘扬奚仲故里文化，加快特色生态文明村建设，争做新农村建设和谐发展的排头兵，在新一轮的经济社会发展过程中谱写出更加绚丽光彩的新篇章。

是为跋。

薛城区陶庄镇党委书记　田传洋

陶庄镇党委副书记、镇长　王立波

2017 年 12 月

编后记

奚村是造车鼻祖奚仲的故里。作为生于斯、长于斯的我，从小徜徉在奚仲文化的浓浓氛围中，留恋于这里的山水、草木和乡亲。讲好奚仲故事，讲好家乡的故事，是我多年来耿耿于怀的心结。2014 年 12 月，习总书记提出的"'看得见山、望得见水，留住乡愁记忆'，建设美丽乡村"的殷殷话语，打动了我的心，引起我对家乡深深的思考。

奚村，虽然村子不大，但在曲折渐进的发展过程中，对文化教育和人才培养十分重视，在耕读文化、人文礼仪方面有着优良的传统。奚村农业经济发达，在 20 世纪 70 年代曾是山东省农业发展的典型。奚村的前身为夏商时古奚邑，这里处处蕴含着浓厚的历史文化氛围。然而，就是这样一个村，至今还没有一部全面、系统介绍村情历史的文字资料，很多历史上的人和事仅存于村民的口口相传中。在国家提倡弘扬地方传统文化的今天，挖掘、整理和传承根植于奚村的奚仲文化、群众文化刻不容缓、势在必行。于是乎，激起了我写作奚村志书的欲望。

2015 年 10 月，我与同村居外的关传允（陶庄镇人大原副主任）向奚村村委提出编纂奚村志书的倡议，得到了村委的同意。随后向区史志办作了汇报，并得到了陶庄镇党委、政府的肯定和支持。12 月 27 日，村志编委会成立。写志的过程是艰难而枯燥的，由于奚村历史上没有编过村志，村里没有建立档案，很多熟悉历史的老年人相继去世，手头可用的资料少之又少，写志的难度远远超出我的预料。为收集到村史第一手真实资料，我不厌其烦地打电话、走访问询知情村民，向村中有文化的爱好者征集资料，到市、区档案馆查阅有关资料，借阅购买业务工具书，实地勘查碑文家谱，从中寻找有价值的信息线索。经过一年多夜以继日的写作，村志内容反复修改，增了删、删了改，在市、区史志专家和顾问们的关注和帮助下，终于完成了 53 余万字的《奚村志》稿。

篇目是志书的编写提纲，更是打造高质量、高水平志书的前提和关键。在编纂过程中，遵循村地方特色、时代特点、事物本质和志体特点为基本原则，着力挖掘奚村独特的文化特色和个性内涵，突出奚村志的“名”和“特”，重点对奚村独有的奚仲文化、宗族文化、经济特征、人文历史等进行描述，以求特色鲜明、重点突出。《奚村志》写法上采用纲目体结构，达到文字简洁，重点突出，特色明显的效果。《奚村志》的另一个特点，就是图文并茂，关注小人物。插图在文字中占有相当大的比例，直观还原历史；村民在书中得到充分体现，人随事出，涵盖各个层次，彰显志书特点。

奚村志在编印过程中，省市区史志领导和专家们给予关心关注和业务支持，社会热心人士给予精神和资金上的帮助，其尊姓大名大多恭列书中。陶庄镇党委、政府高度重视、大力支持，并给予资金上的推动；枣庄市领导张宝民同志百忙之中为本书作序；区史志办主任时宏扬、王健、常亮等先后给予支持指导；奚仲书画院院长张裕民同志题写书名；区政协文史委主任李海流提供相关资料；枣庄市国学研究会副会长李鏖，鲁南辞赋学会会长韩邦亭，古薛文化研究会副会长、滕州市官桥镇原文化站长孙井泉，以及济南市的朱佩峰老师、青岛市的王现军老师、方志出版社的有关校阅专家学者给予村志编写大力支持帮助，等等。同时，感谢奚邑张氏文化研究会第一时间提供启动资金，部分居外乡贤、宗亲家族人士、张氏企业、村民捐款资助，确保了志书的顺利付诸印刷。还有很多为志书做出贡献的人，这里不再一一赘述，在此一并表示感谢和敬意！

历史的长河依旧流淌不息，勤劳的奚村人民仍旧在创造这日新月异的新天地，这里有说不完的故事，讲不完的岁月传奇。村志的编纂工作还原了一段村情历史，为后人留下了一段挥之不去的记忆。编委会的成员们虽然付出了心血汗水，但总是会带有一些不足和遗憾的。由于村史资料严重不足、馆藏文献涉及村的信息少、村民参与度相对不高、村民记忆不清晰、不完整等原因，志书内容去伪存真无法一一做到，志书中难免出现错讹与疏漏。加之本人由于时间、写志水平所限，不能达到村民的愿望和史志权威的要求，留下了许多不足和遗憾，在此敬请广大村民和读者批评斧正。惟愿当世者惜之，后来者续之。

编者

2017 年 12 月